Hellmut Diwald

Der Kampf um die Weltmeere

Mit 56 Abbildungen

W0070620

Droemer Knaur

1. bis 50. Tausend

© Droemersche Verlagsanstalt Th. Knaur Nachf.,
München/Zürich, 1980
Umschlaggestaltung: Rambow, Lienemeyer, van de Sand
Umschlagfoto: Archiv für Kunst und Geschichte, Berlin
Vorsätze und Karten: Eberhart von Harsdorf
Reproduktion: Krammer, Linz
Satz: Bauer & Bökeler Filmsatz KG, Denkendorf
Druck und Einband: May + Co., Darmstadt
Printed in Germany
ISBN 3-426-26030-1

Das portugiesische und spanische Seeimperium

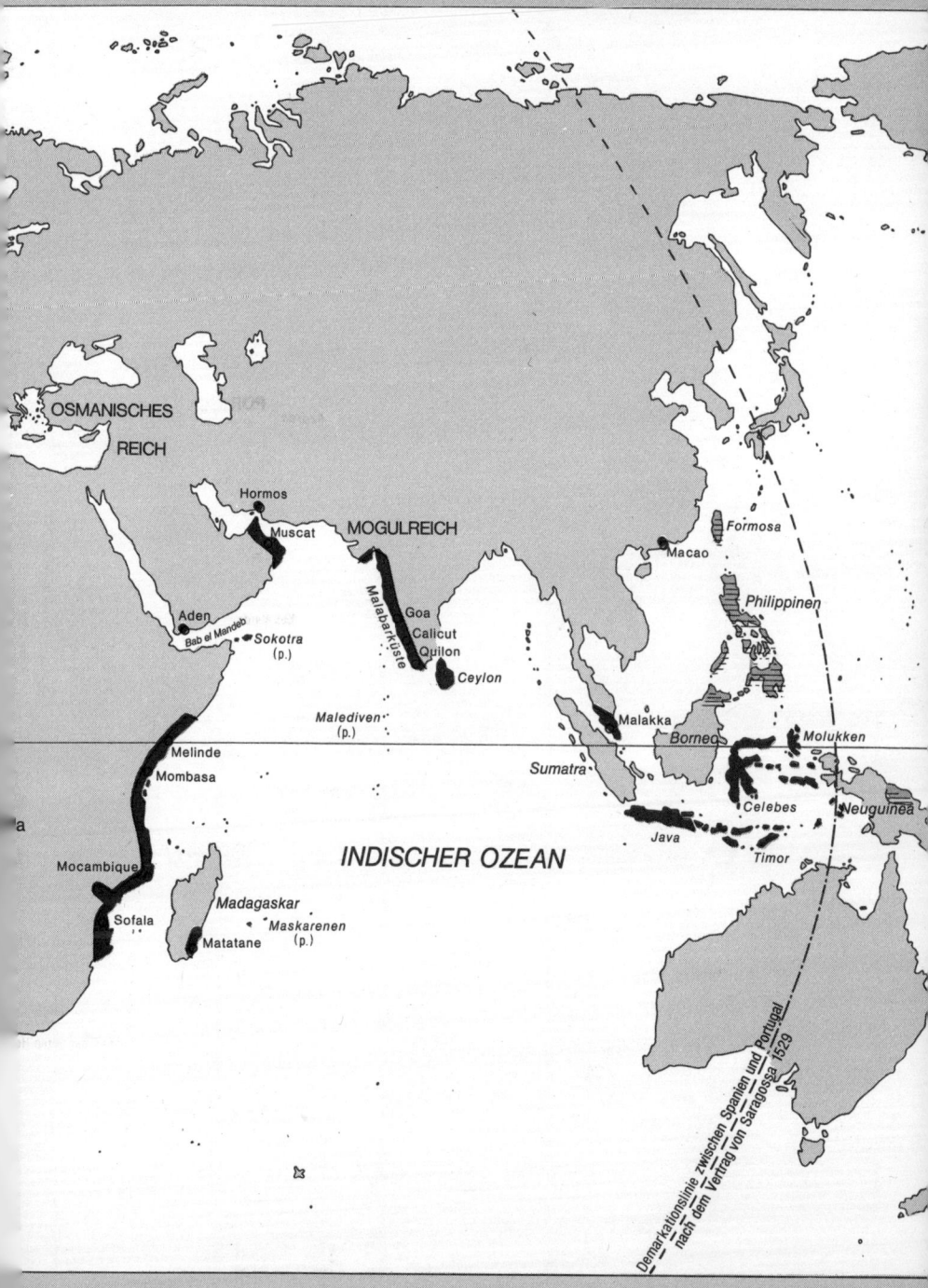

OSMANISCHES

REICH

Hormos

Muscat

MOGULREICH

Aden

Bab el Mandeb · Sokotra
(p.)

Malabarküste

Goa
Calicut
Quilon

Ceylon

Malediven
(p.)

Melinde

Mombasa

Mocambique

Sofala

Matatane

Madagaskar

Maskarenen
(p.)

INDISCHER OZEAN

Formosa

Macao

Philippinen

Malakka

Borneo

Sumatra

Molukken

Celebes

Neuguinea

Java

Timor

Demarkationslinie zwischen Spanien und Portugal
nach dem Vertrag von Saragossa 1529

Inhalt

Zur Sache

Alle Wasser fließen ins Meer. Seit dem Prediger Salomo gehört dieser Sinnspruch zu denjenigen Weisheiten, auf die wir uns bedingungslos verlassen, weil ihre Wahrheit unerschütterlicher ist als der Glaube, daß alle Wege nach Rom führen. Nicht ganz so selbstverständlich sind wir von den Möglichkeiten des Menschen überzeugt, mit der überwältigenden Macht und Urgewalt des Meeres fertigzuwerden: Wasser hat keine Balken.

Der Seemann besitzt andere Erfahrungen. Er spürt das Schiff, die Planken des Decks unter seinen Füßen, die »Balken des Wassers«. Auf ihnen und mit ihnen hat der Mensch seit Jahrhunderten die See befahren, die Ozeane besiegt, die Weltmeere erobert.

Die Geschichte der Seefahrt ist alt. Noch älter ist das Staunen des Menschen vor dem Meer. Es gehört wesentlich zu den beiden ältesten Dichtungen des Abendlandes, zur »Ilias« und »Odyssee«. Älter aber als die Kunde von den Seefahrern sind diejenigen Berichte, die uns jede Entwicklung, jeden Wechsel und Fortschritt als Veränderungen schildern, die der Mensch als ein Wesen des Landes, des sicheren Bodens bewirkt hat.

»Er steht mit den Beinen fest auf der Erde«, so sagt man von jemandem, der weiß, was er will, der keinen Hirngespinsten nachjagt. In derselben Weise haben auch unsere Geschichtsschreiber immer berichtet, vom »sichern Port« aus, von dem sich's gemächlich raten läßt. Vertraut war ihnen nur der Blick des Binnenmenschen. Der Boden der Erde, das Festländische hat ihnen die Grundlage für ihre Urteilsbildung geliefert.

Vom Land aus konnte sich der Sinn für die Ferne nicht entwickeln. Der Blick ging nur von der Küste zum Meer, er reichte nicht hinweg über das Meer. Völlig ausgeschlossen schien es zu sein, den Blick vom Meer aufs Land zu werfen. Zu einem solchen

Wechsel des Ausgangspunkts waren die Historiker selbst dann noch nicht imstande, als zu Beginn der Neuzeit im 15. Jahrhundert der große Gegensatz der Naturelemente in die Weltpolitik einbrach, als im Unterschied zu den Kontinenten der Raum des unbegrenzt freien Meeres entdeckt und als außerordentliche Erweiterung aller menschlichen Fähigkeiten und Möglichkeiten begriffen wurde. Die Folge war eine Revolution der Politik.

Von der Geschichtsschreibung ist das Ozeanische erst dann als eine eigene Größe erfaßt worden, als sich durch die Entwicklung der Seemächte und ihren Kampf um die Weltmeere eine Ent-Territorialisierung des staatsmännischen Denkens und Planens, eine »Ozeanisierung« des politischen Raums durchgesetzt hatte. Die ersten Imperien der Neuzeit sind ausnahmslos als Produkte der Hohen See und der Kriegsflotten entstanden. Die Idee des modernen Imperiums ist maritimer Natur.

Auf dem festen Land hat das Leben seine eigenen Regeln und Gebote. Dazu gehört die Empfehlung, im Lande zu bleiben und sich redlich zu nähren, die Verbindung mit der Heimat und ihrer Erde nicht aufzugeben. Solche Ratschläge verlieren in der Weite des Meeres ihre Überzeugungskraft. Die scheinbare Endlosigkeit der See ist dem Binnenländer von Grund auf zuwider, ihre Ungebundenheit wirkt feindlich, sie raubt ihm den Halt. Wer nicht mit den Füßen auf dem Boden bleibt, ist ein Abenteurer, ein Heimatloser, er sagt sich los von den Bindungen des Zuhause und seiner Ordnung, er hält sich nicht an die festgefügten Überlieferungen. Seit jeher umweht den Seemann ein kräftiger Ruch von Tang, Teer und Sittenlosigkeit, sein Dasein im Abenteuer ist überglänzt vom schillernden Licht des Unmoralischen. In seiner Welt geben nicht einmal die Fixsterne einen Halt, die doch auf der festen Erde als Sinnbilder der Unverbrüchlichkeit gelten.

Die Männer, die aufgebrochen sind, um die Meere zu erobern, wären hoffnungslos gescheitert ohne ihre wilde Verwegenheit, ihre Lust am Unbekannten, ihre Gleichgültigkeit gegenüber dem »Schicklichen«. Der Eindruck, den die Berichte von ihrem Wagemut hervorriefen, wurde noch verstärkt durch die beklemmende Verzauberung, die den Daheimgebliebenen erfaßte, wenn er an die Männer draußen auf See dachte. Dieses schaudernde Behagen kannte schon der römische Dichter Lukrez: »Freude macht es, am

Meer, wenn stürmische Winde es peitschen, am Ufer zu stehn und zu sehn, wie der Schiffer in Not ist. Nicht, als machte es Lust zu sehen, wie der andere gequält wird: sondern nur, weil es freut, vom Übel befreit sich zu wissen.«

Sanft und verführerisch, wie sich gewisse Südsee-Inseln darbieten, oder liebreizend wie Anadyomene, die aus den Schaumkronen auftauchende Göttin Aphrodite, oder majestätisch ruhig – das sind beiläufige Sonderformen des Ozeans. Romantisch waren immer nur die Berichte der Kapitäne, war das Seemannsgarn der Matrosen.

Das Meer selbst ist gewaltig, bedrohlich, angsterregend, verzaubernd, fürchterlich. Romantisch ist es nur gelegentlich. Auch die »Liebe« des Seemanns zum Meer hatte niemals etwas mit dem Glück jener menschlichen Zweisamkeit zu tun, die Raum hat in der kleinsten Hütte. Immer ist es eine besessene, wütende, unglückliche, von Haß und Hörigkeit geschüttelte, von Kampf und Tod gezeichnete Liebe.

Das Fremde, zutiefst Ungewisse weckt seit Jahrtausenden die Urängste des Menschen. Wenn wir uns dem Unbekannten stellen, zwingen wir uns zum Prüfen unserer Kräfte und Fähigkeiten, unseres Willens, unserer Tapferkeit. Die Extremlagen des Menschen gehören zu den erregendsten Sachverhalten der Weltgeschichte. Nur an ihnen und mit ihrer Hilfe läßt sich das Alltägliche und Geregelte unseres Daseins vermessen und die Gefühle, Werte und Überzeugungen, die dazu gehören.

Das Unterfangen des Menschen, den festen Boden aufzugeben, sich der See zu bemächtigen, in den unbegrenzten Horizont zu dringen, bis achtern die Küste nur noch als nebliges Bild durch das Gedächtnis geistert – diese ozeanische Verwegenheit des Menschen, der sich nicht die Erde untertan macht, sondern die Meere, ist ein unermeßliches Thema, eines der gewaltigsten unserer Geschichte und das größte der Neuzeit.

In den früheren Epochen war der Geschmack am Risiko noch nicht verdorben durch die Bequemlichkeit. Im folgenden wird berichtet vom Aberwitz der maritimen Berauschung, von den politischen Folgen und historischen Umwälzungen, von unerhörten Projekten, tollkühnen Vorstößen, grauenvollen Schlachten. Es handelt sich dabei um nicht mehr und nicht weniger als um ein

Stück der allgemeinen Geschichte, in dem sich freilich das Bild des Menschen mit ungewöhnlicher Schärfe spiegelt.

Der Kampf um die Weltmeere war immer erfüllt vom Pathos des unbegrenzten Raumes. Von ihm wird auch heute noch die Erfahrrung der Hohen See durchpulst. Sein Gehalt besteht aus etwas anderem, als es die Aufdringlichkeit der Ozeane unserer Supertanker, Jagd-U-Boote und Flugzeugträger vermuten läßt.

1. Kapitel

Händler und Inselhüpfer

Die Schlacht bei Salamis

Xerxes, der persische Großkönig, saß auf einem prächtig ge-
schmückten Thron, entspannt, und doch leicht erregt durch die
Vorfreude auf das Schauspiel, das sich bald zu seinen Füßen entwickeln würde. Auch seine jungen, unmündigen Söhne waren
beim Heer, damit sie früh genug lernten, wie der Herrscher einer
Weltmonarchie seine Feinde zerschmettert. Der Thron des »Königs der Könige, Königs der Länder aller Stämme, Königs dieser
großen Erde auch in der Ferne« stand im Freien, auf der Spitze des
Hügels zehn Kilometer westlich von Piräus, dem Hafen Athens,
an der engsten Stelle der Straße von Salamis. Der Hügel existiert
noch immer, neben dem kleinen Ort Perama. Man hat heute von
dort aus denselben Überblick wie der Großkönig vor bald zweiein-
halbtausend Jahren: Der tiefblaue Sund dehnt sich zwischen dem
attischen Festland und der Insel Salamis. Ihre verwinkelt gebuchte-
te Küste ist kaum zwei Seemeilen entfernt.
Der Horizont im Osten wird silbrig. Homer beschreibt in der
»Odyssee« diese Stunde wiederholt mit dem Satz: »Als die dämmernde Frühe mit Rosenfingern erwachte . . .« Als die dämmernde
Frühe sich hebt, in einem atemberaubenden Sonnenaufgang, sieht
Xerxes inmitten der Farbenpracht des Meeres seine ungeheure
Flotte, sieht, wie sich seine Schiffe formieren in einem Morgen-
licht, das kaum glanzvoller hätte sein können an diesem Herbsttag
des 28. September 480 v. Chr.
Das Gros der Perserflotte ist schon versammelt in der Wasserstraße, und immer noch drängt Schiff auf Schiff von Südosten aus
dem Saronischen Golf in den Sund. Die Geschwader ziehen in drei
dichten Reihen von der Hafeneinfahrt von Piräus entlang der atti-

schen Küste bis hinauf zur Einfahrt in den Golf von Eleusis. Gegenüber, vor der Inselküste, wartet die Flottille der griechischen Dreiruderer. Athen verfügt über 368 Schiffe, Xerxes dagegen hat alle Kiele mobilisiert, die in den eroberten und unterworfenen Städten und Häfen rings um die Ägäis und auf den Inseln aufzutreiben waren. Insgesamt sind es weit über 1200 Einheiten, dreimal mehr als die attischen Trieren.

Der Großkönig empfindet nahezu Mitleid, wenn er die kleine Schar der griechischen Schiffe betrachtet. Sein gigantisches Landheer hat sich durch Attika gewälzt, das größte Heer, das bis dahin existierte. Die Perser haben alles Land erobert und verwüstet. Der Versuch der Griechen, ihre Flut am Engpaß der Thermopylen durch Sperrung dieses Einfallstores nach Mittelgriechenland aufzuhalten, war mißglückt, der spartanische König Leonidas mit seinen 300 Besten gefallen, umsonst gefallen. Nun ist auch Athen erobert, die Akropolis niedergebrannt, die ganze Bevölkerung der Stadt, ohne Ausnahme, auf die Insel Salamis evakuiert – so überstürzt, daß es weit mehr nach einer Flucht im Sinne des ›Rette sich, wer kann!‹ aussieht als nach berechnetem Plan.

Dem Plan des Führers der Athener, Themistokles.

Das antike Griechenland litt gewiß nicht an oder unter zu wenig großen Männern: von Perikles, Alkibiades, Lysander bis hin zu Alexander dem Großen. Themistokles aber nahm lange vor ihnen fast alle Charakteristika ihrer Außergewöhnlichkeit in Ansätzen vorweg: Ausstrahlungskraft, Beredsamkeit, Diplomatie, Selbstgefälligkeit, Tücke, Souveränität. Er war von einer seltsam dramatischen Größe, besaß ebensoviel Weitsicht und Intuition wie Tapferkeit und materielle Habgier, sittliches Format wie zynische Skrupellosigkeit, Opferbereitschaft wie Selbstsucht, Verlogenheit wie Stolz. Ein Demagoge im guten Sinn, im schlechten Sinn. Und ein wahrhafter Staatsmann.

Er läßt dem persischen Herold, den der Großkönig abgesandt hatte, um den Griechen sein »Verlangen nach Erde und Wasser« zu überbringen, den Kopf abschlagen. Nicht wegen dieser Forderung nach Unterwerfung, sondern weil der Herold das Schriftstück nicht in seiner eigenen persischen, »barbarischen« Sprache verlesen hatte, sondern so anmaßend gewesen war, sich des Griechischen zu bedienen.

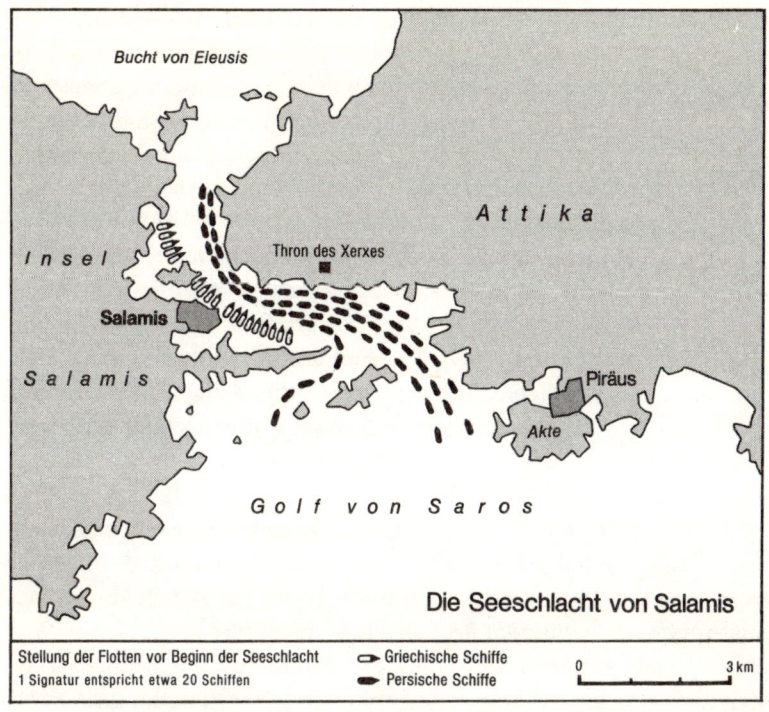

Bucht von Eleusis

A t t i k a

I n s e l

Thron des Xerxes

Salamis

S a l a m i s

Piräus

Akte

G o l f   v o n   S a r o s

Die Seeschlacht von Salamis

| Stellung der Flotten vor Beginn der Seeschlacht | ⊏► Griechische Schiffe |
| 1 Signatur entspricht etwa 20 Schiffen | ⊂► Persische Schiffe |

0   3 km

Das Genie des Themistokles ist völlig undurchsichtig, unfaßlich,
agiert ständig auf mehreren Ebenen zugleich, ist grundsätzlich
doppeldeutig, ewig wechselnd. Trotz aller Beredsamkeit und trotz
seiner beispiellosen Autorität hat er die Griechen nicht davon überzeugen können, daß die persische Großmacht von dem Häuflein
der Hellenen in einem Landkrieg herkömmlichen Stils nicht zu besiegen ist. Unermüdlich hämmert es Themistokles den Bürgern
ein; geduldig, nachsichtig versucht er ihnen auch mit den fragwür-
digsten Mitteln beizubringen – seinen völlig neuen, revolutionären
Grundsatz, der doch ein Hohn ist auf alles, was bisher die Würde
des Kampfes, die mannhafte Ehre ausgemacht hat: »Das Schwergewicht des Krieges liegt auf den Schiffen!«
Die Athener glauben es nicht. Sicher, der Mann ist ein Führer von
gewaltiger Faszination, neben ihm verblaßt jeder andere, aber
wahrscheinlich ist er auch ein Narr. Der echte Grieche kämpft seit
jeher mit Schwert und Speer, nicht mit Rudern und Kielen.

15

So entschließt sich Themistokles, die Hellenen buchstäblich auf das Meer hinauszujagen. Im Sommer 480 beginnen die Perser ihren Rachefeldzug in einem titanenhaften, noch nie dagewesenen Stil. Den Marsch ihres Heeres durch Thessalien – es sind fast eine Million Mann – umgibt etwas Grauenhaftes, und der Schrecken, den es verbreitet, ist nahezu vollkommen. Durch Attika geht panisches Entsetzen.

In diesem Moment bringt Themistokles den heiligen Brauch der Griechen ins Spiel, bei allen Existenzfragen die Meinung des Orakels von Delphi einzuholen. Die Athener erhalten als Antwort die düsterste Prophezeiung ihrer Geschichte. Der Stadt und ganz Hellas stehe fürchterliches Unheil bevor, die Einwohner könnten nichts anderes tun, als von heut auf morgen alles im Stich zu lassen und schleunigst nach Unteritalien auszuwandern.

Die Vollversammlung der Polis ist entsetzt. Aber sie ist auch empört, denn solch eine Flucht kommt nicht in Frage. Sie schickt deshalb noch einmal nach Delphi und bittet dringend darum, bei Apollon ein günstigeres Orakel zu bestellen. Jetzt gibt die Pythia die Antwort, die zu dem großen Plan paßt: »Das ganze Land wird den Feinden erliegen, nur eine hölzerne Mauer bleibt unbezwungen. Sie wird die Athener samt ihren Kindern erretten.« Eine »hölzerne Mauer«, das können nur die Wände unserer Schiffe sein! Noch einmal bringt Themistokles die maritime Auslegung: Athen soll, Athen muß den Krieg vom Land aufs Meer verlagern, die Entscheidung muß durch den Kampf der Schiffe herbeigeführt werden.

Der griechische Historiker Thukydides stellt fest, daß in dem Genie des Themistokles zum erstenmal der verwegene Gedanke real wird, »daß die Athener sich der See bemächtigen müßten«. Und real wird er schließlich auch in ihnen selbst, denn sie beugen sich dem zweiten Orakelspruch aus Delphi. Sie ahnen ohnedies, daß ihre Lage auf dem Land hoffnungslos geworden ist und sie gar keine andere Wahl mehr haben.

Xerxes aber scheint die Eroberung des attischen Festlandes zu genügen. Seine Riesenflotte sucht keine Entscheidungsschlacht. Zahlenmäßig und in der Taktik sind ihre Geschwader zwar den Griechen unstreitig überlegen, doch der Großkönig will sich auf keine unnötigen Abenteuer einlassen. Themistokles muß ihn jedoch dazu zwingen, er weiß aber auch, daß er eine Schlacht auf offener See unter keinen Umständen riskieren kann.

Sein Plan ist einfach und unerhört genial – vorausgesetzt, daß Xerxes darauf eingeht. Themistokles will die Perser in den engen Sund zwischen dem Festland und der Insel locken, denn in dieser Wasserstraße können sich die persischen Einheiten nicht entwickeln und müssen folgerichtig ein Opfer der überlegenen Manövrierkunst der Griechen werden.

Die persischen Admirale durchschauen dieses Konzept, aber keiner von ihnen wagt es, den Großkönig offen zu warnen. Mit einer einzigen Ausnahme, und dieser charakterfeste Mann ist eine Frau, Artemisia, die junge Königin von Halikarnaß, eine Herrscherin von seltenem Format. Artemisia ist der erste weibliche Admiral und Flottillenchef der Geschichte. Bei Salamis führt sie ein Geschwader von einhundert Schiffen. Sie allein rät dem König energisch davon ab, seine ganze Flotte in die enge Wasserstraße zu schicken. Sie weiß, daß die Perser dort ihre Überlegenheit nicht ausspielen können.

Themistokles muß die persische Flotte unter allen Umständen an dieser und nur an dieser Stelle in die Entscheidungsschlacht treiben. Das ist der Kern seiner Strategie. Nur deshalb hat er schließlich ganz Attika preisgegeben und von den Persern verwüsten lassen. Als nun Xerxes in Athen eingezogen ist, beginnt Themistokles zum Schein mit dem Großkönig geheime Kapitulationsverhandlungen. Dabei läßt er seinen Boten ganz nebenbei erwähnen, daß sich der Großteil der griechischen Flotte schon auf die Flucht vorbereitet. Die Führer der verbündeten Schiffskontingente wollen abziehen und in ihre Heimatstädte fahren, Athen hat sich mit seinen Kampfgenossen zerstritten, die Kampfmoral der Truppen ist am Tiefpunkt.

Davon läßt sich Xerxes übertölpeln und hinreißen. Er überzeugt auch seine Geschwaderführer, daß sie nur noch mit dem Rest der athenischen Schiffe fertigwerden müssen und im Sund von Salamis keinerlei Gefahren stecken. Der Großkönig gibt den Befehl zum Kampf. Seine Flotte fährt in der Nacht vom 27. zum 28. September 480 v. Chr. in die Wasserstraße ein, frühmorgens soll die Schlacht beginnen.

»Das Meer war nirgends mehr zu sehen!«

Seit zwei Jahrzehnten ringt Persien mit Hellas, der Orient mit dem Abendland. Wenn Xerxes die griechische Flotte vernichtet, ist der Krieg beendet, dann ist der Großkönig unwiderruflich auch der Herrscher von ganz Griechenland, Rächer seines Vaters Dareios und Vollstrecker seines politischen Testaments. Dann hat er das achämenidische Weltreich, das sich vom Indus bis nach Thrakien und Ägypten erstreckt, um das kostbarste Land erweitert, das damals außerhalb des persischen Imperiums noch existierte. Jetzt, bei Salamis, steht dieser Kampf vor der Entscheidung.

Im Norden der Wasserstraße und unterhalb von Xerxes' Lager versucht die persische Flotte, sich zur Gefechtsbereitschaft zu formieren. Aus dem Golf von Saron drängen unterdessen noch immer die Schiffe der karischen Geschwader in die Einfahrt. Die Griechen warten ab, sie sind zu diesem Treffen auf Leben und Tod gerüstet, Themistokles hat auch, wie es Brauch ist, dem Gott Dionysos drei persische Jünglinge geopfert.

Fast die gesamte feindliche Flotte zeigt den Griechen die Flanke, und in eben diesem Moment gibt Themistokles das Kommando zum Angriff, schmettert ein Trompetenstoß über das Wasser. Die Attacke trifft die Perser völlig unerwartet. Ihre Admirale hatten weder einen Gefechtsplan entwickelt, noch überhaupt einkalkuliert, daß die Griechen von sich aus angreifen würden, und schon gar nicht hatten sie mit einem so wuchtigen Überfall gerechnet. Beinahe jeder Rammstoß der griechischen Trieren in diesem Überraschungscoup ist ein Erfolg. Die persischen Schiffe der vorderen Linie werden in den Grund gebohrt, die anderen Einheiten zurückgedrängt, sie haben keinen Raum zum Manövrieren, kommen sich in die Quere, eine Vielzahl von Schiffen geht dadurch verloren, daß sie sich gegenseitig mit dem Embolon – dem dreizackigen Bronzesporn am Bug, dort, wo sich der Vorderteil des Kiels mit den Barghölzern vereinigt – rammen und versenken oder sich wechselweise die Ruder zersplittern.

Noch keine Stunde ist vorbei, da springt Xerxes von seinem Thron, starrt hinab in den Sund, zitternd vor Wut. Seine Männer schlagen sich zwar beim Kampf Bord an Bord mit unerhörter Tapferkeit, aber ihre Schiffe sind nichts weiter als blinde, ziellos um sich tatzende Löwen. Die ganze herrliche Flotte des Großkönigs taumelt durchs Wasser, ist ineinander verkeilt, unentwegt werden die Flanken ihrer Trieren von den Rammspornen der griechischen Schiffe aufgerissen. Die Wasseroberfläche ist kaum noch zu sehen vor Schiffstrümmern, Masten, zerbrochenen Rudern, dazwischen treiben überall die Leichen der Perser. Aberhunderte versuchen zu fliehen, an die Küste zu kommen, werden jedoch wie »Thunfische im Netz gefangen« und von den Griechen im Wasser erschlagen. Das Meer färbt sich rosa, wird rot von Blut, die klare Sonne des Südens strahlt herab auf eine fürchterliche Szene: Der Nordteil des Saronischen Golfes hat sich in den Friedhof der größten Flotte der damaligen Welt verwandelt.

Vormittags kommt eine frische Brise auf, spitze, unruhige Wellen, Themistokles hat auch mit diesem regelmäßig einsetzenden Wind gerechnet. Die Ruderer der persischen Geschwader haben mit diesem Seegang erheblich größere Schwierigkeiten als die Athener auf ihren niedrigeren, flacher gebauten Schiffen. Die Verwirrung der Perser treibt schließlich ihrem Höhepunkt entgegen, am Nachmittag versuchen die Kommandeure die Schlacht abzubrechen, zu wenden, aus dem Sund zu fliehen. Das wiederum steigert die Kampflust der Griechen. Bis in den frühen Abend dauert das Ringen, die Schlacht, das Abschlachten der Perser.

Von ihren Geschwaderführern schlägt sich keiner so tapfer, gewitzt, intelligent wie die Königin Artemisia. Sie steht selbst auf der Kommandobrücke ihres Flaggschiffs und befehligt von hier ihren Verband. Daß sie das Fiasko vorausgesehen hatte, mindert ihre Entschlossenheit und Tatkraft nicht im geringsten. Sie führt zwei Flaggen mit. Droht der Angriff einer attischen Triere, setzt sie blitzschnell die griechische Flagge. Sobald sie jedoch selbst ein griechisches Schiff attackiert, läßt sie die persische Flagge hissen. Aber auch Artemisias Verwegenheit kann die Katastrophe nicht verhindern.

Unter den persischen Verbündeten befindet sich König Clamasithymus von Kalynda, ihr größter Feind; er kommandiert ebenfalls ein Geschwader. Als sich Artemisia schließlich der allgemeinen Flucht anschließen muß, taucht das Flaggschiff ihres Widersachers plötzlich vor dem Bug ihres Schiffes auf, sie läßt diese Gelegenheit nicht vorbei, gibt den Befehl zum Rammstoß und bohrt die Triere des Verhaßten in den Grund. Artemisia entkommt den Griechen, ihr Schiff erreicht mit dem kläglichen Rest der persischen Flotte nachts die Bucht von Phaleron an der Ostseite des Piräus.

Bei Salamis gehört auch Äschylos zu den attischen Kriegern, der größte griechische Dichter nach Homer. Er schildert später das Ende dieses gigantischen Kampfes und wohl einer der schicksalsschwersten Seeschlachten der Weltgeschichte so:

»Mit Toten füllten Küsten, füllten Klippen sich.
Wild flieht, wie's kommt, ein jedes Schiff und rudert los
Und Jammerschrei umfing die salzge Meeresflut,
Bis dann der Nacht, der dunklen, Aug' ein Ende schuf.«

Die damals üblichen Trieren waren mit durchschnittlich 200 Mann besetzt, mehr als vier Fünftel davon bedienten die Ruder. Rechnet man bewußt vorsichtig, so starben an diesem Tag auf persischer Seite weit über 100 000 Menschen. Die Griechen dagegen verloren nur 40 Schiffe. Im Sund von Salamis ging nicht nur die persische Flotte unter, sondern dort versank auch die Vision von der Vollendung des achämenidischen Weltreichs.

Wer den Louvre in Paris besucht, findet auch ein ungewöhnlich imposantes Standbild, die überlebensgroße »Nike von Samothrake«. Mit dieser Statue der Siegesgöttin sollte der Triumph bei Salamis verherrlicht werden, allerdings eines anderen Salamis, nämlich des Flottensieges des Demetrios Poliorketes über den Diadochenkönig Ptolemaios bei Salamis auf Cypern im Jahre 306 v. Chr. Die Nike wurde 1863 auf der Insel Samothrake entdeckt von dem französischen Konsul in Adrianopel, dem heutigen Edirne an der türkisch-bulgarischen Grenze. Monsieur Champoiseau fand nur einen Haufen von zweihundert Marmortrümmern. Sie wurden mühselig zusammengesetzt, und jetzt können wir diese großartige Frauengestalt bewundern: Sie steht auf der Bugspitze eines Schiffes, ihr ganzer Körper drängt stürmisch dem Wind entgegen, unbändig und stolz, ihre mächtigen Flügel scheinen das unbezwinglich Triumphierende zu symbolisieren, man darf in dieser Skulptur zu Recht auch eine künstlerische Überhöhung des Sieges des Themistokles über die Perser sehen.

Nach Salamis gibt Xerxes auf, sein Heer zieht ab, nur ein kleiner Teil überwintert in Thessalien. Seiner Bundesgenossin Artemisia trägt der Großkönig ihre Privatfehde mit König Clamasithymus nicht nach. Xerxes stellt resigniert fest, bei Salamis wären seine Männer nichts anderes als Weiber gewesen, Heldenmut dagegen hätten nur die Frauen bewiesen. Äschylos präsentiert in seiner Tragödie »Die Perser« dem Großkönig noch eine Nutzanwendung:

»Dem Übermut entblüht die Ähre ›Schuld‹,
Und davon schneidest du die Ernte ›Tränen‹.«

Der Ruhm des Themistokles war durch nichts mehr zu steigern. Er hatte alles auf eine Karte gesetzt, und die Karte hatte gestochen. Die Athener freilich konnten es nicht verwinden, daß sie, um diesen Sieg zu erringen, ihr ganzes Land, die Stadt, die Akropolis der Vernichtung hatten preisgeben müssen. So wurde Themistokles nicht nur zum strahlenden Sieger von Salamis und Retter des Vaterlandes, sondern auch zum Sündenbock für die Verwüstung Attikas. Sein Einfluß in Athen schwand, und als er – wiederum weit vorausschauend – die Bürger beständig darauf hinwies, daß der Feind der Zukunft jetzt nicht mehr Persien sei, sondern das mächtig aufholende Sparta, setzten es seine persönlichen Feinde durch, daß er verbannt und schließlich als Hochverräter geächtet und für vogelfrei erklärt wurde.

Themistokles mußte zu den Persern fliehen, den Großkönig um Schutz und Gnade bitten. Er wurde am Hof des Achämenidenreiches mit größten Ehren aufgenommen, der Herrscher übertrug ihm die Verwaltung einer Reihe ionischer Städte in Kleinasien. Der überragende Feind und Bezwinger der Perser wurde zum Vasallenfürsten des Großkönigs – eine der unzähligen Varianten, mit denen sich der »Dank des Vaterlandes« seit alters maskiert. Im Jahre 459 v.Chr. starb Themistokles, derjenige Mann, der Athen in eine Seemacht, der es in einen demokratischen, in einen modernen Staat verwandelt hatte. Sein Entschluß, die Griechen auf das Meer hinaus zu zwingen, war nicht mehr rückgängig zu machen und zu widerrufen.

Handel zur See

Das unvergleichliche Format des Staatsmannes und Seestrategen Themistokles prägt sich um so markanter aus, je mehr uns die Zeit von seinem Jahrhundert trennt. Sein politisches Konzept und der Sieg über die persische Mammutflotte sind in der Tat so außergewöhnlich, daß sie auch durch eine genauere Inspektion der altüberlieferten, vielgerühmten, tatsächlich aber nicht vorhandenen griechischen Meeresfreudigkeit nicht zu schmälern sind.

Seit der Homo sapiens aufrecht über die Erde geht, kann er auch schwimmen, er kann sich ebenso mit Hilfe von Hölzern oder aufgeblasenen Häuten auf dem Wasser fortbewegen. Vom Prinzip des vorsichtigen Entlangtastens an den Küsten hat sich zum erstenmal das Volk der Sumerer in Vorderasien gelöst – vor gut 5000 Jahren. Sie riskierten schon Fahrten aufs freie Meer, sie überquerten die See in östlicher Richtung, zur Küste Indiens. Das Wechselspiel zwischen Induskultur und Sumerern entwickelte sich vor allem auf diesem Weg über den Ozean, quer durch das heutige Arabische Meer.

Um das Jahr 2350 v. Chr. begründete der Priesterfürst Sargon eine Dynastie in Mesopotamien, etablierte das erste Großreich der Geschichte. Sargon hatte mit seinen Kriegerscharen die arabischen Steppengebiete südwestlich des Euphrat verlassen. Sein Heer eroberte die angrenzenden sumerischen Stadtkönigtümer, stürmte die Metropole Uruk und drang entlang des Euphrats bis zum Meer, dem Persischen Golf. Das Reich Sargons, zentriert um das Zweistromland von Euphrat und Tigris, grenzte im Westen an den »Zedernwald und das Helle Gebirge am oberen Meer«, wie man auf den Keilschrifttafeln lesen kann. Es dehnte sich also über Syrien hinweg bis an die Grenzen des Libanon am Mittelmeer. Im Norden erstreckte es sich bis Kleinasien, im Osten bis zum Zagrosgebirge.

Sargons Dynastie beherrschte von der Hauptstadt Akkad aus ein Riesenreich, nach den damaligen Begriffen ein Weltimperium. Dementsprechend bezeichneten die Herrscher ihren Staat auch selbst als die »Welt«, sie waren Gebieter über die »Länder des Sonnenuntergangs« und ließen sich als »Könige der vier Weltgegenden« titulieren.

Das Großreich von Akkad grenzte an zwei Meere. Sargons Nachfolger betrieben einen regen Handelsverkehr über See, die akkadischen Schiffe fuhren durch den Persischen Golf und querten die Straße von Hormos, hier wurden die Vorsteven ostwärts gerichtet, die Schiffe passierten den Golf von Oman und steuerten die Mündung des Indus an. Die Handelsgüter, die in der Hafenstadt Lagasch am Tigris gelöscht wurden, bestanden vor allem aus Edelhölzern wie Teak- und Ebenholz, aus Kupfer, Gewürzen, Dioritgestein für Statuen, Schildpatt, Weihrauch, Gold und Silber, Elfenbein, Seide, Edel- und Halbedelsteinen.

Der Warenverkehr und Kulturkontakt zwischen den Bewohnern Mesopotamiens und Indiens verlief völlig friedlich. Maritimes Interesse verdient er lediglich wegen dieses ersten geschichtlichen Zeugnisses für den Entschluß von Seefahrern, sich verhältnismäßig frei zu machen von der strikten Bindung an die Küste, sich zu lösen vom festen Halt des landbegrenzenden Horizonts, also über den Ozean vorzudringen, zu Schiff größere Strecken zu überwinden und fernerliegende Küsten anzusteuern.

Minoer und Phönizier

Friedlich war auch das Seereich, das zu Beginn des zweiten vorchristlichen Jahrtausends von der Insel Kreta aus im östlichen Mittelmeer entstand. Zwei Griechen, der Weltreisende Herodot und der Historiker Thukydides, haben später davon berichtet. Sie bezeichnen die Herrschaft des sagenhaften Königs Minos in Knossos auf Kreta als eine »Thalassokratie«, als eine »Meeresherrschaft«. Dieses Imperium hat den kulturell-wirtschaftlichen Mittelpunkt des Ägäischen Meeres gebildet. Allerdings stützte es sich politisch nicht auf eine maritime Macht im modernen Sinn. Die Schiffe des minoischen Reiches waren nicht Teil einer schlagkräftigen Kriegsflotte. Die Minoer waren ausschließlich am Handel interessiert, so wie auch die Schiffe der ägyptischen Pharaonen zur selben Zeit. All diesen Völkern, den Kretern, Ägyptern, auch wenig später den Phöniziern, ging es um friedlichen Tausch von Waren. Nur deshalb wagten sie sich auf die See.

Die ersten »Seeschlachten«, von denen wir wissen, sind bewaffnete Auseinandersetzungen zwischen den Ägyptern und Völkern des nördlichen und östlichen Mittelmeers gewesen, bei denen die Schiffe eine mehr zufällige Rolle gespielt haben. Diese »Seevölker« versuchten zu Beginn des 12. vorchristlichen Jahrhunderts in die Nilmündung einzudringen. Um wirkliche Seeschlachten handelte es sich bei diesen Kämpfen nicht. Die Ägypter wehrten vom Land aus die Invasionen ab. Pharao Ramses III. postierte seine Truppen an den Ufern, von dort aus griff er die fremden Schiffe an. Die Ägypter konnten sich durchweg behaupten, die feindlichen Boote wurden wie »wilde Vögel« abgefangen – so meißelten es die Sieger stolz in den großen Totentempel des Pharao in Medinet Habu ein, am linken Nilufer, gegenüber von Luxor.

Um 1400 wurde Kreta von den griechischen Achäern erobert. Die neuen Herren zerstörten Knossos und die übrigen minoischen Städte und Paläste, das minoische Handelssystem allerdings wurde von ihnen übernommen wie ein gut funktionierendes Gebrauchswerkzeug. Das Mittelmeer als einheitliches Ganzes wurde aber erst zweihundert Jahre später von den Phöniziern in ein geschlossenes Reich des Seehandels verwandelt. Von Sidon und Tyrus, den wichtigsten Häfen und Mutterstädten der phönizischen Kolonisation an der Ostküste des Mittelmeers im heutigen Libanon, drangen sie bis über die Straße von Gibraltar hinaus.

Die Wirtschaftsexpansion der Phönizier hatte ein grundsolides Fundament: Der Libanon besaß das beste Holz für den Bau von Schiffen. Kaum weniger überzeugend waren auch ihre Ziele des Seehandels. In der damaligen Zeit gab es für die Herstellung der Bronze kein wichtigeres Metall als Zinn. Und beides fand sich nirgends so reichlich wie im Süden Spaniens. Die Stadt Tartessos, die es durch ihren Metallhandel zu einem enormen Reichtum gebracht hatte, zog die Phönizier magisch an. Sie gründeten in ihrer Nachbarschaft die Niederlassung Gades, das heutige Cádiz, eine der ältesten kontinuierlich bewohnten Städte Europas.

Die Phönizier errichteten entlang den Küstensäumen des Mittelmeers an allen wichtigen Stellen Häfen, Faktoreien, Stützpunkte, unter anderem auch Karthago. Dabei handelte es sich durchweg um die üblichen Stationen auf den Handelsrouten. Sie waren grundsätzlich durch nichts unterschieden von den Oasen, Karawansereien und Gasthäusern des Landhandels. Auch die Seefahrten der Phönizier verliefen fast durchweg in Sichtnähe der Küste, gleichgültig, ob sie ihre Städte in Sizilien, Sardinien oder Nordafrika gründeten. In den Atlantik stießen sie nur durch Zufall vor, genauer gesagt: sie wurden hinausgestoßen, ganz gegen ihren Willen. Ein Sturm verschlug etliche Schiffe in das fremde, bedrohliche Meer: »Nachdem sie viele Tage umhergeirrt waren, gelangten sie schließlich an eine durch ihre Größe bemerkenswerte Insel mitten im Ozean. Sie ist von Afrika für die Schiffahrt nur einige Tagesreisen entfernt«, so erzählt der griechische Geschichtsschreiber Diodoros im ersten Jahrhundert vor Christi Geburt. Es handelte sich um die beiden Inseln der Madeiragruppe. Wegen des ausgeglichenen milden Klimas und ihrer Schönheit rühmte sie Plutarch, der griechische Philosoph und Historiker, als die »Inseln der Seligen«, der mythische Aufenthalt der Glückseligen im Jenseits.

Phönizische Schiffe erreichten wahrscheinlich auch die Kanarischen Inseln. Sie sollen sogar vom Roten Meer aus den ganzen afrikanischen Kontinent umfahren haben, eine seemännische Leistung, deren Größe uneingeschränkte Bewunderung verdient und ebenso uneingeschränkte Zweifel an der Glaubwürdigkeit dieses Berichts weckt. Er stammt von Herodot, einem Gewährsmann, der viel zu phantasievoll war, als daß er sich damit abgemüht hätte, immer genau zwischen Faktum und Fabel zu unterscheiden.

Das gefräßige, feindliche Meer

Akkader, Kreter, Ägypter, Phönizier – sie alle fuhren zur See wegen des Handels, sie betrieben den Warenverkehr der See zum Trotz, sie waren Kaufleute, die sich vom Wasser nicht abschrecken ließen. Aber sie waren keine See-Leute, keine Männer, denen das nasse Element vertraut ist wie eine Mutter. Erst den Griechen wurde das Meer auch zu einer politischen Größe, nicht mehr nur zu einer rein wirtschaftlichen, wie all diesen frühen Pionieren des Handels auf dem Wasser. Allerdings: Auch die Griechen waren und blieben ein Volk des Landes. Immer erfüllte sie das Meer mit Abneigung, Mißtrauen, unverhüllter Angst.

Die gewaltigen Dichtungen Homers sind atemberaubende Gesänge auch von der Größe des Meeres, doch es wird hier nicht gefeiert, nicht verherrlicht. Homer dichtet von der See als einem Element, an dem sich das Heldentum des Menschen, seine Tapferkeit, seine Leidensfähigkeit bewährt. Das große Wasser selbst bleibt eine feindliche Macht, die im Menschen nur Grauen und Entsetzen hervorruft.

Die Griechen konnten in den Elementen nichts entdecken, was Anlaß gewesen wäre, sie auf das persönliche Wohlbefinden zu beziehen. Die Hirten litten in der regenarmen Sommerzeit bis zur Verzweiflung unter der Sonne eines gehässigen Himmels, die unerbittlich alles Gras der Weiden verbrannte. Die Frauen der Fischer haßten die Fahrten der Männer hinaus aufs Meer; sie wurden nur aus Not gewagt, wegen des Hungers. Sie haßten das endlose Warten, das Bangen auf ihre Rückkehr. Für diese Frauen daheim waren die Männer auf dem Meer keine wirklich existierenden Männer, sondern gerade noch Erinnerungen. Und viele kamen niemals zurück.

Freilich, das Meer gab Nahrung, aber die Fische wuchsen nicht, wie die Früchte des Landes reiften. Man mußte sie dem Meer entreißen, und dieses Meer war tödlich, es war ein gefräßiges, mordendes Meer. Der adlige Grieche, und dann jeder Hellene, der es zu nur mäßigem Wohlstand gebracht hatte, verachtete den Fisch als eine Speise, die nur in äußerster Not gegessen wird; er war kein schickliches Gericht, wie uns Homer belehrt.

Selbst die Götter schätzten Poseidon mit seinem gefährlichen Dreizack nur aus respektvoller Entfernung. Dieser Bruder des Zeus, der ursprünglich selbst ein Landgott war, hatte mit ihrem eigenen Leben kaum etwas Gemeinsames. Dem Okeanos soll zwar in Urzeiten jeder Gott und jede Göttin entsprungen sein, aber Poseidon selbst sticht von ihnen allen dadurch ab, daß sich bei ihm kaum ein maßvoller Zug findet. Er ist ein Gott des Grollens, er ist der »Erdumgürter, der Erderschütterer«, voller Düsterkeit, dem Wesen der Griechen so fremd, daß er ihnen kaum wie ein Gott vorkommt, sondern wie eine dämonische Übermacht.

In der »Odyssee« kommt Hermes – der Wegegott und Bote der Himmlischen – zur Nymphe Kalypso und erklärt ihr, daß er sich nur wegen des ausdrücklichen Befehls von Zeus persönlich auf die

Reise gemacht habe und ihr seine Botschaft überbringe: »Denn wer würde freiwillig den Weg durch die unermeßlichen Fluten des salzigen Meeres durchlaufen?« Wenn es schon den Göttern als eine Zumutung erscheint, sich auf See zu begeben – wie sollten dann erst die schwachen Menschen eine Lust darin entdecken?

Die »Odyssee« strotzt nur so von Klagen über »die große Wüste des Meeres«, über seine Schrecken, seine Dunkelheit. Des Jammerns über das grausame Schicksal des Odysseus ist kein Ende, des Schicksals nämlich, daß er diese schwarzen Wogen, die »ungeheuren Gewässer«, »des unermeßlichen Meeres furchtbare Flut durchfahren muß«. Nach einem Schiffbruch treibt er halbtot auf die Küste zu: »Grauenvoll donnerte dort an dem schroffen Gestade die hohe, fürchterlich sprudelnde Brandung, und weithin spritzte der Meerschaum.« Während eines Sturmes hadert der ›göttliche Held‹: »Wär' ich doch auch vor Troja gestorben. Da wär' ich jetzt rühmlich bestattet. Aber nun ist mein Los, des schmählichen Todes zu sterben!« Ein unbestatteter Leichnam, ein Toter, nicht bedeckt von Erde: für den Griechen dieser Zeit, den frommen Griechen gibt es nichts Grausigeres, es ist ein Frevel an den Göttern. Die Angst, zu ertrinken und dann als Toter kein Grab in der Erde zu finden, zeigt die religiöse Dimension des griechischen Abscheus vor dem Meer.

Im September 406 v. Chr. glückt den Athenern während des Peloponnesischen Krieges bei den Arginusen, südöstlich von Lesbos, der letzte Sieg über die spartanische Flotte. Es war nach Salamis die größte Seeschlacht der griechischen Geschichte. Trotzdem wurden die sechs verantwortlichen Feldherren – unter ihnen auch der Sohn des Perikles – in einer Art Kriegsverbrecherprozeß zum Tode verurteilt. Die athenische Volksversammlung warf ihnen vor, sie hätten sich nicht um die Schiffbrüchigen gekümmert und vor allem die Leichen der Ertrunkenen der See überlassen, so daß sie nicht begraben werden konnten. Der griechische Mensch gehört als Toter in die Erde und nicht in das Meer, nicht in die »stygischen Gewässer der Tiefe«.

Der Prozeß und die Todesurteile waren aus heutiger Sicht unverständlich. Die Nauarchen hatten nicht nur gesiegt, es war ihnen auch gelungen, die Flotte aus dem heftigen Sturm zu retten, der am Ende des Gefechts losbrach. Aber kein Argument hatte in diesem Prozeß Gewicht, die Feldherren wurden hingerichtet. Die griechischen Admirale haben diese Lehre nicht vergessen. Noch Jahrzehnte später wurde nur so lange gekämpft, bis der Sieg errungen war; dann wurden schleunigst die eigenen Toten geborgen, statt die fliehenden Schiffe des Feindes zu verfolgen und die ganze Flotte zu vernichten.

Die größten aller Qualen widerfahren dem »edlen Dulder« Odysseus auf dem Meer und durch das Meer. Nicht nur deshalb, weil ihn Poseidon wegen der Blendung seines Sohnes Polyphem unerbittlich mit seiner Rache verfolgt. Das Meer selbst ist der Gegner, und der Ruhm des Odysseus beruht auf der Standhaftigkeit gegenüber diesem Feind; nicht also, weil er das Meer besiegt hätte, sondern weil er seinerseits von ihm nicht besiegt worden ist, obwohl er »auf dem Meer so viel unnennbare Leiden erduldet« hat. Wenn jemals, dann sind es die Griechen gewesen, die prototypisch gezeigt haben, daß der Mensch ein Wesen des Landes ist, der Erde – gerade weil sie nicht in einem kontinental geschlossenen Bezirk gelebt haben.

Das Inselreich der Ägäis

Die Heimat der Griechen ist eine Halbinsel. Die wichtigsten Küsten Griechenlands, die Küsten des Lichts, umringen ein Meer, das durchsprenkelt ist mit Hunderten von Inseln. Im Grunde sind diese Eilande nichts anderes als Tüpfelchen verhinderten Festlandes, und man könnte glauben, die Griechen hätten eine Ahnung davon gehabt, daß es sich bei ihren Inseln tatsächlich um die Reste eines alten Festlandes handelte, das vor einer Million Jahren abgesunken war. Deshalb bildete die Erdenwelt der Griechen eine Inselwelt, deshalb erschien ihnen das Ägäische Meer nur wie ein Fehltritt der Natur.

Dieses Meer dehnte sich östlich der griechischen Küsten bis nach Kleinasien. Seine Wasser schätzten sie nicht als vergnüglichen Tummelplatz, sie bildeten vielmehr ein lästiges, ein gefährliches Hindernis, das genauso überwunden werden mußte wie eine Schlucht, die den Landweg unterbricht. Wer sie überqueren will, muß eine Brücke bauen. Die griechischen Schiffe waren solche Brücken. Die führende Macht der klassischen Zeit, die Athener, bezogen zwar die Inseln in ihre politische Ordnung ein, aber nur gezwungenermaßen. Die Verbindung zu ihnen über See war eine naturbedingte Nötigung, die Existenz des Meeres eine Zumutung. ›Lieblich‹ waren immer nur die Küsten, die Gestade. Das größte Maß an positiver Bewertung findet sich in einem doppelsinnigen Respekt, so wie es Thukydides feststellt: »Groß ist die Gewalt des Meeres!«

Fassungslos starrt Odysseus auf das Inselvolk der Phäaken. Was sind das für Menschen, die keinen Sinn haben für das Land, für Viehzucht und Ackerbau! Nein, Wasser und Häfen sind ihre ganze Lust. Ein solches Vergnügen kann nichts mit Irdischem zu tun haben. Kein Wunder, Poseidon sagt es selbst: »Sie sind von meinem Blut gezeugt!« Die Phäaken sind das einzige echte Seefahrervolk der Alten, und deshalb ist ihr Dasein auch rein mythischer Natur, eine Erfindung des Dichters Homer: »Sie bekümmern sich nur um schnelle, hurtige Schiffe, um über die Meere zu fliegen. Denn dies gab ihnen Poseidon. Ihre Schiffe sind flink wie Flügel, und beschwingt wie Gedanken. Masten und Ruder und gleichgezimmerte Schiffe sind ihre Freude.«

Die griechischen Dichter haben zwar ein Empfinden für die Schönheit der gleichmäßig schwingenden Riemenreihen der Dieren und Trieren, sie erinnern an große Vögel, die in ähnlicher Manier durch die Lüfte segeln. Aber das Volk selbst hält nichts von solchem Fliegen über die Meere. Die Griechen sind keine Seefahrer, sie sind Inselhüpfer. Argwöhnisch tasten sie sich an den Ufern entlang, springen von Insel zu Insel, einzig interessiert am maritimen Brückenschlagen. Der Grieche akzeptiert das Meer eigentlich nur dort, wo sein Horizont deutlich von einer Insel unterbrochen wird. Das griechische Wort für Meer heißt *pontos*, es ist verwandt mit dem Ausdruck *patos* = Pfad und dem lateinischen Wort *pons* = Brücke.

Die ägäische Inselwelt wurde nicht als Folge eines maritimen Expansionswillens zum griechischen See-Imperium verwandelt, sondern wegen des Zwanges zum Handel, zur Kolonisation, um den Bevölkerungsdruck zu lockern. Die Seeherrschaft der Griechen beschränkte sich weitgehend auf das östliche Mittelmeer – teils wegen des Inselreichtums, teils wegen der günstigen klimatischen Bedingungen. Die Etesien sind zwar weit kräftiger als die ›lauen Lüfte‹ heiterer Frühlingsdichter, sie bewirken eine steile See, aber diese Winde zeichnen sich aus durch ihre Beständigkeit, sie sind so gleichmäßig wie die Meeresströmungen, welche die Ägäis konstant umkreisen. Die Griechen kennen jede Strömung, alle Winde; jede Insel ist eine Orientierungshilfe, ein Seezeichen, ist schützender Hafen, ein Ort der Sicherheit, zu dem die Schiffe rasch fliehen können. Praktisch läßt sich dort von jeder Küste eine Gegenküste sehen, die Inseln sind in den Hauptgebieten nirgends weiter voneinander als 22 Seemeilen entfernt, es besteht immer Sichtweite. Das westliche Mittelmeer bleibt ein fremdes Gebiet, es ist unheimlich, ist zu groß. Selbst nach Sizilien, ihrer größten Kolonie im Westen, besteht fast eine Landverbindung. Von der Insel Korkyra nach Kalabrien im Süden Italiens, also von Küste zu Küste, mußten die Schiffe nur wenig mehr als 50 Seemeilen zurücklegen. Vor allem aber: bei normalem Wetter bestand auch hier Sichtweite von Land zu Land. Ein Meer ohne Inseln verkörperte nahezu den Schrecken schlechthin. Die inselarme See begann jenseits der Ägäis. Deshalb die eiserne Regel der alten Schiffer: »Umrundest du Kap Malea, so vergiß, was daheim ist!«

Ahnungen von der politischen Dimension des Meeres

Der Westteil des Mittelmeeres war überdies seit der phönizischen Gründung von Quart-Hadascht (Karthago) eine Domäne der Karthager, zumal seit den Unternehmungen ihres mächtigen Herrschers Mago im 6. vorchristlichen Jahrhundert. An der Ausdehnung Griechenlands und Karthagos und dem Zusammenstoß dieser Mächte zeigt sich erstmals in der Geschichte, daß ein politisches Gemeinwesen, das Meeresküsten besitzt, seine Herrschaftsansprüche nur halten kann, wenn es sich auf See durchsetzt und behauptet.

So notgedrungen sich die Griechen aufs Meer hinaus begeben, so eindrucksvoll bedienen sie sich schon wesentlicher Elemente der Seeherrschaft. Bereits bei ihnen zeichnet sich ab, daß politische

Normen sich durch nichts so substantiell verändern wie durch den Kampf um die Beherrschung des Meeres. Das wird am offenkundigsten im Verhältnis der Seemacht Athen zur Landmacht Sparta. In seinem ungeheuren Ringen während der Jahrzehnte des Peloponnesischen Krieges entwickelt Athen politische Kategorien, deren Dimensionierung sich nur aus der Situation einer Seemacht ergeben konnte.

Diese Möglichkeit hatten die Athener den Perserkriegen und Themistokles zu danken. Die Besessenheit, mit der Themistokles das Meer ins politische Kalkül einbezog, hatte in Athen zur Modernität seiner Staatsstruktur geführt. Die Bürger waren von ihm dazu überredet worden, aus dem Ertrag der neu entdeckten Silberminen von Laureion die erste geplante staatliche Seerüstung zu finanzieren. Laureion lag in der Nähe von Kap Sunion.

Daß die Athener diesem Projekt zustimmten, weil sie sich der mysteriösen Überzeugungskraft ihres großen Staatsmannes nicht entziehen konnten, das garantierte die Wendung Athens vom Land zum Meer. Revolutionär daran war nicht der Sieg über die griechische Antipathie gegen die See, sondern die Veränderung der bisher gültigen Richtmaße. Der Adel war zutiefst schockiert, daß Themistokles den stolzen Männern der Polis die altehrwürdigen Waffen – das Schwert, die Lanze, den Schild – geraubt und sie dazu degradiert hatte, sich auf die Ruderbänke der Trieren zu setzen und auf Kommando im Gleichtakt die Riemen zu bedienen. Solcher Drill war bis dahin eine Sache der Niedersten gewesen, der Sklaven und anderer Unwürdiger, es war ein entehrender Dienst. Der Adel hatte mit seiner Opposition recht, er hatte genau begriffen, worauf Themistokles hinauswollte. So löste sich auch tatsächlich der Feudalismus des athenischen Staates im Rhythmus der Ruderschläge auf, Athen entwickelte sich zu einem Staat aller Bürger, ja zu einem Volksstaat. Flottendienst wurde seit Salamis zu einem Ehrendienst, Dienst nicht nur für die Größe und Macht des Gemeinwesens, sondern auch Dienst für seinen Bestand.

Auch das gehört zum weltgeschichtlichen Rang der Seeschlacht von Salamis. Ihr Stellenwert wird nicht bestimmt von der Überzeugung aller Griechenlandverehrer, für die schon seit langer Zeit Europa bei Salamis von einem heldenmütigen Athenerhäuflein vor dem Einbruch Asiens und dem Schicksal tiefster Barbarei gerettet wurde. So wie später ähnlich durch Karl Martell 732 n. Chr. in der Schlacht zwischen Tour und Poitiers vor der Vernichtung durch die islamischen Araber oder im Jahre 1241 durch die deutschen Ritter und Siedler in der Mongolenschlacht bei Liegnitz, wiederum vor einem asiatischen Ansturm, bei dem die »Steppenhorden« nichts anderes im Sinn hatten, als die Kultur des Abendlandes – die es damals bestenfalls erst als Verheißung gab – zu vernichten. Die Perser des Achämenidenreiches waren damals nicht zufällig die Herren der Welt. Kein Volk, keine Dynastie verhielt sich so großzügig gegenüber anderen Völkern und ihren Lebensformen wie die Perser, kein Volk auch bewunderte schon damals die hellenische Kultur mit so wenig Vorbehalten. Das sollte man nicht unterschlagen wegen der Tatsache, daß der Sieg von Salamis den attischen Bürger als politischen Menschen schlechthin bestätigte. Salamis löste die unwiderrufliche Nobilitierung des Volksganzen der Polis aus.

Daß sich diese Erkenntnis in Athen nur allmählich durchsetzte, unter Wirren und Verwirrungen, unter zahllosen Opfern, zu denen Themistokles nicht als letzter gehörte: das alles ändert nichts an dem Faktum selbst. Die klassische Demokratie der Griechen war das Ergebnis ihres Ausgriffs auf das Meer, die Folge nicht einer Landnahme, sondern einer Seenahme.

Epoche des Regenbogens

Repräsentant dieser gleichen Demokratie, des souveränen Volkes, war auch der zweite große Staatsmann Athens, Perikles. In seiner

»Groß ist die Gewalt des Meeres!« Der Sturm, Gemälde von Willem van de Velde d. J. (1633–1707)

Folgende Seite, oben: Im Gleichtakt die Riemen bedienen...; attische Triere aus dem 4. Jahrhundert v. Chr.

Unten: Ein Meer, durchsprenkelt mit Hunderten von Inseln – Blick von der griechischen Insel Ios

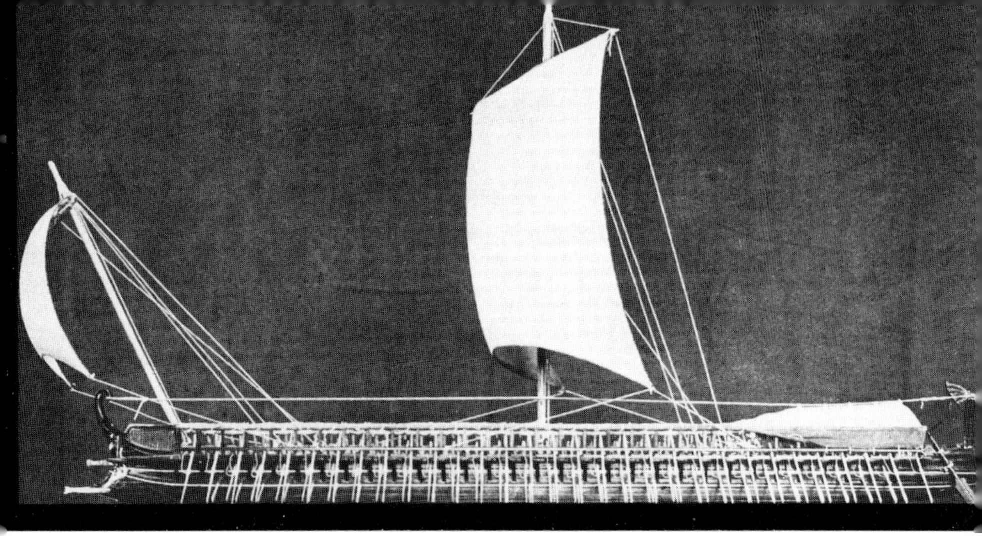

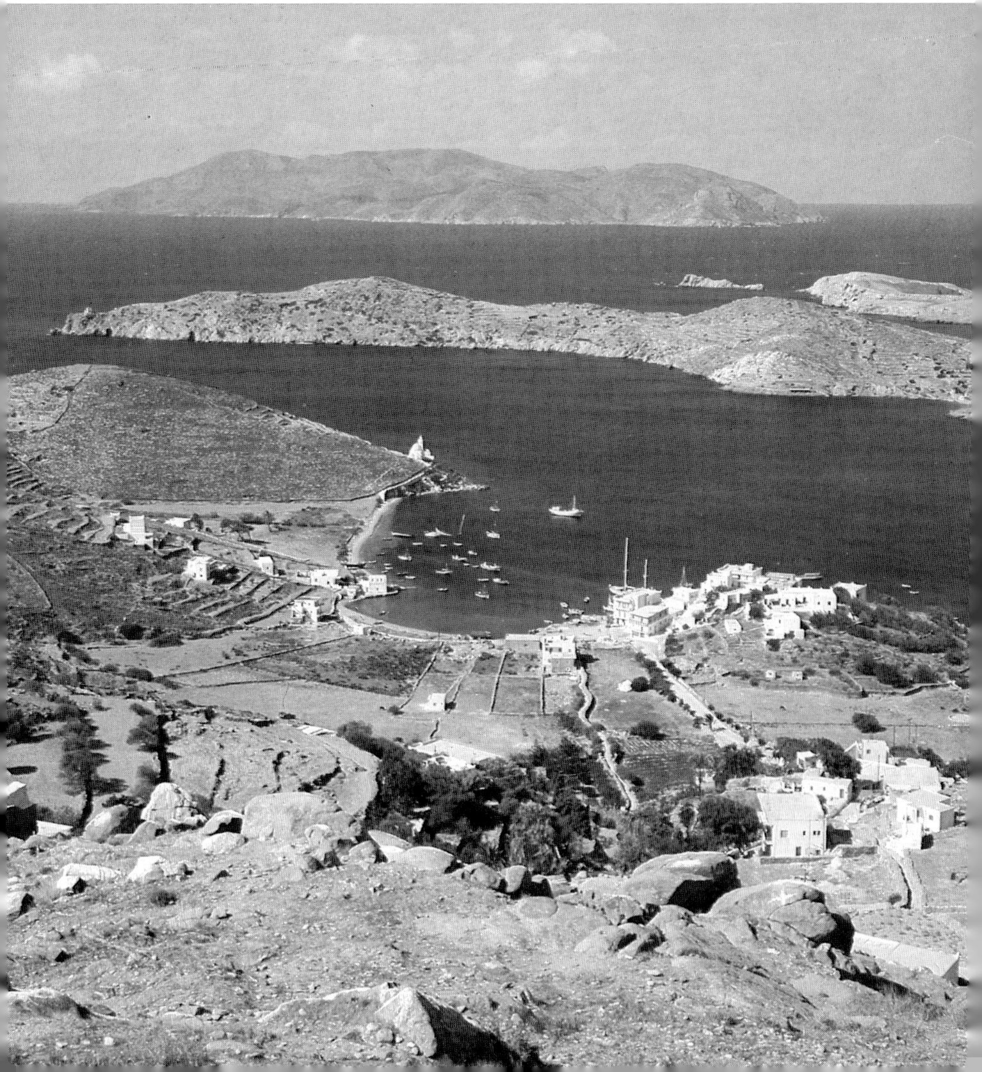

Persönlichkeit verkörpert sich augenfällig das glücklichste Säkulum der griechischen Geschichte. Während des fünften vorchristlichen Jahrhunderts kulminierte in Hellas alles, was eines Aufschwungs fähig war, und doch war es auch die unglücklichste aller Zeiten. Von den Perserkriegen bis zum Zusammenbruch Athens am Ende des Peloponnesischen Krieges, der um so fürchterlicher war, als er nicht mit dem erlösenden Tod endete, sondern in einem quälend langen Röcheln – es war eine Zeit feenhaften Glanzes, eine Epoche, in der alle Eigenschaften des Menschen aktiviert wurden, die guten und die schlechten, es war ein Jahrhundert, in dem die Griechen die Apotheose ihrer selbst vollzogen um den Preis restloser Erschöpfung.

Kein Jahrhundert ihrer Geschichte pendelt so sehr zwischen Extremen, keine Epoche war weniger harmonisch und leidenschaftslos als diese; niemals wurde eindrucksvoller demonstriert, was Janusköpfigkeit heißt. Man wird diesen permanenten Aderlaß, den sich ein Staat zufügte, nur schwer begreifen und kaum rechtfertigen können. Nicht zufällig lief die Vollendung der attischen Demokratie mit der endgültigen Ausformung von Tragödie und Komödie parallel.

Am reinsten versammelten sich die griechischen Eigenschaften und Widersprüche in Perikles. Über den Jahren seiner Regierung liegt ein Goldglanz, hängt der beklemmende Duft welkender Blüten, die Farben sind von jener intensiven Leuchtkraft, die nur einen Moment anhalten kann, um dann ins Schillern und Vergehen umzuschlagen. Das Jahrzehnt scheinbarer Stabilität und ungebrochener Macht, das er Athen bescherte, trug bereits Auflösung und Ende in sich. Athen hatte die Hegemonie errungen, es war durch die Perserkriege groß geworden und nützte, wie alle Kriegsgewinnler, jede Chance aus.

Sein großer Erfolg war der Delisch-Attische Seebund, zu dem sich 477 v. Chr. die Insel- und Küstenstädte der Ägäis vereinigten. Es war der erste Zusammenschluß in der griechischen Geschichte, der die Grenzen der einzelnen Poleis überspannte. Athen konnte ferner seine Kriegsmarine ohne weiteres in die größte Handelsflotte des Mittelmeers verwandeln, während Sparta, der Gegenspieler, Agrarstaat blieb und machtmäßig immer stärker ins Hintertreffen geriet. Mit einem Schlag war Athen zum Mittelpunkt der damaligen Welt geworden. Die wirtschaftliche Hausse zog eine ganze Invasion von Gebildeten und Künstlern nach sich, die schlechthin »die Kultur« repräsentierten. Die Ausschmückung der Polis mit Bauten und allen Zeugnissen der bildenden Künste erreichte einen nie geahnten Umfang, ungeheure Summen flossen in die Metropole – die Hauptlast trugen die verbündeten Stadtstaaten, die mehr oder minder unverhüllt ausgebeutet wurden. Haß, und damit Krieg, Bürgerkrieg, war die unausweichliche Folge.

Perikles hat die Ausweglosigkeit der Situation genau erkannt: »Ihr habt eine große Polis und ein noch größeres Ansehen. Ihr müßt euch dessen würdig zeigen. Die Hälfte der Welt ist euer – das Meer! Wenn ihr die Mühen der Herrschaft scheut, dann maßt euch keine ihrer Ehren an. Ja«, rief er den Athenern zu, »wir sind so verhaßt wie alle, die es jemals unternommen haben, über andere zu herrschen. Aber um großer Ziele willen muß man sich entschließen können, beneidet zu sein. Ja, unsere Herrschaft ist tatsächlich eine Tyrannis, aber selbst wenn es unrecht sein sollte, sie ergriffen zu haben, so liegt es gar nicht mehr in eurer Hand, darauf zu verzichten – denn dann käme über euch die Rache!«

Zweiunddreißig Jahre lang stand Perikles an der Spitze des Staates, nicht ganz zwei Drittel dieser Zeit, nämlich neunzehn Jahre, war Krieg. Man vergißt das mit Vorliebe immer dann, wenn man das Perikleische Zeitalter als einen Gipfelpunkt aller Kultur rühmt. Perikles und mit ihm ganz Griechenland haben sich über die wahre Natur dieser Leistungen nicht getäuscht. Hätte sonst seine berühmte Leichenrede, die er für die ersten Gefallenen des Peloponnesischen Krieges hielt, einen anderen als diesen aufdringlich idealistischen Tenor, diesen offen beschönigenden Optimismus gehabt?

Athen wußte, was es von Perikles erwarten durfte. Von niemandem hat es sich so hingebungsvoll verzaubern und in eine Gloriole des Übermenschlichen einhüllen lassen. Perikles war nicht nur ein Staatsmann, sondern gleichzeitig ein Zustand; das Persönliche deckte sich bei ihm so sehr mit dem Zeitgeist, daß kein Rest überhing.

Freilich war es nur ein kurzer Augenblick in der griechischen Geschichte, aber er war lang genug, um noch Jahrhunderte zu überglänzen.

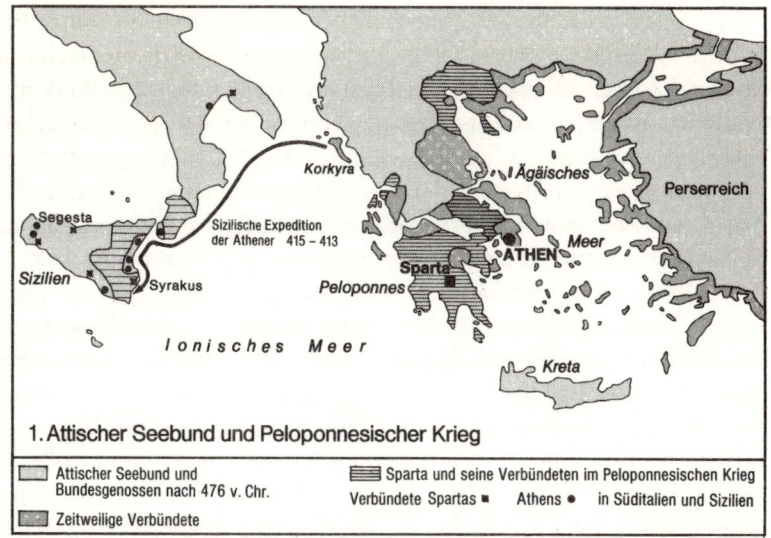

1. Attischer Seebund und Peloponnesischer Krieg

▢ Attischer Seebund und Bundesgenossen nach 476 v. Chr.	▤ Sparta und seine Verbündeten im Peloponnesischen Krieg
▧ Zeitweilige Verbündete	Verbündete Spartas ■ Athens ● in Süditalien und Sizilien

Perikles setzt rücksichtslos den Weg fort, den Themistokles für die Zukunft skizziert hat. Als er an die Spitze der Polis tritt, 461, zwei Jahre vor dem Tod des verbannten und geächteten Themistokles, hat sich die Prophezeiung des Siegers von Salamis schon erfüllt. Der Kampf Athens mit Sparta um die Vorherrschaft ist bereits Realität, verdeckt zwar, noch nicht mit Waffen ausgetragen, aber unbestreitbare Wirklichkeit. Daran ändern alle Vereinbarungen und Friedensschlüsse dieser Jahre nichts, sie vertuschen nur die Fronten, sie sollen über die Rüstungen beider Seiten hinwegtäuschen. Offen bricht der Kampf im Jahre 431 aus. In diesem Peloponnesischen Krieg, der fast dreißig Jahre dauert, wird die klassische Kultur von Hellas gemordet.

Tieferer Grund für den Konflikt sind die beiden gegensätzlichen Konzepte Athens und Spartas. Seit Themistokles kreist die Großmachtpolitik Athens um die maritime Achse. Dem hat Sparta als bewußte und selbstbewußte Landmacht nichts entgegenzusetzen als Mißtrauen, Eifersucht, wachsenden Zorn. Athen zieht durch seinen weiträumigen Handel die entscheidenden Initiativen an sich. Fast alle selbständigen Stadtstaaten – es sind an die dreihundert – gruppieren sich um Athen zu einem Attischen Reich, und dieses Imperium ist nichts anderes als ein systematisch aufgebautes

Seereich, es ist die festgegründete Beherrschung des östlichen Mittelmeers.

Dieser Sachverhalt wurde von einem Experten der antiken Geschichte als die »größte politische Schöpfung« der Griechen gerühmt. Themistokles schuf die Macht Athens auf dem Meer, Perikles dagegen realisierte die Beherrschung des Meeres durch die Polis – mit einer kalten Berechnung, einer Rationalität, die sich brüsk befreit hatte von allem Aberglauben und mythischer Furcht. Er hielt selbst von den Prophezeiungen des Orakels von Delphi nichts, für die damalige Zeit ein Staatsverbrechen. Die Abhängigkeit von solchen Zukunftssprüchen verwarf Perikles als Feigheit, er sah darin nur einen Vorwand, um der eigenen Beurteilung der Lage auszuweichen. »Nicht das Orakel ist zuständig, sondern unsere eigene Vernunft!« Als er einmal mit dem Schiff fahren wollte, verdunkelte sich plötzlich der Himmel, die Sonne verfinsterte sich und verschwand. Der Steuermann erschrak zu Tode und weigerte sich, in See zu stechen. Aber Perikles lachte, hielt ihm den Mantel vor die Augen und fragte: »Ist es nun dunkel?«

»Ja«, antwortete der Steuermann.

»Und du hältst das bestimmt auch für ein Wunder!«

»Nein«, sagte der Steuermann.

»Nun, mit der Sonne da oben ist es genauso. Allerdings ist der Mantel, der sie verfinstert, etwas größer.«

Der Zusammenbruch

Selten waren in einem großen Konflikt die Positionen der Gegner so scharf umrissen. Athen galt schon damals als Vorreiter eines neuen, modernen politischen Lebens. In Sparta dagegen sahen die Griechen einen Hort der überlieferten Werte, der alten Normen, es war noch immer der Staat des altgriechischen Herrenmenschen, und dieser Staat wollte Sparta auch bleiben. Perikles setzte in dem Krieg auf die absolute Übermacht Athens zur See. Sparta dagegen entschied sich für den radikalen Landkrieg.

Zwei Jahre nach Kriegsausbruch, 429, infizierte sich Perikles mit der Pest und lag schon bald auf dem Totenbett. Die Frauen wußten sich in ihrer Verzweiflung nicht mehr zu helfen und hängten ihm ein Amulett um den Hals. Da lächelte Perikles müde: »Es muß wohl sehr schlimm um mich stehen, wenn ich mir solch einen Unsinn gefallen lasse.« Kurz darauf starb er.

Das Ringen mit Sparta blieb bis 421 unentschieden, die Gegner schlossen einen Interimsfrieden. Wenig später begann das Abenteuer der sizilischen Expedition der Athener 415–413. Sie eilten ihrem Verbündeten Segesta gegen Syrakus zu Hilfe, der große Zug endete jedoch mit einer fürchterlichen Katastrophe. Das Landheer wurde vernichtet, die athenischen Geschwader zerschlagen und auseinandergetrieben. Damit waren die Aussichten auf einen Endsieg zu Illusionen verdünnt. Der Attische Seebund verbuchte zwar noch 406 den überragenden Sieg in der Seeschlacht bei den Arginusen, doch schon im Jahr darauf vernichtete der spartanische Feldherr Lysander die attische Flotte bei Aigospotamoi, den Ziegenflüssen auf der europäischen Seite der Dardanellen, gegenüber Lampsakos. Jetzt ist Athen von allen Zufuhren abgeschnitten, die Stadt wird eingeschlossen und muß 404, völlig ausgehungert, kapitulieren.

Athen war besiegt worden, weil es seine Seeherrschaft nicht behaupten konnte, weil es seine Kräfte an Land zersplitterte, weil Sparta selbst auf See gegangen war, also den Athenern ihre entscheidende Waffe dadurch aus der Hand geschlagen hatte, daß es sich derselben Waffe bediente. In der Furcht Großbritanniens vor der deutschen Flottenrüstung in der Wilhelminischen Ära vor dem Ersten Weltkrieg steckte eine Fülle von bedrängenden Erinnerungen an die Lehren des Peloponnesischen Krieges. Sparta war bei weitem nicht so erfahren wie sein Gegner, weniger geschickt und noch weniger phantasievoll in der Seekriegführung. Aber der Erfolg stellte sich allein schon dadurch ein, daß Athens Seemachtmonopol gebrochen wurde und die Polis der spartanischen Verbindung von territorialer und maritimer Aktion nichts Ebenbürtiges entgegenstellen konnte.

Ursprünglich sollte Athen gänzlich zerstört, zu einer Viehweide gemacht werden. Das Problem wurde Anlaß zu einer der sprichwörtlich lakonischen Kurzgespräche. Lysander meldete nach Sparta: »Athen erobert.« Die Antwort lautete: »Eroberung genügt.« Der Sieger ließ allerdings umgehend die Verbindung Athens mit dem Meer zerstören, eine ebenso realpolitische wie symbolische Maßnahme: die vielgerühmten »langen Mauern« zwischen der Stadt und ihrem Hafen Piräus, die Athen zum mächtigsten Seefort des Mittelmeers gemacht hatten, wurden geschleift, bis auf den Boden abgetragen. Themistokles hatte sie erbaut als militärische Sicherung des Verbindungsweges vom Hafen zum Zentrum Athens. Lysander inszenierte für diesen Tag ein Jubelfest mit Tanz, Gesang und Flötenspiel. Athen mußte auch die Reste seiner Flotte ausliefern. Nur zwölf Schiffe durfte es für Polizeidienste behalten.

Die Griechen waren kein Volk des Meeres. Seit Homer und seinen Heldenberichten galten Seefahrt und Seekampf als minderes Geschäft. Das änderte sich trotz Themistokles und Perikles nicht grundsätzlich. Historische Fügung hatte sie hinausgetrieben, nicht freier Entschluß, nicht der Wille, ins Unbegrenzte auszugreifen, die Expansion über den sichtbaren Horizont zu tragen. Nichts findet sich bei ihnen von dem später so faszinierenden Seefahrergeist der europäischen Völker. Seewesen in der Antike war für den Menschen Leid-Wesen. Trotz aller Großtaten auf dem Meer, trotz der ständigen Berührung mit dem Wasser zog sich ihre Antipathie gegen die See gleichbleibend durch ihre ganze Geschichte.
Die Größe der klassischen Antike bestand wesentlich darin, daß der Mensch sein Leben an dem ausgewogenen Maß orientierte, an der Harmonie der Gestaltung, der Schönheit des Proportionierten, der goldenen Mitte des Verhaltens. Das Streben zum Meer und über das Meer hinaus stand deshalb in tiefem Gegensatz zum antik-griechischen Duktus des Daseins. Das Meer war das Unproportionierte schlechthin, das Unbeständige, nicht Gesicherte, Unzuverlässige, Wüste, im Wechsel Bedrohliche. An dieser Auffassung änderte sich auch dadurch nichts, daß die beiden größten Persönlichkeiten jener Zeit, Themistokles und Perikles, politische Momente der Seeherrschaft erkannt hatten, die von der Geschichte nicht vergessen wurden.

2. Kapitel

Unter der Fahne des Propheten

Die Würmer auf dem Holz

Der Kampf um die Herrschaft im mittelländischen Raum war unter der Perspektive ozeanischer Dimensionen der Streit in einem kleinen Binnensee. Mit dem Globus vor Augen müßte man sagen: In einer solchen Pfütze läßt sich nicht schwimmen, sondern nur plantschen. Was aber nützt das dem Seemann, der nicht im luftigen Raum schwebt, sondern sich zu Schiff durch die Wogen müht? Mit Fahrzeugen, die nichts weiter waren als Schaluppen, wenn man sie mit den Schiffen der späteren Zeit vergleicht. Dennoch gehören beide Blickwinkel zusammen, einerseits die Vogelperspektive, andererseits die Plackerei und Schinderei auf See. Das ächzt durch die Jahrhunderte, in ungezählten Seemannsliedern: »Rein in die Hölle und wieder heraus, immer bei Möwen und Haien zu Haus!«

Verschiebungen in diesem Verhältnis zeichneten sich erst gut tausend Jahre später in der Frühzeit des Islam ab. 632 n. Chr. starb der letzte große Religionsstifter der Geschichte, der Prophet Mohammed. Er hatte die Beduinen der Wüsten Arabiens unter einer straffen, monotheistischen Religion vereint, er hatte ihnen – nicht anders als Jesus seinen Aposteln – den Auftrag erteilt, auch der ganzen übrigen Welt seine Lehre zu verkünden und sie zum Islam, der einzig wahren Religion der Menschheit, zu bekehren.

Seit dem Jahr 634, dem Herrschaftsantritt des zweiten Stellvertreters nach dem Tod des Propheten, seit dem Kalifen Omar I. brachen die islamischen Krieger in immer neuen Wellen aus den Einöden des Sandes und der Steine Arabiens hervor. Sie eroberten Syrien und Mesopotamien, stießen nach Ägypten und in den Osten vor, nach Persien. Sie trugen den Dschihad, den Heiligen Krieg der Moslems, in die fernsten Länder, durch ihn sollte das Herrschaftsgebiet des Islam über alle Grenzen hinweg ausgedehnt werden.

Die Expansion erfaßte zunächst die angrenzenden Staaten, fegte die alten Machthaber hinweg, durchquerte die Landstriche, warf mit der gleichgültigen Gewalt eines Orkans alle Widerstände zu Boden. In der ersten Phase handelte es sich um rein territoriale Eroberungen. Den Wüstennomaden war die See fremd. Aber mit derselben rätselhaften Vehemenz, mit der sie ihre Landeroberungen vorantrieben, griffen sie dann auch nach den Meeren. Der entschlossene Kampf des Islam um die Seeherrschaft im Westen lief in zwei Etappen ab: durch Eroberung der nordafrikanischen Küste und all ihren Häfen bis zum Atlantik und gleichzeitig durch den systematischen Aufbau einer eigenen Flotte, deren Stärke und Schlagkraft es mit den damaligen Beherrschern der See aufnehmen konnte.

Die Araber wissen, daß ihre Todfeinde im europäischen Großraum, die Kaiser des Byzantinischen Reiches, allein über Land nicht zu bezwingen sind. Sie sind kein Seevolk, so wenig wie Jahrhunderte später die türkischen Osmanen; das aber kann sie vom Meer nicht abhalten. Im Jahre 640 sind die islamischen Heere schon bis in den Norden Syriens vorgestoßen, sie erreichen die Ostküste des Mittelmeers. Muawiya, der fünfunddreißigjährige Feldherr der Armee und Statthalter des Kalifen, staunt zunächst genauso wie seine Beduinen vor dieser völlig anderen Welt der Häfen und Schiffe. Sie kennen nur Pferde und ihre »Wüstenschiffe«, die Kamele. Doch offenbar wittern sie sofort die elementare Verwandtschaft zwischen der Grenzenlosigkeit der Sandwüsten und der Unbegrenztheit des Meers. Muawiya unternimmt auf den erbeuteten Schiffen erste Aktionen über See.

Als der Kalif Omar von diesen Eskapaden erfährt, bestellt er Muawiya umgehend zu sich und herrscht ihn wegen dieser unarabischen Würdelosigkeit an: »Du hast die Kämpfer des Glaubens wie Würmer auf ein schwimmendes Stück Holz gesetzt!« Kategorisch verbietet der Kalif alle weiteren Abenteuer zu Wasser, und dabei bleibt es bis zu seinem Tod. Sein Nachfolger Osman aber folgt dem Drängen seiner Ratgeber, nicht nur, weil die Wüstensöhne und ihre Führer ein gewaltiges Vergnügen an den »schwimmenden

Hölzern« finden, weil diese Neulinge auf See auch neugierige Neulinge sind, sondern weil tatsächlich nicht zu übersehen ist, daß der Islam das Meer erobern muß, wenn er Byzanz zu Land besiegen will.

Die »Würmer« verwandeln sich über Nacht in Seeleute höchsten Ranges. Die Abneigung gegen das nasse Element, die den Griechen vor tausend Jahren so sehr zu schaffen gemacht hatte, ist ihnen fremd. Der erste Sprung gilt dem Seebollwerk Zypern. Nach einem tastenden Vorstoß 647 wird die Invasion zielstrebig vorbereitet. Die Araber müssen nicht von Grund auf beginnen, denn die Ägypter – koptische Monophysiten – und Syrer sehen in den neuen Herren keine Feinde, sondern begrüßen sie als Befreier von der harten Faust der byzantinischen Despoten. Dogma und Praxis des Islam sagen ihnen weit mehr zu als das oströmische Christentum. So können die Araber mit ihrer Hilfe in kaum zwei Jahren eine Flotte von 300 Schiffen aufbauen. Es handelt sich um den Typ der byzantinischen Dromonen, bis ins zehnte Jahrhundert das gängige Schiff im östlichen Mittelmeer, mit einer Länge von rund 30 Metern etwas kürzer als die alten griechischen Trieren, die zwischen 30 und 36 Meter erreichten. Mit dieser Armada gelingt den Arabern in einer Doppelaktion – von Alexandria und dem Haupthafen Syriens, von Tyros aus – die Landung auf Zypern. Die Insel wird von ihnen 649 erobert. Muawiya, noch immer Statthalter in Syrien, leitet die Invasion persönlich.

Ein legendäres Treffen

Das Jahr 649 gibt den Auftakt zur Eroberung des Mittelmeers durch die Araber, es bildet das herausragende Epochendatum des siebenten Jahrhunderts. Dieser Kampf ist unlösbar an den Namen Muawiyas gebunden. Bis zum Tode des Kalifen Osman 656 bleibt er die beherrschende Figur der ersten Eroberungsphase, er wird Nachfolger Osmans, regiert eineinhalb Jahrzehnte und gründet die machtvolle Dynastie der Omaiyaden. Auch bei den Christen wird er noch lange Zeit als Staatsmann ungewöhnlichen Formats respektiert, im Islam wurde sein »hilm« fast sprichwörtlich, eine

43

Kombination aus Klugheit, Langmut und Nachsicht. In seiner politischen Weisheit hat er den direkten Kampf immer nur als letztes Mittel betrachtet: Warum sollte er gewalttätig werden, solange sich das Ziel mit Güte oder Geld, mit Gnade oder notfalls auch mit Gift erreichen ließ?

Muawiya schickt schon kurz nach der Eroberung Zyperns eine starke Flotte quer durch das Mittelmeer nach Sizilien. Das Geschwader von 200 Schiffen wird von dem Unterfeldherrn Muawiya ibn Hudaidsch geführt, die Araber landen auf der Insel, ohne daß den Byzantinern eine Abwehr glückt, sie plündern die Küstenstriche und treffen schon vier Wochen nach Beginn dieser tollkühnen Raubfahrt wieder in Syrien ein.

Seit der Eroberung Zyperns läßt Muawiya eine neue große Flotte aufbauen, die durch die Ägäis nach Konstantinopel vorstoßen soll. Als Kaiser Konstans II. erfährt, daß die Flotte der Araber in See sticht, und als Muawiya zum gleichen Zeitpunkt eine Offensive im Norden Syriens beginnt, setzt er auf die strategische und taktische Überlegenheit der byzantinischen Geschwader, die bis dahin von niemandem angefochten das Mittelmeer beherrschten. Er fährt ohne Zögern mit seiner ganzen Marine den Arabern entgegen.

Im Frühjahr 655 treffen beide Flotten vor der lykischen Küste aufeinander, an der Südeinfahrt des Golfs von Attalea (heute Antalya) zu Füßen des Berges Phoenix, dem heutigen Tahtah. Das Treffen hat welthistorischen Rang, denn in Muawiya und Kaiser Konstans stehen sich die beiden herausragenden Persönlichkeiten der Zeit gegenüber. Konstans II. ist der letzte Kaiser von Byzanz, der mit unermüdlicher Energie das Reich bis zu den Niederlassungen im äußersten Westen gegen den islamischen Ansturm zu halten versucht.

Die Schlachtflotte Ostroms zählt mehr als 600 Schiffe. Die Araber dagegen verfügen nur über 200 Einheiten. Als sie das Riesengeschwader der feindlichen Dromonen über die Kimm heranrücken sehen, rufen sie den Kriegsrat zusammen. Die Flottillenchefs haben bis jetzt noch keinerlei Erfahrung in Schlachten auf offener See, sie schrecken davor zurück, so tapfer sie sich alle bisher an Land geschlagen haben. Keiner der Kapitäne sieht eine Chance, sich gegen eine solche Übermacht der seeerfahrenen Christen durchzusetzen. Dreimal hintereinander wird abgestimmt, jedesmal ergibt sich eine Mehrheit, die für den Abzug votiert. Nur der Admiral selbst, der frühere Gouverneur von Ägypten, Abdallah ibn abi Sarh, ein Haudegen ersten Ranges, stemmt sich mit einer Handvoll Verwegener wütend gegen die Furcht der »Streiter Gottes«. Als sich die Zauderer durchzusetzen scheinen, schleudert einer der Altgedienten den Koranvers in die Runde: »Wie oft hat nicht ein kleiner Trupp große Scharen vernichtet, wenn Gott es gewährte: Allah ist mit den Standhaften!«

Dieses Prophetenwort zündet, das reißt die Geschwaderführer mit. Flottenchef Abdallah stößt den lauten Ruf aus: »Zu den Schiffen!« Das Signal pflanzt sich durch die islamische Flotte fort, die Kapitäne formieren sich zur Schlacht. Mit dem legendären Fanatismus der arabischen Glaubenskämpfer stürmen sie den byzantinischen Einheiten entgegen, diesem »Wald von Masten«. Die erste Seeschlacht zwischen Islam und Christentum entwickelt sich, die »Schlacht der Masten«, wie sie bald danach mythisch überhöht in der arabischen Überlieferung weiterlebt.

Anfangs kommen die Araber mit der souveränen Manövrierkunst der Byzantiner nicht zurecht. Dann aber entdecken sie ein Gegenmittel, sie massieren ihre Schiffe zu Blöcken schwimmender Festungen und entern von hier aus mit besessener Wildheit eine feindliche Dromone nach der anderen. Gleich zu Beginn des Treffens wird das Flaggschiff des islamischen Admirals von einem byzantinischen Enterhaken erfaßt und an der Kette fortgeschleppt. An Bord befindet sich auch Bursaya, die junge Frau des Admirals. Einer der arabischen Flottillenchefs, Alkanah, erkennt die Gefahr. Nicht allein aus Gründen militärischer Vernunft, sondern auch deshalb, weil er von einer unglücklichen Liebe zu Bursaya verzehrt wird, reißt er sein Schiff herum, durchtrennt die Kette mit einem Rammstoß und rettet das Schiff des Admirals.

Die Todesbereitschaft der Araber glich die numerische Überlegenheit und Seemannskunst der Christenflotte völlig aus. In einem Ringen Bord an Bord, das fast den ganzen Tag dauerte, vernichteten sie die gesamte byzantinische Streitmacht. Nur wenige Galeeren konnten sich retten, auf einem der flüchtenden Schiffe befand sich auch der Kaiser Konstans, verkleidet, zutiefst erschüttert. Nach dem Kampf, abends, wollte der arabische Admiral von seiner

Frau wissen: »Wer war der Tapferste meiner Krieger?« Sofort erwiderte sie: »Derjenige, der die Kette durchbrach!« Als Abdallah starb, wurde Bursaya die Frau Alkanahs. Ebenso beglaubigt wie diese Episode ist die Beschreibung der Schlacht durch einen anderen zeitgenössischen Chronisten: »Der Kampf war so stürmisch, daß Schaum und sprühendes Wasser in dichten Schwaden zwischen den manövrierenden Schiffen wehten, so wie die Wolken von Staub im Gewühl einer Reiterschlacht, und auf der Weite des Meeres färbten sich die Wogen rot von der Masse des vergossenen Blutes.« Nach der Schlacht ließ Abdallah ibn abi Sarh die Leichen der Gefallenen aus dem Meer bergen. Ihre Zahl ging in die Abertausende.

Sprung auf die Inseln

Seit dieser »Schlacht der Masten« wird den islamischen Eroberern der überlieferte Spruch des Propheten absolut verbindlich: »Eine erfolgreiche Seeschlacht ist wertvoller als zehn Siege zu Lande.« Muawiya fühlt sich jedoch trotz des Vernichtungssieges vor der lykischen Küste noch nicht stark genug, um ohne Zögern bis nach Konstantinopel vorzudringen, zumal seine Truppen auf dem Festland den Riegel des Taurusgebirges nicht aufbrechen können und der Vormarsch stockt. Muawiya begnügt sich mit der Einwilligung des Kaisers in einen Tributfrieden.

Der Feldherr hat zwar mit dem Triumph vor der lykischen Küste die Seeherrschaft der Araber im östlichen Mittelmeer begründet, aber er weiß auch, daß es mit diesem Anfang nicht genug ist. Die Araber müssen die ganze Ägäis erobern, erst dann kann das höchste ihrer Ziele erreicht werden, die Eroberung Konstantinopels, der Heiligen Stadt der Christen, des »Zweiten Roms«. Von Zypern aus stoßen die Araber weiter ins Ägäische Meer vor, islamische Flottillen waren schon 654 nach Kreta und Rhodos vorgedrungen, die Söhne der Sandwüsten rüsten sich zielstrebig, auch die Herrschaft über die Wasserwüsten im mediterranen Raum zu übernehmen.

Muawiya baut durch die Eroberung der Inseln ein zusammenhängendes Stützpunktsystem auf; nur so läßt sich die byzantinische Seemacht nicht nur treffen, sondern auch brechen. Noch im Jahr des Triumphes von Phoenix landen die Araber wiederum auf Kreta und verwüsten die Insel. Noch können sie sich dort nicht halten, dafür aber fällt ihnen Rhodos in die Hand, sie verheeren von See aus die kleinasiatischen Häfen, zumal Halikarnass, Ephesos und Smyrna. Ihre Flotte wächst ununterbrochen, die Zahl ihrer Schiffe soll sich nach den übereinstimmenden Angaben verschiedener Gewährsmänner schon der Zweitausendergrenze nähern.

Ende der 60er Jahre dieses Jahrhunderts glückt den Arabern die Eroberung wichtiger Inseln am Rand der Ägäis, vor allem von Kos und Chios. Damit sieht Muawiya alle Voraussetzungen für einen erfolgreichen Angriff auf Konstantinopel erfüllt. 670 dringt die Kriegs- und Invasionsflotte des Kalifen durch die Dardanellen ins Marmarameer. Die Araber erobern an der Südküste des »Weißen Meeres« die Halbinsel und Stadt Kyzikos. Vor 350 Jahren, unter der Regierung des römischen Kaisers Diokletian, war Kyzikos zur Hauptstadt der Provinz Hellespontos erhoben worden, ein mächtiges und blühendes Handelszentrum schon seit den Zeiten Alexanders des Großen.

Diese Halbinsel verwandelt Muawiya zur Basis eines massierten Angriffs auf Konstantinopel. 674, im Frühling, sticht eine gewaltige Flotte in See, sie wird geführt von Yasid, dem jungen Sohn des Kalifen. Die Schiffe durchqueren das Marmarameer, landen starke Belagerungstruppen westlich der Stadt und legen sich auf der Seeseite vor die Mauern der Festung.

Das siebente Wunder von Istanbul

Istanbul ist die einzige Stadt der Welt, die auf zwei Kontinenten zugleich liegt und ebenso an zwei Meeren. Wer sie heute als Tourist besucht, wird sich nirgends zurückhaltender und respektvoller benehmen müssen als in dem Wallfahrtsort Eyüp, am Ende des Goldenen Horns. Hier steht die heiligste aller Moscheen Istanbuls. Seit Jahrhunderten gipfeln die Hoffnungen eines frommen Moslems in dem Wunsch, im Umfeld der Eyüp-Moschee seine letzte

Ruhestätte zu finden. So hat sich Eyüp zu einer Welt entwickelt, die nicht von dieser Welt zu sein scheint. Die Wallfahrtsmoschee ist eingefaßt von einem riesigen Gräberareal. Die ganze Stadt Eyüp bildet einen Friedhof, Gräber an jeder Stelle, zwischen Häusern, Obstständen, Kleinwerkstätten, überall die regellos schräg geneigten Stelen der islamischen Ruhestätten, dazwischen Hunderte von Zypressen, über ihnen kreisende Möwen, Scharen wilder Tauben, Grabsteine zwischen Brunnen und Medresen, den Steilhang hoch hinauf über das Goldene Horn: Tausende von Gräbern. Unter den sieben Wundern Istanbuls, deren sich die Türken rühmen, nimmt Eyüp seiner Heiligkeit wegen einen exklusiven Rang ein. Noch vor wenigen Jahren durfte kein Nicht-Moslem den Innenhof der Moschee betreten, und wer heute dort seine Kamera zückt, muß immer noch mit unwilligen, wenn nicht bedrohlichen Reaktionen der Frommen rechnen, die Tag für Tag nach Eyüp zum Grab eines Heiligen pilgern.

Bei der Flotte des Kalifensohnes Yasid befand sich auch Aba Eyüp al-Ansari, der greise Fahnenträger des Propheten. Er kämpfte in den Jahren 674–678 im arabischen Heer vor Konstantinopel, wurde während eines Sturmangriffs getötet und an der Nordspitze des Goldenen Horns begraben. Eine der vielen Legenden weist ihm die Rolle eines Parlamentariers zu, der mit den belagerten Christen verhandeln sollte, jedoch von einem Pfeil getötet wurde.

Aba Eyüp al-Ansari zählt zu den herausragenden Heiligen des Islam. 700 Jahre später, bei der Belagerung Konstantinopels durch den Osmanensultan Mehmet II., soll das Grab entdeckt worden sein. In der Nacht vor der Erstürmung der Metropole am 29. Mai 1492 rissen im Osmanenlager die freudigen Anrufe des Propheten und seines Fahnenträgers Eyüp nicht ab. Der Sieger ließ nach der Eroberung an der Grabstätte eine Platane pflanzen, deren riesenhafter Stamm heute in der Mitte des Moscheehofes steht, dicht daneben legte Sultan Mehmet Fatih, der »Eroberer«, zu Ehren des Heiligen persönlich den Grundstein zu der Moschee, die aus weißem Marmor besteht. Es war die erste religiöse Kultstätte der neuen Hauptstadt des Reiches, eine Art Krönungsmoschee der Osmanendynastie. Denn jeder Sultan, der nach Mehmet II. den Thron bestieg, wurde in Eyüp vom Ordensführer der Mewlewi-Derwische mit dem Schwert des Stammesfürsten Osman, dem Ahnherrn des Geschlechts, gegürtet, in Eyüp wurden die heiligsten Reliquien des Islam aufbewahrt.

In den vier Jahren von 674 bis 678 führt Byzanz den bis dahin erbittertsten Kampf um seine Existenz. Die arabischen Belagerer rennen pausenlos gegen die Mauern der stärksten Festung der damaligen Welt an, nur im Winter flauen die Kämpfe ab. Auch mit ihren Geschwadern liefern sie den Byzantinern Schlacht auf Schlacht, ohne Erfolg, der Widerstand der Christen läßt sich nicht brechen, sie sind taktisch und in der Abwehrtechnik überlegen. 678 entschließen sich die Gegner zu einem Erschöpfungsfrieden. Auf der Rückkehr wird die arabische Flotte vor der pamphylischen Küste im Süden Kleinasiens von einem gewaltigen Sturm überrascht. Die katastrophalen Verluste dabei stehen denjenigen der Kämpfe im Marmarameer und im Bosporus kaum nach. Eine erneute Belagerung durch die Moslems hat Byzanz in den Jahren 717/18 abzuwehren. Die islamische Flotte muß schließlich wiederum abdrehen und kehrt ohne Erfolg zurück.
Die hartnäckigen Versuche der Araber, den Sturm auf die oströmische Kapitale amphibisch durchzuführen und mit der Eroberung zu krönen, haben deutlich gezeigt, daß die Existenz des Byzantinischen Reiches eine Frage der Beherrschung des Mittelmeeres geworden war. Die Christen wissen das, und ebenso wissen es ihre Glaubensfeinde.

Langer Marsch nach Westen

Die Kaiser in Konstantinopel gewinnen diese Erkenntnis nicht nur wegen der unerhörten Schnelligkeit, mit der die Araber die oströmischen Reichsgebiete in Syrien, Vorderasien und Ägypten an sich gerissen haben. Sie spüren es noch beängstigender im mediterranen Westen. Seit der Reichserneuerung durch ihren Jahrhundertkaiser Justinian um 566 und den Kriegszügen seiner illustren Feldherren untersteht die gesamte Küste Nordafrikas ihrem Imperium, ebenso der Süden Spaniens. Diese Westdistrikte des byzantinischen Herrschaftsraumes werden jetzt von den Moslems mit einer

Leichtigkeit, einem Tempo, einem Mut zum Ausgriff in den Raum überrannt und unterworfen, die Erinnerungen an Alexander den Großen wecken.

642 halten die »Streiter Gottes« bereits ganz Ägypten in ihrer Hand. Amr ibn al-As, einer ihrer souveränsten Heerführer, zugleich ein Staatsmann von besonderer Verschlagenheit, regiert als Statthalter des Kalifen das Gebiet von Assuan nilaufwärts bis Alexandria. Arabisch sind auch alle Distrikte im angrenzenden Osten und Norden. Über diesen Riesenbogen, der von Alexandria und den palästinensisch-syrischen Ebenen bis zum Euphrat und Tigris reicht, dem sogenannten »Fruchtbaren Halbmond«, flattert die Fahne des Propheten, kaum ein Jahrzehnt nach dem Tod Mohammeds. Amr ibn al-As unternimmt auch schon die ersten Vorstöße in den endlosen Westen des Kontinents, dringt in die Marmarica, den libyschen Küstensaum vor. Seine Truppen stürmen 643/44 die Stadt Barka im Norden der Cyrenaica. Barka ist eine griechische Kolonialgründung, fast tausend Jahre alt. Sie liegt dicht neben der von den Römern ausgebauten Festung Berenice, dem heutigen Bengasi an der Küstenseite des Berges Dschabal al-Ahdar.

Nach dem Vorstoß Amr ibn al-As' vollzieht sich ein Wechsel in der arabischen Führung. Nachfolger des ersten islamischen Statthalters und Feldherrn in Ägypten wird Abdallah ibn abi Sarh, der spätere Sieger in der legendären Seeschlacht bei Phoenix 655. Die Energie der Expansion wird durch dieses Revirement nicht gebrochen, der neue Befehlshaber stößt bereits bis Oea, dem heutigen Tripoli, und bis nach Tunesien vor, an die tausend Kilometer westlich von Barka. Der lange Marsch der Araber durch die Wüsten und Randgebirge entlang der Südküste des Mittelmeers ist offenbar von keiner irdischen Macht aufzuhalten. Oea wird 647 erobert, und schon im darauffolgenden Jahr trifft Kabis, der wichtige Hafen in der Kleinen Syrte – die heutige Oasenstadt Gabes – und die Stadt Sufetula, hundertfünfzig Kilometer weiter nordöstlich, dasselbe Schicksal.

»Nur dieses Meer wird mir zur Schranke!«

Jetzt stehen die Araber vor Karthago, dem Schlüssel des gesamten Seeraums zwischen Sizilien und der Iberischen Halbinsel. Karthago freilich ist eine starke Festung. Die islamischen Krieger müssen sich zunächst damit begnügen, die Verbindungen der Stadt mit ihrem Hinterland zu blockieren. Noch bevor aber die wirkliche Belagerung einsetzt, dringen im Jahr 667 islamische Kriegsschiffe von Kabis aus nach Sizilien vor. Mit diesem Unternehmen wird die byzantinische Seeherrschaft im östlichen Mittelmeer endgültig gebrochen, der mediterrane Seeraum durch die Kontrolle des Meeresriegels zwischen Nordafrika und Sizilien in zwei Hälften gespalten. Die Balance der Macht zwischen Orient und Okzident verschiebt sich durch den Wechsel in der Seeherrschaft zugunsten der islamischen Eroberer. Das Ende der byzantinischen Oberhoheit in den östlichen Mittelmeerländern einschließlich Italiens ist zwar deshalb noch nicht in Sicht. Aber das Erscheinen neuer Herren im antiken *Mare nostrum*, die als politische Potenz im letzten Jahrtausend völlig unbekannt gewesen waren, setzt den Schlußpunkt unter ein ganzes Zeitalter der Weltgeschichte.

Der weitere Vormarsch der arabischen Heere wird vorerst jahrelang durch die Berber gestoppt. Diesen Völkern ist ihr Bündnis mit Konstantinopel genügend Anlaß, um auch die eigene Selbständigkeit erbittert zu verteidigen. Erst nach zwei Jahrzehnten glückt den Moslems der endgültige Durchbruch und die Unterwerfung der aufsässigen Berberstämme.

671 beginnt Muawiya Sidi Oqba ibn Nafi, Führer der nordafrikanischen Truppen und Neffe von Amr ibn al-As, in der Tieflandsteppe Zentraltunesiens die Stelle auszubauen und zu befestigen, an der sein Heer und die Karawanen lagern. Diese Lagerstadt Kairuan wird die erste rein arabische Stadtgründung Nordafrikas, später erhoben zu einer der vier heiligen Städte des Islam. Der Ort entwickelt sich zur Basis des letzten Eroberungssturmes, der über den afrikanischen Kontinent braust, wird zur Hauptstadt des islamischen Gebiets der Ifriqiya, wie Tunesien damals heißt, und weitet sich bald zum bedeutendsten Handelszentrum des ganzen Raums. Kairuan bildet aber auch den organisatorischen Mittelpunkt der islamischen Marinebasis im Gebiet der Kleinen Syrte.

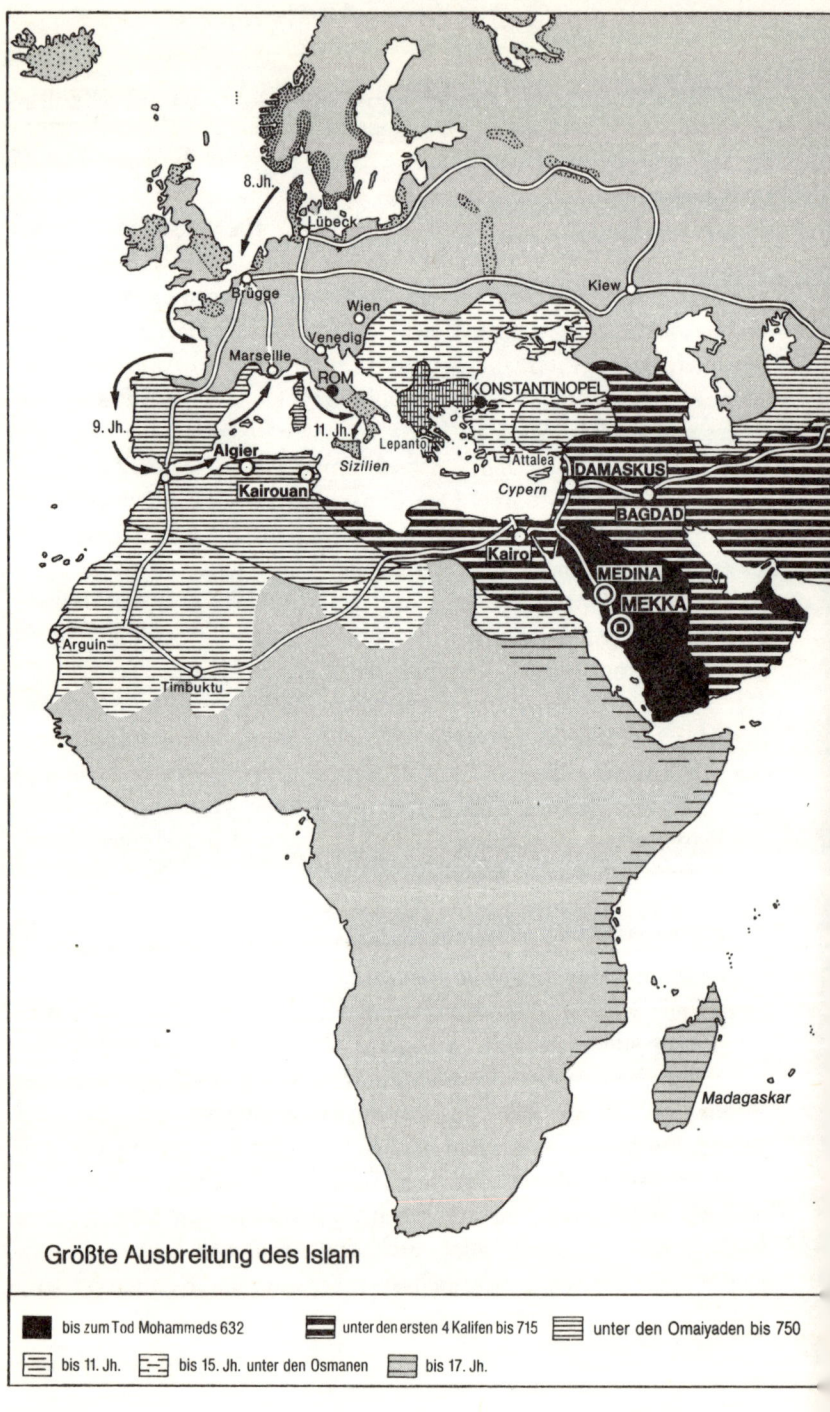

8.Jh.

Lübeck

Kiew

Brügge

Wien

Venedig

Marseille

ROM

KONSTANTINOPEL

9. Jh.

11. Jh.

Algier

Lepanto

Sizilien

Attalea

DAMASKUS

Kairouan

Cypern

BAGDAD

Kairo

MEDINA

MEKKA

Arguin

Timbuktu

Madagaskar

Größte Ausbreitung des Islam

bis zum Tod Mohammeds 632   unter den ersten 4 Kalifen bis 715   unter den Omaiyaden bis 750

bis 11. Jh.   bis 15. Jh. unter den Osmanen   bis 17. Jh.

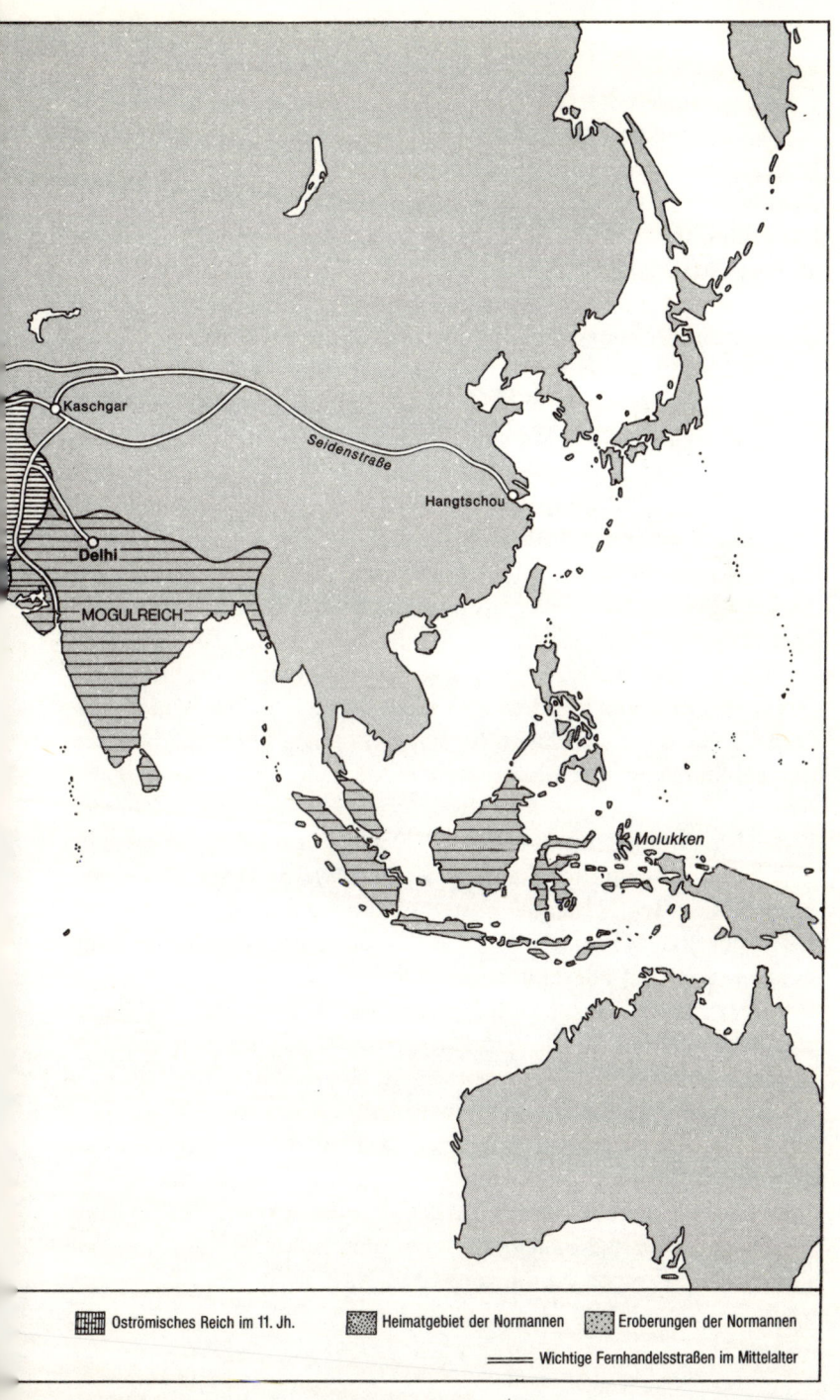

Kaschgar

Seidenstraße

Hangtschou

Delhi

MOGULREICH

Molukken

▦ Oströmisches Reich im 11. Jh.   ⬚ Heimatgebiet der Normannen   ⬚ Eroberungen der Normannen

══ Wichtige Fernhandelsstraßen im Mittelalter

Die Belagerung des Bollwerks Karthago und die Kämpfe mit den Berbern halten die Araber freilich nicht in einem eng begrenzten Gebiet zurück. Sie durchstreifen den mittleren und fernen Maghreb – heute Algerien und Marokko – auf abenteuerlichen Raubzügen. Dabei wird alles zerstört, was noch im Auftrag von Byzanz Regierungsgewalt besitzt. Sidi Oqba soll auf einer dieser Erkundungsraids schon 675 den ganzen Maghreb durchdrungen und die Atlantikküste erreicht haben. Dort halten nun seine Scharen, blicken in die hohen Wogen des mächtig anrollenden Ozeans, spüren zum erstenmal den dunklen Atem der Hohen See, kosten etwas von dem Geschmack ganz anderer Gewalten, als sie ihnen von dem ausgeglichen milden Klima des Mittelmeeres vertraut sind. Sidi Oqba reißt plötzlich sein Schwert aus der Scheide und treibt sein Pferd in die schwere Brandung: »Großer Gott des Propheten! Du bist Zeuge, daß ich ohne dieses Meer, das mir zur Schranke wird, neue Völker aufsuchen und zu Anbetern Deines Namens machen würde!«

Vielleicht eine Fabel. Acht Jahre später, 683, wird Sidi Oqba in einem Kampf mit dem aufständischen Berberhäuptling Kusaila getötet, tief in der Sahara, südlich des Atlasgebirges. Dort liegt sein Grab, in der Nähe des heutigen Biskra am Fuß des Berges Sidi Oqba. Auch der Ort selbst trägt seinen Namen. Die Grabmoschee des Feldherrn ist das älteste Baudenkmal der Moslems in ganz Afrika.

Das Meer freilich war für die islamischen Eroberer keineswegs eine Schranke. Am Nordkap des Maghreb, jenseits der Meeresenge, sahen sie den Felsen des europäischen Kontinents emporwuchten: Gibraltar, »The Rock«, wie ihn die Seeleute unserer Tage nennen. 695 sind alle Landstriche, sowohl die Küste als auch die Gebirgszüge Afrikas bis zum Norden hin, erobert, auch Karthago muß kapitulieren. Mit diesem Erfolg wird die Herrschaft der Araber im westlichen Mittelmeer besiegelt. Kurze Zeit später besetzen sie die Insel Pantelleria, 24 Seemeilen südöstlich von Sizilien. Der islamische Resident beginnt mit dem Aufbau einer eigenen starken Flotte. Die Moslems kontrollieren die gesamte Küste des Mittelmeers, von Tarsus in der Südtürkei, dem Geburtsort des Apostels Paulus, bis über die Säulen des Herkules hinaus – Küste in einer Länge von fast 6000 Kilometern.

Die arabischen Beduinen, die sich anschicken, die Weltherrschaft an sich zu reißen, gönnen sich nur ein kurzes Atemholen. Sie konsolidieren die neuen Machträume und ziehen dann schnell die Folgerungen aus der Erkenntnis, die schon bei der Eroberung Zyperns aufgeblitzt war: Küsten sind nicht nur Grenzen der See, sondern auch Tore zum Meer.

711 läßt der islamische Feldherr Tariq ibn Ziyad seine Truppen auf Schiffe verladen, überquert mit dem Heer die Meerenge von Gibraltar und erreicht auf dem hohen Felsen ein Kastell. Der Name erinnert noch immer daran, Dschabal al-Tariq, Berg des Tariq, Gibraltar. Die Araber zerschlagen die Reste der byzantinischen Herrschaft im Süden der Iberischen Halbinsel und innerhalb von vier Jahren auch das gesamte Westgotenreich bis zu den Pyrenäen. Jetzt haben sie das Mittelmeer von Ost bis West umfaßt.

Wer fürchtet den Galgen?

Seit die Menschen miteinander Waren tauschen und Handel treiben, ob auf den Straßen der festen Erde oder zu Schiff über See, müssen sie ihre Güter und Schätze gegen Räuber verteidigen. Beute- und Plünderungszüge übers Meer besitzen allerdings seit alters ganz andere Qualifikationen als das Wegelagerertum zu Lande mit seinen Strauchdieben, die hinter Büschen hocken, in dunklen Wäldern lauern, aus befestigten Burgen die Kaufmannszüge überfallen. Auch für das Piratentum haben uns die Griechen urbildliche Muster geliefert. So zaghaft sie sich als Seefahrer versuchen: Schon bei ihnen geht die Fahrt auf dem Meer und die Seeräuberei ohne Unterschied ineinander über.

In der »Odyssee« wird der Seeraub zur elementaren Grundlage des Überlebens der Schiffsbesatzungen, und zwar in allen denkbaren Variationen. Wie sollten die Männer anders durchkommen? Odysseus haßt zwar das Meer, aber auch als Räuber vom Schiff aus vollbringt der »Listenreiche« beispielhafte Schandtaten. Kaum ist er von Troja fort, treibt der Wind seine Schiffe an die Küste von Thrakien, vor die Kikonenstadt Ismaros. Besseres hätte er sich nicht wünschen können. Die Besatzungen landen, verwüsten die

Stadt, erschlagen sämtliche Männer, rauben die jungen Frauen, schleppen alles, was ihnen kostbar erscheint, auf die Schiffe. Natürlich wird die Beute »gerecht« verteilt. Ob aber auch die Kikonen, die ihnen vorher kein Haar gekrümmt hatten, »gerecht« behandelt wurden, das ist für Odysseus keine sinnvolle Frage.

Ein Teil seiner Gefährten weigert sich, nach dem Überfall sofort wieder an Bord zu gehen, wie Odysseus rät. Sie inszenieren am Ufer ein Gelage, sie braten Schafe und Ziegen, sie betrinken sich mit dem erbeuteten Wein. Inzwischen haben Flüchtlinge aus der Stadt Hilfe herangeholt, die Alarmierten fallen über das Räuberfest am Ufer her und schlagen fast alle tot. Nur wegen dieses Endes bricht Odysseus in ungehemmte Klagen aus, nur das bekümmert ihn und sein Gewissen: »Also steuerten wir mit trauriger Seele von dannen / Froh der bestandenen Gefahr, doch ohne die lieben Gefährten.« So viele Schwierigkeiten uns das altgriechische Normensystem heute bereitet: Dem Überfall der Küsten vom Meer aus, allgemein dem Seeraub, haftete damals nicht der geringste Schimmer von Ehrlosigkeit an, und so blieb es viele Jahrhunderte.

In den späteren Zeiten entwickelte sich die Piraterie und die Plünderung des Landes vom Schiff aus zur Basis jeder Seeherrschaft und ihrer Monopolisierung. Was Athen im 5. Jahrhundert v. Chr. dazu trieb, die Rivalin Korinth mit allen Methoden gewitzter Seeräuberei von der Ägäis auszusperren und in die Knie zu zwingen, das praktizierten im 7. und 8. nachchristlichen Jahrhundert die arabischen Piraten nicht schlechter. Die Südküste des Mittelmeers in ihrer immensen Länge, mit den vielen Buchten und Schlupfwinkeln, wurde von ihnen zum operativen Fundament ausgebaut für Raubzüge, Überfälle und Eroberungen in alle Richtungen der nördlichen Windrose. Besonders früh wurden Sardinien und Korsika angesteuert, verheert, ausgeplündert und schließlich vollständig erobert.

Von Spanien aus stößt 798 ein Geschwader zu den Balearen vor und pflanzt über den Inseln die Fahne des Propheten auf. Sämtliche Küsten der mediterranen Westhälfte stehen den Plünderungszügen der islamischen Geschwader offen. Die oft absurde Waghalsigkeit ihrer Kaperfahrten zeichnet schon die Grundmomente des späteren Korsarentums auf den Ozeanen des Erdballs. In einem türkischen Sprichwort spiegelt sich die verächtliche Haltung der

Seeräuber gegenüber den althergebrachten Gesetzen, wie sie in der frühen Neuzeit niemand blutvoller verkörpert hat als der größte Pirat und Admiral des Islam, Hayrettin Barbaros:

»Ist man dem Tod auf dem Meer geweiht,
Fürchtet man umsonst den Galgen!«

Die Sarazenen, wie sie nunmehr von den Byzantinern und christlichen Chronisten genannt werden, setzen sich in Marseille fest. Ihre Schiffe dringen die Rhone aufwärts bis nach Arles, durchqueren genauso verwegen die Mündung des Tiber und fahren bis unter die Mauern der Ewigen Stadt. Seit 801 befindet sich Barcelona zwar wieder unter der Obhut des Reiches Karls des Großen, das aber schreckt die islamischen Piraten nicht ab; immer wieder überfallen sie die Stadt und verheeren sie. Ein Jahrhundert später wird die katalonische Südküste von einer islamischen Flotte erobert und 985 auch Barcelona wieder gestürmt; allerdings konnte sich die Besatzung der »Ungläubigen« nicht lange halten.

Im 9. Jahrhundert scheint sich das Mittelmeer vollständig in eine Domäne der Araber zu verwandeln. Konstantinopel hat sich zwar bis jetzt gegen jeden Angriff behauptet, aber im östlichen Mittelmeer durchpflügen die arabischen Kiele nach jeder Richtung hin die Wogen, die byzantinische Flotte tritt kaum als Statist in Erscheinung. 827 wird Sizilien das Opfer einer Doppelinvasion, Geschwader aus Spanien und Nordafrika laufen die Küste an. Die Truppen des aghlabidischen Emirs Ziyadat Allah I., der seine Residenz in Kairuan hat, rennen zwar beim ersten Treffen im Westen, bei Mazara, die Byzantiner über den Haufen, aber die Zwingburgen der Küstenstädte wehren sich noch jahrzehntelang. Messina widersteht ganze fünfzehn Jahre, Syrakus kann von den Arabern erst nach einer blutigen Belagerung 878 erobert werden, und Taormina sogar erst 902. An der faktischen Herrschaft des Islam auf dieser größten Insel des Mittelmeers ändert sich dadurch allerdings nichts, denn Palermo muß schon 831 den Eroberern seine Tore öffnen, es wird zur Hauptstadt Siziliens. Mit der Besetzung Maltas schließen die Moslems hermetisch die Passage zwischen westlichem und östlichem Mittelmeer. Ihr absoluter Sieg im

Kampf um den mediterranen Raum scheint nur noch eine Frage der Zeit zu sein.

Einer Zeit freilich, die nun doch nicht für die Gläubigen des Islam arbeitet. Sie haben sich nicht nur auf allen wichtigen Inseln, sie haben sich auch in Unteritalien festgesetzt. Daß ihnen damit nichts Endgültiges gelungen ist, zeigt ihnen der byzantinische Kaiser Basileios I. Er schickt eine Flotte von 400 Dromonen übers Meer, die Byzantiner erobern 873 Benevent, mitten in Unteritalien, zurück und drei Jahre später auch Bari.

Normannen, Normannen

Byzanz allein wäre jedoch nicht fähig gewesen, die restlose Eroberung des Mittelmeers durch den Islam zu verhindern. Die Araber wurden auf See von einem Volk zurückgedrängt, das seiner ganzen Natur nach weit stärker unverfälschtes Piratentum verkörperte als ihre islamischen Feinde – von den »Nordmannen«, den Wikingern. In der Mitte des 10. Jahrhunderts hatte der byzantinische Kaiser Nikephoros II. Phokas noch einmal alle militärischen Kräfte seines Reiches mobilisiert, er nützte im Osten den Zerfall des Abbasidenreiches und die Rivalitäten seiner Erben, der arabischen Emire, Wesire und Generäle, entriß ihnen Zypern, eroberte Syrien und Mesopotamien zurück. Unter ihm erreicht das mittelbyzantinische Reich den Höhepunkt seiner Macht. Doch Papst Benedikt VIII. wird durch die byzantinischen Ambitionen im Westen, denen auch die Nachfolger des Kaisers frönen, zutiefst verstört. 1016 ruft er schließlich normannische Ritter zu Hilfe.

Diese rotblonden Barbaren und Invasoren aus Norwegen und Jütland, deren Langschiffe – geschult in der rauhen, wüsten See des Nordens, vertraut sogar mit den Eisgewässern des Polarkreises – allen Schiffen des Mittelmeers überlegen sind, brechen auch bald die neugefestigte Herrschaft Ostroms in Unteritalien. In Sizilien zersplittert zur selben Zeit, nach 200 Jahren arabischer Herrschaft, die politische Macht des Islam. Und so wie der Papst in Rom, so sucht auch der arabische Kleinfürst von Catania bei den Normannen Schutz gegen seine arabischen Rivalen.

Die normannischen Ritter landen 1060 in Sizilien, aber ihr Führer, Graf Roger I. von Hauteville, schlichtet nicht etwa nur einen innerarabischen Streit, sondern er bricht auch die gesamte islamische Herrschaft auf der Insel, allerdings in dem langen Zeitraum von drei Jahrzehnten. Doch von Roger bis zu Kaiser Friedrich II. werden arabische Verwaltungsorganisation, wird arabisches Münzwesen, werden arabische Wissenschaft, Kultur, Literatur nicht im geringsten angetastet. Die neuen Herren entwickeln einen ausgeprägten Sinn für überlegenes Niveau. Und sie lernen von den besiegten Arabern sogar in der Kriegführung auf See. Im Unterschied zu ihnen besaßen die Normannen keine stehende Flotte; darauf aber waren sie angewiesen, wenn sie Sizilien halten wollten. Deshalb folgen sie dem arabischen Beispiel und bauen eine selbständige Kriegsmarine auf, ihr Befehlshaber wird nach dem König zum höchsten Würdenträger des Normannenstaates und engster Berater des Herrschers. Roger II. (1105–1154) wählt dafür einen Araber aus, Abd ar-Rahman an-Nasrani, er trägt den Titel Emir ar-Rahl (»Befehlshaber der Flotte«), ein Wort, das bis heute als Funktionsbezeichnung gängig geblieben ist: Admiral. Auch der zweite Flottenchef des christlichen Abendlandes, der Nachfolger an-Nasranis, ist ein Araber; dasselbe gilt von anderen einflußreichen Geschwaderführern der normannischen Marine Siziliens.

Mit der Normanneninvasion endet die erste Epoche der arabischen Seeherrschaft im Mittelmeer. In dem *Mare Arabicum*, in das sich das altbyzantinische *Mare mediterraneum* verwandelt hat, gebieten seit Roger II. und seinem Königreich »beider Sizilien« die Nordmänner samt ihren furchterregenden Drachenschiffen, deren längstes, wie wir wissen, vom Bug bis zum Heck beinahe 80 Meter gemessen hat. Die Normannen hielten nicht nur in Italien seit der Eroberung Neapels 1139 alle Macht zu Lande in der Hand, sie waren auch die bestimmende Seemacht im Zentrum des Mittelmeerraums. Dieser Wechsel der Seeherrschaft bedeutet allerdings nicht, daß auch dem islamischen Piratentum das Rückgrat gebrochen worden wäre. Davon konnte keine Rede sein, ihre Zentren lagen in Nordafrika und Spanien. Der Normannenstaat zerfiel überdies erstaunlich rasch, schon 1194 gliederte ihn der Staufenkaiser Heinrich VI. seinem Imperium ein, dem Heiligen Römischen Reich.

»*Zu Gott!*«

Im November 1095 hielt Papst Urban II. während des Konzils von Clermont in Frankreich eine öffentliche Sitzung ab. Jedermann war vom Heiligen Vater dazu eingeladen worden. Wegen des riesigen Andrangs konnte die Versammlung nicht in der Kathedrale stattfinden, man zog auf das freie Feld vor den Toren der Stadt. Urban, ein gewaltiger Redner vor dem Herrn und sämtlichen übrigen Gelegenheiten, schilderte mit erregender Eindringlichkeit die wirklichen und imaginären Nöte der christlichen Brüder im Osten. Er beschwor die leidvollen Bedrängnisse der Gläubigen in den Ländern von Byzanz, er malte in düstersten Farben die Entbehrungen der Pilger aus, die sie bei ihren Wallfahrten nach Jerusalem durchzustehen hatten. Auf dem Höhepunkt seines eigenen Enthusiasmus und der Erschütterung seiner Hörer brachte er einen großartigen Aufruf: Alle Frommen Europas, reich und arm, sollten ihre Zwiste begraben und sich zu einem gerechten Krieg gegen die Ungläubigen vereinigen. Damit würden sie Gottes Werk und Wunsch erfüllen, und deshalb werde bei diesem Unternehmen auch Gott persönlich ihr Anführer sein. Wer diesem Appell folge, könne nicht nur mit dem Lohn des Himmels und des Papstes rechnen, sondern auch mit einem Leben in fetter Fülle, sei doch Palästina bekanntlich das Land, in dem Milch und Honig aus nie versiegenden Quellen flössen.

Jeder seiner Zuhörer verstand diese Anspielung, denn jeder litt unter der allgemeinen Verarmung der Zeit und dem Kampf ums tägliche Brot, der so bitter geworden war. Die Rede des Papstes wurde bald und dann immer häufiger von einem jubelnden Echo unterbrochen, in steigender Begeisterung: »*Deus lo volt* – Gott will es!« Dieser Ruf, der dem Papst entgegenbrandete, erscholl wenig später im ganzen christlichen Europa.

Wie so viele spontane Aktionen in der Weltgeschichte war auch Urbans großartige Kreuzpredigt genauestens vorbereitet, geplant, berechnet worden. Deshalb wurde sie später von einem englischen Gelehrten trocken als der »wirkungsvollste Vortrag der Geschichte« bezeichnet. Sie löste eine Bewegung aus, deren Folgen bis tief in die Neuzeit wirkten. Die militärischen Aktionen versandeten zwar schon zu Beginn des 13. Jahrhunderts, aber die Idee selbst, die Befreiung des Heiligen Landes aus den Händen der Ungläubigen, lebte fort und wurde zu einem der wichtigsten Momente der europäischen Geschichte. Durch die Kreuzzüge verlagerte sich das Schwergewicht des Kampfes ums Mittelmeer weitgehend in den Osten. Sie veranlaßten die Geburt der italienischen Seerepubliken wie Genua und Venedig, sie bestätigten erneut die Seeherrschaft als einen politischen Faktor erster Ordnung.

Die Zusammensetzung der militärischen Aufgebote war übernational. Der Herrscher von Byzanz hatte zwar den Papst um Hilfe gebeten, als sich aber die ersten Kontingente auf den Weg machten, berichtete die Prinzessin Anna Komnene verstört dem kaiserlichen Hof in Konstantinopel, daß »das ganze Abendland und alle barbarischen Völker von jenseits der Adria bis hinaus zu den Säulen des Herkules sich samt und sonders in Bewegung gesetzt haben und ganze Familien mit sich führen«.

Die letzten Motive dieser Kreuzzugsbewegung werden unergründlich bleiben. Hier steht nicht etwa nur die Tatsache zur Diskussion, daß es sich um Kriegszüge handelte, die scheinbar ganz von religiösen Anlässen bestimmt wurden. Schwer zu begreifen sind vor allem die Energien, die in den Kreuzzügen freigesetzt wurden, die Suggestionen und unerhörten Kräfte im Dienst einer Sache, deren transzendent-religiöser Sinn in sich zwar schlüssig sein mochte, bei der aber die Perspektive nur ein wenig verschoben werden mußte, damit sie durch ihren Aberwitz schockierte.

Die eschatologische Begeisterung erkletterte ihren Gipfel in den Kinderkreuzzügen des Jahres 1212. Durch kein anderes Ereignis wird die Stimmung deutlicher, in der sich das christliche Europa in dieser Zeit befand. Die Motive für die Kinderkreuzzüge sind nicht ohne religiöse Logik gewesen. In diesen Jahrzehnten hat die christliche Armutsbewegung einen besonderen Widerhall gefunden, damals hat Franz von Assisi gelehrt und gepredigt. Wenn nun, wie so entschieden betont worden ist, der Ärmste und Schwächste vor Gott auch der Reinste und Stärkste war, warum sollte dann nicht den Kräften der Kinder gelingen, worum sich die Ritter und Reichen dieser Welt bis jetzt vergeblich bemüht hatten? Warum sollten nicht Kinder Jerusalem zurückerobern und das Heilige Grab dem Antichrist wieder entreißen können, ohne Waffen, allein mit der Macht ihrer Unschuld?

Wen kann es also wundern, daß die abertausend Kinder, die im Frühsommer 1212 in den Süden gezogen sind – nach Marseille und Italien, um von dort nach Palästina zu kommen –, die Frage nach ihrem Ziel mit einem ernsten: »Zu Gott!« beantwortet haben. Es ist für sie genausowenig verwunderlich gewesen, wie die Tatsache für uns nicht verwunderlich ist, daß sich das Mittelmeer vor den Füßen dieser Scharen eben nicht so beflissen zerteilt hat wie seinerzeit das Rote Meer vor den Juden. Obwohl die Kinder genau das von Gott erwartet und vom Meer verlangt haben, am Golfe du Lion, in Genua, in Ancona. Gott hörte offenbar nicht und das Meer weigerte sich. So bestiegen die Kinder Schiffe und traten die Fahrt übers Meer an, aber sie gelangten nicht zu Gott, sondern in die Hände der Araber. Sie wurden von sarazenischen Schiffen aufgebracht und als Sklaven verkauft.

Die Bräute des Meeres

Die Kreuzzüge lassen sich zu einem großen Teil als eine Antwort des christlichen Europa auf die islamische Herausforderung erklären, sie hängen allerdings auch mit dem innersten Wesen des heiligen Krieges der Moslems zusammen. Für die ersten Eroberungszüge der Araber hat unstreitig das Leitmotiv gegolten, den Islam allen Völkern zu verkünden. Später haben sich handfeste wirtschaftliche und territoriale Interessen untergemischt oder sich in den Vordergrund geschoben. Genausowenig kann man daran vorbeisehen, daß vielen Päpsten und Königen, Fürsten und Rittern die Kreuzzüge ebenfalls bald zum Vorwand für vieles andere dienten, was kaum etwas mit der Gotteslehre der christlichen Religion zu tun hatte, dafür um so mehr mit ihrem Sündenkatalog.
Die europäischen Kolonien in den neuen christlichen Herrschaften von Antiochia, Tripolis in Phönikien und Edessa, die während der Kreuzzüge entstanden waren, spielten bald eine außerordentliche Rolle. Führend bei diesen Gründungen waren zunächst die Franzosen, ebenso die Normannen Süditaliens. Besonders folgenreich aber wurde die enorme Aktivität der italienischen See- und Handelsstädte Genua, Pisa und Venedig. Sie organisierten und be-

herrschten bald ausschließlich die Schiffahrtslinien nach Konstantinopel und in den Vorderen Orient, sie monopolisierten den gesamten gewaltigen Nachschub übers Meer, sie schlossen Europa die Tore des Orients auf, öffneten aber auch umgekehrt dem Orient die Tore Europas. Die Steigerung des Handels, die Ankurbelung des Wirtschaftslebens als direktes Ergebnis dieser Entwicklung kann man sich nicht groß genug vorstellen. Lange vor den Engländern und ihrer Kolonialpraxis wurde im christlichen Spätmittelalter der Grundsatz »Bibel und Kattun« erprobt. Oder neutraler gesagt: Zwischen den Handelsinteressen und den religiösen Zielen einer bestimmten Klasse von Kreuzfahrern hat es bald kaum noch nennenswerte, erkennbare Unterschiede gegeben.

Die italienischen Seerepubliken arbeiteten nur in den ersten Jahrzehnten gemeinsam; Neid, Rivalität, Habsucht wurden bald zum Anlaß für erbitterte Machtkämpfe untereinander. Lange Zeit konnte Genua den Vorrang behaupten, schließlich aber unterlag es seinem Hauptkonkurrenten, der Lagunenstadt Venedig – freilich erst nach einem jahrzehntelangen Ringen. Venedig konnte seinen »Hundertjährigen Krieg« mit Genua am Vorabend des Weihnachtstages 1379 triumphal beenden, es besiegte bei Chioggia am Südende seiner Lagunen die Flotte Genuas vernichtend und war damit zur Herrin des Handels im östlichen Mittelmeer geworden. Erst nach diesem Sieg durfte es sich unangefochten als einzig wahre »Braut des Meeres« rühmen, erst jetzt zweifelte niemand mehr an dem tieferen Sinn der legendären *sposalizio del mare*, Venedigs »Verlobung mit dem Meer«, die der Doge der Markusrepublik jedes Jahr vor Christi Himmelfahrt vollzog. Er fuhr auf dem Staatsschiff der Signoria, dem Bucentoro, hinaus auf See und warf einen goldenen Ring in die Wogen – Mythos, Symbol, Weihe, Anspruch, Provokation eines Gemeinwesens, dessen ganze Existenz von seinem Verhältnis zum Meer bestimmt war.

Allerdings konnte und wollte man in Italien nicht sehen, daß die Mittelmeerherrschaft keineswegs unangefochten bei den mediterranen Seestädten lag, sondern nach wie vor vom Besitz der nordafrikanischen Küste und der Iberischen Halbinsel abhing. Hier herrschten trotz aller Kreuzzüge islamische Völker, und ihre Kaperzüge ließen Jahr für Jahr die Christen spüren, wie es mit ihren maritimen Hoheitsrechten in Wahrheit stand.

Sturm aus dem Osten

Einer der Hauptanlässe für die Kreuzpredigt Papst Urbans war der verzweifelte Hilferuf des Kaisers Alexios I. Komnenos von Byzanz. Dem Herrscher ging es allerdings weniger um Jerusalem als vielmehr um seine Hauptstadt Konstantinopel. Die Stadt am Bosporus war in den Jahren 1090/91 von zwei Seiten berannt worden, am gefährlichsten waren die türkischen Seldschuken. Der Kaiser schätzte die Zukunft richtig ein. Das Seldschukische Reich in Kleinasien konnte sich zu Beginn des 13. Jahrhunderts stabilisieren, als seine Fürsten die beiden Meeresstädte Antalya im Süden und Sinope am Schwarzen Meer den Byzantinern entrissen hatten und sich jetzt enge Handelsbeziehungen zu den italienischen Seerepubliken entwickelten. Die Traditionen und politischen Ziele der Seldschuken wurden fast bruchlos fortgeführt von dem Turkstamm, aus dem sich die Osmanendynastie entwickelte. Ihre Expansionskräfte ermöglichten bereits einen ersten Angriff auf Konstantinopel zu Beginn des 14. Jahrhunderts. Wenige Jahrzehnte später setzten die Osmanen ihren Fuß nach Thrakien. Zu diesem Zeitpunkt hatten sie bereits Gallipoli erobert, die Sperrfeste zwischen Ägäis und Schwarzem Meer am Eingang der Dardanellen. Damit begann auch die Eroberung der griechischen Inseln, die Etablierung der osmanischen Großmacht.

Das Schicksal des Byzantinischen Reiches war das Schicksal seiner Hauptstadt. Erst der Besitz der Metropole bedeutete den tatsächlichen Zusammenbruch des ganzen Reiches. Solange ihre Mauern hielten, solange war der Kaiser unbesiegt, selbst wenn die Osmanen außerhalb der Stadt jeden Fußbreit byzantinischen Hoheitsgebietes erobert hätten. Konstantinopel freilich war die stärkste Festung der damaligen Welt.

Kein Sultan der Osmanen hatte ein besseres Empfinden für das politisch Unerläßliche und Zweckmäßigste als Mehmet II. Mit 21 Jahren, 1451, hatte er die Macht übernommen. Die innere Stabilität des Osmanenreiches hatte bis dahin unter den Erbstreitigkeiten des regierenden Hauses am stärksten gelitten. Unter dieses Kapitel zog Mehmet einen Schlußstrich, denn er war schon als blutjunger Fürst einfallsreich und skrupellos: Er ließ seinen jüngeren Bruder Ahmet ermorden. Das trug ihm den Ruf besonderer Brutalität ein, das garantierte aber auch dem Reich seitdem komplikationslose Thronwechsel; denn Mehmets Nachfolger führten den vorbeugenden Brudermord als eine Art Stabilisierungsgesetz der osmanischen Hausmacht weiter, gemäß dem türkischen Sprichwort: »Zwei Kapitäne auf einem Schiff? Nichts Besseres, um es zu versenken.«

Die Kunst des Segelns über Berg und Tal

Mehmet II. war ein Liebhaber schneller Entschlüsse. Er schlug zunächst eine Revolte im Inneren Anatoliens nieder, zog dann sofort alle Truppen zusammen, marschierte an den Bosporus und setzte an der engsten Stelle über. Tausende von Steinmetzen und Bauarbeiter begannen im Frühling 1452 mit dem Bau einer Festung. Das Bollwerk war schon nach wenigen Monaten fertig; seine Mauern haben bis heute gehalten, die Burg Rumeli Hisar zählt zu den Hauptattraktionen Istanbuls. Als der griechische Kaiser gegen den Bau protestierte, ließ der Sultan die Gesandten enthaupten.
Das kam einer Kriegserklärung gleich. Mit einer wirksamen Hilfe aus dem christlichen Westen konnte Kaiser Konstantin IX. nicht rechnen, er mußte sich auf die enormen Mauern der Stadt und den Kampfwillen der Bevölkerung verlassen. Konstantinopel war nur zu erobern, wenn den Truppen Mehmets eine Überwindung der Mauern gelang und wenn es ihnen glückte, die Stadt von ihren Seeverbindungen abzuschneiden.
Der Sturm auf die Stadt begann Anfang April 1453. Die Zufahrten vom Schwarzen Meer waren durch die neue Festung Rumeli Hisar blockiert. Bedenklicher stand es mit dem Goldenen Horn, dessen Einfahrt durch eine riesige eiserne Kette gesperrt war; sie spannte sich von der heutigen Spitze des Serail zum Stadtteil Galata. Angriffe der türkischen Schiffe konnten von den christlichen Galeeren ohne Schwierigkeiten abgeschlagen werden. Die Osmanenflotte stand unter dem Befehl des Statthalters von Gallipoli, dem Admiral Süleyman Baltoğlu. Mehmet war über die dauernden Schlappen seiner Marine besonders erbost, weil er ihre Bedeutung noch höher veranschlagt hatte als diejenige des Landheeres.

Am 20. April segelten drei große genuesische Galeeren der Stadt entgegen, sie hatten ohne Schwierigkeiten die Dardanellen passiert, weil sich alle Einheiten der türkischen Flotte vor Konstantinopel versammelt hatten. Kaum wurden sie von den osmanischen Wachtposten gesichtet, gab Mehmet den Befehl, sie mit allen Einheiten anzugreifen. Doch die christlichen Segler waren selbst den vielen Türkenschiffen gewachsen, sie wehrten sich in vielstündigem Kampf erfolgreich. Keinem einzigen Matrosen Baltoğlus gelang es, zu entern, abends passierten die drei Schiffe mit ihren großen Vorräten an Waffen und Nachschub die Kette des Goldenen Horns.

Der Sultan raste. Er befahl die Enthauptung des Admirals, ließ sich dann aber erweichen wegen der persönlichen Tapferkeit des unglückseligen Flottenführers, Baltoğlu wurde abgesetzt, ausgepeitscht, sein Besitz enteignet und er selbst bis ans Lebensende geächtet. Damit aber hatte Mehmet weder das Problem der Festungsmauern gelöst noch dasjenige der Beherrschung des Goldenen Horns. Einen Durchbruch in den Meeresarm hielt er für entscheidend, denn die Verteidigungsmauern waren dort besonders schwach.

Wenn Mehmets Schiffe nicht zu Wasser eindringen konnten, mußten sie einen anderen Weg nehmen. Der Sultan ließ eine Straße vom Bosporus über den Berg bauen, auf dem heute der zentrale Taksim-Platz liegt, und von dort weiter in südlicher Richtung hinab zum Goldenen Horn. Dann wurden große Tragbühnen auf Rollen und Metallrädern angefertigt, darauf siebzig Schiffe vertäut, an Land gezogen und die Straße hinauf über den Berg geschleppt.

Oben: Venedig, die »Braut des Meeres«

Unten: Ausschnitt aus der berühmten, kreisförmigen Weltkarte des Kamaldulenser-Mönches Fra Mauro (1459) in der Biblioteca Marciana in Venedig

Folgende Seite: »Ich bin der Donnerkeil, dessen sich der Himmel bedient.« Die osmanischen Korsaren Horuk und Hayrettin Barbaros

MARE MEDITERANEV
Barbaria
Numidia
SICILIA
MA. AFFRICV
MAIORICA
CORSICA
Albania
Italia
EVROPA
Bolgaria

ARUCH En CHERIDYN BARBAROSSA
Koningen van Algiers.

In den frühen Mittagsstunden glaubten die Christen in der belagerten Stadt Gespenster zu sehen: Oben auf dem Berg tauchte die Formation osmanischer Segel auf, Schiff auf Schiff, die Ruderer bewegten im Takt die Riemen durch die Luft, Trompeten, Zimbeln, Pfeifen musizierten, und schon rollten die siebzig Schiffe Mehmets vollbeflaggt unter dem grenzenlosen Jubel der Soldaten den Berg hinab, direkt ins Goldene Horn. Damit hatte der Sultan die belagerte Stadt von allen Zufuhren abgeschnitten. Mit dem Verlust der Herrschaft im Goldenen Horn begann für Byzanz der Anfang vom Ende, am 29. Mai 1453 gelang den Elitetruppen des Sultans die Erstürmung der Mauern und die Eroberung Konstantinopels.

Kampf mit Venedig

Sieben Jahre nach diesem Triumph haben die Osmanen auch die ganze Peloponnes erobert, die Reste der Paläologenherrschaft beseitigt. Halten können sich nur die venezianischen Küstenplätze und Häfen wie Nauplia, Modon oder Malvasia. Damit steht Mehmet schon seinem nächsten, wichtigsten Feind gegenüber, Venedig, dem Hauptfeind der Osmanen im Mittelmeer. Der Sultan beginnt seit 1462 mit dem Aufbau einer gewaltigen Kriegsflotte, im gleichen Jahr vertreibt er die Genuesen von der Insel Lesbos. Mehmet leitet selbst die Aktionen seiner Truppen vom anatolischen Festland aus. Die rund 100 Kriegsschiffe der Osmanen werden von einem der profiliertesten osmanischen Feldherrn und Politiker geführt, von dem Großwesir Mahmud Pascha.
Die Eroberung von Lesbos wirkte in Venedig als entscheidendes Alarmsignal. Der Sultan hatte den Kampf um das Mittelmeer begonnen, einen Kampf, der sich direkt gegen Venedig richtete als der ersten Flottenmacht des mediterranen Raums seit zweihundert Jahren und Herrin des gesamten Seehandels. Venedig unterstanden sämtliche wichtigen Häfen und Inseln bis zur Levante, es verfügte über ein Seereich, dessen Umfang und politisches Gewicht den alten Seebund Athens weit übertraf. Die Lagunenstadt war ausreichend orientiert über die Schnelligkeit, mit der Mehmet ei-

nen neuen großen Galeerenhafen vor Istanbul ausbauen ließ, ebenso über die Flottenrüstungen in Gallipoli. Der Griff nach Lesbos ließ bei den Dogen keine Zweifel offen, daß sich die Osmanen daranmachten, die wichtigsten Inseln wieder unter islamische Herrschaft zu bringen, zumal sie schon im Jahr darauf, 1463, auf der Peloponnes den venezianischen Hafen Argos überfielen und eroberten. Türkische Einheiten brachen auch in die venezianischen Besitzungen um Lepanto und Modon ein und zogen erst nach ergiebiger Plünderung wieder ab.

Damit war der Scheinfriede zwischen Venedig und der Hohen Pforte endgültig zerbrochen. Venedig gab seinem »Generalkapitän des Meeres«, Alvise Loredano – er führte ein Geschwader von 19 Schiffen in der Ägäis –, den Befehl, die Rückgabe von Argos zu verlangen. Die Osmanen lachten nur darüber, Venedig erklärte deshalb am 28. Juli 1463 dem Sultan den Krieg. Anfang August glückte Loredano ein Handstreich, Argos wurde zurückerobert. Das straffte das Überlegenheitsgefühl der Venezianer, sie zogen vor Korinth, schlossen die Stadt ein, belagerten sie Wochen hindurch, mußten aber nach schweren Verlusten wieder abziehen.

Loredano wurde nun das Kommando entzogen. Im darauffolgenden Jahr versuchte der neue Generalkapitän die Katastrophe von 1463 wettzumachen. Er segelte zur Insel Lesbos, landete Truppen und belagerte die Hauptstadt Mytilene. Sechs Wochen später kreuzte ein starkes Geschwader Mahmud Paschas auf und vertrieb die Venezianer. Sämtliche folgenden Unternehmungen Venedigs mißglückten auf dieselbe Weise. Die Osmanen bestätigten die Vermutung der Dogen, daß die Seeherrschaft in diesem Raum wieder in islamische Hände glitt.

Das ganze christliche Abendland starrt nun auf die Markusrepublik, erhofft von der ruhmreichen »Königin des Meeres« die Rettung vor dem islamischen Antichrist. Als jedoch die Dogen sich zu keinem wirklichen Kampf aufraffen können, ruft Papst Pius II. noch einmal zu einem Kreuzzug auf. Sein Appell bleibt ohne Wirkung, und so macht sich der alte, todkranke Oberhirte selbst auf den Weg: Er wird, so verkündet er, die Ungläubigen nicht mit dem Schwert bekämpfen, sondern mit dem Gebet. Mitte 1464 trifft er in Ancona ein, wo er die Kreuzfahrerflotte erwarten will, die nun doch von Venedig zusammengestellt worden ist.

Es vergehen fast vier Wochen, bis es soweit ist. Der Papst, schon ein Sterbender, läßt sich zu dem Fenster tragen, das zum Meer hinausgeht. Als die Schiffe einlaufen, seufzt er: »Bis zu diesem Tag hat mir eine Flotte gefehlt, um in See zu stechen. Jetzt aber muß ich der Flotte fehlen.« Drei Tage später stirbt Pius II. Venedig rüstet daraufhin sofort die Kriegsflotte wieder ab.

Alle Friedensbemühungen der Signoria in den nächsten beiden Jahren prallen an dem Starrsinn des Sultans ab, zumal die Markusrepublik weder zu Lande noch auf dem Meer irgendeinen Erfolg verbuchen kann. Erst 1469 gelingt ihr völlig überraschend ein größeres Projekt. Von Euböa aus, der zweitgrößten griechischen Insel, war ein Geschwader von 20 Schiffen an die makedonische Küste gefahren, hatte türkische Niederlassungen überfallen und verheert, war dann nach Osten gezogen und hatte die Inseln Lemnos und Imbros vor den Dardanellen besetzt. Von hier aus überfielen Mitte Juli die Matrosen völlig unerwartet die Stadt Ainos nordöstlich von Samothrake auf dem Festland. Die Venezianer metzelten alles nieder, was lebendig war, in ihrem Blutrausch machten sie keinen Unterschied zwischen Moslems und Christen. Als man die Schätze und die Überlebenden an Bord gebracht hatte, wurde die Stadt bis auf die Grundmauern niedergebrannt. Nach einem Raubzug entlang der anatolischen Küste nahmen die Schiffe wieder Kurs auf Euböa.
Als die Meldung von diesem Handstreich und seinem Erfolg in der Lagunenstadt eintraf, brach ein Jubel los, wie ihn die Serenissima seit Jahrzehnten nicht mehr erlebt hatte. Drei volle Tage wurde getanzt und gefeiert, brannten überall Freudenfeuer, drei Tage läuteten sämtliche Glocken in der Stadt und auf dem Festland, das zu Venedig gehörte.
Doch die Signoria wußte nicht, daß sie damit auch die größte Katastrophe ihrer bisherigen Geschichte einläutete. Der Sultan begann bei der Nachricht von dem venezianischen Überfall auf Ainos und dem Blutbad zu toben. Er befahl Mahmud Pascha, die Kriegsflotte mit allen Kräften so schnell wie möglich auf einen Höchststand auszubauen – vor allem wurde eine große Zahl von Lastschiffen auf Kiel gelegt. Anfang 1470 sollen, wie es heißt, rund 100000 Mann Invasionstruppen bei Stambul versammelt gewesen

sein, alle Schiffe, die sich für längere Fahrten eigneten, wurden beschlagnahmt, in Saloniki wurden neue, riesige Kanonen gegossen. Venedig vermutete mit Recht, daß diese Rüstungen Euböa galten, dem »Ansehen und der Herrlichkeit Venedigs«, seinem unersetzlichen Stützpunkt für die Sicherung des Levantehandels, den es seit 1390 unangefochten in Besitz hatte. Wenn den Osmanen die Eroberung der Insel gelang, konnte die Markusrepublik ihre bisherigen Schiffahrtslinien in den Vorderen Orient streichen, dann hatte sie im östlichen Mittelmeer so gut wie ausgespielt. Im Frühling 1470 meldete der venezianische Generalkapitän der Signoria, daß sich hinter den Inseln Imbros und Tenedos am Eingang der Dardanellen eine ungeheure Flotte versammelt habe, sie werde täglich durch neue Dreiruderer verstärkt, man könne die Einheiten überhaupt nicht mehr zählen: »Das Meer ist wie ein Wald. So etwas zu hören, scheint unglaublich; wer es aber sieht, dem ist es schrecklich.« Mehr als sechs Meilen bedeckt Schiff an Schiff die See.

Am 5. Juni werden die Anker gelichtet, gleichzeitig beginnt der Vormarsch des Landheeres. Mitte des Monats fährt die Flotte in den Golf zwischen dem Festland und Euböa ein, ihre Stärke beläuft sich auf etwa 400 Einheiten. Die Invasionstruppen landen und beginnen umgehend mit der Belagerung der Hauptstadt Negroponte, dem Chalkis der antiken Zeit. Nach wiederholten Sturmangriffen, zuletzt unter den Augen des Sultans persönlich, werden am 12. Juli 1470 die Mauern der Festung bezwungen. Die Verluste auf beiden Seiten gehen in die Tausende.

Die Markusrepublik erfährt diese Katastrophe am 30. Juli. Nun sind die Jubelfeste und Freudenfeuer des Vorjahres vergessen, nun zieht das Volk tagelang verzweifelt, jammernd, von Angst geschüttelt durch die Straßen, betet ununterbrochen, veranstaltet feierliche Bittprozessionen. »Ich habe die stolzen Nobili der Lagunenstadt weinen gesehen«, schreibt ein Gesandter nach Mailand. Am meisten wird die Serenissima von dem schmählichen Verhalten der Flotte erschüttert. Der Generalkapitän hatte sich völlig passiv in sicherer Entfernung gehalten, war nach der Eroberung Negropontes sofort geflohen und hatte sich in den südlichen Häfen der Peloponnes versteckt.

Mit der Eroberung Euböas im Jahr 1470 durch die Osmanen ist das Handelssystem Venedigs mit der Levante, das Fundament seines Reichtums, zerbrochen worden. Die Dogen spüren erst jetzt so schmerzhaft wie seit undenklichen Zeiten nicht mehr, daß ihre Flotte der osmanischen Seemacht nicht gewachsen ist. Seit dem Treffen bei Gallipoli am 29. Mai 1416 sind die islamischen Geschwader in keiner einzigen Schlacht auf dem Meer zu besiegen gewesen, und so bleibt es noch ein Jahrhundert, bis zum Treffen von Lepanto im Oktober 1571.

Drei Jahre nach der Eroberung Euböas unterwirft der Sultan auch das Schwarze Meer der osmanischen Seehoheit, er vertreibt die Genuesen von der Krim und erobert ihren letzten und wichtigsten Handelsplatz, die Stadt Kaffa. Damit verwandelt sich das Schwarze Meer in ein osmanisches Binnengewässer, schiebt sich der osmanische Riegel vor die letzte offene Stelle des Handels zwischen Osten und Westen. Die Umwälzung und Neuorientierung der europäischen Wirtschaft und Großraumpolitik in den folgenden Jahrzehnten, die Expansion in den Süden und Westen des Atlantik hängt direkt mit dem Zusammenbruch der venezianischen Seeherrschaft im Mittelmeer und ihrer Ablösung durch die Osmanen zusammen.

»Der große Adler ist tot!«

Venedig braucht noch Jahre, um endlich die Konsequenzen zu ziehen. Die Osmanen entreißen 1475 den Genuesen auch die Insel Samos, vier Jahre später findet sich Venedig endlich bereit, einen Schmachfrieden mit der Hohen Pforte zu schließen. Die Serenissima erkennt sämtliche entscheidenden Eroberungen des Sultans an, Venedig räumt die Insel Lemnos vor den Dardanellen, verpflichtet sich zu hohen Reparationen und nimmt eine regelmäßige Jahresabgabe von 10000 Golddukaten auf sich. Damit erkauft sich die Lagunenstadt allerdings eine bedingte Freiheit ihrer Schiffahrt im Mittelmeer und konserviert die Reste ihres Handels mit der Levante. Die Zahlung dieses Jahresbetrags wurde im übrigen schon 1482 vom Nachfolger Mehmets II., seinem Sohn Beyazit II., wieder gestrichen. Die Bedingungen des Friedensvertrages von 1479 sind zwar beschämend, aber dieses Ende des langen Ringens um die

Seeherrschaft signalisiert auch eine Wende in der politischen Einschätzung des Osmanenreichs. Der Sultan hat sich vom Antichrist gewandelt zu einer berechenbaren Größe des diplomatischen Staatengeflechts, ein Positionswechsel, den keine christlich-europäische Macht ignoriert.

Im Sommer 1480 durchquert eine osmanische Flotte von 140 Schiffen das Ionische Meer, Truppen der Pforte landen in Apulien und erobern die Stadt Otranto. Erneut wird die Christenheit Europas von Schrecken durchzittert. Eine ähnliche Aktion im Mai desselben Jahres, bei der eine Flotte Mehmets von Stambul nach Rhodos gesegelt war und die Johanniterfestung belagert hatte, war gleichgültig registriert worden. Rhodos war weit, Otranto aber ist ein Dorn im Fleisch. Die Ritter auf Rhodos wehren sich überdies mit eindrucksvoller Kraft und zwingen die islamischen Truppen schließlich zum Rückzug.

Otranto dagegen wird nur befreit dank des unerforschlichen Ratschlusses Gottes. Denn am 3. Mai 1481 stirbt Mehmet der Eroberer, 51 Jahre alt. In Venedig trifft die Nachricht davon erst zwei Wochen später ein; das entspricht der damaligen Reisegeschwindigkeit. Der Bote stürzt vor die Signoria und stößt jubelnd hervor: »Der große Adler ist tot!« Kurz darauf ziehen sich die osmanischen Truppen von Otranto zurück, geben diesen wichtigen Stützpunkt im Süden der Adria auf. Die europäischen Mächte triumphieren. Zumal Venedig sieht in der Räumung Otrantos einen ausreichenden Beweis dafür, daß der Nachfolger Mehmets unweigerlich von minderem Zuschnitt sein mußte.

Die Signoria irrt. Beyazit II. läßt sich tatsächlich kaum mit seinem Vater vergleichen. Doch der neue Gebieter erkennt womöglich noch scharfsichtiger als Mehmet II., daß die Macht des Osmanischen Reiches auf der Überlegenheit seiner Flotte beruht.

»Von nun an gehört mir die See!«

Beyazit II. regiert mehr als drei Jahrzehnte, bis 1512. Sein Herrschaftskonzept orientiert sich an zwei Richtweisern. Erstens: Festigung und Vergrößerung des Territorialbesitzes, soweit dadurch nicht die innere Stabilität bedroht wird, und zweitens: Unablässiger Ausbau der Flotte und Sicherung des maritimen Stützpunktsystems. Venedig erhält früher, als der Signoria lieb ist, eine Gelegenheit, die Qualitäten dieser vorausschauenden Politik gründlich zu testen.

Unter Mehmet dem Eroberer waren die Flottengeschwader sowohl Transportmittel als auch Deckungsschild gegenüber Angriffen von See aus. Eine operative Eigenständigkeit der Flotte gab es nur in Ansätzen, sie wurde als Prinzip erst durch Beyazit II. entwickelt. Wegen dieses inneren Umbaus bemühte sich der Großherr in Stambul gut ein Jahrzehnt um äußerlich freundschaftliche Beziehungen zur Markusrepublik.

Erste Reibungspunkte ergaben sich im Verhältnis beider Mächte zu Zypern. Für Venedig war die Insel nach dem Verlust Negropontes unersetzlich als Station ihres Handels mit dem Mamlukenreich, unentbehrlich aber war sie auch für die Osmanen, deren Hauptkriegshafen Gallipoli zu sehr am Rand des mediterranen Interessengebietes lag. Der Sultan verwand deshalb nur mühsam den erfolgreichen Coup Venedigs, 1489 die Herrscherin Caterina Cornaro abzusetzen, in Zyperns Haupthafen Famagusta einzudringen und die ganze Insel in eine Niederlassung der Lagunenstadt zu verwandeln.

1499 wurde zum Jahr der Revanche. Beyazit II. nahm einen der berühmtesten Korsaren der damaligen Zeit, Kemal Re'is, in Dienst und übertrug ihm den weiteren Ausbau und die Führung der islamischen Flotte. In Italien kämpfte der Herrscher Mailands, Lodovico il Moro, verzweifelt gegen den Einmarsch der Franzosen, er mußte sich gleichzeitig gegen den alten Erbfeind Mailands, die Markusrepublik, zur Wehr setzen. Da ihn auch sonst niemand in Italien unterstützte, appellierte er an den Sultan in Stambul, sich der Niedertracht Venedigs zu erinnern und ihm zu Hilfe zu kommen.

Beyazit entschloß sich zum Krieg, allerdings nicht um das Schicksal Lodovico il Moros, des letzten regierenden Sforza in Mailand, zu ändern. Seine Truppen fielen in das Hinterland Venedigs ein, sie verwüsteten Friaul und drangen bis in die Nähe von Vicenza. Den Hauptstoß führte jedoch die islamische Flotte, Ziel des Sultans war die Eroberung der restlichen Besitzungen Venedigs in

Griechenland. An erster Stelle drehte es sich um Lepanto, das den Golf von Korinth kontrollierte. Die Seeschlacht vor der Westküste der Peloponnes konnte Kemal Re'is für die Osmanen entscheiden, damit war der Fall Lepantos besiegelt. Die Kolonie war nunmehr von jeder Unterstützung abgeschnitten und kapitulierte zwei Wochen später.

Nach diesem Schlag fielen die venezianischen Niederlassungen wie Kegel: Santa Maura, Modon, Koron, Nauplia, Navarino. Auf die große Bedeutung Modons und Korons hatte der osmanische Admiral seinen Herrn ausdrücklich hingewiesen, er umriß ihr strategisches Gewicht mit derselben Bezeichnung, die in der Lagunenstadt gängig war: Modon und Koron galten als »die beiden Augen« Venedigs. Behaupten konnte sich die Serenissima nur auf den beiden kleinen Inseln Kephalonia und Zakynthos. Sultan Beyazit ließ Lepanto zum bedeutendsten Schiffsarsenal der Osmanen ausbauen.

Wiederum fand sich eine venezianische Gesandtschaft am Hof des Sultans ein, um die Friedensbedingungen entgegenzunehmen, nach drei Jahren Krieg, 1502. Beyazit war ein ernster, fast schwermütiger Mann. Wie es mit der venezianischen Flottenherrschaft jetzt stand, skizzierte der Sultan den Delegierten mit der gelassenen Feststellung: »Bis jetzt waret ihr mit dem Meer vermählt. Von nun an gehört es mir.«

Das ging freilich nicht nur an die Adresse der Markusrepublik. Kaum war dieser zweite Seekrieg mit Venedig beendet, schickte Beyazit seinen Admiral zu einem gewaltigen Zug ins westliche Mittelmeer, um die Katholischen Könige Ferdinand und Isabella an die Existenz der Osmanen zu erinnern. In Spanien waren die Reste der islamischen Herrschaft ausgemerzt worden. Das Land drängte mehr und mehr ins damalige Zentrum der europäischen Affären, nach Italien. Während des Korsarenunternehmens Kemal Re'is' wurden die Inseln Malta, Sizilien, Sardinien und die Balearen verheert, ausschließlich spanische Besitzungen. Korsika, das zu Genua gehörte, wurde sorgfältig ausgespart. Mit diesem Plünderungszug über See meldeten die Osmanen eindringlich ihre Ansprüche auch auf die Herrschaft im mediterranen Westen an.

Der Donnerkeil, dessen sich der Himmel bedient

Die osmanischen Flottenführer können Mahmud Pascha und Kemal Re'is als ihre großen Ahnen feiern. Ihr bedeutendster Admiral begann ebenfalls als Korsar, kämpfte aber schon in der Flotte Beyazits unter osmanischer Flagge: Hayrettin Barbaros. Gemeinsam mit seinem älteren Bruder Horuk hatte er lange das Piratengeschäft auf eigene Faust betrieben. Ihre Erfahrung und überlegene Schiffsführung, vor allem jedoch die abenteuerlichen Erfolge, mit denen die meisten ihrer waghalsigen Züge gekrönt wurden, machten ihre Namen binnen wenigen Jahren an allen Mittelmeerküsten bekannt, gefürchtet, verhaßt und – gefeiert.

Seit dem 12. Jahrhundert bestand der Nordwesten Afrikas aus einer Kette selbständiger islamischer Herrschaften. In Marokko hatte sich die Dynastie Marini durchgesetzt, die beiden Hauptstädte Marrakesch und Fes waren Zentren höchster Kulturblüte. In Fes lebten 125 000 Einwohner, mehr als in London, Wien oder Prag. Der große arabische Geograph und Weltreisende Ibn Battuta bezeichnete um 1350 Marokko als ein Paradies auf Erden. Zwischen Marokko und Algier, am Fuß des Atlasgebirges, lag Tlemcen, heute ein kümmerlicher Ort. Im 13. Jahrhundert jedoch lebten in dieser Metropole genausoviel Menschen wie in Fes, hier residierten dreihundert Jahre lang die Herrscher der Dynastie Abd al-Wahid. Tlemcen besaß 64 Moscheen; die Stadt bildete einen Knotenpunkt des nordafrikanischen Handels. Im Osten wurde Tlemcen von Algier begrenzt – seit den römischen Zeiten das Lieblingsgebiet aller Seeräuber wegen seiner vielen geschützten Felsenbuchten und der hervorragenden Lage direkt vor der spanischen Südküste und der Schlagader des Seehandels durch Gibraltar.

Von Tunis bis Marokko ist Nordafrika seit dem Sieg der Katholischen Könige Ferdinand und Isabella über Granada 1492 die Zuflucht aller Islamgläubigen der Iberischen Halbinsel. Sie verstärken die Piratenflotten, das christliche Spanien wird einem zunehmend heftigeren Korsarenkrieg ausgesetzt. Spanien reagiert schließlich mit einem amphibischen Großunternehmen und erobert in den Jahren 1509/10 eine ganze Reihe wichtiger Häfen und Städte, darunter auch Oran und Algier.

Horuk und Hayrettin operieren mit ihren Piratenschiffen weiter östlich, von Tunis aus. Der regierende Sultan hat ihnen gestattet, seine Häfen als Stützpunkte zu benützen, unter der Bedingung, daß ihre Mannschaften mit den Bewohnern Frieden halten und ihm von sämtlichen Prisen ein Fünftel abgetreten wird. Dieses Abkommen hatte nichts mit einem bloßen Geschäft zur wechselseitigen Bereicherung zu tun. Alle islamgläubigen Korsaren unterschieden sich in ihren Aktionen zutiefst von den überlieferten Formen des Seeraubs, bei dem es ausschließlich um die Beute ging. Nach islamischem Recht herrschte seit den ersten Eroberungen der Beduinenheere zwischen den Moslems und den Christen ein ununterbrochener Kampf; alles Gebiet, das noch nicht islamischer Herrschaft unterstand, wurde zum *dar al-harb*, zum Kriegsgebiet deklariert. Und da es seit den ersten Aufbruchszeiten als religiöse Pflicht aller Feldherren galt, den Kalifen und Herrschern einen festgelegten Prozentsatz der Beute abzuliefern, wurde diese Regelung auch für die moslemischen Korsaren verbindlich. Mit einem Wort: Ihr Piratentum war islamisch-rechtlich ein Gott wohlgefälliges Tun, denn ihre Kaperfahrten waren Teil des allgemeinen Glaubenskampfes.

Das Korsarentum hatte außerdem noch den unschätzbaren Vorteil, daß die islamischen Herrscher diplomatisch in doppelter Münze zahlen konnten. Den christlichen Mächten gegenüber mußten sie sich während eines Friedens juristisch nicht mit den Korsaren identifizieren, zumal wenn sie nicht unter ihrer Kriegsflagge segelten. Gleichzeitig aber widersprachen ihre Aufträge zu Piratenzügen und Kaperunternehmungen nicht dem innerislamischen Recht. Die Fürsten des christlichen Europa beherrschten schon wenige Jahrzehnte später diese Zweigleisigkeit genauso gut, die berühmtesten Korsaren wie Francis Drake oder Sir Henry Morgan waren nichts anderes als direkte Nachfahren von Kemal Re'is und Hayrettin Barbaros.

Dazu kam noch die Schnelligkeit, mit der die Herrscher in Stambul alles akzeptierten, was den Durchschnitt überstieg. Das entsprang dem Vergnügen der Osmanenfürsten am Erfolg und an ungewöhnlichen Begabungen, die Jahrhunderte hindurch sowohl für die militärische Auslese als auch für den allgemeinen Lebenszuschnitt im Osmanischen Reich charakteristisch geworden sind. Einer der klügsten Berichterstatter aus dieser Zeit, Ogier Ghislain de Busbecq, der Botschafter des Habsburgischen Kaiserreichs am Hof Süleymans des Prächtigen, stellte bedauernd fest: »Ich habe die Türken um ihr Erziehungswesen beneidet. Sie freuen sich und lobjauchzen ob jedes Menschen, der ungewöhnliche Gaben zeigt, als ob sie in den Besitz einer kostbaren Perle gelangt wären. Sie bringen alle seine Gaben zur Wirkung und Entfaltung, sparen keine Mühe und Sorge, vor allem, wenn sie militärische Begabungen entdeckt haben. Wie anders ist unsere Einstellung im Westen.«

1512 hatten Horuk und Hayrettin durch ihre Kaperzüge ein so gewaltiges Vermögen zusammengerafft, daß sie nicht nur eigene Flottillen ausrüsten, sondern auch Heere anwerben konnten. Ein erster Angriff auf die Hafenstadt Bejaïa östlich von Algier mißlang; die Spanier hatten den Ort 1510 erobert und stark befestigt. Horuk wurde schwer verwundet, Hayrettin brach das Unternehmen ab, segelte nach Andalusien und organisierte volle drei Monate die Flucht spanischer Moslems, die sich nicht zwangsweise zum Christentum bekehren lassen wollten. Hand in Hand damit brachte er christliche Schiffe auf, verkaufte die Besatzungen als Sklaven und belud seine Flotte bis zum Freibord mit Schätzen.

Im Herbst segelte er nach Menorca. Die Baleareninsel hatte ihm bisher als fester Stützpunkt für die Proviantierung gedient, ebenso als Handelsplatz für das Prisengut. Jahrelang hatten die Bewohner mit ihm zusammengearbeitet, jetzt aber zeigten sie sich feindselig, Hayrettin wurde hinterbracht, daß die Spanier mit 13 Schiffen seine Flottille überfallen wollten. Daraufhin stürmte Hayrettin ein Schloß. Er machte zwar mehr als 40 Gefangene, mußte aber vor der Übermacht der Insulaner auf seine Schiffe zurück. Bevor das Geschwader in See stach, schrieb Hayrettin noch einen Brief: »Verfluchte Einwohner von Menorca! Ihr habt mein Vertrauen mißbrauchen wollen, um mich zu verderben, ohne daß ich euch einen Anlaß dazu gegeben hätte. Wisset denn, daß ich der Donnerkeil bin, dessen sich der Himmel bedient, um eure verbrecherischen Häupter zu zerschmettern: meine Rache wird nicht eher gesättigt sein, als bis ich den letzten unter euch getötet und eure Frauen, eure Töchter und Söhne in die Sklaverei verschleppt habe!«

Im nächsten Jahr wiederholten die Brüder den Versuch, in einer Doppelaktion an der Küste Fuß zu fassen. Ihr Ziel war die Hafenfestung Djidjelli, hundert Kilometer östlich von Bejaïa, ebenfalls eine spanische Eroberung. Diesmal konnten sie die Unterstützung der arabischen Stämme des ganzen Hinterlandes gewinnen, Djidjelli mußte schon nach wenigen Tagen kapitulieren, die Stadt und das Kastell wurden zum ersten Ort dieser nordafrikanischen Gebiete, in dem die Türken die Herrschaft übernahmen.

Die Brüder entschlossen sich jetzt zum Schritt in die große Politik. Sie schickten ein Geschwader, voll mit Sklaven und den erlesensten Geschenken, nach Stambul und boten dem Sultan ihre Dienste an. Die Antwort kam prompt, die Pforte stimmte zu und sandte auch gleich 14 der besten Schiffe als Verstärkung. Hayrettin hatte damit den Oberbefehl über mehr als 30 Schiffe; bei seinem ersten Raid, zu dem er unverzüglich aufbrach, kaperte er ein christliches Geschwader von 28 Einheiten und auf der Rückfahrt nach Tunis erneut zwölf Schiffe.

1516 fielen die Brüder in Algier ein, beseitigten die Herrschaft des arabischen Scheichs und Königs Selim Eutemi und übernahmen selbst die Regierung. Hayrettin verwaltete den Osten des Gebiets, Horuk den Westen. Wenig später stieß Horuk in das Königreich Tlemcen, vertrieb die Spanier und gliederte es dem türkischen Herrschaftsgebiet ein. 1518 wurde die Hauptstadt von dem früheren König zurückerobert, Horuk verlor dabei sein Leben, Hayrettin wurde nun Alleinherrscher in den eroberten Landesteilen.

Er war klug genug, um abschätzen zu können, daß er sich auf die Dauer ohne Hilfe des Sultans nicht halten konnte. Deshalb bot er der Hohen Pforte offiziell die Vasallenschaft ganz Algiers an. Auch diesmal stimmte der Großherr ohne Bedenken zu, ernannte Hayrettin Barbaros zu seinem Statthalter und verstärkte das Heer des Korsaren mit 2000 Mann Elitetruppen. Hayrettin ließ die Fahne des Osmanensultans auf der Zinne seines Palastes hissen. Jetzt rückte er selbst nach Tlemcen, erstürmte die Hauptstadt, verpflichtete die Landesfürsten auf die osmanische Oberhoheit und sorgte durch systematische Fluchthilfe, daß die neu angesiedelten Mauren aus Spanien seine persönliche Stellung im Lande festigten.

Seit 1530 begann Hayrettin Barbaros fast ausschließlich Kaperzüge durch das ganze westliche Mittelmeer zu organisieren und die Küsten zu verheeren. Er war inzwischen schon an die sechzig Jahre alt, aber vom Piratentum kam er nicht los. Um diese Zeit wurde seine Gestalt zu einer Figur in der islamischen Poesie; seine Taten auf dem Meer wurden in ungezählten Liedern und Gedichten verherrlicht. 1532 gelang seinen Leuten erstmals die Kaperung eines spanischen Goldschiffes, das aus der Neuen Welt kam. Im Jahr darauf wurde das spanische Geschwader, das die Küste schützen sollte, überfallen und sämtliche Schiffe aufgebracht. Damit war der Weg frei für das größte aller Transitunternehmen Hayrettins. Die Mauren Spaniens hatten ihn erneut um Hilfe gebeten, er landete starke Truppenkontingente und brachte in mehreren Fahrten mit seiner Flotte insgesamt 70000 Menschen in die islamischen Gebiete Nordafrikas.

Im selben Jahr wird Hayrettin an die Hohe Pforte gerufen, Süleyman der Prächtige überträgt ihm die Führung der gesamten osmanischen Seemacht, er wird zum Kapudan Pascha ernannt, zum obersten aller Admirale. Im Jahr darauf bricht er mit einer neugebauten Flotte von 84 Schiffen nach Italien auf, überfällt Reggio in der Meerenge von Messina, verwüstet die Küstenstriche Siziliens und Unteritaliens. Besonders schlimm ergeht es Sperlonga, die Stadt wird fast vollständig niedergebrannt. Des Admirals Schiffe füllen sich mit Tausenden von Christen für die Sklaverei. Dann nimmt er mit seiner Flotte Kurs nach Norden, Hayrettin hat hier ein besonderes Ziel. In Fondi lebt Giulia Gonzaga, die Gemahlin Vespasiano Colonnas. Sie gilt als schönste aller Frauen Italiens – in dieser Zeit der Hochrenaissance, da die Höfe der Fürsten mit schönen Frauen geradezu übersät sind, eine Auszeichnung, die sie in eine europäische Berühmtheit verwandelt. Hayrettin Barbaros will sie rauben und als unvergleichlichstes aller Beutestücke dem Sultan für seinen Harem überreichen.

Die Matrosen landen in der Nacht, aber Donna Giulia kann sich aus dem Schloß retten; halb bekleidet reitet sie auf einem Pferd in die Berge, nur einen einzigen ihrer Hofkavaliere als Schutz bei sich. Als sie in Sicherheit ist, läßt sie ihren Begleiter töten. Was sie dazu veranlaßt hat, weiß niemand.

Weit durchsichtiger ist die Enttäuschung und der Zorn Hayrettins über die geglückte Flucht. Er läßt Fondi vier Stunden lang plündern und verwüsten. Danach segelt seine Flotte nach Süden, er landet in Tunis und erobert das Königreich. Allerdings kann er sich nur ein Jahr lang halten. Denn jetzt führt Kaiser Karl V. persönlich eine Armee über das Mittelmeer und erobert Tunis zurück. Hayrettin muß nach Algier zurückweichen. 1536 bricht er mit seinen Schiffen nach Menorca auf und realisiert seinen Racheschwur von 1512. Er stürmt die Festung, schlägt ein starkes Ersatzheer der Insulaner vernichtend und zieht mit fast 5000 Gefangenen wieder ab.

Rückzug Venedigs

Seit der Eroberung der Johanniterbastion Rhodos 1522 ist der Osten des Mittelmeers zum osmanischen *Mare clausum* geworden. 1537 drängt Hayrettin den Sultan dazu, auch mit den letzten Stützpunkten der Markusrepublik in der Ägäis aufzuräumen. Der Sultan erklärt Venedig den Krieg. Am 27. September stößt seine Flotte auf ein Riesengeschwader von 200 Schiffen Venedigs und des Habsburgerreiches, es ist Hayrettins größte Seeschlacht, er krönt sie mit einem durchschlagenden Sieg. Innerhalb der nächsten drei Jahre verliert die Lagunenstadt sämtliche Niederlassungen in der Ägäis, nur Kreta, Tinos, Mykonos und Zypern verbleiben ihr. 1539 erobert der Großadmiral von See aus die venezianische Hauptfestung Castelnuovo an der Küste Dalmatiens, Venedig bittet im Jahr darauf um Frieden.
Seit Hayrettin Barbaros die osmanische Flotte führt, wird der Sultan auch zum Herrn im westlichen Mittelmeer. Im Mai 1546 – der unverwüstliche Flottenführer macht sich soeben bereit, erneut mit seinem Flaggschiff in See zu stechen – wird Hayrettin plötzlich krank und stirbt nach wenigen Tagen, an die 80 Jahre alt. Sein Mausoleum wird direkt am Bosporus in der Bucht errichtet, in der sich die osmanischen Kriegsschiffe vor der Ausfahrt sammeln. Heute endet an diesem Uferplatz im Stadtteil Beschiktasch der breite Barbaros-Boulevard, der von Levent zum Meer herabführt. Gegenüber der Grabstätte befand sich die Seeakademie, die der

Admiral selbst noch gestiftet hatte. An dieser Stelle befindet sich heute das türkische Marinemuseum. Auf dem Uferplatz selbst ragt ein gewaltiges Denkmal des Korsaren empor, mächtig und so, wie es das Klischee verlangt: Die überlebensgroße Figur auf dem hohen Sockel blickt hinaus aufs Meer, umgeben von seinen Flottenführern. Die türkische Überlieferung spricht von diesem Ort als dem »Dom seines Grabmals am Sammelplatz osmanischer Flotten, mit denen er die Meere deckte – und die Fluten küssen den Fuß der Grabstätte«.

Kein Ende in Lepanto

Während seines Korsarenlebens brachte Hayrettin zusammen mit seinem Bruder fast 50000 Christen in die Sklaverei. Diese Zahl spiegelt etliches von der Furcht, die sich mit seinem Namen im Abendland des 16. Jahrhunderts verband. Aber nicht die Kaperzüge Hayrettins sind das säkular Bewegende, sondern Schwergewicht allein besitzt die klare Linie der osmanischen Flottenpolitik, die sich seit Mehmet II. abzuzeichnen begann und für deren Folgerichtigkeit und Weitsicht der Name Hayrettin Barbaros Repräsentanz besitzt.

Das Osmanische Reich entwickelte sich unter Süleyman dem Prächtigen zu einer Weltmacht. Nie war die islamische Territorialexpansion größer als zu seiner Regierungszeit. Ermöglicht wurde dies den Osmanen durch denselben Entschluß, der im Altertum der Landmacht Sparta zu ihrem Sieg über Athen verholfen hatte. Die Seeherrschaft Athens in Attika brach zusammen, als sich Sparta entschloß, den Kampf ebenfalls auf dem Meer auszutragen. Genauso war den Osmanen die Eroberung des ganzen Südostens Europas nur deshalb möglich, weil ihre Expansion durch das Niederringen der christlichen Seemächte und die Übernahme der Herrschaft auf dem Meer durch die osmanische Flotte abgesichert wurde. Nur dadurch verwandelte sich auch der Hauptgegner der Politik Kaiser Karls V., Frankreich und sein König Franz I., zu einem fast natürlichen Verbündeten des Sultans. Der französische Orienthandel befand sich in ununterbrochener Konkurrenz zu Venedig und Genua. Seit die genuesische Flotte unter der Führung Andrea Dorias 1528 die Partei des Kaisers ergriffen hatte, gab es für Franz I. keinen anderen denkbaren Bundesgenossen im Mittelmeer als die Osmanen. Frankreich und die Hohe Pforte hatten dasselbe leidenschaftliche Interesse an der gemeinsamen Kontrolle der Seewege.

Nur deshalb wurde zwischen dem französischen König und dem osmanischen Großadmiral 1534 ein Abkommen getroffen, das die Franzosen als einzige berechtigte Handelsmacht im Mittelmeer anerkannte und ihren Verkehr auf See tolerierte und schützte. Deshalb auch wurde diese Vereinbarung im Jahre 1536 zu dem offiziellen Bündnis zwischen den Osmanen und Frankreich ausgeweitet – zum ersten Beistands- und Freundschaftsvertrag, den eine christliche Macht Europas mit dem Todfeind der Christenheit, mit einem islamischen Herrscher, schloß.

Der größte Triumph, der jemals gegen die osmanische Flotte errungen wurde, war der Sieg der vereinigten christlichen Flotten bei Lepanto 1571. Die Niederlage hätte nicht größer sein können. Unter dem Befehl Don Juan d'Austrias, dem jüngsten Sohn Kaiser Karls V., wurde die gesamte osmanische Flotte im östlichen Mittelmeer vernichtet. Lepanto, so ist bis heute immer wieder geschrieben worden, hätte die Osmanen mit einem Schlag vom Mittelmeer hinweggefegt.

So wollte man es sehen. Man wollte dagegen nicht sehen, daß die Koalition der christlichen Geschwader nicht viel mehr war als eine Verzweiflungsaktion, denn der Nachfolger Barbaros', Großadmiral Turgut, löschte alle Erfolge Habsburgs in Nordafrika wieder aus, eroberte 1551 Tripoli zurück und entriß 1555 den Spaniern auch die restlichen Gebiete. Damit war die gesamte afrikanische Küste des Mittelmeers wiederum osmanisches Herrschaftsgebiet.

Im Osten wurde den Genuesen 1562 Lesbos abgenommen, drei Jahre später die Johanniter auf Malta überfallen, im Jahr darauf auch die Insel Chios in der Ägäis erobert, und schließlich landete 1569 eine Invasionsarmee auf Zypern und schloß die Eroberung der Insel im August 1571 ab. Das erst zwang Spanien, Venedig, Genua und den Papst zusammen, wenige Monate später, am 7. Oktober 1571, wurde die Schlacht bei Lepanto geschlagen.

Was aber änderte sich dadurch? Die Osmanen hatten ihre Flotte in knapp vier Jahren wieder reorganisiert und auf den früheren Stand gebracht. Kein einziger Stützpunkt in Nordafrika wurde ihnen abgenommen. Venedig verzichtete in einem Sonderfrieden 1573 ausdrücklich auf Zypern, um Vergünstigungen für seinen Handel herauszuschlagen. Die spanische Flotte zog im westlichen Mittelmeer mit den Osmanen gleich, es gelang ihr jedoch nicht, die ständigen Raids der Korsaren Nordafrikas zu unterbinden. Im 17. Jahrhundert verlor Venedig die letzte, die größte Insel in der Ägäis. Kreta wurde 1645 von Truppen des Sultans besetzt, 1669 mußte schließlich auch die Hauptstadt Candia die weiße Fahne hissen.

Die Kämpfe der europäischen Seemächte im mediterranen Raum blieben wegen des Umfangs des Levantehandels verbissen genug, um ihnen noch viele Jahrzehnte die Augen dafür zu schließen, welche ozeanische Neuorientierung sich seit dem 15. Jahrhundert angebahnt hatte. Freilich war auch dieser Positionswechsel eine Folge des brutal einfachen Sachverhalts, daß sich der Islam als feste Barriere in den Wirtschaftsverkehr zwischen Ost und West geschoben hatte und seine Herrscher die Kontrolle der Handelswege zu Land und auf dem Meer ausübten. Wie diese Barriere zu durchbrechen oder zu umgehen war, wurde nun zum zentralen Thema.

3. Kapitel

Prinz Heinrich von Portugal und seine Kapitäne

In seinem strengen, eckigen Gesicht rührt sich nichts. Die Augen sind klar und gelassen wie an jedem anderen Tag, nur sein Blick ist weiter in die Ferne gerichtet als sonst, seine Stimme klingt härter: »Ihr seid bis zum Kap gesegelt, und dann habt Ihr befohlen, umzukehren. Entgegen meiner Order! Die Furcht hat Euch übermannt, wie alle anderen Kapitäne vor Euch. Ich würde Euch nicht tadeln, wenn es einen wirklichen Grund für Eure Angst gäbe. Doch Ihr glaubt nur dem Geschwätz von Seeleuten, die nichts wissen, nichts können, und Ihr wiederholt es.«

Gil Eanes, der junge portugiesische Edelmann, schämt sich. Er schämt sich mehr, als er es vor diesem Rapport seit dem Abbruch des Unternehmens befürchtet hatte. Sein Herr, der Infant Heinrich von Portugal, war nach dem Einlaufen des Schiffes in den Hafen, im Sommer 1433, besonders entrüstet gewesen. Denn Gil Eanes hatte trotz des ausdrücklichen Verbots etliche Eingeborene von den Kanarischen Inseln geraubt und mitgebracht. Ungewöhnlich betroffen aber war der Prinz, daß auch sein draufgängerischer Schildträger vor Kap Bojador kapituliert hatte.

»Rüstet noch einmal ein Schiff aus und bemannt es. Ihr könnt keine so große Gefahr antreffen, daß die Hoffnung auf Rückkehr größer sein darf. Fahrt also zu und kümmert Euch nicht um das Gewäsch. Steuert drauflos, soweit Ihr könnt, und Ihr werdet mit Gottes Gnade von dieser Fahrt Ruhm und Vorteil erwerben!«

Der Infant lächelt dem jungen Mann zu. Gil Eanes richtet sich auf: »Herr, ich will es tun. Ich verspreche Euch, nicht zurückzukehren, ohne Euren Auftrag befolgt zu haben!«

Azurara, der Chronist und zeitgenössische Historiker des Lebens und der Taten des Prinzen Heinrich, hat dieses Gespräch notiert. Es ist authentisch, so wie die ganze Situation. Gil Eanes war 1433 von Portugal aus in den Süden gesegelt. Er hatte versucht, das berüchtigte Kap Bojador an der Nordwestküste Afrikas zu überwinden, und war erfolglos zurückgekehrt. Genauso wie die vielen anderen Schiffe, die Prinz Heinrich seit zwölf Jahren nach Bojador geschickt hatte.

Das lange Vorgebirge des Kaps war in dieser Zeit zu einer unüberwindlichen Barriere geworden, zur handgreiflichen Bestätigung uralter Legenden. Bei Kap Bojador stößt der Kiel jedes Schiffes ans Ende der Welt, die Erfahrung der kühnsten und abenteuerlustigsten Kapitäne Portugals bestätigte es.

Sind es wirklich nur Märchen, Seemannslatein, Aufschneidereien von Leuten, die ihre Ängste motivieren müssen, die Gründe brauchen, um ihre Befürchtungen zu rechtfertigen? Ganz aus der Luft gegriffen sind sie nicht. Die Sandbänke bei diesem Kap scheinen endlos in den Atlantik zu greifen, urplötzlich verhüllt dichter Nebel das Schiff, mächtige Strömungen reißen es fort und treiben den Rudergänger zur Verzweiflung. Und so segelten bis zum Jahr 1433 alle Kapitäne des Prinzen so lange in den Süden, bis sie bei Bojador auf die ersten Sandbänke stießen oder in ein Unwetter gerieten und dann regelmäßig dieselben Überlegungen anstellten: »Warum sollen wir etwas versuchen, was schon unsere Väter und Vorväter als unmöglich bezeichnet haben? Was hat unser Herr, Prinz Heinrich, davon, wenn wir nicht zurückkehren, sondern hier untergehen und sterben?«

Die Eroberung von Ceuta

Portugals König Johann I. konnte am 4. März 1394 seinen Untertanen die glückliche Geburt eines Sohnes bekanntgeben. Es war sein vierter, Heinrich – Dom Henrique. Damals steckte Portugal noch in den Anfängen seiner staatlichen Souveränität. Neun Jahre vorher, am 14. August 1385, hatte der König in der Schlacht bei Aljubarrota den Erbfeind Kastilien besiegt und dadurch endgültig die portugiesische Unabhängigkeit gesichert – noch heute ist es der

Nationalfeiertag Portugals. Seitdem wurde der König auch Johann der Große genannt.

Ob so ein Beiname lediglich Ausdruck des Respekts oder Indiz für einen wirklichen Rang ist: Er änderte nichts daran, daß Johann der Herrscher eines extrem kleinen Landes war, etwas größer als Bayern, ein Anhängsel Europas, durch seine Lage hoffnungslos abgeschnitten von den kontinentalen Einflußzentren, im Norden und Osten eingezwängt von dem landgierigen Kastilien, im Westen und Süden begrenzt vom Atlantik und seinen ungeheuren Wogen, dem Großen Wasser, dem furchterregenden Meer der Unendlichkeit.

Der größte epische Dichter des alten Portugal, Luis Vaz de Camões, skizziert in seinen »Lusiaden« die elementare Situation seiner Heimat mit dem lapidaren Satz: »Das Land, wo die Erde aufhört und das Meer beginnt.«

Furchterregendes Meer? Die Könige und Kaufleute am Tejo betrachteten das etwas nüchterner, das Leben mit den Schiffen und auf den Schiffen war bei ihnen eine alte Tradition. Der Tejo mündete bei Lissabon in eine riesige Mulde, und diese Bucht – das sogenannte Strohmeer (*Mar da Palha*) – bildete einen hervorragenden Naturhafen. Zum offenen Atlantik führte eine fünfzehn Kilometer lange, zwei bis drei Kilometer breite Mündungsrinne.

Lissabon war aus der phönikischen Festung Alis Ubbo entstanden, und seit den Phönikern gehörten Schiffe zum täglichen Bild, denn neben Porto im Norden gab es keinen besseren Anker- und Handelsplatz für die Schiffe, die nach Frankreich und England segelten oder von dorther kamen, auf Kurs ins Mittelmeer. Deshalb war die Randlage am Atlantik und die Länge der Küste für Lissabon, für ganz Portugal nur dann eine Not, wenn die Portugiesen keine Tugend daraus machten. Und das eben hatten sie getan, schon seit alters. Nicht umsonst gab es die Sage, daß Odysseus persönlich die Siedlung Olisipo, später Lisboa = Lissabon, gegründet habe und damit Ahnherr Portugals sei. Das Motto des Pompejus: »*Navigare necesse est* – Segeln ist nötig, leben ist nicht nötig«, war ihm der Sache nach genauso vertraut wie den Portugiesen. Trotzdem blieben sie bis zum 15. Jahrhundert im wesentlichen ein Volk von Ackerbauern.

Der Infant Heinrich hatte wegen des Vorrechts seiner älteren Brüder keine Aussichten auf die Thronfolge. Dennoch wurde er bald in die hohe Politik des Landes gezogen. Direkter Anlaß war die Frömmigkeit seines Vaters. Johann litt wegen des Krieges gegen seine »christlichen Brüder« in Kastilien unter heftigen Schuldgefühlen. Als beste Buße erschien es ihm, seine verunreinigten »Hände im Blut der Ungläubigen zu waschen«; so versichert uns Azurara. Die Gelegenheit dazu lag vor seiner Tür.

Gegenüber dem Felsen von Gibraltar, auf nordafrikanischem Boden, lag die alte Festung Ceuta, das antike Septa, eine der Säulen des Herkules. Ceuta war im Jahr 711 von den Arabern erobert worden und hatte sich zur bedeutendsten Stadt Marokkos entwickelt. Sie war der wichtigste Flottenstützpunkt im Herrschaftsgebiet der merinidischen Berber-Dynastie. Der Hafen hatte nicht nur seine Rolle als Handelszentrum, Stapel- und Umschlagplatz, sondern war auch höchst beliebt als vorzüglicher Schlupfwinkel für die islamischen Piraten. An Ceuta führte eine der Hauptadern des europäischen Handels vorbei. Die Seeräuber hatten den Schiffsverkehr von der Nordsee und den atlantischen Häfen zum Mittelmeer direkt vor ihren Vordersteven.

Prinz Heinrich und sein älterer Bruder Duarte, der spätere König, hatten noch nicht den Ritterschlag erhalten. Das übliche Alter dafür war das einundzwanzigste Lebensjahr. Der König wollte deshalb ein Festjahr veranstalten, mit Waffenspielen, Turnieren und Gästen aus aller Welt. Den beiden Infanten schien das aber nicht ehrenvoll genug zu sein, sie wollten sich diese Würde, die goldenen Sporen mit eigener Hand erkämpfen. Wo wäre das besser möglich gewesen als vor Ceuta, durch die Eroberung der Stadt und Festung? Von hier hatten die muslimischen Todfeinde im Jahr 711 zum Sprung auf die Iberische Halbinsel angesetzt, 700 Jahre ihrer Herrschaft waren mehr als genug.

Der König zögert, dann erwärmt er sich für die Idee, stimmt schließlich entschlossen zu. Die Vorbereitungen ziehen sich lange hin, denn das Projekt ist weit mehr als nur ein Gelegenheitsunternehmen. Ceuta ist eine gewaltige Bastion, die Schätze in ihren Mauern sollen den Reichtum Venedigs übertreffen. Endlich setzen am 25. Juli 1415 rund 200 Schiffe ihre Segel, mit 20 000 Mann an Bord. Die portugiesische Regierung hat für diese Armada ihre

Kassen bis auf den Boden geleert. Ritter und adlige Herren aus ganz Europa sind zusammengeströmt, unter ihnen auch der Dichter und Komponist Oswald von Wolkenstein aus Tirol.

Drei Wochen später, am Morgen des 15. August, beginnt die Invasion, der Angriff auf die Festung selbst. Der Kampf ist heftig, er dauert den ganzen Tag, beide Seiten schlagen sich erbittert. Als der Durchbruch in die Stadt gelingt, übernimmt Heinrich die Truppenführung. Die einzelnen Stadtviertel und Höhen können ohne größere Schwierigkeiten erobert werden, obgleich die Mauren noch immer verbissen kämpfen. Dann zerstreuen sich die Portugiesen, um die unermeßlichen Kostbarkeiten in den Basaren und Lagerhallen zu plündern. Der Prinz sammelt einen kleinen Trupp, greift die Zitadelle an und wird von einem Gegenangriff überrascht. Seine Soldaten flüchten nach kurzer Zeit, nur eine Handvoll Ritter hält stand, schart sich um den Infanten, kämpft ums nackte Leben. Heinrich wird verwundet; der kleine Haufen kann sich bis zum Entsatz durch neue Truppen halten.

In der Nacht, unbemerkt von den Portugiesen, räumen die Mauren die Zitadelle. Am nächsten Tag wird auf ihrer Spitze das Banner des heiligen Vicente gehißt. Duarte und Heinrich erhalten den Ritterschlag, Heinrich wird zum Herzog von Viseu erhoben und zum Statthalter Ceutas ernannt.

Mit dieser Festung fällt der »Schlüssel des Mittelmeers« – so schreibt Azurara – in portugiesische Hand. Das wiegt um so mehr, als Gibraltar, in Sichtweite gegenüber auf dem europäischen Kontinent, unverändert im Besitz der Moslems ist. Ein zeitgenössischer Chronist vergleicht die Einnahme Ceutas und ihre ultramarinen Folgen mit der Erstürmung Karthagos durch Rom. Die Eroberung der afrikanischen Festung ist wirklich ein Fanal. Mit diesem Datum 1415 setzt die große Epoche der europäischen Entdeckungen ein, beginnt der imperiale Ausgriff in die Welt. Nach Quadratkilometern gerechnet ist es nicht viel, was sich im 15. Jahrhundert um Hafen, Stadt und Festung von Ceuta in portugiesischem Besitz befindet. Aber es ist das einzige außereuropäische Territorium, das einem christlich-europäischen Herrscher gehört, es ist ein Stück Afrika, ein Teil islamischen Gebiets, ein Sprungbrett zum atlantischen Süden, es ist die Grundlage des Griffes in die Welt.

Viele Fragen, kaum Antworten

Hier, jenseits des alten Kontinents, auf einem hauchdünnen Küstenstreifen, wird der junge portugiesische Prinz zu demjenigen Mann, der eine totale Veränderung der Sicht und des Weltverhaltens herbeiführt, mit dem das Zeitalter des global-politischen Denkens und transozeanischen Planens anbricht und der dieser Politik auch die ersten Orientierungszeichen setzt. Sehr viel später, als Heinrich schon als Nationalheld Portugals gilt, zeichnet die bewundernd-huldigende Nachwelt im 19. Jahrhundert den Prinzen mit dem Beinamen »der Seefahrer« (Dom Henrique el Navegador) aus, ein symbolischer Dank dafür, daß er durch seine Tatkraft nicht nur Portugals ungeheure Seemachtstellung und Weltrang im 15. und 16. Jahrhundert begründet, sondern auch unmittelbar Europas Expansion über die Meere und letztlich die europäische Eroberung der Welt ausgelöst hat.

Kaum herrscht in Ceuta einigermaßen Ruhe, beginnt Heinrich alles zu sammeln, was er an Mitteilungen, Berichten, Erzählungen aus dem Süden, dem Innern des unbekannten Riesengebietes Afrika finden kann. Es gibt nüchterne Daten und unkontrollierbare Legenden, es gibt die alten, sagenhaften Berichte von südlichen Häfen Afrikas. Sie haben die Phantasie aller Seefahrer jahrhundertelang erregt, sie werden im Mittelalter noch verstärkt durch die Erzählungen arabischer Kaufleute von den Reichen des Sudan und den Karawanen quer durch Nordafrika, sie machten schon in den italienischen Handelskreisen die Runde.

Prinz Heinrich will den Dingen auf den Grund gehen. Er befragt Händler, Karawanenführer, gefangene Piraten, Kaufleute, Menschen aller Sprachen, Farben, Berufe – ob Araber, Sklaven, Berber, Neger, Abenteurer, Verbrecher, Matrosen jeder Sorte. Heinrich ordnet alles nach systematischen Gesichtspunkten, hartnäckig versucht er, aus sämtlichen Berichten den möglichen Realitätsgehalt herauszuziehen: Daten über die klimatischen Verhältnisse, die Wegstrecken, Entfernungen, Herrschaftsbereiche, die Namen der Orte, Länder, Flüsse. Der Infant erfährt Genaueres von den Karawanenstraßen, die von Cantor am Gambia über Niani in Mali nach Norden führen, zum Handelszentrum Timbuktu am Niger, man erzählt ihm von Guanaja, dem heutigen Guinea.

Prinz Heinrich will zunächst klare Antworten auf einige handfeste Fragen. Noch ist nicht deutlich, was ihn treibt. Neugier, Wissensdurst, geht es nur um vordergründige Mittel zu noch vordergründigeren Zwecken? Woher stammen die Reichtümer, die von den Arabern Nordafrikas gehandelt werden und in denen Ceuta schwamm? Woher der Schmuck, die Unmengen an Gold, die Negersklaven? Aus dem Süden, sicher, aber was ist ›der Süden‹ in einer festumrissenen Bedeutung? Ist Heinrich auf Bereicherung aus? Gewiß nicht, wenn damit persönliche Besitzgier gemeint ist. Bereicherung dagegen in öffentlichen Dimensionen heißt Handel, Wirtschaftsinteressen, Staatswohlfahrt, Lebensniveau der Bevölkerung, heißt gewaltige politische Macht.

Das äußere Bild der Entdeckungen und des Kampfes um die Weltmeere ist jahrhundertelang von der nackten Habgier bestimmt – ein Bild, das falsch und irreführend ist. Schon Azurara betont zwar: Kein Kapitän, kein Händler läßt sich auf die tausend Gefahren einer Seereise ein, ohne mit einem Gewinn in klingender Münze zu rechnen. Auch für einen so klugen Beobachter wie den Jesuiten José de Acosta gibt es keine Zweifel an dem, was die Seefahrer wirklich antreibt, für ihn dreht es sich nur um Goldgier und Ruhmsucht, sonst nichts: »Was gibt es denn sonst für einen Grund, in die entlegensten Gegenden vorzudringen? Warum setzen sich die Menschen den endlosen Weiten des Ozeans und den ungeheuren Strapazen aus? Doch nur – um es ganz bescheiden auszudrücken – weil sie glauben, dadurch reich zu werden.« Keine Frage, Gold stand an der Spitze aller Wünsche. Das konnte sowohl private Habgier als auch Staatsnotwendigkeit sein, vor allem gehörte es zwangsläufig in diese Übergangsphase von der Naturalwirtschaft zur frühkapitalistischen Wirtschaftsentwicklung.

Gold bedeutete Macht. Gold war schon die Voraussetzung für die Eroberung Ceutas gewesen, ohne Gold hätte man keine Schiffe bauen und chartern, keine Truppen bezahlen können. Nach welchen Richtungen man aber auch die wirtschaftlichen Motive Heinrichs auslegt: die geographisch-politischen Fragen, die dazugehören, haben ihr eigenes Gewicht und eine selbständige Richtung.

Wo verläuft die Südgrenze des maurischen Herrschaftsgebiets? Was hat es mit dem Senegal auf sich, von dem die arabischen Gewährsmänner immer wieder sprechen? Was ist mit Guinea? Grenzt eins dieser Länder im Osten etwa an das Reich des legendären Priesterkönigs Johannes, dessen Heere angeblich schon wiederholt die Moslems vernichtend geschlagen haben und von dessen Macht auch das christliche Europa kräftigen Beistand erhofft? Im innersten Asien hatte man freilich sein Reich nicht gefunden, obwohl alle Welt es dort vermutet hatte. Nun glaubte man, es müßte in den endlosen Weiten Afrikas liegen – vielleicht war sogar dort auch das biblische Paradies auf Erden, von dessen Existenz man noch immer überzeugt war.

Für Expeditionen quer durch das Land gibt es keine Chancen. Alle Zugänge und Wege sind von den islamischen Arabern gesperrt. Vom Atlantik bis Tunis gehört jeder Quadratmeter Boden den Barbaresken, den Herrschern der Berberei und Seeräuberstaaten des Maghreb. Ebenso flattert von Tunis bis Ägypten die grüne Fahne des Propheten. Dazu kommen die unerhörten Schwierigkeiten, mit denen die Karawanenzüge durch die Wüsten fertigwerden müssen, ihre Verlustquote beläuft sich oft auf 90 Prozent. Diogo Gomes notiert dazu: »Als der Infant dies hörte, ließ er sich dadurch bewegen, jene Länder auf dem Wege über die Meeresflut aufsuchen zu lassen, um Handel mit ihnen zu treiben.« Offen nach Süden ist allein die See, der Weg übers Meer, entlang an Afrikas Westküste. Nur, von diesen Meeren weiß man noch weniger als vom Landesinneren. Es gibt nur die schrecklichsten Berichte, die Sagen und geflüsterten Erzählungen von fürchterlichen Gefahren.

Ob wirklich ein Seeweg existiert und wie er aussieht – von dieser Frage unabhängig vermutet Prinz Heinrich, daß sich die Gebiete Senegals nach Osten hin bis zu den Nilquellen des monophysitisch-christlichen Äthiopien erstrecken. Geographisch war diese Vermutung richtig, es ist der Breitengrad, der von der Mündung des Senegal durch das heutige Mali über Nigeria, den Tschad und Sudan nach Äthiopien verläuft. Die Nachrichten, die der Infant von diesen Distrikten besitzt, sind zwar widersprechend und mager genug, aber sie haben alles in allem doch ausreichend Substanz, um mehr zu sein als das Latein von Abenteurern mit überhitzter Phantasie. Kritische Fachleute schätzten damals Afrika als halb so groß ein wie in Wirklichkeit; danach hätte die Südküste Guineas direkt in den Indischen Ozean führen müssen.

Das Hauptquartier der maritimen Energie

Nordwestlich von Ceuta, rund 370 Kilometer über See, auf Kap São Vicente, baut Prinz Heinrich in den folgenden Jahren einen Stützpunkt auf, die Villa do Infante. Hier ist das Heilige Vorgebirge der Pyrenäenhalbinsel, der südwestlichste Punkt Europas. Bei dieser »Stadt des Infanten« handelt es sich lediglich um einen winzigen Gebäudekomplex. Wahrscheinlich hat er nur aus dem kleinen Palast des Prinzen bestanden, einer Kirche, etlichen Gästehäusern, einigen Unterkünften für Heinrichs Mitarbeiter, dem Schiffsarsenal, einem Observatorium sowie einer Kapelle der Jungfrau Maria. Von der riesigen Windrose waren Reste bis in unsere Zeit zu sehen. Der Infant ließ auch die Befestigungen des benachbarten Sagres bauen. Bald wurde der Hafen zu einem wichtigen Stützpunkt des Transitverkehrs zwischen Ost und West.

Die Geschichtsschreibung hat Jahrhundert um Jahrhundert die falsche Überlieferung mitgeschleppt, daß der Infant auf dem 62 Meter hohen Kalksteinsporn des Kaps die erste Seefahrtschule der Weltgeschichte eingerichtet habe. In Wirklichkeit hat es hier niemals so etwas wie eine Nautica Universitas gegeben. Wohl aber zieht Prinz Heinrich eine große Zahl von Experten an seine Residenz: Kartographen, Astronomen, Mathematiker, Spezialisten für den Bau nautischer Instrumente, routinierte Kapitäne, die zumindest von der hochentwickelten Navigationskunst der Araber gelernt haben. Auch die besten Schiffsbauer verpflichtet er sich. Daraus entsteht ein Beraterteam und Sachverständigengremium. Alle seine Projekte sind in den atlantischen Süden gerichtet.

1419 wird Prinz Heinrich auf Lebenszeit zum Gouverneur des Königreichs Algarve ernannt, der südlichsten Provinz Portugals. Später wird diesem Distrikt auch der nordafrikanische Landstreifen von Ceuta bis an die hundert Kilometer über Tanger hinaus als »ultramarines Algarve« eingegliedert. Heinrich ist überdies Großmeister und Administrator des Christus-Ordens. Diese Funktionen und Stellungen sind mehr als nur Titel einer privaten Würde: Expeditionen über die Hohe See sind kostspielige Unternehmen, Heinrich ist auf eine breite Kapitalbasis angewiesen. Er kann vor allem mit den regelmäßigen Einkünften, die ihm von dem begüterten Christus-Orden zustehen, seine Pläne finanzieren.

Das erste Schiff, ausgerüstet vom portugiesischen Infanten, stach schon ein Jahr nach der Eroberung Ceutas 1416 in See. Der Chronist Diogo Gomes notiert dazu die nüchternen Sätze: »Herr Heinrich sandte einen vornehmen Kavalier mit Namen Gonçalo Velho über die Kanarischen Inseln hinaus an den Meeresküsten entlang, weil er die Ursache des dort bestehenden starken Meeresandrangs kennenlernen wollte. Dieser fuhr über die Inseln hinaus und fand an der Küste Afrikas ein ruhiges, stilles Meer. Er gelangte bis zu einem Ort, der jetzt Terra Alta heißt. An der Küste dieses Landes gab es nichts als Sand.«

Gonçalo Velho brachte also keine nennenswerten neuen Erkenntnisse zurück. Nun war das atlantische Seegebiet westlich von Tanger ohnehin kein völlig unbefahrenes Gewässer. Seit Jahren waren die kühnsten portugiesischen Fischer wiederholt viele Seemeilen hinausgesegelt und hier auf Fang gegangen. Sie wurden zwar oft genug abgetrieben, kehrten aber meist glücklich zurück. Ein besonderes Datum verbindet sich mit dem Jahr 1418. Eins der Schiffe Heinrichs, die jetzt regelmäßig hinausfuhren, verlor bei einem jähen Wetterwechsel seinen Kurs und wurde weit in den Atlantik verschlagen. Das Mißgeschick hätte nicht günstiger enden können, denn der Kapitän landete fast 1000 Kilometer südwestlich São Vicentes auf Porto Santo, der kleinen Insel nordöstlich von Madeira. Es war eine echte Neuentdeckung.

Schon die Phönizier hatten Madeira gekannt, ebenso die Kanarischen Inseln, die »Inseln der Seligen« (*Fortunatorum Insulae*) der Römer, die erstmals im 11. Jahrhundert wieder von arabischen Seglern angelaufen wurden. Madeira kam 1419 offiziell in portugiesischen Besitz, die Kolonisierung begann im Jahr darauf. Prinz Heinrich hatte einen wichtigen Seestützpunkt für die künftigen Unternehmen gewonnen.

Ein neuer Typ: Die Karavelle

Die Kapitäne Heinrichs sollen in erster Linie den Küstenverlauf erkunden, die Riffe und Strömungen registrieren. Sie haben topographische und kartographische Aufträge. Die Schiffe entfernen sich deshalb kaum jemals nennenswert aus der Sicht des festen Landes, was aber nichts mit der alten Tradition der Küstenschifffahrt und ihrer Scheu vor dem offenen Meer zu tun hat, sondern sich aus dem festliegenden Zweck der Fahrten ergibt. Das Navigieren auf hoher See steckt damals für europäische Seeleute nicht mehr in den Anfangsnöten. Seit dem 13. Jahrhundert ist der Kompaß auch in der mediterranen Schiffahrt zu Hause, ebenso die Windrose. Wie sicher sich die Kapitäne des Prinzen Heinrich auf hoher See zurechtfinden, das zeigen sowohl die Wiederentdekkung Madeiras als auch alle weiteren Expeditionen. Wenn es überhaupt Bedenken gibt, dann entspringen sie dem Bewußtsein, daß jede Fahrt in völlig unbekannte Meere führt. Dazu kommt die Belastung der gewaltigen Entfernung von den Heimathäfen, die dem Bewußtsein und Empfinden noch so fremd ist.

Nicht sicher sind die üblichen Schiffe. Das ist eine der ersten Schlußfolgerungen des Infanten und seiner Experten und eines der größten Probleme seiner ozeanischen Expeditionen. Die Erfahrungen des Mittelmeers reichen für die atlantischen Verhältnisse und ihre elementaren Gewalten nicht aus. Die großen unbeholfenen Schiffe, die damals noch überwiegend die Handelsrouten befahren, waren für den Transport einer Unmenge von Gütern und Transitwaren bestimmt; Frachter und Lastschiffe also, um nicht zu sagen Kähne. Daß sie sich nur für friedlich-harmlose Gewässer eignen, daraus haben schon die nordischen Kaufleute der Hanse gelernt und den Typ der Kogge entwickelt, der sich hervorragend bewährt hat in den Stürmen der Ostsee. Aber auch diese vollbauchigen Schiffe mit den hohen Borden sind und bleiben Frachter.

Viel wird von den Arabern gelernt, sowohl im Schiffsbau und in der Takelung als auch in der Navigation. Sie besitzen große Handelsschiffe, sie haben aber ebenso schnelle, leichte Segler, die Sambuqs oder Daus, wie sie die Europäer nennen, die vielgerühmten »Seeschäumer« auf den gewaltigen Routen zwischen Arabien und der Malabarküste, zwischen Ostafrika und Indien, von Mombasa und Sofala gegenüber Madagaskar nach Calicut – Routen, von denen die Europäer nichts wissen und kennen außer schillernden Gerüchten.

Prinz Heinrich lernt, studiert, läßt sich beraten. Er entwickelt aus dem Typ des alten Küstenfahrers die leichte, flinke Karavelle, ein nicht zu großes, aber überaus seetüchtiges, wendiges Schiff mit verfugten Planken – die Kraweelbauweise – und ausgeprägt scharfem Kiel; ein solcher Segler schwimmt nicht mehr, sondern durchschneidet das Wasser. Bevorzugt wird nur ein Deck, der Bug ist frei, in der Mitte befindet sich ein niederer Freibord, die Aufbauten am Heck sind verhältnismäßig hoch. Im Lauf der Jahre werden auch die Masten immer stärker, die Takelage mächtiger. Die ersten Karavellen des Prinzen haben nur zwei Masten, später werden drei die Regel. Die portugiesischen und dann auch die spanischen Karavellen avancieren zu den zuverlässigsten und schnellsten Hochseeschiffen des Jahrhunderts. Der Karavellentyp des Prinzen Heinrich wird *das* Schiff des ganzen Entdeckungszeitalters.

Das Ende der Welt – was liegt dahinter?

Jahr für Jahr schickte der Prinz seine Kapitäne in den Süden. Sie sind beschlagen, geschult, gedrillt. Aber sie kommen niemals weiter als bis über Kap Non auf der Höhe der Kanarischen Inseln. Ihr Auftrag ist immer genau umrissen. Nur ein einziges Mal erhält einer seiner Männer die Order, den Atlantik in westlicher Richtung zu erkunden. Gonçalo Velho, der schon die erste Fahrt für Heinrich unternommen hat und inzwischen Komtur des Christus-Ordens ist, entdeckt dabei die Azoren, mehr als 750 Seemeilen westlich von Kap São Vicente. Aber die Westrichtung bleibt eine Ausnahme, im Lauf der Zeit spitzt sich alles auf die Überwindung des Kaps Bojador zu.
Die normale Kenntnis des heutigen Menschen von den Meeren stammt aus einer Erfahrungswelt, die bestenfalls von Hobby-Segeln, einigen komfortablen Kreuzfahrten und Zeitungslektüre geprägt ist. Im Vergleich dazu war in der Zeit Heinrichs von Portugal die Welt der See noch voller Geister und Dämonen, den unausrottbaren Aberglauben der Fahrensleute nicht in Rechnung gestellt. Und was hielt man vom Kosmos in der ersten Hälfte des 15. Jahrhunderts, welches Bild hatte man von Erde und Himmel, Land und Meer?

Seit Jahrtausenden kannte man nur das Firmament des Nordens mit seinen Sternen und Planeten. Der Weltaufriß, wie ihn Ptolemäus entworfen hatte, galt unangefochten. Seine überwältigende Autorität ließ höchstens kleine Korrekturen zu und einige waghalsige Spekulationen. Die Kugelgestalt der Erde wurde zwar schon seit dem 4. Jahrhundert von den Fachleuten akzeptiert, aber eine normale Erfahrungstatsache war das bei weitem noch nicht. Selbst als Kolumbus schon den neuen Kontinent entdeckt hatte, meinte ein Mann wie Martin Luther, daß die Behauptung, die Erde sei eine Kugel, eine höchst lächerliche und kindische Phantasterei sei. Alle Routen der griechischen und phönikischen Seefahrer – auch der kühnsten unter ihnen – führten in den nördlichen und gelegentlich mittleren Atlantik, diesseits vom Wendekreis des Krebses. Die südlichen Breiten blieben völlig unbekannt, dort war das klassische Stammgebiet der Mythen und Fabeln, auch wenn es schon im Altertum der kosmographischen Tradition zum Trotz Spekulationen darüber gegeben hat, ob sich Afrika nicht doch umschiffen läßt. Die jahrelange Seereise des irischen Missionars und Heiligen Brandan im 6. Jahrhundert ist wohl nur ein Märchen, aber ein sehr schönes, und Sankt Brandan ist dadurch zum Schutzpatron der Schiffer geworden; ähnliches gilt von dem großen Afrikaunternehmen der Brüder Vivaldi. Die Mysterien, mit denen man später solche angeblichen oder wirklichen Fahrten ausstaffierte, steigerten zwar die Furcht, verstärkten aber auch die Faszination des Schreckens.

Gerätselt wurde seit Jahrhunderten mehr als genug, doch die absolute Grenze zwischen Wissen und Nichtwissen blieb unverrückbar dieselbe: der Breitengrad zwischen Kap Non und Bojador. Was dahinter lag, das wußte Gott allein.

Die Höllenwand

Auch Heinrich kennt das harte Wort der Schiffer: »Wer Kap Non passiert, der kehrt zurück – oder auch nicht.« Deutlicher kann es niemand sagen, denn bei Bojador stößt jedes Schiff an eine Barriere des Entsetzens. Nichts als Wüste in absoluter Trostlosigkeit, ein

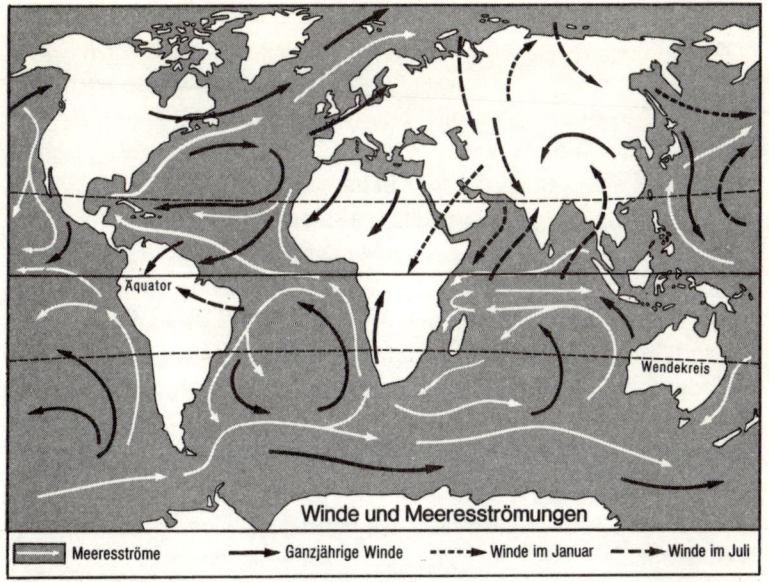

Winde und Meeresströmungen

▭ Meeresströme   ⟶ Ganzjährige Winde   ----→ Winde im Januar   —-→ Winde im Juli

Chaos von Sand, Steinen, riesigen Dünen, übertost von Staubwolken, seit ewigen Zeiten von den Stürmen herabgeweht ins Meer, und in der ungeheuren Brandung die gigantische Vermischung der Elemente, vor deren unvorstellbaren Gewalt alles menschliche Mühen versagt.

Meilenweit rollen die riesigen Brecher aus der See heran. Die unheimlichen Riffe, der Treibsand, die reißenden Unterströmungen, wie sie in langgestreckten, seichten Küstengewässern typisch sind, gelten als erste Anzeichen für die vielen gleichlautenden Berichte, daß sich hier das Meer in fürchterliche Strudel verwandelt, durch die glühende Sonne eindickt, klebrig und gallertartig wird (*mare pigrum*) und jedes Schiff rettungslos steckenbleibt.

Zu einem letzten Höhepunkt werden die Schrecken noch gesteigert durch die urplötzlich einbrechenden Nebel. Die physikalisch-naturwissenschaftliche Erklärung ist einfach genug: Die ablandigen Winde drängen die warmen Obergewässer in den Atlantik, die Strömungen des kalten Auftriebwassers unterhalb der Kanarischen Inseln treffen dann auf die extrem heiße Luft aus der Sahara, die womöglich als Sandsturm, als der von den Arabern so gefürchtete Samum (Giftwind) aus der Wüste heranstößt. Der Effekt dieses klimatischen Zusammenpralls sprengt die menschliche Fassungskraft: Über dem »Dunkelmeer« dieser Breiten, dem *Pot-au-noir*, türmen sich riesige schwarze Wetterwände, die Sonne wird verschluckt. Aus der Ferne erblicken die Seefahrer im Süden nichts als eine pechschwarze Mauer, die bis in den Himmel reicht.

Das ist der klare Beleg für die Behauptung der großen Gelehrten des Altertums – von Aristoteles, Ptolemäus, Strabo bis zu den höchsten Autoritäten der Araber –, daß die Welt aus drei Zonen besteht: aus einer mittleren, bewohnbaren, aus der kalten, arktischen im Norden, und aus der tropischen im Süden, die kein Leben zuläßt, in deren flammender Hitze alles verglüht. Die Grenze befindet sich bei Bojador, hier endet die Welt des Lebendigen, kein Mensch kann hier eindringen.

In den dreißiger Jahren unseres Jahrhunderts wurde ein Ozeanflieger bei der Rückkehr von Südamerika in diese Höllenwand verschlagen und stürzte mit seiner Begleitung ab. Den Bericht von der Katastrophe schrieb ein Mann der Moderne, der an keine Sagen glaubte und die Bojador-Zone gut kannte: »Im letzten Schimmer des Tageslichts sah er vor sich aus dem rot und grün erglänzenden Meer eine ungeheure schwarze Wand sich erheben. Die grabesdunkle Scheidewand des ›Pot-au-noir‹ schien mit dem Meeresspiegel zu verwachsen. Beim Näherkommen glaubte er, zwischen der dunklen Fläche des Ozeans und dem Beginn der Wolkenberge einen Durchschlupf zu sehen. Dorthin richtete er das Flugzeug. Aber rasch erkannte er, daß in all dem erdrückenden Hexensabbat dies das Allerschwerste sein würde. Ein Chaos finster wallender Nacht umgab sie. In der Tiefe dieser Welt ohne Licht unterschieden sie Wassersäulen, düstere Anhäufungen, die manchmal die Gestalt riesenhafter Tiere hatten, monströser Burgen und höllischer Gründe. All diese unfaßbaren, schwarzen Gebilde wirbelten

»Segelt also und steuert drauflos, soweit Ihr könnt!« Prinz Heinrich der Seefahrer; zeitgenössisches Bildnis, aus dem Fürstenflügel des St.-Vinzenz-Altars in Lissabon von Nuño Gonçalves, Mitte des 15. Jahrhunderts

Folgende Seite: »Die Erde hat die Form einer Kugel.« Der Globus von Martin Behaim (1492), das früheste bekannte Modell der Erdkugel (Germanisches Nationalmuseum Nürnberg)

endlos um sich selbst, erfaßt von einer fortwährenden sinnlosen Hast. Es glich einem Wirbelsturm ohne Wind. Riesentrichter gähnten ins Unendliche, mit einem Schlag erfüllt von Wolkenmassen und Sekunden später aus ihren Wänden stumm und schaurig wieder neue Lawinen hervorschmelzend. Stundenlang bahnte sich schon das Flugzeug seinen Weg durch diese feuerdurchrieselte Finsternis, als mit einer wilden Heftigkeit ein brennend heißer Strom sich in die Maschine ergoß, der aus flüssiger Lava zu bestehen schien. Die Maschine vibrierte, schütterte, fiel und glitt in unsichtbare Fallen. Eine zweite Wasserhose brach über ihnen zusammen, drang in den Motor ein, erwürgte, ersäufte ihn.«

Real durchlittenes Grauen läßt sich nicht mit vorgestelltem Grauen vergleichen, nicht bewerten mit Hilfe einer Empfindungsskala. Jedenfalls bleibt es eine Tatsache, daß die Kapitäne des Prinzen Heinrich mit ihrem Schaudern vor dem »Meer der Finsternis« nicht bedauernswerte Opfer eines Aberglaubens waren. Mehr als zwölf Jahre lang hatte der Infant ein Schiff ums andere ausgeschickt, es sind mehr als fünfzig gewesen. Diese lange Zeit samt der Zahl der Karavellen sagt mehr als genug über die Schwierigkeiten, die sich vor diesem Kap mit seinem Namen türmten und die man sich heute kaum noch vorstellen kann.
Die klimatischen Bedingungen bei der Fahrt des Gil Eanes waren so günstig, daß er in keinerlei Bedrängnis kam, das Kap in einem gewaltigen Bogen umsegelte und noch 150 Seemeilen tiefer in den Süden stieß. Prinz Heinrich kostete diesen Triumph voll aus. Er schlug Gil Eanes zum Ritter und überhäufte ihn mit Ehren und Geschenken.
Mit diesem Unternehmen, so klein es, gemessen an den späteren Expeditionen, erscheint, hatte Gil Eanes eine der mächtigsten nautisch-psychologischen Barrieren gesprengt, die jemals existiert haben. Deshalb bildet das Jahr 1434 einen entscheidenden Wendepunkt bei der Eroberung der Hohen See. Die Tat des jungen Kapitäns war ein extremer Akt der Entdämonisierung, der Realitätsausweitung, war eine überwältigende Demonstration der Selbstbehauptung im Ungewissen, im übermenschlich Bedrohlichen. Mit Recht wurde sie später von einem Chronisten des 16. Jahrhunderts neben die Taten des Herkules gestellt, mit Recht ist ihre Trag-

weite größer als die Entdeckung und Umsegelung des Kaps der Guten Hoffnung.

Seit Gil Eanes verlieren die Meere der ganzen Welt mit einem Schlag jedes Odium der Unpassierbarkeit, wird der Mensch mit Schiff und Segel zum Herrn aller Ozeane. Nichts, was später noch folgt, hat ähnliches Gewicht. Es gliedert sich, trotz aller Dramatik, doch nur folgerichtig in den Ablauf der Pläne, die Prinz Heinrich schon längst entworfen hat, die mit der Bezwingung des Kaps ihre praktische Bestätigung erhalten und deren Basis jetzt nicht mehr nur hypothetisch ist.

Segeln bis ans Ende der Gedanken

Mit Bojador zerbricht der Riegel vor der südlichen Hemisphäre. Heinrich schickt Gil Eanes umgehend mit einem neuen Schiff in den Süden, der Kapitän erreicht rund 180 Seemeilen jenseits Bojadors eine Bucht und geht an Land. Der Ort erhält den Namen Angra dos Ruivos. Die Portugiesen entdecken im Sand die Spuren von Kamelen und Menschen. Gil Eanes ist auf dieser Fahrt schon dicht an den Wendekreis des Krebses gekommen, der seit alters zu der bedrohlichen Schwellenzone der Erde gehört. Oberhalb des Äquators ist er der ausgeprägteste Breitengrad in der großen Gliederung des Erdganzen. Nach der klassischen Überlieferung soll jeder, der ihn überquert, im Gesicht schwarz werden.

Kaum ist das Schiff zurück, kaum hat Gil Eanes berichtet, gibt der Prinz die Order zu einer neuen Fahrt. Diesmal lautet der Auftrag, einen Eingeborenen zu fangen und nach Portugal zu bringen. Die Mannschaft führt deshalb zum ersten Mal Pferde mit sich. 750 Kilometer südlich Bojadors ankert der Kapitän und schickt zwei Edelleute ins Landesinnere. Sie stoßen bald auf einen größeren Trupp Eingeborener, aber der Versuch, einen von ihnen zu fangen, mißlingt.

Die Erkundung der Westküste Afrikas, ihre kartographische Fixierung, die Erforschung der Küstenstreifen entwickelt sich Schritt für Schritt. Die Kapitäne Heinrichs tasten sorgfältig den Verlauf der Küste ab, tragen alle Daten in die Seekarten ein, führen ihr

Roteiro, das Bordtagebuch, peinlich genau. Die regelmäßig aufeinanderfolgenden Expeditionen sind immer auch Kontrollen und laufende Ergänzungen des Entdeckten, sowohl nautisch als auch topographisch und politisch. Bei Landungen errichten die portugiesischen Kapitäne an der Küste ihre *Padrões*, Holz- oder Steinsäulen, deren Spitze ein Kreuz und das Königswappen Portugals trägt und in deren Schaft das Datum der Errichtung, der Name des Kapitäns und die Erklärung der portugiesischen Souveränität eingemeißelt sind. Diese Padrões werden meist in Anwesenheit eines Notars aufgestellt und gelten nicht nur als sinnbildliche Zeichen der offiziellen Besitznahme.

Auch die Gründung von festen Stützpunkten, die Kontakte zu den Eingeborenen, der Ausbau von Handelsbeziehungen verläuft in gegliederten Etappen. Eine zeitliche Regelmäßigkeit gibt es zwar nicht, aber man erkennt die Konsequenz darin, das groß konzipierte Programm. Die überseeische Expansion besteht aus einer Fülle von Einzelaktionen, die auf den ersten Blick oft wenig miteinander zu tun haben; das große Ziel darin, das heute leicht zu sehen ist, die Systematik ist damals ausnahmslos eine Sache des unermüdlich planenden Infanten.

Nach der Überwindung Kap Bojadors hatten die Meere zwar an Grauen verloren, aber nichts von ihren besonderen Gefahren eingebüßt. Jedesmal, wenn die Anker neu gelichtet wurden, ging es zu einem Unternehmen auf Leben und Tod. Die Verluste an Mannschaften und Schiffen füllen ein eigenes Kapitel. Unverändert mußten sich die Entdeckerkapitäne dieser Jahrzehnte durch absolut unbekannte Meere kämpfen, ins Fremde, Bedrohliche. Prinz Heinrich trieb sie mitleidlos dorthin, immer weiter, tief und tiefer in den Süden, in die Hemisphäre jenseits des gesicherten Wissens und aller bisherigen Erfahrungen. Das Vertraute konnte hier nicht einfach ins Unbekannte verlängert und mitgenommen werden, denn das sichtbar Gewohnte blieb mit jeder Seemeile weiter zurück.

Tagsüber, bei gutem Wind und ruhiger See, hielt sich das in einem erträglichen Rahmen, an der unendlichen Weite des Horizonts konnte sich der bedrohliche Wechsel nicht ausdrücken. Aber nachts, da versanken die tröstlich bekannten Sternbilder. Am Gambia war der Polarstern, der unerschütterliche, jahrtausendalte

Orientierungspunkt, kaum noch zu sehen, hing blaß und ärmlich flimmernd knapp über dem Meer.

Der Chronist Damião de Goes hat für den zeitgenössischen Eindruck, den die unvorstellbar ausgreifenden, nach Süden und Osten gerichteten Pläne des Prinzen hinterließen, das Bild von einem Segeln bis ans Ende der Gedanken geprägt. Viel davon hat sich durch die Jahrhunderte in uralten Seemannsliedern erhalten: »Heho, ihr Matrosen, den Anker holt ein; das Meer, es muß bezwungen sein.« Aber auch der Traum ist darin, von dem schon der erste Weltreisende Europas, Herodot, bewegt worden ist: daß das Schönste der Welt am äußersten Ende der Welt liegt.

Eingangs der vierziger Jahre wird Kap Blanco erreicht, 1443 die Bai von Arguin. Auf der Insel, die der Bucht vorgelagert ist, wächst eine ständige Niederlassung. Bei Arguin beginnt eine der wichtigsten Salzhandelsstraßen der Sahara, deshalb entwickelt es sich zu einem florierenden Handelszentrum. Später läßt der Prinz zur Sicherung ein Fort auf der Insel bauen. 1444 sichtet das erste Schiff den Senegal, im selben Jahr stößt eine Karavelle bis zum Kap Verde vor, dem grünen Vorgebirge; es ist der westlichste Punkt Afrikas, die am weitesten in den Atlantik vorspringende Landmarke der alten Welt. Von Kap Verde an weicht die Küste gleichmäßig in südöstlicher Richtung zurück. Hoffnungen flammen auf, daß sich das Südende des Kontinents bald greifbar abzeichnen könnte.

Der Prinz

Heinrich der Seefahrer starb 1460. Er selbst hatte niemals an einer der vielen Erkundungsfahrten teilgenommen. Außer den dienstlichen Routinereisen zwischen Ceuta, Tanger, São Vicente oder Lissabon, die er als Statthalter, Regent und militärischer Oberherr unternehmen mußte, führte er keine Schiffe. Das war nicht eine Entscheidung zwischen Theorie und Praxis, wie man heute glauben könnte. Der Grund war höchst einfach, auch wenn er uns ungewöhnlich vorkommt: Für einen Herrn königlichen Geblüts wie Heinrich gehörte es sich nach den herrschenden Konventionen nicht, auf den winzigen Karavellen, in Räumen, die nicht standesgemäß waren, in engster Tuchfühlung mit der Mannschaft, wochenlang unterwegs zu sein.

Wir wissen, wie der Prinz ausgesehen hat; im Gegensatz zu Kolumbus, von dem nur ein – vermutlich – authentisches Münzbildnis existiert, gibt es von Heinrich dem Seefahrer etliche Porträts. Sie stimmen überein in den großen Augen über der starken, langen Nase, Augen, deren durchdringende Wachsamkeit ein unverkennbares Zeichen seines brillanten Geistes waren, so wie sein Mund, sein Kinn von ruhiger, unerschütterlicher Energie sprechen – alles in allem ein Gesicht, das die stilisierte Aufbruchspose nicht benötigt, die das Steinmonument, das ihm zu Ehren errichtet wurde, so eindrucksvoll und so überzogen bis an den Rand des Erträglichen macht. Sein Wappenspruch – *»Talent de bien faire«*, »Entschlossenheit, es gut zu machen« – reduzierte von vornherein alle Bewertungen, die gegen das Verhältnis zum Tatsächlichen verstießen.

Von den zeitgenössischen Chronisten erfährt man fast nur Gutes über den Prinzen, vor allem aus der Feder Azuraras oder Diogo Gomes'. Das gehört zur offiziellen Pflicht, die im Fall Heinrichs besonders leicht zu erfüllen war. Tatsächlich hätte der Charakter des Infanten alles in allem auch überdurchschnittlichen Mönchen gut angestanden. Heinrich war fromm, lebte asketisch, hielt auf strengstes Fasten, war geduldig und nachsichtig, besaß angeborene Würde. Der katholischen, speziell iberisch-rigorosen Frömmigkeit entsprach es, daß er als erwachsener Mann niemals zwei der beklagenswertesten Verkörperungen des Bösen unterlegen ist: Sein Mund soll weder Alkohol noch Frauenlippen berührt haben.

Das gleichmäßig eingefärbte Lob wird wohltuend befleckt von anderen Berichten, die Heinrichs Neigung zu jähen Entschlüssen und hitzigen Handlungen erwähnen. Der Prinz soll auch gern und viel, allzu viel versprochen haben, mit Geld für seine Projekte ist er höchst großzügig umgegangen – an sich kein übler Zug, wenn es sich um Geld gehandelt hätte, das ihm selbst und nicht anderen gehörte. Sobald er etwas finanzieren mußte – und das war immer der Fall –, soll es ihm gleichgültig gewesen sein, aus welchen Quellen die Mittel stammten. Man muß diese bewußt naive Skrupellosigkeit vor dem Hintergrund des wuchernden Sklavenhandels sehen, der zur damaligen Zeit selbstverständlich war.

Die Schulden, die Prinz Heinrich hinterlassen hat, waren horrend. Als präzise Zahl sind 35 000 Golddublonen aktenkundig. An dem Riesendebet ist nicht zu zweifeln, aber es müßte gegen die Unsummen der Realgewinne verglichen und aufgerechnet werden, die Portugal ausschließlich der henrizianischen Tatkraft verdankte: den Handelsgewinnen, dem Warenexport von den kolonisierten Inseln, dem allgemeinen Wohlstand, der rapide wachsenden politisch-wirtschaftlichen Macht. Dann würde man sehen, daß sich niemals in der Geschichte die persönlichen Schulden eines Fürsten so gut ausgezahlt haben für das ganze Land wie das Defizit, das Heinrich der Seefahrer hinterließ.

Als er starb, waren seine Schiffe schon bis zur Sierra Leone vorgedrungen, hatten sie die Kapverdischen Inseln entdeckt, standen sie vor der Pfefferküste. Anfangs wurde in Portugal über die merkwürdigen Aktivitäten des Infanten halb belustigt, halb staunend der Kopf geschüttelt. Das schlug nach den ersten Erfolgen um in Verblüffung. Als seine Schiffe mit Sklaven an Bord zurückkamen, feierte die Bevölkerung den Prinzen als einen »zweiten Alexander den Großen«. In den jahrelangen Pausen der Routine wich der Beifall ärgerlichen Klagen über den finanziellen Aufwand, der so häufig in keinem rechnerischen Verhältnis mit den Ergebnissen zu stehen schien, die von den Kapitänen heimgebracht wurden. Trotzdem wuchs die Hochachtung von Jahr zu Jahr und verwandelte sich in grenzenlosen Respekt. Nichts schien diesem Mann unmöglich zu sein.

Taten, nicht Worte!

Am meisten waren dem Prinzen alle Formen der Kleingläubigkeit verhaßt. Er gehörte zu den gewaltigen Initiatoren, die in der Weltgeschichte selten sind, zu denjenigen, denen die Gegenwart so wichtig ist, daß sie keinen Unterschied zwischen Heute und Übermorgen sehen. Die Erfolge seiner überseeischen Wirksamkeit bestätigten Heinrichs Grundsatz, daß Argumente zwar bedenkenswert sind und gut, aber praktische Unternehmungen und Beweise erheblich besser.

Portugal erhielt diese Beweise in Form von Waren, die sich in harte Währung verwandelten. Der Prinz brachte den atlantisch-insularen und afrikanischen Handel auf eine Höhe, die bei allen klassischen Seemächten des Mittelmeers und des Nordens Zorn, Aufruhr und bald auch Angst erregte. Heinrichs wirtschaftspolitisches Hauptziel war der Einbruch Portugals in diejenigen Handelszonen, die seit Jahrhunderten exklusiv von arabischen Kaufleuten beherrscht wurden. Sie bestimmten und kontrollierten den Welthandel, den sie durch ihre Monopolisierung des Warenaustauschs mit Asien an sich gezogen hatten. Wer hier eindringen wollte, mußte die arabische Vorherrschaft brechen. Indien war deshalb das oberste Ziel, denn in Indien befanden sich die Tore zu Asien, nur so war der Welthandel in die Hand zu bekommen, ja die Behauptung war nicht übertrieben: Wem der Seeweg nach Indien gehörte, der besaß die angrenzenden Meere, konnte den Asienhandel an sich reißen, wurde zum Mächtigsten der Erde.

Zunächst wollte der Prinz den westafrikanischen Warenverkehr zu den atlantischen Häfen leiten und dadurch den Güteraustausch über die mediterranen Umschlagplätze an seinen Wurzeln treffen. Jede neu entdeckte Bucht, jede Niederlassung, jeder Kontakt mit den Küstenbewohnern von Kap Non bis zur Pfefferküste war Element eines unerbittlichen Handelskrieges, eines mörderischen Kampfes um die Neuverteilung der Macht.

Deshalb kolonisierte Heinrich systematisch die entdeckten und eroberten Inseln, siedelte Portugiesen an, machte den Boden urbar und förderte die Fischerei. Auf Madeira – ihren Namen hatte die Insel wegen ihrer reichen Wälder bekommen (*madeira* = Holz) – wurden 1420 die ersten Häuser gezimmert. Der Export nach Portugal, besonders von Eiben und Zedern, entwickelte sich rasant. In kurzer Zeit wurden die meisten portugiesischen Möbel nur noch aus Madeiraholz hergestellt; sogar die Bauweise der Häuser veränderte sich, sie wurden höher gezogen. Heinrich führte die kretische Malvasiertraube nach Madeira ein, wenige Jahrzehnte später notierte ein weitgereister Besucher: »Die Weingärten hier sind der schönste Anblick der Welt.« Schon damals wurde Wein, besonders der vielgerühmte Malmsey-Wein, ein Hauptartikel der Ausfuhr. Angebaut und exportiert wurden außerdem Weizen und Zuckerrohr, dazu Honig, Wachs und das Harz des Drachenbaums, das hochgeschätzte Drachenblut, das zu den begehrtesten Rohstoffen für die Gewinnung roter Farbe zählte.

Die höchsten Erträge brachte das Zuckerrohr. Die Produktion überstieg bald den Bedarf des ganzen Königreichs, Rohrzucker aus Madeira wurde schließlich fast in alle Länder verschickt, ein Großteil kam über Bristol nach England und durch die flandrischen Häfen in die europäischen Binnenstaaten. Die Folge war ein empfindlicher Druck auf die Handelspreise Siziliens und der Levante. Von Madeira dehnte sich die Zuckerindustrie auf die übrigen atlantischen Inseln Portugals aus und später nach Brasilien; die Rohrzuckerproduktion war dort bis zum Ende des 17. Jahrhunderts der wirtschaftliche Hauptfaktor.

Das Schwarze Gold

Die Errichtung einer festen Handelsfaktorei auf Arguin hatte einen ersten, grundsätzlichen Bruch mit der bisherigen Politik der Raubzüge bedeutet. Bis dahin krönten fast alle Kapitäne Heinrichs ihre Fahrten mit Überfällen und Beutestreifzügen. Wenn der Prinz jetzt damit Schluß zu machen versuchte, zog er nur eine naheliegende Konsequenz: Warenverkehr mit den Eingeborenen und den Arabern konnte sich nur auf einer Vertrauensgrundlage, auf friedlicher Basis entwickeln. Entdeckungsfahrten, bei denen es um Gewinne ging, mußten solange plumpe Räubereien bleiben, solange sich die Kapitäne und Mannschaften wie Räuber benahmen oder die Eingeborenen sich feindlich verhielten. Die Einsicht, daß Handelserträge auf dem Fundament der Wechselseitigkeit alle Gewinne weit überstiegen, die man mit Hilfe brutaler Gewalt erlangt hatte, setzte sich allerdings nicht überall durch. Im Gegenteil: Die großen Entdecker, die Pioniere der Seefahrt waren gewöhnlich auch große Räuber und Mörder. Ihrem kriminellen Mut wird nur dank seiner Außerordentlichkeit welthistorischer Rang zugesprochen.

Die Portugiesen brachten vor allem Wolle, Silber, Teppiche, gefärbte Stoffe, Seidentücher, Schals, Weizen. Darunter waren auch viele billige Waren, echter Flitter, der kaum einen Gegenwert bildete zu den Produkten, an denen die europäischen Händler Interesse hatten. Am wertvollsten und beliebtesten waren die Pferde der Portugiesen. Sie erhielten dafür von ihren Partnern Gewürze, Felle, Elfenbein, feinste Baumwollstoffe, Gummiarabicum – wertvoll schon seit dem Altertum –, Gold und Negersklaven. Gold war bei den Portugiesen am begehrtesten, Sklaven am einträglichsten.

Für ein Pferd lieferten die arabischen Händler zwölf bis fünfzehn Sklaven. Solange es möglich war, organisierten die Kapitäne selbst Jagden auf Eingeborene. Bis 1448 sollen 927 Sklaven nach Portugal gekommen sein. Diese Zahl sagt jedoch nichts über die wirkliche Situation aus. Laut einem anderen zeitgenössischen Bericht holten die portugiesischen Händler allein aus dem Gebiet zwischen Senegal und Sierra Leone jährlich 3500 Sklaven. Nach Portugal selbst kam nur ein Bruchteil des ›schwarzen Goldes‹. Den höchsten Gewinn zogen die Portugiesen aus dem Zwischenhandel. Kurze Zeit nach Heinrichs Tod war dieses Geschäft zu einem solchen Umfang angewachsen, daß mit seinen Erträgen sämtliche portugiesischen Entdeckungsfahrten ohne Verluste finanziert werden konnten.

Die Herren der See

Prinz Heinrich baute vom ersten Tag an den Warenverkehr als portugiesisches Monopol auf. 1444 gründete er die Lagos-Kompanie, die erste der großen Handelskompanien, die später so charakteristisch wurden für die europäische Kolonisation. Mit jedem Handelsinteressenten schloß Heinrich Einzelverträge. Weder zur See noch in den Bereichen, die für die Wirtschaftskraft Portugals entscheidend waren, überließ der Infant irgend etwas dem Zufall. Die privaten Interessen der Händler und Kaufleute hatten zunächst dem Vorteil Portugals zu dienen. Nur die portugiesische Krone, vertreten durch Prinz Heinrich, erteilte Handelslizenzen, der Infant allein entschied, wem Schutz- und Empfehlungsbriefe ausgestellt wurden.

Anfang des 15. Jahrhunderts hatte sich Kastilien auf der Kanarischen Insel Lanzarote festgesetzt, ein Fort gebaut, mit der Kolonisation begonnen. Prinz Heinrich versuchte umgehend, die spanische Flankenbedrohung seiner Seeroute auszuschalten. In spanischem Besitz befanden sich in diesen Jahren nur Lanzarote und Fuerteventura, die beiden östlichen Kanaren. 1425 versuchte Heinrich, mit 2500 Mann und 120 Pferden Gran Canaria zu erobern. Die Eingeborenen konnten sich jedoch behaupten. Zwei Jahre später scheiterte ein neuer Versuch. Heinrich bat nun den Papst, Eugen IV., ihm und Portugal diese »herrenlosen Inseln« zu überschreiben. Der Papst stimmte zu. Kastilien protestierte mit aller Heftigkeit und brachte den Streit vor das Konzil zu Basel. Das war der scharfe Auftakt zu dem gewaltigen Ringen der beiden kühnsten Seefahrernationen der Moderne, der Auftakt zum Kampf um die Weltmeere, Seerouten, Kolonien.

Damals stand dem Papst allein das Recht zu, bei neu entdeckten Ländern die international anerkannten Besitztitel zu verleihen. Und Portugal erhielt seine Ansprüche von Rom endgültig bestätigt. Die Inseln seien tatsächlich ›herrenlos‹ – das war das entscheidende Argument, und es hatte jahrhundertelange Nachwirkungen. Denn Rom entschied: Wo kein christlicher Herrscher Fuß gefaßt hat, wird durch Besitznahme keinerlei fremdes Recht verletzt. Anders gesagt: Nichtchristen, also Heiden, standen keine Besitzrechte zu. Später wurden die kolonialen Kämpfe, in denen die Kontrahenten beim Recht Zuflucht suchten, nach diesem heuristischen Prinzip entschieden. Grundlage war die Rechtlosigkeit der Ungläubigen.

Papst Nikolaus V. erhärtete das Präzedens. In der Bulle »*Divino amore communiti*« vom 18. Juni 1452 ermächtigte er den portugiesischen König, »die Länder der Ungläubigen zu erobern, die Einwohner zu vertreiben, zu unterwerfen, sie zu versklaven«. Am 8. Januar 1454 überschrieb er in der Bulle »*Dum diversas*« alle künftigen Entdeckungen und Eroberungen in den atlantischen und afrikanischen Breiten südlich und östlich von Kap Bojador dem Christus-Orden und der portugiesischen Krone, und zwar »*usque ad Indos*«, bis zu den Indern. Sein Nachfolger, Calixtus III., bestätigte dieses Privileg.

Das Datum und die wörtliche Wendung »bis zu den Indern« sind auch maßgebend für alle Spekulationen, ob Prinz Heinrich schon den Entschluß gefaßt hatte, das ferne Indien auf dem Seeweg um

Afrika zu erreichen. Diskussionen, die das bezweifeln, haben nicht viel Hintergrund: Heinrich zielte eindeutig nach Indien.

Wir treiben die Beute mit fliegenden Segeln

Der Sieg auf juristischem Terrain beendete aber keineswegs den Krieg zur See. Im Gegenteil, er gab ihm eine zusätzliche Schärfe. So mußten die Kapitäne Heinrichs immer in einer Person sowohl Seefahrer als auch Korsaren sein, Offiziere und Händler, Soldaten und Kaufleute. Da es sich bei ihren Karavellen um reine Schnellsegler handelte, reichte trotz des militärischen Charakters aller Expeditionen die Bewaffnung nicht entfernt an die starke Armierung der damals üblichen Kriegsschiffe, den großen Galeeren, heran. Karavellen waren lediglich mit einer Handvoll Kanonen bestückt, anfangs höchstens fünf bis sechs. Die Matrosen trugen nur ihre persönlichen Waffen: Faustrohre, Dolche, Kurzschwerter, Piken. In den Mastkörben saßen Armbrustschützen, ebenso im Vorderkastell. Dazu kamen Enterhaken und -seile für das Kapern fremder Schiffe, auch lange Sicheln, mit denen die Takelung des angegriffenen Seglers gekappt werden konnte. Auf den Schanzdecks der Karavellen wurden kleine Hinterlader-Drehgeschütze aufgebaut. Bis zu den ersten Konvois blieben auch die reinen Kauffahrteischiffe aller Nationen kriegsmäßig ausgerüstet.
Heinrichs Expeditionen waren keine friedlichen Unternehmen zur höheren Ehre der menschlichen Erkenntnis. Wo die Portugiesen auf ihren Routen fremden Schiffen begegneten, in erster Linie spanischen, wurden sie sofort angegriffen, beschossen, geentert, alle Waren als Banngut konfisziert und die Mannschaften in Eisen gelegt, sofern man sie nicht einfach umbrachte und über Bord warf. Genuesischen Händlern wurden ohne Umstände die Hände abgehackt. Fremdländische Kaufleute hatten nur dann freie Fahrt, wenn sie eine Lizenz des Infanten besaßen.
Portugal führte diesen Dauerkrieg auf hoher See mit brutaler Unerbittlichkeit und ohne Rücksicht darauf, ob zu Lande zwischen Lissabon und Madrid Frieden herrschte. Spanien blieb die Antwort nicht schuldig. Erlasse wie das Dekret von Papst Sixtus IV. aus

dem Jahr 1481, das Spanien verpflichtete, die portugiesischen Entdeckungsfahrten nicht zu stören, hatten nur symbolischen Wert. Alles, was neu entdeckt wurde, fiel der portugiesischen Krone als Monopol zu. Das galt sowohl für die Stützpunkte an den Küsten als auch für die Seewege. Praktisch wirkte sich das als Besitznahme des Meeres aus. Nur Schiffe mit portugiesischer Vollmacht durften diese Routen befahren und in die südlichen Meere vordringen. Welche Absichten sie hatten, ob sie Handel treiben wollten oder nicht, spielte keine Rolle. Heinrich und seine Männer wachten darüber mit einer Härte, die nicht zu überbieten war.

Der Vernichtungswille gegenüber der nautischen Konkurrenz wurde ergänzt durch die Grausamkeit, mit der man die Eingeborenen behandelte. Im August 1445 stach eine Flotte von 14 Karavellen in See. Ihr Ziel war die Eroberung der kleinen Insel Tider südlich der Bai von Arguin. Unterwegs begegneten ihr drei portugiesische Schiffe, die sich auf dem Rückweg befanden. Ihr Kommandant schloß sich dem Unternehmen an. Da der Proviant für diese zusätzliche Fahrt nicht reichte, wurde kurzerhand die Hälfte der gefangenen Eingeborenen ins Meer geworfen, »ihr Fleisch im Magen der Fische begraben«, wie es damals hieß.

Geheime Karten

Jahrzehntelang ließ Heinrich in seinem Hauptquartier die kartographischen Daten der Kapitäne sammeln, auswerten und in Großkarten eintragen. Das geschah mit aller Sorgfalt und Präzision, hatte aber mit so etwas wie einer akademischen Forschungsarbeit nichts zu tun, denn nur bei Heinrich dem Seefahrer spielte dieses zweckfreie Erkenntnismotiv kurze Zeit eine kleine Nebenrolle. Er selbst hatte nicht einmal persönliche Rechte an den Unterlagen. Die neuen Seekarten waren als Geheimmaterial höchsten Grades exklusiver Besitz der Krone Portugals (cartas padrões de el rey). Keine Nachricht, kein Bericht durfte in die Hände der Konkurrenz fallen. Und Konkurrent war jedes andere Land, jeder Kapitän unter fremder Flagge, jeder nichtportugiesische Kaufmann. Auch Angaben, die auf den ersten Blick belanglos erschienen, hätten vielleicht als ergänzendes Wissenselement von Nutzen sein können. Deshalb entwickelte Lissabon eine rigorose Geheimhaltungspolitik. Sie war so ausgefeilt, daß europäische Fachleute außerhalb Portugals noch gegen Ende des 15. Jahrhunderts längst überholte nautisch-geographische Meinungen vertraten, weil von den Entdeckungen nur Gerüchte zu ihnen gedrungen waren.

Für die Weitergabe der neuen Küsten- und Seekarten wurden härteste Strafen angedroht. Aufträge, das kartographische Material der Portugiesen zu beschaffen, gab es genügend. Aus den Frühzeiten aber ist kein einziger geglückter Fall bekannt, denn die Karten wurden behütet wie die Kronjuwelen. Auf den Diebstahl stand die Todesstrafe. Das schreckte auch die Waghalsigsten von dem Abenteuer eines bloßen Versuchs ab.

Ergänzt wurde die defensive Sicherung durch den Aufbau eines Kundschafter- und Spionagesystems, das die portugiesische Krone laufend über die Pläne und den Wissensstand der anderen Seefahrerkreise informierte. Nach Heinrichs Tod wurde alles schriftliche Material von São Vicente, alle Karten und Instrumente unter strengsten Sicherheitsmaßnahmen nach Lissabon gebracht und in Geheimkabinetten verschlossen. Teilweise vernichtete die Regierung Unterlagen, die bereits ausgewertete Daten enthielten, damit sich der Umfang des interessierenden Materials verringerte.

Die Leistung Portugals

Heinrich der Seefahrer löste eine welthistorische Lawine aus. Niemand vor ihm hatte das überlieferte Weltbild so nachhaltig zerstört wie er, die unantastbar scheinenden Lehren höchster Autoritäten widerlegt, ihre Unhaltbarkeit durch praktische Erfahrung bewiesen. Spekulation und Hypothese erlitten ihre schwersten Niederlagen durch empirische Erkundung, durch persönlichen Einsatz, durch die Tollkühnheit von Kapitänen, die vom wissenschaftlichen Weltbild eines Ptolemäus nur ein paar Daten und Grundzüge kannten. Heinrichs eminenter Wirklichkeitssinn und sein Eroberungswille trieben aus Portugal die Äußerungen eines überraschend modernen Machtwillens hervor. Er war der erste, der den

Atlantik und mit ihm die Weltmeere als Grundelemente weitgrei-
fender Politik auffaßte. Doch so realitätsbezogen die praktische
Schiffahrt des Infanten auch war, die Impulse, die ihm und aber-
hundert anderen Seefahrern keine Ruhe ließen, gingen weit über
das bloß Empirische hinaus. Denn ob es sich um irgendeine Suche
nach einem vorgestellten Paradies, einem Priesterkönig oder einem nicht in Begriffe zu bringenden Ziel handelte: Hier schob sich
tatsächlich an die frühere Stelle der Transzendenz – wie einmal
scharfsinnig festgestellt wurde – die Transozeanität der bisher unbekannten, der neuen Welten, und dies erst wurde durch das Ringen um die Herrschaft auf den Meeren identisch mit der Besitznahme unserer ganzen irdischen Welt.

Der Kampf um die Hohe See, die Weltmeere und Ozeane war ein
Prozeß von mehr als drei Jahrhunderten. Veranlaßt und durchgeführt wurde er nur von einer Handvoll Menschen, Einzelgängern,
Abenteurern, Hasardeuren, und die Hälfte davon waren Banditen
und Verbrecher. Ein kleines, weltpolitisch nichtssagendes Acker-
bauvolk von eineinviertel Millionen, das waren die Portugiesen
zur Zeit des Prinzen Heinrich. Rund vierzig Jahre lebte der Infant
so bedingungslos in seinen ultramarinen Plänen, Entdeckungs-
und Eroberungsfahrten, daß seine Persönlichkeit eins mit ihnen
wurde und mehr als nur bildlich völlig in der ozeanischen Grenzenlosigkeit aufging. Weitere vierzig Jahre nach seinem Tod, um
die Jahrhundertwende, begann Portugals König über ein Gebiet
der Erde zu herrschen, dessen Meere an Küsten von 10 000 Kilometer Länge brandeten, die sich über ein Viertel des Erdumfangs
erstreckten. Lissabon war zum bedeutendsten Handelsplatz Europas aufgerückt.

Wenige Jahre später, und das kleine Volk der Portugiesen hatte
die halbe Welt entdeckt, wie wir sie heute kennen, war im Besitz
der wichtigsten Meeresrouten, kontrollierte die Ozeane: Von der
Südspitze Grönlands bis zum Rio Plata in Brasilien bläßten sich
die Segel der portugiesischen Karavellen, von den Azoren ums
Kap der Guten Hoffnung bis Neuguinea.

In derselben Zeit aber begann sich der Erbfeind Spanien mit denselben Energien zum Kampf um das Reich auf den Meeren zu rüsten, von dessen Dimensionen auch Heinrich der Seefahrer nur
eine unbestimmte Ahnung besessen hatte.

4. Kapitel

Ost oder West, das ist die Frage

Prinz Heinrichs Energie hatte bewirkt, daß der ozeanische Elan auch ohne ihn weitertrug. Eine Karavellen-Flottille des Lissaboner Patriziers Fernão Gomes überquerte 1471 den Äquator. Die Seefahrer sahen zum erstenmal ein Sternbild, das zum Orientierungszeichen der südlichen Hemisphäre wurde, das ›Kreuz des Südens‹. In diesen 70er Jahren brachte allerdings der Erbfolgekrieg zwischen Kastilien und Portugal die See-Expeditionen ins Stocken. Königin Isabella erteilte spanischen Kaufleuten Genehmigungen, mit Afrika Handel zu treiben, also auch in die Meeresdomäne der Portugiesen einzubrechen. 1476/77 rüstete die Herrscherin ganze Kaperflotten aus. Bei den Kämpfen war dieselbe Brutalität an der Tagesordnung, die für die Portugiesen bei der Behandlung afrikanischer Eingeborener selbstverständlich geworden war. Die Besatzungen gekaperter Schiffe wurden entweder an den Rahen aufgehängt oder ins Meer geworfen.

Insgesamt blieben die Portugiesen Herren der See, ihre Expeditionen konnten sie allerdings erst nach Abschluß des Friedens von Alcaçovas 1479 weiter vorantreiben. Ausschlaggebend war, daß Portugal in dem Vertrag seine sämtlichen Vorrechte an der afrikanischen Küste südlich von Kap Bojador durch Kastilien bestätigt erhielt, in erster Linie sein ausschließliches Entdeckerrecht. 1482 erreichte Diogo Cão die Kongomündung und weit jenseits davon das Kap Santa Maria, etwa 14 Grad südlicher Breite. Diese Fahrten wurden jetzt unmittelbar von König Johann II. geplant und ausgerüstet. Wenige Jahre später begann ein neuer, ein entscheidender Abschnitt der portugiesischen Entdeckungen. Der König beauftragte Diogo Cão, auf einer zweiten Reise bis zur afrikanischen Südspitze vorzudringen und sie zu umsegeln.

Der vierundzwanzigjährige Martin Behaim befand sich damals in

Portugal und notierte acht Jahre später, 1492, auf seinem Erdglobus: »Als man zählte nach Christi unseres Herrn Geburt 1484 Jahre, ließ zurüsten der durchlauchtigste König Johann II. in Portugal zwei Schiffe, Karavellen genannt, bemannt, victualiert und bewaffnet, versehen auf drei Jahre. Dem Volke und den Schiffen war in Königs Namen Befehl gegeben, auszufahren über die Säulen, die Hercules in Afrika gesetzt hat, immer gegen Mittag und gegen den Aufgang der Sonne, sofern es ihnen möglich sei.«

Diogo Cão brach mit seinen Schiffen im Sommer 1485 auf. Bis in die jüngste Zeit wurde als so gut wie sicher angenommen, daß auch Martin Behaim an der Expedition teilgenommen hatte, doch läßt sich das nach den jüngsten Forschungen nicht mehr aufrechterhalten. Das ganze Unternehmen Cãos ist belastet mit Spekulationen, unsicheren oder falschen Nachrichten. Fest steht lediglich, daß der Kapitän bis zur Walfischbai kam und dann als südlichsten Punkt das heutige Cape Cross 21° 51' südlicher Breite erreichte und dort einen Wappenpfeiler setzte; er war damit, ohne es zu wissen, von der Südspitze Afrikas nicht mehr viel weiter entfernt als Kap Bojador von São Vicente. Fest steht ebenfalls, daß Diogo Cão aus unbekannten Gründen die Expedition abbrach und schon nach rund zwei Jahren wieder in Lissabon eintraf, obwohl das Geschwader für eine erheblich längere Zeit ausgerüstet war.

In Lissabon aber wollte man jetzt endgültig Klarheit haben. Der König entschloß sich zu einem Doppelunternehmen. Im Mai 1487 entsandte er eine kleine Gruppe von Rittern, die auf den arabischen Handelsrouten Nordafrikas versuchen sollten, ins Reich des Priesterkönigs Johannes zu kommen; im August wurden nochmals drei Schiffe unter dem Befehl von Bartolomeu Dias nach Süden geschickt. Diese Expedition wurde strikt geheimgehalten.

Pero de Covilhã, der die Landgruppe führte, kam bis zur Malabarküste in Südindien, auf dem Rückweg erreichte er an der ostafrikanischen Küste den arabischen Handelshafen Sofala und später über Land auch das Gebiet Äthiopiens. Den Priesterkönig Johannes, für den oftmals der Kaiser Äthiopiens ausgegeben wurde, fand er nicht, aber seine Berichte bewiesen, daß der Indische Ozean kein Binnengewässer war, wie die europäischen Kosmographen des Spätmittelalters fast durchweg geglaubt hatten, daß es also tatsächlich einen Seeweg um Afrika nach Indien geben mußte. Diese

Verbindung zwischen Südatlantik und Indischem Ozean war schon auf dem Portolan des Fra Mauro aus den Jahren 1457/59 durch die annähernd richtige Skizzierung Afrikas verzeichnet.

Den wirklichen Schlußstein lieferte Bartolomeu Dias. Im Januar 1488 trieb ein eisiger Sturm seine beiden Karavellen – das Versorgungsschiff hatte er an einer sicheren Stelle zurückgelassen – über die Küste Afrikas hinaus nach Süden. Als der Sturm sich legte und in einen stetigen Westwind überging, befahl Dias dem Rudergänger, auf Ostkurs zu drehen. Anfang Februar war es vorbei mit den letzten Zweifeln: Das Meer blieb offen, der Seeweg um Afrika war entdeckt. Dias steuerte jetzt nach Norden, er hoffte, auch eine Verbindung von Ostafrika nach der indischen Malabarküste zu entdecken. Seine Schiffe dürften etwa die Gegend des Großen Fischflusses nordöstlich des heutigen Port Elizabeth erreicht haben. Hier mußte er die Expedition abbrechen, die Besatzungen meuterten. Der Proviant war zum größten Teil verfault, die Mannschaft litt entsetzlich unter Skorbut, sie war moralisch und physisch am Ende. Ob Dias mit seiner Ausrüstung überhaupt Chancen gehabt hätte, Indien zu erreichen, muß strittig bleiben. Strittig bleibt auch die Mitteilung, Dias habe dem Südkap den Namen *Cabo Tormentoso*, »Kap des Sturmes«, gegeben, doch König Johann II. habe von dieser Bezeichnung nichts gehalten und die Südspitze Afrikas in »Kap der Guten Hoffnung« umgetauft.

Der Papst verteilt die Welt

Hoffnung war in den nächsten Jahren tatsächlich nötig. Portugal hatte sich bei der Suche nach einem Weg in den Osten endgültig auf die afrikanische Route festgelegt – zumal nach dem Erfolg von Dias. Daß Indien und Asien auch in westlicher Richtung erreicht werden konnten, daran zweifelte in diesen Jahren kaum noch einer der Experten, das heißt: In der Theorie zweifelten sie nicht daran. Die Praxis aber sah anders aus, in der Praxis kam es darauf an, den kürzesten und sichersten Weg nach Indien auszukundschaften.

Im Jahr 1482 hatte ein damals kaum bekannter Marineur namens

Cristóbal Colón in portugiesischen Diensten an einer Reise nach Guinea teilgenommen. Dieser Mann, der später weltberühmte Christoph Columbus, lebte seit drei Jahren in Lissabon. Kurz nach dieser Fahrt in den afrikanischen Süden dürfte sich in ihm unwiderruflich der Gedanke festgesetzt haben, daß Indien am einfachsten auf Westkurs rund um die Erdkugel zu erreichen sei. 1484 schlug er König Johann II. vor, ihm das Kommando über drei Schiffe zu übertragen, sie für ein Jahr – nur ein Jahr! – auszurüsten, ihn zum »Admiral des Weltmeeres« zu ernennen mit dem Recht, sämtliche Gebiete, die er entdecken würde, als Gouverneur in Obhut zu nehmen und von allen gefundenen Edelmetallen zehn Prozent behalten zu dürfen.

Der König ließ den Plan von seinen Gelehrten prüfen. Schließlich wurde das Exposé verworfen, denn nach Ansicht der Fachleute waren die Distanzen, die Columbus zugrunde gelegt hatte, in Wirklichkeit erheblich größer. Vier Jahre später trug er das Projekt nochmals vor, aber obwohl Johann II. ihn seiner Freundschaft und Hochachtung versicherte, fand Columbus mit seinem Plan, »den Osten im Westen zu suchen« *(buscar el levante por el poniente)*, noch weniger Gehör als beim ersten Mal, weil kurz darauf die Ohren aller maritim Faszinierten von dem Jubel über die geglückte Afrika-Umsegelung von Bartolomeu Dias widerhallten.

Die Gründe, warum den portugiesischen König die Westroute nach Indien nicht interessierte, waren einleuchtend. Kein Kenner bestritt die Kugelgestalt der Erde; daß man auch westwärts nach Asien und Indien gelangen könnte, stand fest. Aber durch die Entdeckung des Südkaps hatte Portugal einen enormen Vorsprung. Kein fremdes Schiff durfte ohne portugiesischen Willen die Westküste des afrikanischen Kontinents anlaufen. Daß Schiffe anderer Nationen nach Westen aufbrachen, daran konnte sie niemand hindern, der Ozean war hier frei. Auf der kürzeren Route um Afrika übte jedoch Portugal die Seeherrschaft aus, und damit mußten sich im Zweifelsfall die Spanier, Italiener, Engländer, Franzosen, Holländer auseinandersetzen, das heißt mit Waffengewalt eine Änderung erzwingen.

1493 erfuhr König Johann II., daß Columbus offenbar die östliche Küste Indiens oder Asiens entdeckt hatte. Auf seiner Rückkehr lief Columbus den Hafen Lissabon an. Der König rief ihn zu sich, ließ sich berichten und war zutiefst beeindruckt, nicht zuletzt von dem Aussehen der ›Indianer‹, die Columbus mitgebracht hatte. Genauso hatte sich der König die Eingeborenen Indiens vorgestellt, im Unterschied zu den Negern Afrikas, die seine Kapitäne bisher von ihren Fahrten nach Lissabon gebracht hatten. Schließlich erklärte er jedoch, daß auch alles Land, das im Westen entdeckt worden sei und in Zukunft entdeckt würde, als Eigentum zu Portugal gehöre.

Johann II. war kein Mann bloßer Worte: Wenn man sich weigere, dann werde er seine gesamte Flotte in den Westen schicken. Spanien jedoch, in dessen Auftrag Columbus die Fahrt unternommen hatte, wollte weder nachgeben noch das Risiko eines Krieges auf sich nehmen. Der Papst, Alexander VI. Borgia, vermittelte; nicht etwa, weil er selbst, aus Aragon stammend, Spanier war, sondern weil es sich bei der Kirche um die einzige Instanz handelte, die für nichtchristliche Länder Recht setzen konnte, und wenn sie dieses Recht delegierte, war es zunächst das Recht auf Landnahme. Die Verhandlungen mit Rom schleppten sich hin, der Papst erließ einige Bullen, die wichtigste – *»Inter caetera divinae«* – wurde auf Ersuchen beider Länder auf den 4. Mai 1493 vordatiert und lieferte die Grundlage für den berühmten luso-spanischen Staatsvertrag von Tordesillas, geschlossen am 4. Juni 1494 und nochmals ergänzt 1495. Westlich einer meridionalen Demarkationslinie, die über beide Pole der Erde lief und ziemlich genau zwischen den Kapverdischen Inseln und den Antillen hindurchführte, wurde alles Gebiet Spanien überlassen; was sich östlich davon befand, gehörte Portugal.

Damit war, wie sich kurz darauf herausstellte, Brasilien portugiesischer Besitz geworden.

»Euch soll der Teufel holen!«

Noch einmal rüstete Johann II. ein Geschwader aus: ein Versorgungsschiff, eine Karavelle und zwei größere Dreimaster, ein neuer Typ, der Nao genannt wurde. Lange bevor die Schiffe die Anker lichten konnten, starb der König jedoch, Ende Oktober 1495.

Die Flottille verließ unter dem 28jährigen Ritter Vasco da Gama erst am 8. Juli 1497 Lissabon, umsegelte ohne besondere Schwierigkeiten das Südkap, lief Moçambique an und danach den Hafen von Melinde. Der Roteiro, das Fahrtentagebuch dieser Reise, verzeichnet fast ergriffen beim Passieren des Äquators in nördlicher Richtung das Wiederauftauchen der »alten Sterne« des vertrauten Firmaments, vor allem des Polarsterns.

In Melinde gelang es Vasco da Gama, den erfahrensten und berühmtesten Steuermann, den Araber Ahmed ibn Majid, als Lotsen vermittelt zu bekommen. Diese Tatsache zählt zu den bösartigen Schnörkeln der Geschichte, denn damit spielte ein Araber die Hauptrolle in dem Prolog zur Vernichtung der jahrhundertealten arabischen Seeherrschaft im Indischen Ozean.

Die drei Schiffe segelten einige Tage nordwärts an der Küste entlang und gingen dann auf Kurs Nordost in den Indischen Ozean. Dank des stetigen Monsuns in dieser Jahreszeit sichteten die Portugiesen schon nach dreieinhalb Wochen die Bergkämme der Westghats über der Malabarküste Vorderindiens. Vasco da Gamas Ziel war Calicut, eine Handelsstadt von Weltruf, das Zentrum des Warenumschlags im indischen Süden. Der Araber Ibn Battuta, neben Herodot und Marco Polo der bedeutendste Weltreisende aller Zeiten, rechnete Calicut zu den fünf hervorragendsten Hafenmetropolen der ganzen Erde. Die Verbindungen reichten nach Indonesien und zu den Gewürzinseln der Molukken, sie führten ins chinesische Herrschaftsgebiet und nach Japan. Aus guten Gründen trug der Fürst von Calicut den Titel *Raja Samudrin* – »Herr des Meeres«. Heute ist der Hafen versandet und nur für kleine Schiffe mit geringem Tiefgang offen.

Die Ankunft der Portugiesen im Mai 1498 in Calicut empfand niemand als besonders sensationell; bestenfalls erschien die Route um Afrika bemerkenswert, die seemännische Bravour, die dazu gehörte, um mit den stürmischen Meeren dieser Zonen fertigzuwerden. Bei den arabischen Seefahrern des Indischen Ozeans war die Berücksichtigung des starken, aber völlig gleichmäßigen Monsuns, der sie ohne besondere Komplikationen von einer Küste zur anderen trug, eine Selbstverständlichkeit, und so hatte ihr alter Spruch noch lange Geltung: »Nur Narren und Christen segeln gegen den Wind.« Dennoch beherrschten auch sie das Kreuzen vollendet.

Im übrigen wußte man in Calicut, für deren Einwohner Kontakte mit aller Welt zur Tagesordnung gehörten, erheblich präziser über Europa und den Mittelmeerraum Bescheid als umgekehrt. Man begriff auch sehr rasch, was die Fremden hierher gebracht hatte. Der erste Portugiese, der an Land ging, um Verbindung mit den Einheimischen aufzunehmen, mußte als Begrüßung einen Satz hören, der als Motto über der folgenden Epoche der blutigen Gewalttaten und endlosen Kriege stehen könnte: »Euch soll der Teufel holen!«

Die Initiative Heinrichs des Seefahrers, die in der Expedition Vasco da Gamas gipfelte, wirkte sich auf die Wirtschaft, die Politik, die Denkschemata und Urteilskategorien Europas während eines vollen Jahrhunderts ungleich folgenschwerer aus als die Entdeckung Amerikas. Die Mittelmeerrouten, zumal diejenigen der italienischen Seestädte, hatten sich nur mit hohen Risiken und übermäßigem Aufwand durch die arabisch-osmanischen Sperriegel hindurch bis Indien und China verlängern lassen; die neue Afrikaroute der Portugiesen deklassierte alle Landwege und machte sie in verhältnismäßig kurzer Zeit uninteressant. Seit dem Erfolg Vasco da Gamas begann ein geradezu eruptiver, die Wirtschaft revolutionierender Handel mit Indien. Sowohl quantitativ als auch gemessen am Spektrum des Angebots ließen sich die Zeiten vor und nach 1498 kaum miteinander vergleichen.

Vasco da Gama beendete die Phase der maritimen Entdeckungen, zu deren Natur genauso viele Elemente der geheimen Militärerkundung gehörten wie solche der nautisch-geographischen Erforschung. Er leitete die Epoche des offenen Kampfes um die Herrschaft auf den Meeren des ganzen Erdballs ein, eines Kampfes, der diese Epoche zwar durch und durch erfüllte, dessen Einzelheiten aber nur die charakteristischen Indizien sind für eine Revolution aller bisher gültigen politischen Kategorien.

Die Portugiesen waren von Heinrich dem Seefahrer zu ozeanischer Existenz und Dynamik gezwungen, ja getrieben worden. Sie hatten sich innerhalb weniger Generationen an die Spitze aller Seefahrernationen Europas und der Welt gesetzt – noch mehr: Mit den Portugiesen und durch die Portugiesen werden die Weltmeere erstmals in der Geschichte der Menschheit zu einer selbständigen Größe, und zwar lange, bevor die größte aller Seefahrernationen, bevor England auf die Ozeane drängt. Mit ihrem besonderen Sinn für Fairneß in der Sache, soweit sie Interessen nicht im Weg steht, haben die Engländer später die epochalen Leistungen Portugals ohne Einschränkungen anerkannt und respektiert.

Kanonen vor Calicut

Portugal hatte mit einem unerhörten Aufwand, mit gewaltigen Leistungen und ebenso gewaltigen Verlusten gezeigt, daß Wasser nur diejenigen Balken hat, denen man sich anvertraut. Jetzt, nach Vasco da Gamas Triumph, war es entschlossen, das Errungene mit allen Mitteln zu sichern und auszubauen, mit rechtlichen und unrechtmäßigen, mit diplomatischen und theologischen, mit militärischen und mörderischen Mitteln. Die Konkurrenz der Seestädte wie Venedig, Genua, Marseille oder Barcelona hatte man geschickt unterlaufen; die arabischen Handelsrechte und Machtmonopole wollte und mußte man notfalls mit Gewalt brechen.

Kein Handel ohne Händel – auf diese Quintessenz liefen die Folgerungen hinaus, die der portugiesische König, der kürzlich inthronisierte Manuel I., aus dem Bericht Vasco da Gamas zog, den dieser nach seiner Rückkehr im Sommer 1499 erstattete. Von den arabischen Kaufleuten waren die Portugiesen als »Piraten« geschmäht worden. Eine Handelsniederlassung hatten sie nicht einrichten können. Die mitgeführten Geschenke wirkten lächerlich im Vergleich zu den Reichtümern, die in Calicut gehandelt wurden. Konkurrieren konnten die Portugiesen nicht, aber sie konnten kämpfen. Die nächste Flotte, die der König umgehend ausrüsten ließ, umfaßte 13 große Schiffe mit 1200 Mann, alle schwer bewaffnet. Die Armada verließ Anfang März des Jahres 1500 Lissabon. Ihr Führer Pedro Alvares Cabral hatte nicht wie Vasco da Gama auf seiner ersten Fahrt den Auftrag, Handelsbeziehungen anzubahnen und herzustellen, sondern an der Malabarküste eine Niederlassung zu gründen, und zwar auch mit Hilfe von Gewalt, wenn es nicht anders ging.

Cabral schlug von den Kapverdischen Inseln aus einen direkten Südkurs ein. Er hielt sich also westlich der Route, die Bartolomeu

Dias gesegelt war; Dias nahm als Kapitän einer Karavelle an dem Unternehmen teil. Da Cabrals Flotte zu einer ungewöhnlich frühen Jahreszeit in See gestochen war, traf sie erst jenseits des Äquators auf die südöstlichen Passatwinde. Cabral ging nunmehr auf den routinemäßigen Südwestkurs quer zum Passat, bis er über den 16. Breitengrad hinaus gesegelt war, und drehte dann auf Westkurs. Wenig später stieß er auf die brasilianische Küste, rund 80 Kilometer nördlich eines Berges, der wegen des Osterfestes zu dieser Zeit den Namen Monte Pascoal, Osterberg, erhielt; die Landungsstelle wurde Terra da Vera Cruz getauft, der kleine Ort Santa Cruz Cabrália erinnert noch heute daran. Unterhalb dieser Stelle mündete ein Fluß, hier legten die Portugiesen den Hafen Porto Segura an.

Die Entdeckung der brasilianischen Küste war kein reiner Zufall. Genauere Nachrichten oder feste Beweise gibt es zwar nicht, aber alles spricht dafür, daß Cabral vom König den Auftrag erhalten hatte, die Küste des südamerikanischen Kontinents, von dessen Existenz man seit einigen Jahren wußte, auszukundschaften. Cabral hatte, ohne es zu wissen, einen optimalen Kurs gewählt, denn auf seiner Route war er der Ostspitze Südamerikas, dem direkt nur schwierig zu umsegelnden Kap São Roque, ausgewichen und mehr als fünfhundert Seemeilen südlich davon gelandet. Daß dabei auch die Hoffnung mitgespielt hat, einen Platz zu finden, um die Süßwasservorräte aufzufüllen, ist nicht unwahrscheinlich. Da Porto Seguro östlich der Tordesillas-Demarkation lag, erklärte Lissabon den gesamten Südatlantik zur portugiesischen Herrschaftszone und machte ihn damit zum Sperrgebiet für jedes spanische Schiff. Porto Seguro wurde von jetzt ab ein Teil der festen Route aller Indienfahrer Portugals, nicht so sehr wegen irgendwelcher speziellen Vorzüge, sondern weil sich auf diesem Kurs die afrikanische Guineaküste vermeiden ließ; die Windflauten dieses Gebiets hatten die Schiffe manchmal bis zu vier Wochen festgelegt.

Cabrals Flotte segelte am 2. Mai weiter nach Ostsüdost, in Richtung des afrikanischen Südkaps. Mitte Juni wurden die Schiffe von einer jähen Sturmbö erfaßt, vier Karavellen kenterten und gingen mit den Besatzungen unter, darunter war auch das Schiff von Bartolomeu Dias. Bis heute ist nicht sicher, ob Dias den Seemannstod gefunden hat. Die Gerüchte, daß er auf Befehl des Königs oder vielleicht auch Vasco da Gamas in einem geeigneten Moment ermordet werden sollte und auch wirklich ermordet wurde, waren nicht völlig frei erfunden.

Ein halbes Jahr, nachdem sie in Lissabon in See gestochen waren, konnten die Portugiesen vor der Reede von Calicut Anker werfen. Diese sechs Monate blieben für fast ein volles Jahrhundert die feste Zeitspanne für die Fahrt vom Tejo an die Malabarküste.

Von den offiziellen Stellen wurden die Portugiesen nicht unfreundlich empfangen. Anders sah es bei den arabischen Kaufleuten aus; hier wiederholten sich die Erfahrungen, die schon Vasco da Gama machen mußte. Cabral hatte nach einem Vierteljahr erst zwei seiner Schiffe mit Waren beladen. Nachdem er sich wiederholt beim Fürsten beschwert hatte, wurde befohlen, daß arabische Schiffe erst dann wieder den Anker lichten durften, wenn die Portugiesen ihre gewünschte Fracht erhalten und verladen hätten. Trotz dieser Order verließ bald wieder eine islamische Dau den Hafen. Cabral setzte ihr nach, ließ das Schiff entern und kaperte die Fracht, eine Ladung Pfeffer.

Auf ein solches Signal schienen die Araber nur gewartet zu haben. Sie stürmten die portugiesische Niederlassung in Calicut und erschlugen alle Fremden, mehr als fünfzig Mann. Die Grausamkeit von Cabrals Vergeltung hätte sich kaum steigern lassen. Er enterte zehn arabische Schiffe, die Besatzungen – an die achthundert Mann – wurden ohne Ausnahme niedergemacht, das Beste der Waren gekapert, der Rest vernichtet. Dann zog er seine Schiffe aus dem Hafen, verhielt in der günstigsten Schußposition und belegte ganz Calicut mit heftigem Kanonenfeuer.

Im Juli 1501 traf er wieder in Lissabon ein. Er besaß zwar nur noch sechs Schiffe, aber der Wert der Fracht übertraf die Investitionen des ganzen Unternehmens haushoch – abgesehen von den Mannschaftsverlusten. Derartige Überlegungen zählten damals nicht mehr und nicht weniger, als sie jemals in Kriegen gezählt hatten und zählen, und Kriegsunternehmen waren seit der Indienfahrt Cabrals alle maritimen Projekte der Portugiesen, der Spanier und bald aller Völker in dem gnadenlosen Ringen auf den Ozeanen der Welt.

Eine fixe Idee

Weder die italienischen Seerepubliken noch Frankreich gliederten sich in diesen Jahrzehnten in die ozeanische Expansion ein. Das ist nur auf den ersten Blick erstaunlich. Man muß sich daran erinnern, wie heftig der ganze Levantehandel umkämpft gewesen ist und welche gewaltigen Kräfte die Auseinandersetzungen mit den Osmanen im Mittelmeerraum gebunden hatten. Das soll freilich nicht heißen, daß Portugal etwa wegen seiner kontinental-politischen Abgeschiedenheit für diesen welthistorischen Moment, plötzlich eine ozeanische Lebensform anzunehmen, vorherbestimmt gewesen wäre. Bei einer Persönlichkeit wie Heinrich dem Seefahrer hat man es einerseits mit zufälligen, andererseits mit einmaligen und notwendigen Sachverhalten zu tun, und das gilt stellvertretend für die ganze Epoche der Imperialpolitik auf den Meeren; die rationalen Erklärungen dringen kaum jemals bis zum Kern.

Richtig ist, daß es in Spanien, das heißt in Kastilien und Aragon, mit den inneren Verhältnissen ungleich komplizierter stand als in Portugal, und das bildete trotz der größeren Macht Spaniens und trotz seiner Wirtschaftskraft tatsächlich zunächst ein Handikap gegenüber seinem schwächeren Nachbarn im Westen. Außerdem ließ Spaniens mediterraner Handel nichts an Intensität und Ertrag zu wünschen übrig. Das läßt sich an der Blüte Barcelonas in dieser Zeit ablesen; die Stadt war nicht nur ein Zentrum des Exports, sondern sie gehörte auch zu den wichtigsten Bankmetropolen Europas. Die praktische Einheit von Kirche und Staat, der mühsame Prozeß der Reconquista, des Kampfes gegen die Araber, die Todfeindschaft gegen die Juden, das ökonomisch-finanzielle Übergewicht der Kirche gegenüber der Krone, schließlich der Endkampf mit den Arabern um Granada in den achtziger Jahren des 15. Jahrhunderts und die ersten Etappen des bizarren Kapitels der Inquisition – alles das garantierte in Spanien eine Konzentration auf die politischen Nöte des Augenblicks, gegen die ein Mann wie Christoph Columbus von vornherein auf verlorenem Posten stehen mußte oder wenigstens zu stehen schien.

Daß die Erde keine Scheibe, sondern rund wie ein Ball ist, das gehörte inzwischen zum zweifelsfreien Grundwissen der Fachleute des Jahrhunderts. König Alfons V., der Afrikaner, hatte sich 1474 bei dem berühmten Arzt und Kosmographen Toscanelli in Florenz erkundigt, ob man auch auf Westkurs über das Meer die indische Küste erreichen könnte. Toscanelli antwortete mit einem entschiedenen Ja; man würde, wenn man eine verhältnismäßig kurze Strecke über den Atlantik gesegelt sei, an die Küste Ostasiens gelangen, denn die Erde habe die Form einer Kugel.

Allerdings ist es dabei nicht in erster Linie um die Frage gegangen, *ob* es möglich sei, die Erdkugel auf einer Kreislinie zu umsegeln, sondern *warum* man das versuchen sollte. Ausschlaggebend im damaligen Stadium der Entdeckungen war nicht die Neugier, sondern die Länge des Weges bis zum Ziel. Später wurde über die Gelehrten, die 1484 das Projekt von Columbus verworfen hatten, oft der Kopf geschüttelt. Aber sie hatten recht, und recht hatte auch Portugals König Johann II., der sich für den Weg um den afrikanischen Kontinent entschied. Damals wußte kein Mensch etwas von der Existenz des Erdteils zwischen Europa und Asien, der später den Namen Amerika erhielt; außerdem ist und bleibt der Weg von der Iberischen Halbinsel nach Indien um das Kap der Guten Hoffnung erheblich kürzer als auf der Westroute durch den Atlantik und Pazifik. Geht man allein von der Luftlinie aus, so ist der Weg um Afrika fast um 40 Prozent kürzer. Nur der Unkenntnis über die tatsächlichen Entfernungen, also den falschen Berechnungen und Schätzungen, ist es zu verdanken, daß die Vorbereitungen zur Umsegelung der Erde nicht völlig beiseite gedrängt worden sind. So wie die Erkundung des Erdballs, so ist auch die Forschung selbst oft durch dasjenige, was man zu wissen glaubt, ohne es wirklich zu wissen, besonders stark vorangetrieben worden.

Columbus stammte aus Genua, er wurde 1451 geboren, sein Vater war Wollweber und Kleinhändler. 1476 fuhr Columbus als Matrose einer Genueser Handelsflotte nach Flandern; das Ziel könnte auch England gewesen sein, die Nachrichten von dieser Reise sind nicht verbürgt. An der portugiesischen Südküste sollen französische Kriegsschiffe angegriffen haben. Auch das Schiff von Columbus wurde in Brand geschossen, er konnte sich aber verwundet an Land retten. Nach seiner Genesung in Lagos ging er nach Lissabon. Von dort unternahm er eine Englandfahrt, auf der er wahrscheinlich auch Irland und – weniger wahrscheinlich – Island kennenlernte. Anschließend kehrte er an den Tejo zurück. Sein jüngerer Bruder Bartolomeo, ein ausgezeichneter Kartograph, zog ebenfalls nach Lissabon.

Die beiden Columbus' verlegten sich aufs Kartenzeichnen, allerdings brach Christoph seine Beziehungen zum Handel nicht ab und nahm 1478 von seiner alten Firma in Genua den Auftrag an, in Madeira Zucker einzukaufen. 1479 heiratete er in eine verarmte portugiesische Adelsfamilie ein. Sein Schwiegervater hatte einmal zum engeren Kreis Heinrichs des Seefahrers gehört und als Gouverneur des Infanten die Madeirainsel Porto Santo verwaltet. Von dieser Insel aus, so wird berichtet, unternahm Columbus 1482 oder 1483 als Führer zweier Karavellen eine Reise nach Guinea.

Seine Kontakte zu einflußreichen Kreisen waren gut. Mit Toscanelli führte er eine Korrespondenz, in der er sich von dem großen Gelehrten erneut bestätigen ließ, was schon 1474 dem portugiesischen Hof mitgeteilt worden war: daß der westliche Weg nach Indien erheblich kürzer sei als der um Afrika, von dem man noch nicht einmal sicher wußte, ob er wirklich nach Asien führte. Angeblich sollen auch Leute aus »Thule« – aus Norwegen oder Island – Columbus von ihren alten Vorfahren erzählt haben, die im Westen des Ozeans Land entdeckt hätten. Das wäre nicht nur eine Bestätigung der Normannenfahrten des 10. Jahrhunderts gewesen und der Landung von Leif, dem Sohn Erichs des Roten, im Jahre 1000 in Nordamerika, sondern hätte auch zu der Behauptung des Römers Seneca gepaßt, daß man von der Iberischen Halbinsel aus mit östlichem Wind nach Indien käme: »Thule wird nicht mehr die äußerste Grenze der Erde sein!«

Columbus legte alle Daten, alle Nachrichten so aus, daß sie als »Beweise« für sein Projekt dienten. Nicht nur, daß er Toscanellis Weltkarte von 1474, auf der Asien dorthin plaziert wurde, wo sich Amerika befindet, absolut vertraute, Columbus verwechselte auch die arabische Meile mit der italienischen, die erheblich kürzer war, und schätzte die Entfernung zwischen den Kanarischen Inseln und Japan auf 2400 Seemeilen, etwa so weit wie von Lissabon zur Sierra Leone. Dazu sammelte er alle einschlägigen Notizen aus alten Schriften, Marco Polos großen Bericht kannte er fast auswendig, und frühere Erdbeschreibungen hielt er für um so zuverlässiger, je näher sie die Ostgrenze Asiens an den Westen Europas rückten.

Mit solchen Grundlagen ausgerüstet, hatte er 1484 König Johann II. sein Westroutenprojekt vorgelegt. Nach der Ablehnung versuchte Columbus im Jahr darauf seinen Plan in Kastilien durchzusetzen. Er gewann Freunde und Gönner. Der Hof wurde informiert, und schließlich beorderte Königin Isabella im Jahr 1486 den Genuesen zu sich. Das Projekt interessierte sie außerordentlich, allerdings machte auch sie alles Weitere von dem Gutachten eines Gelehrtengremiums abhängig. Der Entscheid wurde jedoch vertagt, da Isabella und Ferdinand in den folgenden Jahren damit beschäftigt waren, Malaga und Granada zurückzuerobern. Nach der zweiten Ablehnung durch Portugal 1488 sandte Columbus seinen Bruder nach London, er sollte das Unternehmen bei Heinrich VI. durchsetzen. Doch der englische Hof lehnte ebenfalls ab, auch ein Versuch in Paris scheiterte.

Bis Mitte 1491 stand Columbus ein Fegefeuer an enttäuschten Hoffnungen, Absagen, Vertröstungen durch. Als er Spanien endgültig verlassen wollte, rief ihn die Königin nochmals zu sich, ins Feldlager vor dem belagerten Granada. Nach einer Wirrnis von Zusagen, Widerrufen, Forderungen, zähen Verhandlungen und unverhoffter Hilfe wurde am 30. April 1492 von Ferdinand und Isabella die Vollmacht unterschrieben und gesiegelt. In diesem Dokument wurden Columbus alle wesentlichen Forderungen erfüllt, die er schon in Portugal gestellt hatte. Die Krone ernannte ihn zum »Admiral des ozeanischen Meeres«, zum Gouverneur und Vizekönig sämtlicher entdeckten Inseln und Festlande, Columbus erhielt ein Zehntel der Landesprodukte, wurde an den Handelsgewinnen beteiligt und besaß ein Vorschlagsrecht für die Besetzung der künftig notwendigen Ämter. Mit offiziellen Einführungsschreiben an die Herrscher Asiens sollten die ersten diplomatischen Kontakte hergestellt werden.

Durch falsche Daten in die Neue Welt

Am 3. August 1492 werden im Hafen Palos am Rio Tinto auf drei Schiffen die Segel gesetzt, auf den Karavellen »Niña« und »Pinta« und der größeren »Santa Maria«, dem Flaggschiff von Columbus.

(Eine Nachbildung der »Santa Maria« liegt heute in Barcelona vor Anker.) Auf den Kanarischen Inseln gibt es einige Verzögerungen, erst am 6. September beginnt die wirkliche Expedition. Daß es sich um eine Fahrt ins absolut Unbekannte handelt, das wissen die Besatzungen. Bis auf einige Zusammenrottungen und Ansätze zu Aufruhr nach vier Wochen hat Columbus keine Schwierigkeiten mit den Matrosen. Er täuscht sie bewußt Tag für Tag, er trägt falsche Distanzen ein, er deutet jeden auftauchenden Vogel, jeden neuartigen Fisch, jedes beliebige Ereignis, das aus dem Rahmen fällt, auf bevorstehendes Land. Er glaubt vermutlich selbst daran, weil er daran glauben will.

Am 7. Oktober überquert ein großer Vogelschwarm die Schiffe. Columbus weiß, daß die Portugiesen die meisten Inseln entdeckt hatten, wenn sie ihren Kurs nach den Vögeln richteten; er geht deshalb auf Westsüdwestkurs. Es handelt sich um die Vogelzüge vom Norden des Festlands zu den Bermudas. Die Kurskorrektur ist eine der glücklichsten Fehlentscheidungen von Columbus, denn die drei Schiffe wären sonst mit größter Wahrscheinlichkeit vom Golfstrom nach Florida getrieben worden und dort gestrandet.

Am 12. Oktober, um zwei Uhr morgens bei Vollmond, stößt der Matrose im Mastkorb der »Pinta« den Ruf aus: *»Tierra, Tierra!«* Er hat tatsächlich Land gesichtet. Die Insel erhält den Namen San Salvador, es ist die heutige Watlingsinsel. Bis zum Dezember werden von den Spaniern außer einigen Inseln der Bahamas auch Kuba und Haiti erforscht. Columbus ist unerschütterlich davon überzeugt, daß er den asiatischen Kontinent erreicht hat, und daran glaubt er bis an sein Lebensende.

Gold finden die Spanier nur in geringen Mengen; das ist die bitterste Enttäuschung. Sie lassen sich darüber hinwegtrösten durch die Versicherungen der freundlichen Eingeborenen, daß in den Städten der Nachbarschaft sehr viel aufzutreiben ist. Columbus rechnet so fest mit diesem Gold, wie er mit der Entdeckung Chinas, Japans, Indiens gerechnet hat. In einem Brief an die Katholischen Majestäten Spaniens schreibt er einmal: »Gold ist etwas Hervorragendes. Mit Gold macht man alles, was man auf dieser Welt wünscht. Man bringt damit sogar die Seelen ins Paradies.«

Am 15. März 1493 läuft Columbus nach der Zwischenstation in Lissabon wieder den Heimathafen Palos an. Jetzt erst begreifen

Isabella und Ferdinand die ganze Tragweite der geglückten Expedition. Die Herrscher empfangen in Barcelona den Seefahrer mit all dem Prunk, der einem Souverän zusteht. Columbus, der »Admiral des ozeanischen Meeres und Vizekönig von Indien«, befindet sich im Zenit seines Lebens.

Die folgenden dreizehn Jahre bis zu seinem Ende verliefen weit abenteuerlicher als seine erste Reise. Die Erfolge und Triumphe wurden überwuchert von Enttäuschungen, Intrigen, Katastrophen. Das meiste davon verschuldete er selbst. So unvergleichlich Columbus sich auf See zurechtfand – sein untrüglicher Instinkt für Entfernungen, Winde, Strömungen, Stürme machen ihn zu einem der größten Seefahrer aller Zeiten –, so instinktlos verhielt er sich an Land gegenüber anderen. Kaum ein Entdecker hatte einen fanatischeren Willen, besaß mehr Zähigkeit und Widerstandskraft als er. Seine Unternehmungen basierten weitgehend auf geographischen Irrtümern, er zog aus falschen Vorstellungen noch fehlerhaftere Schlüsse, aber er hatte dennoch Erfolg.
Auf der ersten Fahrt folgerte er aus dem Auftauchen der Tropikvögel, daß Land in der Nähe sein mußte; ein Irrtum. Aus den Tangfeldern, die sie durchquerten, schloß er ebenfalls auf bevorstehendes Festland; die Schiffe waren aber in diesem Moment erst in der Mitte des Atlantiks. Demselben Trugschluß saß er im Beerentang des Sargassomeeres auf. Solche Irrtümer beflügelten Columbus ununterbrochen, bis zur Landung auf San Salvador. Ähnliches bei der Rückkehr: Er schlug einen Kurs Nordnordost ein, denn er wollte Palos direkt anlaufen. Dabei entfernte er sich aus der Passatzone, die jede Rückkehr unmöglich gemacht hätte. Sein Spürsinn war tatsächlich genial, aber noch weit genialer deutete er alle Vorzeichen so, daß sie seine Zuversicht unterstützten, seine Kühnheit stärkten und seinen Willen, nicht aufzugeben, weiter festigten.
Columbus, dieser größte Mystiker, der jemals zur See gefahren ist, besetzte das Ziel mit einer fixen Idee, und in diese Idee versuchte er das Ziel, als es erreicht war, hineinzupressen: Er wollte den Osten Asiens entdecken, also hatte er ihn entdeckt. In diesem Fall hielt er sich nicht an Seneca, der geschrieben hatte, daß Thetis – die Mutter Achills und bei Seneca die Göttin des Meeres – »neue

Welten *(novos orbes)* enthüllen wird«. Auf seiner zweiten Reise stellte sich heraus, daß auch Kuba nicht das ersehnte asiatische Festland war, sondern eine Insel. Columbus erpreßte daraufhin mit schweren Drohungen von seinen Leuten die Eidesversicherung, daß es sich um keine Insel handelte, sondern um das Vorgebirge Asiens. Er versuchte, Kontakt zum Groß-Chan herzustellen. Einmal glaubte er sogar, den Priesterkönig Johannes an Land gesichtet zu haben. Er entwarf den Plan, von den Antillen aus den Indischen Ozean und das Rote Meer zu durchqueren, die Osmanen vom Rücken her anzugreifen und Jerusalem zu befreien. Als er die Küste Venezuelas entdeckte, übermannte ihn schließlich derselbe Traum, der auch Heinrich dem Seefahrer zugesetzt hatte. Columbus notierte in seinem Tagebuch, er habe das irdische Paradies entdeckt, »denn man sagt allgemein, daß dieses sich am äußersten Ende des Orients befindet«.

Er starb am 20. Mai 1506 in Valladolid, gedemütigt, erschöpft, grenzenlos verbittert. Seine Enttäuschung über den Undank der Welt im allgemeinen und denjenigen der spanischen Krone im besonderen verhielt sich umgekehrt zu seiner Leistung. Wie sie im einzelnen zu bewerten ist, spielt keine Rolle. Maßgebend für ihn und seinen Namen bleibt, daß Columbus durch die Entdeckung Amerikas die Weltkarte so gründlich, so umstürzend verändert hat wie kein anderer Mensch der Geschichte – ohne es zu wissen, ohne es zu wollen, ohne es auch nur entfernt zu ahnen.

Die wirkliche Revolution

Portugals Goldenes Zeitalter beginnt mit dem 16. Jahrhundert; für Spanien gilt ähnliches. Beide Staaten können seit den Entdeckungen und durch die Entdeckungen eine enorme Steigerung in allen Bereichen des Lebens registrieren. Ihre ozeanischen Unternehmungen setzen die bisherigen nautischen Leistungen der Hanse, Venedigs und Genuas zu Erfolgen bloßer Binnenschiffahrt herab. Die ozeanische Expansion verwandelt innerhalb von Jahrzehnten Portugal und Spanien in die ersten imperialistischen Großmächte und Handelsreiche der Moderne. Die Wirtschaftsachsen Europas wechselten zwar nicht so abrupt ihre Orientierung, wie die Historiker noch bis in die jüngste Zeit geglaubt hatten, aber daß die Ausrichtung jetzt unwiderruflich zum Atlantik hin geht, das entscheidet sich schon in der ersten Hälfte des 16. Jahrhunderts. Neben Lissabon, Cádiz und Sevilla entwickeln sich Antwerpen und London zu Weltzentren des Handels und zu Metropolen einer Politik, die andere Perspektiven benötigt als die seit alters anerkannten europäisch-kontinentalen.

Die ozeanische Ausweitung bis hin zur ersten Weltumsegelung 1519 bis 1521, die Eroberung der Riesenreiche in Mexiko und Südamerika, die anhebende Invasion des Erdballs durch Europa bewirken eine fundamentale Veränderung der menschlichen Vorstellungswelt. Vergleichen läßt sich damit bestenfalls die Zertrümmerung des ptolemäischen Weltbildes durch Kopernikus und sein heliozentrisches System. Aber die Parallele trägt nicht weit. Das Bild des Universums, wie es Kopernikus zeichnet, wird frühestens in der Mitte des 16. Jahrhunderts ernsthaft diskutiert; es handelt sich außerdem um ein recht abstraktes, um ein theoretisches Problem der Experten, und Männer wie Giordano Bruno oder Galilei müssen für Einsichten büßen, die sich bei weitem nicht so drastisch bestätigen lassen wie die kugelige Form der Erde. Das heliozentrische System wirft für Mathematiker und Astronomen, Physiker und Philosophen, vor allem aber für die Gottesgelehrten unvergleichlich mehr Probleme auf als der praktische Beweis, daß sich die Erde umrunden läßt.

»Ich hinterlasse Indien in der Gewalt Ew. Majestät.« Afonso de Albuquerque, Portugals Vizekönig in Indien, Gemälde von Giovanni Battista Moroni (1560)

Folgende Seite, oben: Lissabon, der Sage nach von Odysseus gegründet. Alter Kupferstich

Unten: Europa-Afrika-Südamerika-Indien. Mittelteil einer anonymen portugiesischen Weltkarte (1502) in der Biblioteca Estense in Modena, nach dem Überbringer Alberto Cantino »Cantino-Karte« genannt. Sie ist charakteristisch für die portugiesischen Indienunternehmungen dieser Zeit.

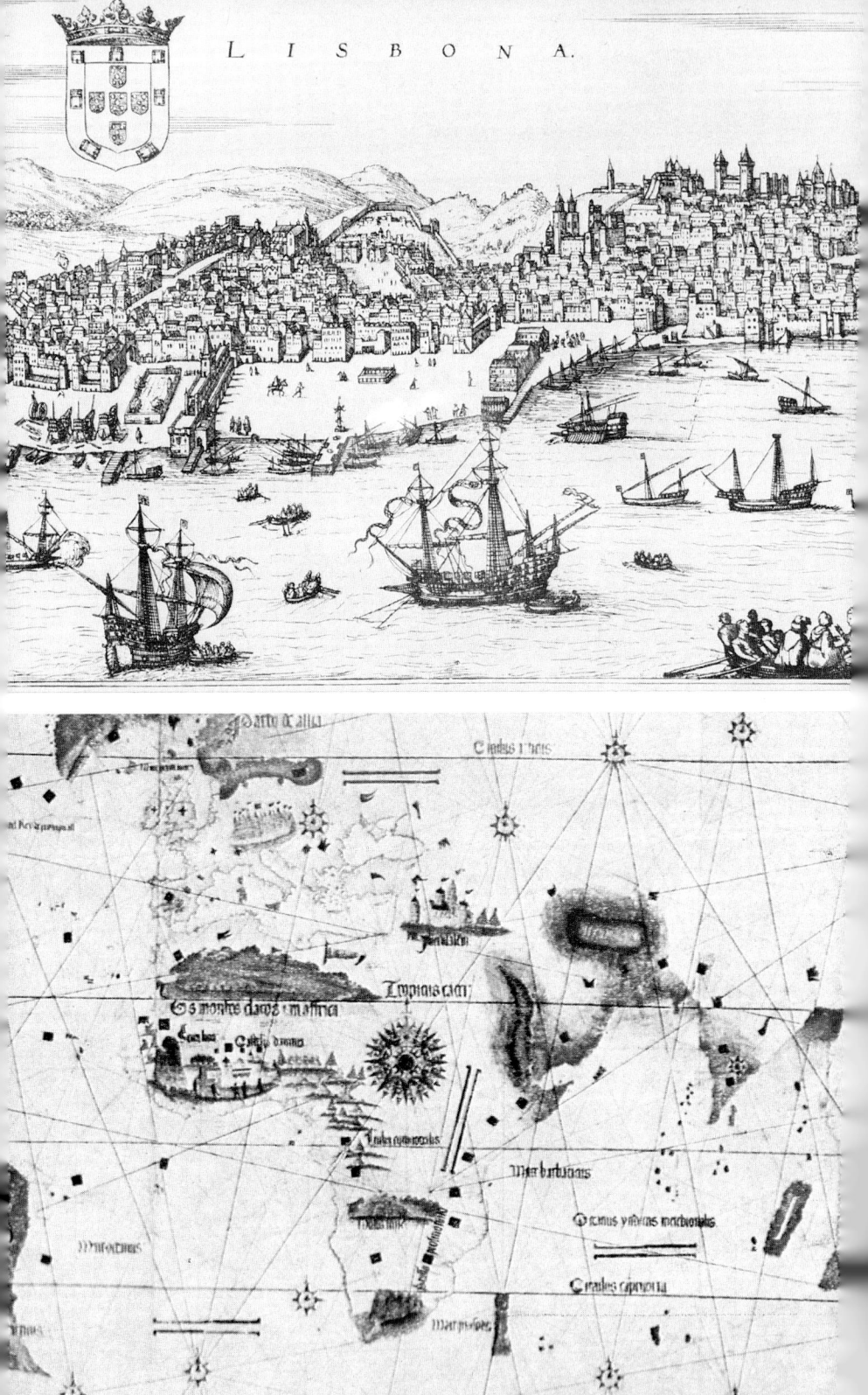

Das aber ist die wirkliche Revolution gewesen. Die neuen See-, Schiffs- und Weltkarten, die Erd- und Himmelsgloben setzen keine Fragezeichen hinter Kirchendogmen. Für die Bewußtseinsstruktur der Menschen aber, für ihre Ziele, ihre intellektuelle Wachsamkeit und Wendigkeit haben diese bisher unbekannten und so bestürzend plötzlich demonstrierten Tatsachen weit nachhaltigere Konsequenzen als das neue Planetensystem. Daß sich die Erde um die Sonne dreht und nicht umgekehrt, muß sich bis heute jeder zunächst einmal theoretisch beweisen, und zwar ausdrücklich entgegen der sinnfälligen Anschauung, wenn morgens die Sonne aufgeht.

Die Folgerichtigkeit, mit der das Zeitalter der Renaissance in der Epoche der Reconnaissance aufging, ist ebenso schlüssig wie verblüffend. In dem Jahrhundert zwischen Heinrich dem Seefahrer und der ersten Weltumsegelung endet die mehr als zweitausendjährige Geschichte Europas als eine Geschichte des mediterranen Zuschnitts und der darauf bezogenen politischen Dispositionen, wird das konventionelle Territorialbewußtsein durchsiebt. Der maritime Aufbruch bedeutet aber nicht etwa nur die Ergänzung alles Bisherigen durch ozeanisch-planetarische Kategorien, sondern das Besondere des europäischen Weltzeitalters unter der Ägide Neptuns liegt in seiner einzigartigen Erfahrung völlig neuer Dimensionen. Die Weltmeere sind schließlich genauso als europäische Meere erfaßt worden, wie bis dahin der mediterrane Raum, die Nord- und Ostsee als europäische Binnenmeere begriffen worden sind.

Könige auf dem Meer

Die ozeanische Expansion, die Seenahme im Unterschied zur Landnahme, die Verwandlung der Erdenscheibe in den Erdball hat für das Bewußtsein der Menschen und ihre Vorstellungskraft, die normalerweise von körperhafter Erfahrung, von konkreter Anschaulichkeit lebt, eine Sprengung der traditionellen Grenzbegriffe bedeutet. Nicht nur die Schranken einer überschaubaren Welt sind zerstört worden, sondern die festliegenden Vorstellungen vom Charakter der Grenze im allgemeinen. Der Mensch öffnet sich in diesen Jahrzehnten dem Erdkreis, zum erstenmal in der Geschichte liefert er seine Horizonte dem ozeanisch Unbegrenzten aus. Durch den hemmungslosen Wagemut der Seefahrer ist eine der wesentlichsten Intentionen der Neuzeit erstmals erprobt und verwirklicht worden. Ihr Tatendrang läßt sich nicht mit irgendwelchen Illusionen über die Größe der Gefahren, mit denen sie rechnen mußten, verkoppeln. Die Überwindung von Kap Bojador hat zwar einen entscheidenden Durchbruch bedeutet, aber der Zuwachs an Selbstvertrauen hat sich auf die bessere Kenntnis der ozeanischen Wirklichkeit beschränkt und nicht auf eine steigende Überlegenheit dem Meer gegenüber. Die Verlustquoten an Schiffen und Mannschaften blieben horrend. Jeder Kapitän hatte genaue Vorstellungen von den Risiken. Die erste Fahrt Vasco da Gamas lieferte ein Musterbeispiel. Durch Krankheiten, insbesondere durch Skorbut, starben so viele Matrosen, daß Gama ein Schiff verbrennen mußte, um für die beiden anderen das nötige Mindestmaß an Besatzung halten zu können; als er in Lissabon eintraf, hatte er mehr als die Hälfte seiner Leute verloren. In den ersten Jahrzehnten der ozeanischen Expansion kam noch nicht einmal jedes zweite Schiff in den Heimathafen zurück.

Der Entschluß zu derart gefährlichen Unternehmungen setzt anderes voraus als nur Hab- oder Neugier. Selbst die Absicht, einen besonderen Seeweg auszukundschaften, wäre ohne die Bereitschaft zu einer extremen Form des Sichaussetzens, eines aussichtslos scheinenden Wettstreits mit den übermächtigen Elementen nicht möglich gewesen. Sie ist undenkbar ohne ein Bewußtsein mit besonders hohem Spannungsgrad. In den ozeanischen Unternehmungen ist das augenfällig geworden als Bereitschaft zu einer Mobilität, die auf stützende Richtmarken verzichtet, weil der Aspekt der Unendlichkeit dem Aspekt des Überschaubaren zumindest ebenbürtig gewesen ist. Hier hat sich die Erfahrung, die bei der Entdeckung des Perspektivproblems in der Kunst gemacht worden ist, in einem anderen Bereich wiederholt: Die optische Bemächtigung der Dimension des Unbegrenzten ist auf den Ozeanen durch das konkrete Erlebnis bestätigt worden. Nur deshalb hat das Meer in seiner zwingenden Unermeßlichkeit zu einem Grundelement persönlicher Existenzform werden können, und später auch zu einem allgemein politischen.

Kaum etwas in der Weltgeschichte läßt sich mit dem selbstmörderischen Rausch, der Besessenheit, dem ekstatischen Aberwitz vergleichen, der diese Männer erfüllt hat, die zum Kampf um die Herrschaft auf den Meeren aufgebrochen sind, sich »mit starkem Mut und dreifach gepanzertem Herz in des offenen Meeres grausame Weite stürzten«, wie Horaz in seinen »Oden« es beschrieben hat – kein Alexanderzug, kein napoleonisches Riesenprojekt. Nichts in der Weltgeschichte, was so wenig mit den Hilfsmitteln der logisch operierenden Vernunft zu begreifen ist.

Was für ein Irrsinn liegt darin, mit derart kleinen Schiffen, die jeder schwere Brecher zerschmettern konnte und die allen modernen Ansprüchen nach Seetüchtigkeit Hohn sprechen, die Unermeßlichkeit der Ozeane herauszufordern – was für ein Irrsinn, was für eine Mißachtung des eigenen Lebens, sich so in die Wasserhöllen der Meere zu stürzen. Und das geschieht in einem Zeitalter, in dem der Mensch zum erstenmal lernt, seiner eigenen Vernunft zu vertrauen. Tatsächlich ist diese vielgelobte Epoche der Renaissance zugleich das Zeitalter der allerunverständlichsten Unternehmungen, der am besonnensten geplanten Unbesonnenheiten.

Die Weltmeere sind nicht als gewaltige Träume durchsegelt worden, sie haben den Männern in den Karavellen keine Feste unter weißen Wolken bereitet, die aus dem Endlosen kommen und ins Endlose vergehen. Der Ozean: sonnendurchflutet, raumgreifend bis über den Horizont, alle Gefühle entwertend außer der Empfindung von fesselloser Freiheit – dieser Ozean lebt nur in der Vorstellung derjenigen, die ihn nicht kennen, oder in der späteren Abstraktion, in der gewollten Stilisierung, zu deren Prinzip die Entfernung von der durchlittenen Stunde gehört. Die hohe See der Realität ist auch für den neuen Menschenschlag der ozeanischen Expansion, der ein völlig anderes Verhältnis zum Meer besitzt als seine Vorfahren, niemals zu einer Art elementarer Partner geworden. Sie ist das gänzlich andere geblieben, ist es geblieben in den gnadenlosen Flauten, wenn der Wind tagelang, wochenlang schläft, wenn die Segel nicht mehr schwappen, die Leinen herabhängen wie ein Lot, wenn nichts die Wasserfläche kräuselt und die Sonne sich in dem Titanenspiegel des Meeres zu doppelter Glut sammelt. Dies wird nicht als erregendes Drama ozeanischen Glanzes und seiner Herrlichkeit empfunden, sondern Windstille heißt Tod, sie verwandelt die reglose Riesenfläche des Meeres in ein Emblem der Aussichtslosigkeit.

Dasselbe bei dem anderen Extrem: In den schwarzen Stürmen, Orkanen, Taifunen, in den ungeheuren Wogen, die sich aufeinandertürmen, Riesenwände, die ununterbrochen zerbersten – wenn die Brecher gegen die Bordwand, aufs Deck schmettern, das ächzende Schiff von jeder See ins schier Endlose gestemmt und dann in brüllende Abgründe geschleudert wird, wieder und wieder, bis das Ruder bricht, Trossen, Spieren, Planken übers Deck fegen, die Masten über Bord gehen und in den Schlägen, die das Schiff zertrümmern, niemand den Todesschrei des andern hört. Wer damals zur See ging, mußte in irgendeiner Form – und sei es nur als stumpfes Vermuten – die Einsamkeit eines solchen Endes vorwegnehmen, im Sog der absoluten Angst, des langen Sterbens, jener letzten und einzigen Erfahrung unter allen Erfahrungen des Menschen, die kein Echo besitzt.

Der Kampf um die Weltmeere war ein Kampf der Exaltierten, Abnormen, der Verrückten, der Menschen des Grenzfalles, wie sie von den Griechen der klassischen Zeit verachtet, wie sie als Sektierer von den Kirchen gejagt, wie sie als Romantiker von einem Mann des Maßes wie Goethe verabscheut worden sind. Immer waren sie Außenseiter, teils Fanatiker, teils Verbrecher, im wahrsten Sinne des Wortes ohne festen Boden unter den Füßen. Das ist wörtlich zu nehmen, denn sie haben außerhalb des Landes gelebt, außerhalb der Länder und ihrem Recht, sie haben im Exterritorialen gelebt.

Die »Freiheit der Meere«, auch diejenige, die später nicht mehr an Interessen gefesselt war, ist als Bekräftigung der eigenen, schrankenlos scheinenden Möglichkeiten empfunden worden, als Freiheit des Menschen überhaupt, vorgelebt von Menschen, die keine Bindungen an Ort und Herkunft hatten, die sich tollkühn dasjenige auf den Ozeanen erkämpften, wovon die anderen nur mit verängstigter Lust zu träumen wagten, Ausgestoßene fast immer, und deshalb auch immer »Könige auf dem Meer«.

5. Kapitel

Die Säulen der Seeherrschaft

Als Vasco da Gama von seiner ersten Indienfahrt nach Lissabon zurückgekehrt war, erweiterte König Manuel I. seinen Titel durch den Zusatz: »Herr der Eroberung, der Schiffahrt und des Handels von Äthiopien, Arabien, Persien und Indien«; die Weltkugel wurde sein Wahrzeichen. Über das Gewicht selbstgestifteter Würden läßt sich streiten. Nicht strittig aber war für den König, daß der Anspruch, der in dem neuen Titel lag, ein politisches Programm enthielt.

Cabral hatte den Auftrag, die Malabarküste in den Besitz Portugals zu bringen, nicht erfüllen können. Der portugiesische Kronrat sah aufgrund der Auseinandersetzungen in Calicut ein, daß das ganze Indienprojekt, von dem man sich so gewaltigen Reichtum erhoffte, entweder zu streichen oder jede weitere Expedition in erster Linie als militärisches Unternehmen zu planen und durchzuführen war. Der König und die Cortes entschieden sich für den Krieg. Dabei spielte der verletzte Stolz und der Zorn über die islamischen Händler, die den Portugiesen wiederholt so hart zugesetzt hatten, eine erhebliche Rolle.

Der Indienhandel, noch kaum in Gang, beginnt sich in eine lückenlose Kette offizieller Raub- und Eroberungsprojekte zu verwandeln.

Reichtum und Revanche

Die nächste Flotte wurde nach der Rückkehr Cabrals unverzüglich ausgerüstet. Der König bestimmte Vasco da Gama zu ihrem Führer und ernannte ihn zum »Admiral der Indischen Meere«. Im Februar 1502 stachen 15 Schiffe in See, zwei Monate später folgte ihnen noch eine kleine Flottille. Vasco da Gama hatte die Order, die Faktoreien Portugals in Cananor und Cochin – nördlich und südlich von Calicut – auszubauen und zu befestigen; außerdem sollte er jedes islamische Schiff kapern, auf das die Portugiesen im Arabischen Meer oder im Indischen Ozean stießen.

Da Gama hielt sich strikt an diese Anweisungen: rücksichtslos, kaltblütig, grausam. Das erste Schiff, das die Route der Portugiesen in den indischen Gewässern kreuzte, kam aus Mekka. Es war kein Kauffahrer, sondern eine Dau voller Pilger. Die Portugiesen enterten das Schiff, raubten es völlig aus, legten Feuer und ließen die ganze Besatzung samt den Reisenden auf offener See verbrennen – mehr als zweihundert Menschen, darunter Frauen und Kinder. Vasco da Gama ließ nur einige Knaben am Leben; sie kamen in Portugal als Novizen ins Kloster. Der Bericht von diesem Überfall hält fest, daß Gama durch eine Stückpforte seines Schiffes die Schreckensszenen mit unbarmherziger Genugtuung und bewegungsloser Miene verfolgte.

Am 29. Oktober 1502 warfen die Schiffe der Portugiesen auf der Reede vor Calicut Anker, Vasco da Gama sandte zum Herrscher und verlangte von ihm die Ausweisung sämtlicher arabischer Familien, insgesamt weit über zwanzigtausend Menschen. Als der Samorin ablehnte, überfiel Vasco da Gama arabische Schiffe im Hafen, fing eine stattliche Zahl moslemischer Kaufleute, ließ ihnen die Ohren und Hände abhauen und schickte sie dem Samorin als Zeichen der portugiesischen Entschlossenheit. Danach schossen seine Kanonen die Stadt in Brand.

Die Araber rüsteten in aller Hast eine bewaffnete Flotte aus. Vasco da Gama blieb jedoch in dieser ersten regulären Seeschlacht im Indischen Ozean überlegener Sieger. Die portugiesische Artillerie beherrschte von Anfang an die Szene, der Triumph der Portugiesen hätte nicht vollständiger sein können. Die Bestückung ihrer Schiffe garantierte auch in den folgenden Jahren und Jahrzehnten ihre militärische Souveränität auf See.

Einen gewissen Rückhalt erhielten die Portugiesen durch die Rajas von Cochin und Cananor wegen ihrer Feindschaft mit dem Herrscher von Calicut. Vasco da Gama segelte am 3. November nach Cochin, richtete hier eine Faktorei ein, setzte anschließend nach

Cananor über und verstärkte dort die Befestigungsanlagen. Nachdem er seine Schiffe mit Waren beladen hatte, trat er die Rückreise an und traf Anfang September 1503 in Lissabon ein.

Vasco da Gamas zweite Indienreise durfte in Lissabon zwar als Triumph verbucht werden, doch die prekäre Lage der portugiesischen Faktoreien in Indien hatte sich außerordentlich verschärft. Der König schickte noch im gleichen Jahr 1503 drei Flottillen zu Hilfe, zwei von ihnen standen unter dem Befehl des Generalkapitäns Afonso de Albuquerque. Die Ankunft der Portugiesen rettete den Raja von Cochin vor einer Niederlage durch den Samorin von Calicut, Albuquerque ließ die Faktorei durch ein Fort sichern, stationierte eine Besatzung von 150 Mann und baute auch eine Kirche, St. Bartholomäus, die erste christliche Kirche der Europäer auf indischem Boden, genannt nach dem Apostel Jesu, der gemäß einer Legende in Arabien und Indien missioniert haben sollte. Die Befestigungen von Cochin waren jetzt stark genug, um sämtliche Angriffe, die nach der Rückreise der Portugiesen wieder einsetzten, abzuschlagen; zeitweise wurde Cochin von Abertausenden indischer Soldaten berannt. Albuquerque war im Januar 1504 zurückgesegelt und traf fristgerecht wieder in Lissabon ein, wenn auch nur mit zwei Schiffen.

Mit seiner zweiten Indienfahrt markierte Vasco da Gama noch einmal und weithin sichtbar die Zeitenwende mit Blut. Der Handel zwischen Indern und Arabern hatte sich seit den ersten Kontakten von jeder Gewalt freigehalten, die Niederlassungen waren friedlich gegründet, die Abkommen auf Gegenseitigkeit geschlossen worden. Kriegsflotten als Realisatoren kaufmännischer Interessen waren in der Straße von Moçambique, im Arabischen Meer, im Indischen Ozean und ebenso im Südchinesischen Meer unbekannt. Portugal brach mit diesem Prinzip, es brach damit so rücksichtslos wie nötig, und das hieß in diesen Jahren: so rücksichtslos wie möglich. Der Seeweg um den afrikanischen Kontinent wurde von Lissabon zu einer Staatsroute erklärt, die wichtigsten Stützpunkte zu Festungen ausgebaut und alle bedeutenden Küstenstriche mit erbarmungsloser Entschlossenheit erobert – nicht in kolonisatorischer, sondern in nautisch-militärischer Absicht.

143

Kaper- und Vernichtungskrieg

Nach der Rückkehr Cabrals hatte der portugiesische König vor einer erheblich komplizierteren Alternative gestanden, als es das einfache Entweder-Oder vermuten läßt. Ein friedlicher Handel auf dem üblichen Weg, Konzessionen auf diplomatischer Ebene zu erhalten und Verträge zu schließen, war für die Portugiesen praktisch unmöglich. Der Staat war arm, er konnte mangels Geldes nicht als Zwischenhändler auftreten. Und mit ihren Waren kamen die Portugiesen weder für die Inder noch für die Araber als Handelspartner in Frage. Über die Geschenke, die Vasco da Gama nach seiner ersten Audienz dem Herrscher von Calicut überreichen wollte – einfache Baumwollstoffe, Korallenketten, einige Waschbecken, Öl und Zucker –, lachte der indische Haushofmeister voller Verblüffung und Hohn: Mehr habe der großmächtige und reiche König von Portugal, von dem Vasco da Gama erzählt hatte, nicht zu bieten? Solche Armseligkeiten würde nicht einmal der bescheidenste Mekkapilger überreichen, das wäre eine Beleidigung des Fürsten. Auch die arabischen Kaufleute fanden die Qualität der Waren erbärmlich, sie spuckten vor den Portugiesen verächtlich aus.

Die sanfteren Inder reagierten weniger schroff, aber auch sie hatten kein Interesse an den derben Sachen der europäischen Fremdlinge. Jedenfalls hatte die Schlußfolgerung, daß der ferne König und sein Land dem Zustand seiner zerlumpten Matrosen, strapazierten Schiffe und minderwertigen Handelsprodukte entsprechen müsse, einiges für sich. Die Umgangsformen schließlich und die Hemmungslosigkeit, mit der sie bei Differenzen sofort ihre Gewehre und Kanonen benützten, zeigten in aller Klarheit, daß es sich bei den Portugiesen nur um skrupellose Barbaren handelte, um Desperados, die von der Gier getrieben wurden, durch Überfall, Mord und Raub auf kürzestem Weg reich zu werden.

Dieser Aspekt ergab sich allerdings nicht nur aus den bisherigen Erfahrungen der Kaufleute des asiatischen Subkontinents, sondern er war bei aller Drastik auch derjenige der portugiesischen Krone. Portugal hatte tatsächlich keine andere Möglichkeit, die Schätze des Orients in die Hand zu bekommen, als durch rücksichtslose Gewalt, durch Krieg um jeden Preis. Die Parole war nicht: Wettbewerb mit den Arabern, sondern sie hieß: Vernichtung des Orienthandels der Araber und anschließend seine Monopolisierung durch Portugal. So wurden Leute wie Cabral oder Vasco da Gama zu Räubern und Mördern, wenn auch im Auftrag und mit Billigung der portugiesischen Krone, im Dienste ihres Landes.

Von diesem Weg gab es kein Zurück, er führte unmittelbar zu internationalen Verwicklungen größten Ausmaßes. Mit seinem Unternehmen im Jahre 1502 hatte Vasco da Gama alle Sturmzeichen gesetzt. Venedig kundschaftete rasch in Lissabon aus, welche Perspektiven sich durch die portugiesischen Aktivitäten für sein eigenes Monopol im Gewürzhandel ergaben. Ähnlich betroffen waren Genua und Pisa, ja der gesamte Levantehandel mußte in Mitleidenschaft gezogen werden. Nach der Rückkehr Vasco da Gamas waren die Pfefferpreise bis zur Hälfte abgesackt, es kam zu alarmierenden Konkursen, Lissabon war auf dem besten Weg, selbstherrlich die Preise für alle asiatischen Gewürze zu bestimmen.

Nach den Kundschaftern sandte die Lagunenstadt ihre Diplomaten aus. Der wichtigste Partner und Interessent war der Herrscher von Ägypten, der Mamlukensultan Kansaw II. al-Ghuri. Wenn es den Portugiesen tatsächlich gelang, den arabischen Orienthandel zu vernichten, verlor Ägypten seine große Rolle als Transitland und büßte alle Durchgangszölle ein; für das Budget mußte das zu einer Katastrophe werden. Die Auswirkungen auf die politische Macht der herrschenden Mamlukendynastie ließen sich unschwer erraten und brachten jeden Ratgeber in Kairo um den Schlaf. Der Sultan griff schließlich zu einem Mittel, das ihm besonders wirksam erschien. Im Sommer 1504 ließ er dem Papst einen Brief übermitteln: Wenn die Portugiesen ihre Indienfahrten und die Räubereien auf den Meeren nicht sofort einstellen würden, werde er die heiligen Stätten der Christen in Palästina vernichten.

Der Vizekönig

Die Drohungen des ägyptischen Sultans lösten bei den Christen im Vorderen Orient helle Bestürzung aus. Sie wußten, daß der Herrscher die Fahrten der Portugiesen auch als einen Krieg gegen den

Islam empfand, die Kreuze auf den Segeln und Flaggen, die Bekehrungsversuche der »*capitanos del Rey*«, der Kapitäne des portugiesischen Königs, waren in diesen Breiten inzwischen jedem bekannt. So schickten auch die Christen Palästinas nach Rom und baten eindringlich darum, der Heilige Vater möge den Portugiesen das Handwerk, das Schiffshandwerk legen.

Lissabon sah jedoch in diesen Querschüssen keinen Anlaß, seine ozeanische Politik zu revidieren; im Gegenteil, das Tempo, mit dem es die errungenen Positionen ausbaute, wurde gesteigert. Der König ließ im Herbst 1504 eine Flotte von 22 Schiffen ausrüsten. Zu den Besatzungen gehörten 1500 Soldaten, die als ständige Truppe in Indien stationiert bleiben sollten. In Größe und Armierung übertraf dieser Verband alle Geschwader, die bisher nach Indien gesegelt waren.

Zum Befehlshaber wird Francisco de Almeida ernannt. Der Admiral hat präzise Vorstellungen von seiner Aufgabe. Von dem Memorandum, das Almeida dem König vor seiner Ernennung vorgelegt hatte, ist der Herrscher beeindruckt gewesen. Es handelte sich um ein Resümee der gesamten Indien-Affäre seit der ersten Reise Vasco da Gamas. Die Quintessenz leuchtet ein: Wenn Portugal den Indischen Ozean beherrschen will, muß es mit dem bisherigen Verfahren der willkürlichen Räuberei und des Beutemachens aufgrund bloßer Zufälle Schluß machen und statt dessen politische Systematik entwickeln. Portugal sei zwar ein kleines Land, zur Zeit werde es aber von niemand in der Welt in seinen nautischen Fertigkeiten übertroffen. Deshalb könne es zu einer politischen Macht von Format nur mit Hilfe der See, nur auf der See werden. Eroberungen fremden Landes dürften nur den Zweck haben, der Verankerung dieser Seemacht zu dienen und eine feste Kette für den Handelsverkehr zu schaffen. Was Portugal wegen seiner begrenzten Möglichkeiten niemals werde erreichen können, die Gründung eines großen Kontinentalstaates, das vermag es mit Hilfe seiner Flotte: die Errichtung eines Seeimperiums, das gewaltige Räume umfasse.

Der Auftrag, den Francisco de Almeida, der erste Gouverneur und Vizekönig in Indien, vor seiner Abreise vom König erhält, deckt sich in den wichtigsten Punkten mit dem Inhalt seines Memorandums. Im März 1505, nach einer feierlichen Messe in der Kathedrale Sé Patriarcal von Lissabon, lichten die Schiffe die Anker. Almeida soll alle Stützpunkte Portugals an der Ostküste Afrikas ausbauen und uneinnehmbar befestigen, ferner soll er die Malabarküste der Oberhoheit Portugals unterwerfen.

Zunächst bestand das Problem nur darin, die Routen durch den Südatlantik und ums Kap bestmöglichst zu sichern und diese militärischen Hochstraßen in den Indischen Ozean zu verlängern. Schon bei ihrer Suche nach dem Weg um Afrika hatten die Portugiesen das »Kap-Springen« meisterhaft entwickelt; die Ostküste des Kontinents war gesprenkelt von ihren Wappensäulen aus Holz und Stein. Unersetzliche Ankerplätze und Häfen wurden militärisch ausgebaut und erhielten damit die Funktion strategischer Sprungsteine, den später berühmt gewordenen *»stepping stones«*, den Grund- und Ecksteinen jedes Seeimperiums.

Almeida ließ sich mit den einheimischen Fürsten auf keine langwierigen Verhandlungen ein. Die Erbarmungslosigkeit der portugiesischen Aktionen hing mit den verrohten Kriegssitten der Epoche, mit dem Zwang zu raschem, durchschlagendem Erfolg, mit der Selbstherrlichkeit der Christen zusammen, sie entsprang aber auch dem grotesken Mißverhältnis der zahlenmäßigen Stärken: Da kam ein Dutzend Schiffe mit etlichen hundert Männern übers Meer, entschlossen, den ungeheuren Welthandel einer ganzen Hemisphäre, der von Tausenden Soldaten verteidigt wurde, zu erobern. Für einen solchen Plan war die völlige Ruchlosigkeit, welche wesentlich für einen Desperado ist, das eiserne Gesetz.

An der ostafrikanischen Küste brachte Almeida die Stadt Sofala in portugiesischen Besitz und baute die Hafenstadt Kilwa – auf einer vorgelagerten Insel südlich von Mombasa im heutigen Tansania, damals die schönste Hafenstadt ganz Ostafrikas seit ihrer Gründung um 975 durch geflohene Perser – zu einer praktisch uneinnehmbaren Festung aus, »so stark, daß sie sogar den König von Frankreich in Schach halten würde«, wie es in einem Bericht heißt. Anschließend segelte Almeidas Flotte nach Mombasa; die Stadt wurde beschossen, gestürmt, ausgeplündert, zu großen Teilen zerstört und als Neuerwerbung der portugiesischen Krone durch eine Besatzung gesichert.

Im September 1505 traf die Flotte in Indien ein. Almeida ließ auf der Insel Anjadiva südlich von Goa ein Fort errichten; es erwies sich allerdings als nutzlos und wurde deshalb zwei Jahre später aufgegeben und geschleift. Anschließend segelte er nach Cananor und Cochin, das er als Vizekönig zum Regierungssitz Portugals in Indien erklärte. Von hier aus erklärte Almeida den offiziellen Krieg gegen den Samorin von Calicut.

Die Kontrolle der Malabarküste durch die Portugiesen veranlaßte die islamischen Händler, die Häfen Arabiens und das Rote Meer auf einer neuen Route über die Malediven anzusteuern. Almeida schickte seinen Sohn Lourenço mit einem Geschwader aus, um diese Linie zu unterbrechen. Lourenços Schiffe bombardierten auf dieser Expedition zunächst die Stadt Quilon, in der die portugiesische Faktorei überfallen worden war, und umsegelten anschließend die Südspitze Vorderindiens. Die Männer landeten auf Ceylon, zogen sich aber rasch wieder zurück und brachten nichts mit außer dem Ruhm, als erste Europäer die Insel berührt zu haben – immerhin ein Vorgriff auf den Moment, da sie durch die Eroberung Colombos den gesamten Zimthandel der Welt in ein Monopol Lissabons verwandelten.

Die Errichtung befestigter Stützpunkte hatte politisch-strategischen Sinn. Die Beherrschung des Indischen Ozeans ließ sich nur mit Hilfe einer ständig agierenden Flotte durchführen, deren Schiffe weitmöglichst und in jedem Moment einsatzbereit waren und die schnell und wirkungsvoll operierten. In den Stützpunkten mußte deshalb alles vorhanden sein, was zur Reparatur und Instandsetzung der Schiffe nötig war, vom Kielholen bis zu den größten Arbeiten der Zimmerleute, es waren Segelmacher, Seiler, Schmiede, Handwerker aller Art nötig, die Munitionsbestände waren aufzufüllen, Trinkwasser und Verpflegung, vor allem frisches Gemüse und Obst mußten greifbar sein. Kaum weniger Bedeutung hatten gut eingerichtete Krankenstationen, um verwundete, an Skorbut oder an einer der zahllosen, bis dahin meist unbekannten Infektionen der Tropen leidende Matrosen und Soldaten auszukurieren.

Zu einem regulären System der Seeherrschaft imperialen Charakters wurde das Prinzip der strategischen Basen erst von Afonso de Albuquerque ausgebaut. Albuquerque hatte nach seiner Rückkehr 1504 König Manuel I. von der Notwendigkeit überzeugt, an der

Küste Vorderindiens mit einer ununterbrochen patrouillierenden Kriegsflotte präsent zu sein. Erst dadurch werde die Verankerung eines stählernen Netzes von Forts und Faktoreien, umgrenzter Besitzungen, logistischer Arsenale und Pachtzonen an ausgesuchten Küstenstrichen wirklich gesichert und überdies die Beherrschung des Meeres durch Portugal für jedermann sichtbar.

So verließen am 6. April 1506 zwei weitere Flottillen den Hafen von Lissabon. Die eine stand unter dem Kommando von Tristão da Cunha, die andere wurde befehligt von Albuquerque, insgesamt waren es 14 Schiffe mit 1300 Soldaten.

Die ersten Pfeiler der Seeherrschaft

Bis ins Arabische Meer segelten die Flottillen gemeinsam. Ihr Ziel war die Felseninsel Sokotra vor dem Kap Guardafui an der Einfahrt in den Golf von Aden – seit dem 10. Jahrhundert eine der Piratenhochburgen im Arabischen Meer. Die Portugiesen landeten, stürmten das Fort und töteten sämtliche Bewohner.

Tristão da Cunha legte am 10. August 1507 mit seinen Schiffen ab und fuhr nach Indien. Albuquerque blieb zurück, er wollte von Sokotra aus die Wasserstraße von Bab al-Mandab, die ins Rote Meer führte, blockieren. Sein Auftrag war, bis zur Stadt Dschiddah vor Mekka vorzustoßen, und vor allem Aden zu erobern.

Sokotra erwies sich jedoch als zu klein für eine Operationsbasis. Die Insel war zu unwirtlich, außerdem gab es zu wenig Wasser. Die Portugiesen konnten sich nur mühsam halten. Albuquerque erkannte rasch, daß nicht Sokotra, sondern in der Tat Aden der maßgebende Ort war, denn hier bestand das Problem nicht in der Sperrung der Schiffahrt, wie etwa beim Persischen Golf. Das Rote Meer spielte wegen seiner zahllosen gefährlichen Korallenriffe und Muschelbänke eine fast nachgeordnete Rolle als Route des Welthandels. Der Rang Adens beruhte seit Jahrhunderten darauf, für die Waren aus Ostasien und Indien, die nach Afrika und in den mediterranen Raum gebracht werden sollten, der wichtigste Umschlagplatz zu sein. Hier endete das Gros der Schiffslinien aus dem asiatischen Raum.

Da jedoch eine Eroberung Adens zunächst aussichtslos schien, wandte sich Albuquerque nach Osten. Er wurde magisch angezogen von Hormos an der südlichen Einfahrt des Persischen Golfs. Diese »Perle des Orients«, auch gerühmt als der »kostbarste Edelstein in der Krone Persiens«, war seit jeher der Stapelplatz sämtlicher Frachten, die aus dem Osten kamen; im 14. Jahrhundert wurde sie zu den reichsten Handelsstädten der Welt gezählt. Albuquerque bereitete den Weg zu ihr durch ein Küstenspringen vor: Er überfiel und zerstörte Hafenstädte im Süden Arabiens, eroberte Muscat im Golf von Oman. Da er nur über sechs Schiffe und 500 Mann verfügte, war er zu blitzartigen Überfällen gezwungen, ein Verfahren, das ihm von Natur aus lag.

In Hormos kündigte er sich jedoch an. Gemäß althergebrachten unmenschlichen Kriegsbräuchen wurden moslemische Gefangene verstümmelt als Warnung vorausgeschickt. Der Sultan wurde aufgefordert, sich als Vasall unter die Krone Portugals zu stellen und die Tore der Stadt zu öffnen. Der Herrscher lehnte ab. Albuquerque, ein Meister des amphibischen Handstreichs, drang stürmisch in den Hafen ein. Der Schock war so groß, daß von den rund hundert Schiffen, die vor Anker lagen, kein einziger Schuß fiel. Hormos wurde sofort mit einem mörderischen Feuer belegt und die Invasion vorbereitet. Trotz hitziger Gegenwehr gelang es den Portugiesen, zu landen und in die Stadt einzudringen. Selbst die Elemente standen ihnen zur Seite, denn während des Kampfes sprang eine so heftige Windbö auf, daß sie die Pfeile der Verteidiger nicht nur ablenkte, sondern auf sie zurücktrieb: Zahlreiche Schützen wurden durch die eigenen Geschosse verwundet. Die Rücksichtslosigkeit, mit der die Portugiesen jeden niedermachten, auf den sie in den Straßen stießen, übertraf alle Blutbäder ihrer bisherigen Eroberungen. Am 25. September 1507 war Hormos in portugiesischer Hand.

Jetzt beugte sich der Sultan den Forderungen. Die Portugiesen errichteten in Bender Abbas auf dem Festland in beherrschender Lage über der Stadt eine Festung. Albuquerque, der zwar zeitweise von einer beispiellosen persönlichen Grausamkeit war, sah generell in der Brutalität nichts anderes als ein Kalkül im Rahmen eines imperialen Gesamtplans. Raub und Reichtum waren für ihn niemals Selbstzweck. Nach der Eroberung von Hormos versuchte er, den

Boden für ein geregeltes Nebeneinander mit der Bevölkerung vorzubereiten. Er ignorierte deshalb eines der wichtigsten ungeschriebenen, aber seit undenklichen Zeiten gültigen Gesetze des Krieges: Er verbot seinen Soldaten, die Stadt – die reichste aller Städte, die Portugal bisher gestürmt hatte – zu plündern.

Die Truppe war außer sich. Nur mit größter Mühe konnte der Admiral eine offene Meuterei verhindern. Drei Kapitäne verweigerten den Gehorsam, sie segelten mit ihren Schiffen nach Indien, um bei Vizekönig Almeida Klage zu erheben. Mit dem Rest der Soldaten und nur drei Schiffen konnte sich Albuquerque in Hormos allerdings nicht halten. Er fuhr zurück nach Sokotra, wo inzwischen die Vorräte praktisch aufgebraucht waren. Die Absicht Albuquerques, Schiffe zu kapern, die aus dem Roten Meer nach Indien fuhren, hatte nicht den erwarteten Erfolg. Als sich schließlich ein weiterer Kapitän dem Oberbefehl entzog, befahl er die Räumung Sokotras, ließ Ende 1508 die Segel setzen und fuhr nach Indien.

Die Entlassung Almeidas

König Manuel hatte Albuquerque bei seiner Abreise im Jahr 1506 einen Geheimbefehl mitgegeben; er sollte das Dokument nach zweieinhalb Jahren öffnen. Albuquerque brach unterwegs das Siegel und sah, daß er seine Ernennungsurkunde zum neuen Vizekönig in der Hand hielt. Diese Ablösung Almeidas durch den Herrscher war kein Mißtrauensvotum, sondern eine Vorsichtsmaßnahme. Der König ernannte seine Generalgouverneure grundsätzlich nur für die Dauer von drei Jahren; sie sollten davor bewahrt werden, das Vizekönigtum mit seinen praktisch absoluten Vollmachten in ein monarchisches Herrschertum neben der Krone Portugals auszuweiten. Nur in Ausnahmefällen wurde das Mandat von Lissabon verlängert.

Francisco de Almeida war konsterniert, als ihm Albuquerque die Ablösungsorder überreichte. Er hatte in den vergangenen Jahren Erfolg an Erfolg gereiht. Schon kurz nach seiner Ankunft in Indien konnte er einen Triumph feiern, der als einer der ersten Grundsteine der portugiesischen Herrschaftsverankerung im asiatischen Raum zu bezeichnen ist. Im März 1506 lag ein Teil seiner Flotte auf der Reede von Cananor; Zusammenstöße mit den islamischen Kaufleuten oder den Einheimischen wurden nicht erwartet. Nachts schwamm jedoch ein bolognesischer Abenteurer, Lodovico Varthema, der auf eigene Faust durch den ganzen südasiatischen Raum gekommen war, zum Admiralsschiff und warnte Almeida vor einem geplanten Überrumpelungsangriff des Raja von Calicut. Am Morgen des 16. März griffen tatsächlich rund zweihundert Schiffe die Portugiesen an. Doch Almeida hatte auf seinen elf Seglern höchste Gefechtsbereitschaft verfügt. Die Angreifer wurden mit einem verheerenden Kanonenfeuer belegt. Almeida stieß mit seinen wendigen Schiffen entschlossen in die Flotte der Gegner, enterte die größten Schiffe und ließ die Besatzungen in fürchterlichen Massakern niedermachen. Die Kämpfe waren schwer, auch die Portugiesen hatten erhebliche Verluste, sie zählten achtzig Tote und an die zweihundert Verwundete.

Ende November 1507 kam es zu einem neuen Treffen mit der Flotte des Samorins. Almeidas Geschwader war durch die Schiffe Tristão da Cunhas verstärkt worden, der rechtzeitig eingetroffen war, um im September das bedrängte Cananor zu entsetzen. Die portugiesischen Segler konnten die Flotte des Samorin fast mühelos auseinandersprengen und eine Vielzahl von Schiffen versenken. Tristão da Cunha kehrte im Dezember 1507 nach Lissabon zurück.

Die islamischen Sultanate von Gudscharat und Bidschapur, genauso wie die kleineren Fürstentümer an der Küste, waren durch die Errichtung eines Vizekönigtums Portugals in Indien und durch die wachsenden Patrouillen- und Kaperaktivitäten seiner Flotte aufs höchste alarmiert worden. Die Interessenkoalition mit dem ägyptischen Herrscher und den islamischen Kaufleuten lag infolgedessen genauso nahe wie mit Venedig. Der Herrscher von Calicut entschloß sich zu einem offiziellen Gesuch um Hilfe, und Sultan Kansaw II. al-Ghuri reagierte unverzüglich. Er entsandte eine hervorragend ausgerüstete Flotte, bemannt mit kampferprobten Türken und Levantinern; sie erreichte unter ihrem Kommandeur Amir Husein im August 1507 Aden und nahm Kurs Ostnordost nach Indien. Lourenço, der Sohn Almeidas, fuhr der Armada mit einem

Geschwader entgegen und ankerte im Januar 1508 vor Chaul südlich von Bombay, als er feststellte, daß die islamischen Schiffe gegen ihn heranrückten. Lourenço de Almeida blieb in seiner Defensivposition. Er konnte auch während des Kampfes die Manövrierfähigkeit nicht zurückgewinnen, wurde verwundet und schließlich getötet, seine Schiffe auseinandergetrieben und versenkt; die Moslems registrierten ihren ersten Seesieg.

Almeida rüstete zu einer Revanche. Die Vorbereitungen zogen sich fast das ganze Jahr hin, erst im Dezember, als Albuquerque mit der Entlassungsorder in Cananor eintraf, setzte die portugiesische Flotte die Segel. Die ägyptischen Schiffe waren inzwischen durch nahezu hundert indische Kampfsegler des Fürsten Mahmud Begurha von Gudscharat und des Herrschers von Calicut verstärkt worden. Almeida stieß im Februar 1509 bei Diu am Golf von Kambay nördlich von Bombay auf den islamisch-indischen Großverband und errang, obwohl seine Flotte zahlenmäßig aussichtslos unterlegen war, einen Sieg, der alle bisherigen Triumphe der Portugiesen auf See verblassen ließ. Die Seeschlacht bei Diu bildet in der Geschichte des ganzen asiatischen Südraums eine Zäsur; seit ihr datiert die unangefochtene Souveränität Portugals im Indischen Ozean, und zwar für ein langes Jahrhundert.

Nicht weniger erfolgreich hatte sich Almeida beim Ausbau der Verwaltung gezeigt. Die Kette der Faktoreien war durch ihn so eng geschmiedet worden, daß es nur noch kurze Zeit dauern konnte, bis eine geschlossene Handelsverbindung bis nach Portugal hergestellt war. Almeidas Selbstbewußtsein war zu stark, als daß er ohne Widerstand seine Ablösung durch Albuquerque hingenommen hätte. Als er im März 1509 nach Cochin zurückkam, flammten die Auseinandersetzungen mit seinem designierten Nachfolger erneut auf. Almeida verschleppte rigoros die Übergabe der Regentschaft, verschanzte sich hinter Ausflüchten und ließ schließlich Albuquerque, der zunehmend heftiger auf sein Recht und den Befehl des Königs pochte, verhaften und einkerkern. Der Konflikt wurde nach Lissabon berichtet, der König sandte Marschall Coutinho nach Cochin – jetzt erst verzichtete Almeida und machte am 5. November 1509 seinem Nachfolger Platz.

Zentralträger Goa

Der neue Vizekönig begann von der ersten Stunde an und mit größter Energie seine Vorstellungen, wie die portugiesische Seeherrschaft unerschütterlich zu verankern sei, durchzusetzen. Am heikelsten war die Situation der portugiesischen Flotte. Keine einzige Stadt an der Malabarküste hatte einen Hafen, nicht einmal das Handelszentrum Calicut. Die Schiffe ankerten auf offener Reede und das hieß, daß während des Sommermonsuns von Mai bis August ein Verkehr mit Segelschiffen unmöglich war. Auch Cochin, der Sitz Almeidas, besaß nur die Reede. An der gesamten Westküste Indiens gab es nur zwei Ausnahmen, Bombay im nördlicheren Teil und vierhundert Kilometer südlich davon Goa; beide Orte besaßen geradezu ideale Naturhäfen.

Goa, die Hauptstadt des Sultanats von Bidschapur, ein äußerst lebendiges Handelszentrum, lag vorzüglich geschützt auf einer Insel, vom Festland getrennt durch Kanäle, die teils als Sicherung, teils als bequeme Landverbindung benützt werden konnten. Der Monsun verhindert die nördliche Einfahrt, dagegen bildet die Südbucht von Goa einen absolut sicheren Ankerplatz – einer der Hauptgründe dafür, daß Goa damals auch zu den Zentren des Schiffbaus an der Malabarküste zählte und überdies einen Vergleich mit den vorzüglichsten europäischen Häfen nicht scheuen mußte, mit Ausnahme von Konstantinopel, wohl dem exzellentesten Hafen des ganzen Erdballs.

Albuquerque wandte sich zunächst gegen den schon traditionell hartnäckigsten und gefährlichsten Gegner der Portugiesen, den Samorin von Calicut. Das Unternehmen verlief nicht sonderlich eindrucksvoll; die portugiesischen Kanonen zerstörten lediglich eine Reihe von Gebäuden, Albuquerque selbst wurde durch zwei Schüsse an der Schulter verwundet. Am 10. Februar 1510 brach er mit einer Flotte von 23 Schiffen zum Roten Meer auf, entschloß sich jedoch, als er den mangelhaften Verteidigungszustand Goas erkannte, mitten auf See zu einer Kursänderung. Am 28. Februar tauchten seine Segler vor Goa auf, die Soldaten brachen ohne Schwierigkeiten den geringen Widerstand, und Albuquerque konnte am 4. März die Kapitulation der Festung entgegennehmen. Unverzüglich verstärkte er die Verteidigungsanlagen, denn Sultan

Yusuf Adil Khan würde mit Sicherheit alles unternehmen, um seine Metropole zurückzuerobern. Der Gegenangriff begann früher, als die Portugiesen erwartet hatten. Er wurde so entschlossen geführt, daß die behelfsmäßigen Fortifikationen nicht standhielten und die Eindringlinge sich am 16. August auf die Schiffe zurückziehen mußten. Albuquerque segelte nach Anjadiva, begleitet von Kapitänen, die ihre Genugtuung kaum unterdrückten, denn sie hatten von Anfang an gegen dieses Abenteuer opponiert.

Doch sie unterschätzten die Hartnäckigkeit Albuquerques. Er hatte Goa zur portugiesischen Kapitale in Indien erwählt und deshalb mußte er die Stadt erobern. Zwei Monate rüstete er die Schiffe neu aus, zog Verstärkungen heran, holte die erfahrensten Kriegsleute. Im November stach die Flotte erneut in See.

Der Sultan war nicht unvorbereitet, er hatte die Festung mit zweihundert Kanonen bestücken lassen, tausend Soldaten standen zur Verteidigung bereit. Trotzdem gelang Albuquerque wiederum ein Überraschungsangriff. Er setzte in tiefer Dämmerung über den Mandovifluß, durchbrach die Sperren und drang in die Stadt. Vier Tage lang wehrte sich die Besatzung erbittert gegen die Portugiesen, die mit der gewohnten Grausamkeit kämpften. Ende November hatte der Vizekönig die Stadt erneut in der Hand, in den Straßen und Häusern lagen rund sechstausend Leichen. Den Angreifern war es gleichgültig gewesen, ob Männer, Frauen oder Kinder während der Kämpfe erschlagen wurden oder in den Häusern verbrannten. Das strikte Verbot, Goa zu plündern, machte wieder böses Blut bei den Soldaten.

Dieser Befehl hatte nichts mit Weichheit zu tun. Albuquerque vergaß niemals die Grundvoraussetzungen der Politik, an die Portugal gefesselt war. Er hatte so wenig geschultes Personal zur Verfügung, daß selbst ein Minimum an Verwaltung unbedingt auf die freiwillige Mitarbeit der Einheimischen angewiesen war. Deshalb griff er nicht in das festgefügte System der Dorfgemeinschaften ein. Niemand wurde gewaltsam zum Christentum bekehrt. Den Besten seiner eigenen Leute legte er mehr als dringlich nahe, sich mit einheimischen Frauen zu verheiraten; er wohnte den Hochzeiten persönlich bei und sorgte für die Aussteuer. Die Verwaltung, die Albuquerque in den nächsten Monaten einrichtete, erregte die Bewunderung der Inder. Sie galt auch jahrhundertelang den Engländern als mustergültig; vieles davon hielt sich bis ins 20. Jahrhundert. Rechtsprechung und Finanzführung lagen in den Händen von einheimischen Beamten, ebenso wichtige Bereiche des Zolls und der Handelswirtschaft. Lediglich der Senat bestand ausschließlich aus Portugiesen.

Die Politik Albuquerques lief auf eine Mischung von Kaperfahrten, Überfällen, Plünderungen, regulären Handelsverträgen, Schutzvereinbarungen und diplomatischen Beziehungen klassischer Art hinaus. Der Umstand, daß Albuquerque der Zusammenarbeit mit den Einheimischen Indiens weitgehend das Prinzip der Ebenbürtigkeit zugrunde legte, nahm der kriegerischen Gewalt – wenn der Vizekönig sie für angebracht hielt – nichts von ihrer Rücksichtslosigkeit. Beides gehörte gleichwertig in die Verflechtung des Gesamtsystems, das für ein Seeimperium der neuen Art, wie es Albuquerque konzipiert hatte, charakteristisch war. Nichts spricht farbiger für seinen Erfolg, als daß die indischen Fürsten, die ihm zu Tributen verpflichtet waren, während seiner Regierungszeit ihre Zahlungen freiwillig und pünktlich entrichteten. Der Gerechtigkeitssinn des Staatsmannes Albuquerque wurde selbst von dem damals mächtigsten Herrscher des Landes, dem König von Dekkan, laut gerühmt.

Sofort nach der zweiten Eroberung wurden die Verteidigungsanlagen erneut instand gesetzt; während der folgenden Jahre entwikkelte sich Goa zur stärksten Festung Asiens.

Im April 1511 war Albuquerque überzeugt, daß die Verwaltung auch in seiner Abwesenheit reibungslos arbeiten würde und die Festung mit einer Besatzung von nur vierhundert Mann erfolgreich zu verteidigen sei. Die Stadt blieb bis zuletzt die Metropole von Portugiesisch-Indien und wurde wegen ihres Reichtums gefeiert als *Goa dourada*, als Goldenes Goa.

Mit Goa war die Hauptsäule des portugiesischen Seeimperiums errichtet. An den Randgebieten war jedoch die Herrschaft noch kaum gesichert. In Hormos beruhte die portugiesische Präsenz weitgehend auf einer Mischung von Vertrag, Duldung, Zufall und Furcht, Sokotra war verlassen worden, konnte zwar jederzeit zurückerobert werden, hatte aber momentan nichts mit der Funktion zu tun, die der Insel einmal zugedacht war: die Einfahrt ins Rote Meer abzuriegeln. Die Regelung mit Ceylon, das damals den besten, feinsten Zimt der Welt besaß, war nicht unbefriedigend. Es bestanden seit Jahren korrekt erfüllte Handelsverträge mit den singhalesischen Königen der Insel.

Der Sprung nach Malakka

Nach der Eroberung Goas meldete Albuquerque seinem Herrscher, er würde, sobald alle notwendigen Maßnahmen in der Stadt durchgeführt seien, mit einer Flotte ins Rote Meer und dann erneut nach Hormos segeln. Doch zuvor richtete Albuquerque seinen Blick nach Südosten. Der Zeitdruck, unter dem er beständig litt, war keine persönliche Frage, sondern eine Folge der Risiken, die zu dem tolldreisten Unternehmen gehörten, mit derart wenigen Schiffen und geradezu grotesk kleinen Truppeneinheiten ein gigantisches Imperium zu errichten. Der Admiral hatte niemals mehr als insgesamt 4000 Mann zur Verfügung, die verstreut waren über den gesamten Küstenraum von Afrika bis ins Südchinesische Meer und Insulinde, über Entfernungen, für deren Überwindung damals viele Monate nötig waren. Deshalb mußte die Seeherrschaft in diesen gewaltigen Räumen nicht nur entsprechend den tatsächlich notwendigen stabilen Auflagern verankert werden, sondern zunächst und in aller Schnelligkeit nach den Möglichkeiten, die sich überhaupt zur Verankerung boten.

Die ersten Pläne hatten das Ziel, den islamischen Handel direkt vor Aden und dem Roten Meer abzuschnüren. Das war vorerst mißlungen. Andererseits verhielt sich der ägyptische Sultan, verstört durch die portugiesischen Erfolge in den Seeschlachten sowie von dem beständigen Operieren feindlicher Schiffe vor der Straße von Bab al-Mandab und in Gewässern, die seit undenklichen Zeiten nur die islamische Oberhoheit kannten, in diesen Jahren völlig defensiv. Eine weitere Stabilisierung der Verhältnisse im arabischen Seeraum zugunsten Portugals wäre für Albuquerque nach der Befestigung Goas zwar möglich gewesen, aber er wußte, daß derjenige zum Herrn auch des größten Stromes wird, der im Besitz der Quelle ist.

Die Quelle lag in diesem Fall im Osten des Indischen Ozeans.

Schließlich war nicht die bloße Vernichtung des arabischen Handels beabsichtigt, sondern Portugal wollte ihn vollständig in die eigene Hand bekommen, und zwar in seiner gesamten Ausdehnung. Unabhängig von dem Problem der Aufrichtung von Pylonen der Seeherrschaft wie Goa konnte sich Albuquerque schon allein deshalb nicht mit der Westregion des Indischen Ozeans begnügen: Die Handels- und Seewege zwischen Indien und Ostasien führten durch das südliche Gebiet des Golfes von Bengalen und die Straße von Malakka.

Auf der *Aurea Chersonesus*, der goldenen Halbinsel, die das Südchinesische Meer abgrenzte, lag der Welthafen Malakka, der größte Hafen des gesamten Fernen Ostens und die reichste aller Städte in diesem Bereich. Malakka war das entfernteste, es war auch das höchste Ziel Albuquerques, denn Malakka kontrollierte die ganze Seestraße zwischen Hinterindien und Sumatra. Wer Malakka besaß, dem war der Gewürzhandel Asiens ausgeliefert, denn hier war der ausschließliche Stapel- und Umschlagplatz für sämtliche Produkte der Molukkeninseln, der »*Ilhas das Especiarias*«. Wegen der Windverhältnisse liefen außerdem die Seehandelswege von Japan und China, die gewöhnlich über die Philippinen und durch die Sundastraße führten, den Winter über ebenfalls durch die Malakkastraße.

Im April 1511 segelte Albuquerque mit seinen sechs besten Schiffen – andere Berichte sprechen von elf Seglern – nach Malakka. Es war kein Unternehmen ins Ungewisse. Schon im Sommer 1508 hatte eine Flottille von vier Schiffen unter López de Sequeira den Hafen von Lissabon mit dem Auftrag verlassen, eine Erkundungsfahrt durchzuführen. Sequeira erreichte ohne weiteres im April 1509 die Reede von Calicut, setzte am 19. August in Cochin erneut die Segel und fuhr schon keine drei Wochen später in die Straße von Malakka ein; er hatte ausdrücklichen Befehl, sich lediglich als Kaufmann und Händler vorzustellen und allen Verwicklungen auszuweichen.

Der Sultan wußte allerdings bis ins Detail, mit welchen Methoden sich die Portugiesen im letzten Jahrzehnt auf die vorderindische Bühne gedrängt hatten. Er gab sich keinen Täuschungen über die Absichten der fremden Schiffe hin, die in seinem Hafen auftauchten. Da er die Aggressionslust der Fremden und die Überlegenheit ihrer Kanonen richtig einschätzte, versuchte er, mit dem unerwünschten Besuch auf seine Weise fertigzuwerden.

Er läßt die Portugiesen überschwenglich liebenswürdig begrüßen; alle ihre Wünsche nach Pfeffer und Gewürzen sollen schnellstens erfüllt werden. Die Besatzungen schlendern durch die Straßen, unterhalten sich in Teehäusern, plaudern auf den Märkten: In Malakka wohnen offensichtlich die sanftesten Leute der ganzen Welt. Und so befolgt Sequeira auch den Vorschlag des Sultans, er möge die Mannschaften mit allen Booten an Land schicken, um die bereitgestellten Ladungen an Bord zu bringen. Wenig später tummeln sich immer mehr der kleinen malaiischen Kähne um die stattlichen Schiffe der Portugiesen. Einer der Kapitäne wird plötzlich mißtrauisch, er schickt einen Boten zu Sequeira, um ihn zu warnen – buchstäblich im letzten Moment, denn vom Sultanspalast steigt ein Rauchzeichen auf, das verabredete Signal für den Angriff an Land und auf die Segler. In dem Tumult gelingt es Sequeira, die Anker zu lichten und die Schiffe aus dem Hafen zu bringen, doch er muß alle Dingis zurücklassen und verliert bei den Kämpfen ein Drittel seiner Leute.

Albuquerque kennt diese Einzelheiten, er weiß, daß ihn unumwundene Feindschaft erwartet. Sein erster Angriff beginnt am 25. Juli; er wird abgeschlagen. Albuquerques Kapitäne sind, wie vor Goa, entmutigt, sie raten von einer Wiederholung ab. Doch der Vizekönig erklärt ihnen eindringlich die unabsehbare Bedeutung dieses Schlüssels Malakka: Wenn die Portugiesen die Stadt erobern, dann müssen zwangsläufig in kurzer Zeit sowohl Kairo als auch Mekka wirtschaftlich und damit politisch am Ende sein, und die große Rivalin Venedig erhält nur noch das an Gewürzen, was die venezianischen Händler in Lissabon bezahlen können.

Der zweite Angriff beginnt im August. Die Portugiesen kämpfen in jener Manier, durch die sie innerhalb weniger Jahre so berühmt und berüchtigt geworden sind: besessen und tollkühn. Wochenlang dauert das Ringen, dann sind sie Herren des Platzes. Die Beute, die in ihre Hände fällt, übertrifft alles, was sie jemals nach der Eroberung einer Stadt fortgeschleppt haben. Doch es ist nicht der Reichtum allein, der dem Triumph Albuquerques die Aura verleiht. Mit Malakka, dem Ausfallstor nach Ostasien, ist tatsächlich die unerschöpfliche Quelle des islamischen Welthandels im Besitz

Portugals, ist die östlichste Metropole des Islam von Christen erobert – der Vizekönig Albuquerque übertreibt keineswegs, wenn er in seinem Bericht hervorhebt, daß dies »der größte Schlag ist, der das Haus Muhammad in hundert Jahren getroffen hat«.

Allein der Goldwert der Ladungen, die Albuquerque nach der Eroberung Malakkas an den Tejo schickt, läßt sich nicht abschätzen; es sollen nach heutigem Kurs, bei allen Vorbehalten gegen derartige Umrechnungen, etwa zweihundert Millionen Mark gewesen sein. Das christliche Europa registriert die portugiesischen Erfolge in diesen fernen Zonen, vor denen alles zu verblassen scheint, was ein Alexander der Große jemals erreicht hat, mit Jubel.

Als König Manuel den Papst über den letzten Sieg Albuquerques informiert, veranstaltet Leo X. eine Reihe öffentlicher Dankzeremonien, deren Pomp nicht seinesgleichen hat. An der Spitze einer Sondermission schickt Manuel I. einen seiner berühmten Kapitäne und Fidalgos, Tristão da Cunha, nach Rom. Kopf an Kopf steht die Bevölkerung in den Straßen, die der Zug passiert. Die Portugiesen bringen nie gesehene Kostbarkeiten, herrlichste Stoffe, Elfenbeinarbeiten, eine Unzahl von Gewürzen, Perlen, Edelsteinen; sie führen Panther und Leoparden mit sich; das prächtigste aller Schaustücke ist jedoch ein riesiger Elefant, der während des Umzugs vor dem päpstlichen Palast stehenbleibt und sich dreimal vor Leo X., der alles von seinem Fenster aus verfolgt, niederläßt.

Noch einmal nach Aden

Durch seinen jähen Sprung nach Malakka büßte Afonso de Albuquerque fast seine Hauptstadt Goa ein. Sultan Yusuf Adil Khan hatte auch nach dem zweiten Verlust der Stadt keineswegs resigniert. Die Besatzung, die Albuquerque als ausreichend zurückgelassen hatte, konnte sich der ununterbrochenen Angriffe kaum erwehren. Albuquerque hatte überdies nicht damit gerechnet, daß ihn der starke Nordostpassat, der Wintermonsun des Indischen Ozeans, monatelang an der Rückkehr hindern würde. Er traf erst wieder im Januar 1512 in Cochin ein und erreichte Goa in einem Augenblick, da sich die Portugiesen bereits mit dem Gedanken an

Kapitulation vertraut machten. Im April 1512 schienen Albuquerque die Verhältnisse in Vorderindien wieder so konsolidiert zu sein, daß er dem König schrieb: »Ich teile Ew. Majestät ergebenst mit, daß wir, bevor wir zum Roten Meer aufbrechen, unser Volk hier ausreichend vor den Muhammedanecn geschützt haben, damit den Angelegenheiten Ew. Majestät in diesem Land endgültig Duuerhaftigkeit und Friede beschieden ist.«

So zog sich die Abreise hin. Am Jahresende sah sich Albuquerque gezwungen, das starke Fort Benastri, sechs Meilen südlich von Goa, später umbenannt in Santiago, anzugreifen. Es fiel erst nach schwersten Kämpfen. Albuquerque verbuchte damit einen Erfolg, der fast genausoviel zählte wie die Eroberung von Goa, denn erst jetzt, da er dem Sultan von Bidschapur dieses Bollwerk entrissen hatte, war Goa zuverlässig gesichert.

Am 18. Februar 1513 sah sich Albuquerque in der Lage, zum Roten Meer aufzubrechen. Obgleich er die Stärke Adens, des »Herzens des Islam«, kannte und über tausend portugiesische Soldaten und einige hundert Mann indischer Hilfstruppen verfügte, hatte er doch die Widerstandskraft und die Entschlossenheit der Besatzung unterschätzt. Es gelang seinen Leuten nicht, in die Stadt einzubrechen, auch während langer Kämpfe Mann gegen Mann wurden die Verteidiger nicht überwältigt. Albuquerque brach die Belagerung ab, er wollte in einer Art Kompensation nach Dschiddah vorstoßen, doch wegen des ungünstigen Windes mußte er auch diesen Plan fallenlassen, er drang nur zweihundert Meilen ins Rote Meer vor, bis zur Insel Kamaran; nachdem er die Befestigungsanlagen zerstört hatte, kehrte er nach Aden zurück. Ob er einen zweiten Versuch unternahm, die Festung zu stürmen, läßt sich den Quellen nicht zweifelsfrei entnehmen, jedenfalls wurde Aden nicht erobert. Albuquerque segelte im August 1513 nach Indien.

Des Vizekönigs Regentschaft mündete während der folgenden beiden Jahre in ihre letzte Phase, in diejenige der offiziellen Diplomatie – ein fast natürlicher Abschluß der militärischen Eroberungen einerseits und der organisatorischen Sicherung der Stützpunkte andererseits. Er knüpfte Beziehungen zu dem Schah von Persien, Ismail Safawi, er sicherte endgültig seine Position in Hormos, er nahm Verbindung mit Abessinien auf. Nach der Eroberung von Malakka hatte er drei Schiffe unter dem Kommando von Francisco Serrão mit dem Auftrag entsandt, die Verbindung zu den sagenhaften Gewürzinseln der Molukken herzustellen, deren Entdeckung etliches vom Glanz eines Einzugs ins Gelobte Land enthielt.

Die Schiffe liefen die Inseln Java und Timor, Amboin und Banda an, wo die Portugiesen ebenfalls ihre Wappenpfeiler errichteten. Sie segelten nach den beiden Schwesterinseln Tidore und Ternate und schlossen mit dem regierenden Sultan nicht nur ein Handelsabkommen, sondern es wurde ihnen auch die Errichtung eines befestigten Warenlagers zugestanden. Mit den Verbindungen zu Hinterindien, zu Burma, Siam und Cochin-China wurden die letzten Knoten des tragenden Netzes von Portugals Seeimperium geknüpft, und es gehörte zu den fast schon selbstverständlichen Erfolgen Albuquerques, daß es einem portugiesischen Schiff 1513 gelang, den chinesischen Hafen Kanton anzulaufen; damit hatten die ersten Europäer seit Marco Polo das Reich des Himmels betreten.

» . . . was ich für Indien getan habe.«

Im März 1515 besuchte Albuquerque Hormos. So sachlich er die Größe seiner Leistungen abzuschätzen wußte, so tief kränkten ihn seine Fehlschläge, zumal die mißlungenen Belagerungen Adens. Die ununterbrochenen Strapazen hatten ihn körperlich völlig entkräftet, er war ausgemergelt, total erschöpft. Schließlich erkrankte er, ohne daß die Ärzte ein akutes Leiden feststellen konnten. Im November 1515 war er selbst davon überzeugt, daß sein Leben zu Ende ging. Gleichzeitig erfuhr er von seiner Ablösung. Der König hatte den hartnäckigsten seiner vielen persönlichen Feinde, Lopo Soares de Albergaria, zum Nachfolger ernannt und befohlen, den Vizekönig wegen angeblicher Usurpationspläne zu verhaften und in Ketten nach Lissabon zu schicken. Albuquerque ließ die Segel setzen, er wollte nach Goa zurück und dort sterben.

Der sinnbildhafte Akzent seiner letzten Tage ist nicht zu verkennen. Albuquerque starb unterwegs nach Goa, auf dem Meer; man schrieb den 16. Dezember 1515. Zehn Tage zuvor, mitten auf dem Indischen Ozean, auf dem Sterbelager im Achterkastell seines

Schiffes, diktierte er die letzten Zeilen an den König: »Diesen Brief an Ew. Majestät schreibe ich nicht mit eigener Hand; ich werde gequält von Schluck- und Atembeschwerden, einem sicheren Anzeichen für den bevorstehenden Tod. Meinen persönlichen geringen Besitz vermache ich meinem Sohn. Die Verhältnisse und Ergebnisse in Indien werden für sich selbst und für mich sprechen. Ich hinterlasse den Schauplatz in Indien in der Gewalt Ew. Majestät; es bleibt nichts weiter zu tun, als die Tore der Meerengen zu schließen. Ich bitte Ew. Majestät, sich daran zu erinnern, was ich für Indien getan habe, und meinem Sohn um meinetwillen die Gunst zu erhalten.«

Albuquerque war die herausragende Persönlichkeit der ersten Epoche eines Zeitalters, das auf dem Weg der imperialen Seepolitik die Sphäre der Weltpolitik in sämtlichen Dimensionen erschloß. Sein Scharfblick für die Grundbedingungen, die zur Errichtung eines Imperiums auf den Meeren unerläßlich waren, macht ihn nicht nur zu einer der hervorstechendsten, sondern auch der genialsten Gestalten der anhebenden Moderne. Albuquerques Konstruktion eines straffgespannten Netzwerks von Machtlinien auf und über See, die von stabilen Hauptträgern in den strategischen Brennpunkten gehalten wurden – dieses System der ozeanischen Herrschaft enthielt sämtliche Grundmomente des neuzeitlichen Seeimperiums und der Seemacht, wie es drei Jahrhunderte später von Großbritannien in unwiederholbarer Form verwirklicht wurde.

Auch das individuelle Format Albuquerques entspricht dem objektiven Gehalt einer Leistung, die sich auffällig unterscheidet von den besonderen Eigenschaften und Fähigkeiten der Entdecker, Konquistadoren, Seefahrer. Albuquerque war ein überragender Kapitän, ein Mann, für den sein Schiff dasselbe bedeutete wie dem Bewohner des festen Landes sein Haus. Er war ein souveräner Seestratege, ein genialer Verwaltungsexperte, ein kühler Diplomat, ein banditenhaft verwegener Soldat. Mit seinem Namen verbindet sich der ganze Glanz, der zu den politischen Großtaten der Geschichte Portugals gehört.

In Albuquerque paarte sich ein außergewöhnlicher Wille mit unerbittlicher Entschlossenheit und rücksichtsloser Tapferkeit. Seine Grausamkeit gegenüber den Moslems und den Indern ist nicht grundsätzlich bemerkenswert, weil es da kaum Ausnahmen gibt, sondern wegen des zeitweiligen Übermaßes; sie unterscheidet sich aber von derjenigen Vasco da Gamas.

In der Ära Albuquerques hatte sich Portugal durch die islamischen Seereiche, den ganzen südasiatischen Raum bis über die Philippinen in die indopazifische Welt hineingekämpft. Am Ende seines Lebens herrschte Albuquerque im Namen seines Königs über den gesamten Ozean, dessen Küsten sich in einem gigantischen Halbkreis vom Osten Afrikas bis zu den Molukken spannen und die mit portugiesischen Forts und befestigten Faktoreien geradezu gespickt waren.

Der Ozean zittert

Portugals Nationaldichter Camões übertreibt nicht, wenn er von den ersten Seefahrer- und Soldatengenerationen seines Landes sagt: *»E se mais mundo houvera lá chegara* – Und wenn die Welt noch ein Stück größer gewesen wäre, dann würden sie auch dorthin gelangt sein.« Daß die Portugiesen die anerkannten Gebieter auf den Meeren der südlichen Hemisphäre und im Indischen Ozean waren, daran glaubten nicht nur die Völker Indiens, Arabiens und Afrikas, sondern davon waren auch die Portugiesen selbst überzeugt. Als Vasco da Gama zum Vizekönig ernannt wurde und 1524 zu seiner dritten und letzten Fahrt nach Indien aufbrach, geriet seine Flotte in die Ausläufer eines Seebebens. Es herrschte absolute Flaute, die großen Karavellen standen völlig still, urplötzlich brachen hohe Wellen auf, die Schiffe schwankten, ächzten, stampften, und die Mannschaft geriet in haltlose Panik. In diesem Moment fand Vasco da Gama das richtige Wort. Hervorragend beruhigend und stärkend zugleich, wurde es, gerade wegen seiner selbstironischen Pathetik, dem imperialen Bewußtsein Portugals auf dem Gipfel seiner Macht gerecht: »Warum seid ihr entsetzt? Seht ihr denn nicht, daß der Ozean nur unter seinen Herren zittert?«

Albuquerque hatte nicht überall triumphale Siege errungen; das hing mit der zahlenmäßigen Unterlegenheit seiner Soldaten und

Schiffe zusammen, es ging aber auch auf Schwächen der Portugiesen zurück: sehr charakteristische Schwächen wie Zuchtlosigkeit oder persönliche Rivalitäten untereinander, Mängel, die insbesondere bei kleinen Truppeneinheiten selbstmörderisch wirken können. In solchen Fällen hatte Albuquerque nichts weiter in der Hand als seine Überzeugungskraft, seine Autorität, sein hohes Maß an verläßlicher Ausdauer.

Sein Amt als Vizekönig trat er in dem damals verhältnismäßig hohen Alter von mehr als fünfzig Jahren an, was sich als Vorteil erwies, denn er hatte bis dahin gelernt, seinen übermäßigen Jähzorn zu drosseln. Die persönliche Grausamkeit ließ er fast ausschließlich an den Moslems aus, als Diplomat und Staatsmann behielt er in Entscheidungssituationen durchweg seinen überragenden Weitblick. Er entschloß sich niemals zu Maßnahmen, die nur den momentanen Umständen Rechnung trugen. Das galt vor allem für die Beziehungen zu den Eingeborenen und zu den Fürsten aller Länder, in denen Albuquerque die Herrschaft Portugals verankerte. Die Grundregeln des militärischen Kampfes besaßen im Frieden keine Geltung, davon war er unerschütterlich überzeugt: Je brutaler er nach Siegen vorgehen würde, um so kurzlebiger müßte sein Werk sein.

Der imperiale Traum

Keiner der indischen Vizekönige Portugals vor oder nach Albuquerque übertraf seine Weitsicht, die säkulares Format besaß; ebensowenig allerdings überbot niemand seine Loyalität gegenüber der Krone. Seine Herrschaft dauerte nur sechs Jahre, aber diese Zeitspanne verwandelte er in eine Phase des ununterbrochenen Tatenrauschs, in eine Abfolge exzessiver Abenteuer, die Etappen eines völlig nüchtern entworfenen Gesamtplans waren, dessen Zusammenhang sich so deutlich erkennen ließ, wie sich zuverlässig notierte geographische Daten erkennen lassen.

Der Traum von der Beherrschung riesenhafter Meere durch eine neue Form der Machtverwirklichung – das gigantisch weitgespannte Netzwerk des ozeanischen Imperiums wurde getragen von den fünf Hauptpfeilern der Festungshäfen Goa, Kilwa, Aden, Hormos und Malakka sowie etlichen Auflagern – dieser Traum zeigte sich in ganzer Realität, sobald Albuquerque die Seekarten studierte. Was einem Staat wie Portugal an Land niemals gelingen konnte, das enthielten die Ozeane als Möglichkeit. Ihr unbegrenzter Raum, die Schnelligkeit der Aktionen, die Ungewißheit, das Unberechenbare des militärischen Coups, die Freiheit des Konzepts von der Strategie bis zum Moment des Enterns – das waren die neuen Elemente einer Politik und Machtgestaltung, die nichts mit den bis zum Überdruß vertrauten Lähmungen des Operierens auf festem Boden, unter den plumpen Behinderungen der Landbedingungen zu tun hatte.

Albuquerque war der erste einer Reihe von Männern, welche die Provokation des unbegrenzt offenen Meeres als Gegenwart eines bis dahin unbekannten Raumes der Freiheit erkannten, sie physisch empfanden und als eine nicht endende Reizung ihrer Phantasie. Das eben unterscheidet sie prinzipiell von den großen Entdeckern, unterscheidet sie von den Konquistadoren wie Hernán Cortés, Francisco Pizarro oder Pedro de Valdivia. Männer wie Albuquerque, Vasco Núñez de Balboa, Admiral Gaspard de Coligny, John Hawkins oder Francis Drake, ganz zu schweigen von Lord Nelson, hatten ein besonderes Gespür für das revolutionär Politische am Phänomen des Ozeans als einer neuen Größe menschlichen Herrschaftsstrebens.

Albuquerque war ihr Protagonist, er war ein wirklichkeitsbesessener Phantast. Politische Träume bedeuteten ihm etwas anderes als das, »womit man sich des Nachts das Hirn befahren läßt« (Shakespeare). Er träumte von den Schaumkronen auf den Meereswogen, ob er schlief oder nicht schlafen konnte. Ungewiß war dabei nur, ob die anschließende Erkenntnis von der vorweggenommenen Wahrheit seiner Träume auf die Waagschale der Erwartung gehörte oder auf die Waagschale der Tatsachen. Die Zumutung, sich mit der Unerfüllbarkeit seiner Pläne abzufinden, hätte er als Schmach empfunden, um so mehr, als es sich auch um Erwartungen der portugiesischen Krone und Portugals selbst handelte; die Chronisten und Historiker des Landes lebten bis ins 20. Jahrhundert überwiegend von den Bemühungen, das zu bestätigen.

6. Kapitel

Spanien greift an

Die Fuhrleute Asiens

Das portugiesische Seeimperium hatte erheblich längeren Bestand als das Handelsmonopol Lissabons im großasiatischen Raum, das sich nur ein halbes Jahrhundert aufrechterhalten und verteidigen ließ. Albuquerque hatte verfügt, daß sämtliche fremden Schiffe auf den Ozeanen des Imperiums Passierscheine Portugals besitzen mußten; für das Rote Meer wurden die Freipässe grundsätzlich verweigert.

Das lusitanische Königreich war aber viel zu klein, um die Kontrolle auf See auch nur über Jahrzehnte hinweg lückenlos ausüben und die Handelswege nach Ägypten vollständig blockieren zu können.

Am unangefochtensten beherrschte Lissabon die Verbindungen mit China und Japan. Kaufleute vom Tejo machten schon 1520 dem Kaiser von China ihre Aufwartung. Als schließlich im Jahr 1557 eine portugiesische Niederlassung im chinesischen Hafen Macao genehmigt wurde, erhielt das Monopol Portugals ein Siegel, und die Bezeichnung der portugiesischen Kapitäne als »Fuhrleute Asiens« wurde zur Charakterisierung eines unbestreitbaren Sachverhalts.

Daß die portugiesische Krone den gesamten Gewürzhandel zum Staatsmonopol erklärte, war eine Konsequenz der gewaltigen Opfer, die das Land seit Heinrich dem Seefahrer immer wieder gebracht hatte. Die Entdeckung der Molukken bedeutete eine Krönung aller Erwartungen und hochgesteckten Pläne. Sie gab der Eroberung Malakkas ihr eigentliches Gewicht, denn das Festkrallen Portugals in diesem Archipel hatte keineswegs nur die vordergründigen kaufmännischen Motive.

Der Gewürzkrämer-König

Die Molukken wurden zu Beginn des 16. Jahrhunderts beherrscht von den beiden konkurrierenden Sultanen auf den Inseln Tidore und Ternate. Kaum ein Jahrzehnt nach dem Auftauchen der Portugiesen war der Machtwechsel vollzogen. Tidore wurde 1521 portugiesisch, im Jahr darauf erhielt Portugal vom Sultan von Ternate das Monopol für den Gewürzhandel, dessen größter Anteil aus Muskatnuß und Gewürznelken bestand. 1574 wurden die Portugiesen von Ternate vertrieben, sie verlegten ihr Zentrum nach Amboin. Ein wichtiger Stützpunkt war für sie auch Timor, die bedeutendste der Kleinen Sundainseln, die sie ein Jahrhundert lang unangefochten beherrschten und von der sie sich auch nicht durch die Niederländer verdrängen ließen, die während des 17. Jahrhunderts im ganzen asiatischen Raum versuchten, das portugiesische Imperium zu vernichten und die Monopole an sich zu reißen.

Seit Tristão da Cunha dem Papst in Rom die Geschenke Manuels I. überreicht hatte, die von Albuquerque nach der Eroberung Malakkas an den Tejo geschickt worden waren, wußten die Herrscher Europas, daß dieses kleine, armselige, von aller Welt ein wenig herablassend behandelte Land zum reichsten Staat Europas geworden war. Das Staunen, die Bewunderung, die Hochachtung waren von Anfang an durchtränkt mit einem Neid, dessen Schärfe erkennen ließ, daß es sich nicht um ein bloßes Gefühl, ein durchaus verständliches und kaum überraschendes, handelte. Der Hohn, mit dem Franz I. von Frankreich den portugiesischen Herrscher als *Le Roi Épicier*, als den Gewürzkrämer-König, titulierte, offenbarte die Größe seiner Gier.

Die Portugiesen waren die ersten, die das Wort Skrupel aus ihrem Wortschatz gestrichen hatten, und deshalb wären sie überrascht gewesen, wenn diejenigen Herrscher und Völker, die nach ihnen

Die Weltkarte umstürzend verändert. Christoph Columbus, zeitgenössisches, wenig bekanntes Bildnis

Folgende Seiten: Der größte Triumph über die osmanische Flotte. Die Seeschlacht bei Lepanto am 7. Oktober 1571, Fresko von Andrea Michieli Vincentino

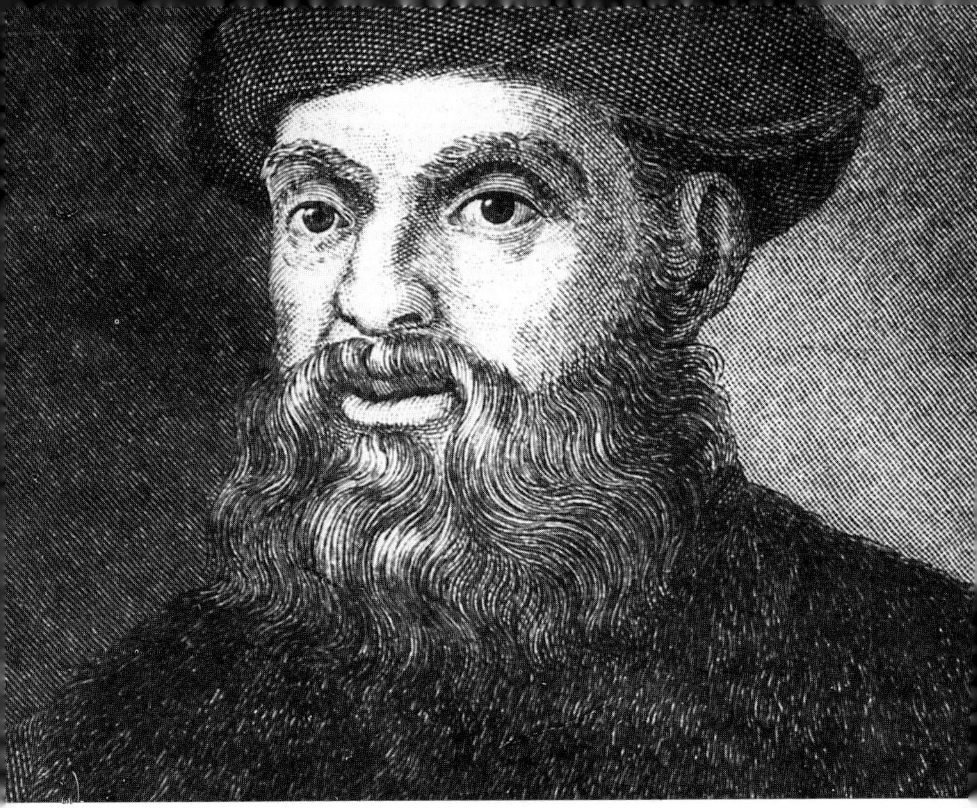

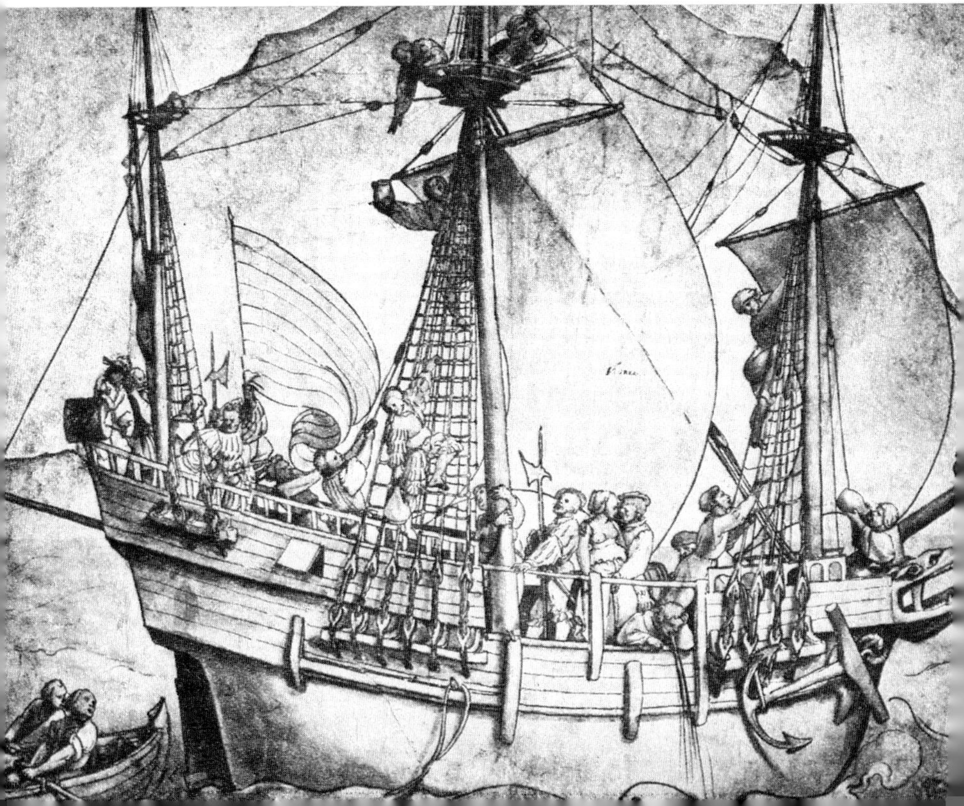

auf die Meere drängten, sich anderer Mittel bedient hätten. Die vernichtenden Überfälle portugiesischer Kampfschiffe, das sich ununterbrochen wiederholende Kapern, Plündern, Morden und Versenken unterscheidet sich in nichts von der Art und Weise, wie die Spanier und Holländer, Franzosen und Briten den Kampf um die Weltmeere führten.

Grausamkeit und Unerbittlichkeit sind die Kenn- und Brandzeichen der ozeanischen Expansion. Empörung darüber erübrigt sich heute dabei genauso wie Beschönigung; verzichten kann man auch auf die Entschuldigung, daß Tatsachen etwas von ihrer Brutalität zu verlieren scheinen, wenn man sie vor dem Hintergrund der zeitgenössischen Überzeugungen und religiös-moralischen Kriterien beleuchtet.

Erlaubt ist, was den andern fällt

Rund zwei Jahrhunderte lang war der Bereich des Ozeans ein Bezirk, in dem Gegensatzpaare wie Frieden–Krieg oder Recht–Rechtlosigkeit nicht den geringsten Sinn hatten, weil ihr Bezugssystem vollständig von den Verhältnissen auf dem Land abhing. Eine Ausweitung des üblichen Rechts auf die Meere war von vornherein absurd, weil zwischen dem Land und der Hohen See keine Entsprechung bestand. Ihre Gegensätzlichkeit war so prinzipiell, daß nur ein wechselseitiges Ausschließungsverhältnis den Sachverhalt traf.

Die Situation auf dem Meer ließ sich nicht mit dem Begriff »Rechtlosigkeit« erfassen, sondern sie konnte nur mit vor-rechtlichen Urzuständen verglichen werden. Ihre besondere Spannung erhielt sie von dem Kontrast gegenüber dem bereits hochentwickelten Recht in den Staaten Europas genauso wie in den islami-

Oben: Der eiserne, unbeugsame Generalkapitän. Fernão de Magalhães, der erste Weltumsegler (1480–1521)

Unten: Eine Karavelle, das zuverlässigste, schnellste Hochseeschiff des Entdeckungszeitalters, Zeichnung von Hans Holbein d. J. (1497–1543)

schen oder indischen Reichen. Und davon waren auch die Kapitäne und Mannschaften gezeichnet: von Recht-, Moral- und Glaubenskategorien, denen auf See in einer ganz wörtlichen Bedeutung einfach der Boden fehlte. Schließlich macht einen Gutteil der Spannung und inneren Dynamik der Eroberung der Meere folgendes aus: daß der Mensch ein letztes Mal in seiner Geschichte in Räume aufbricht, die so sehr von den Elementen und dem Elementaren bestimmt sind wie die prähistorische Stufe der frühen Jägerkultur.

Diese Epoche endete erst, als der Kampf um die Meere entschieden war und die Machtansprüche nicht nur juristisch begründet, sondern vor allem durch ein neues Rechtsgehege abgesichert und unverbrüchlich zu befestigen versucht wurden. Die Abschlußphase der Völkerrechtsregelungen hat allerdings ebenfalls sehr lange gedauert; das liegt in der Natur der Sache, der Sache »Meer«. Die vielen, mehr als verwickelten und überaus verfahrenen Verhandlungen der Seerechtskonferenzen unserer jüngsten Zeit, bei denen eine Einigung nicht abzusehen ist, sprechen für sich.

Zur Natur der Sache gehörte auch die Gleichwertigkeit oder genauer gesagt die Gleich-Gültigkeit der Gegner. Die christlichen Kapitäne Portugals, Spaniens, der Niederlande sprangen mit feindlichen Schiffen der Franzosen oder Briten nicht anders um als mit islamischen oder indischen. So weit sich auch die Handelswege und strategischen Schiffahrtslinien über die Ozeane erstreckten, so konsequent man nach fremden Seglern, fremden Küsten, fremden Ländern griff, so breit ist die Blutspur der erschlagenen Afrikaner und Moslems, Hindus und Indianer, Europäer katholischen oder protestantischen Glaubens, die Blutspur unzähliger Ermordeter.

Für die Akteure waren Handlungen, die an Land vereinbarungsgemäß als Verbrechen bezeichnet wurden, eine Bedingung ihrer Erfolge und Leistungen. Noch im 17. Jahrhundert machte der leitende Staatsmann Frankreichs, Kardinal Richelieu, in sachlicher Kühle darauf aufmerksam, daß die alte Bezeichnung für die Herrschaft, um die auf den Meeren gerungen würde, die »Gewalt« sei und nicht die »Berechtigung« oder die »Vernunft«, und deshalb müsse derjenige, der Anspruch darauf erhebe, mächtig sein. Deshalb tragen diese Jahrhunderte den Stempel eines elementaren Wagemuts und Heroismus genauso wie denjenigen elementarer

Untaten. Dasselbe gilt für die Opferbereitschaft, die Ängste, die unvorstellbaren Leiden in den Wasserwüsten, gilt schließlich auch für den Missionierungseifer der Priester im Gefolge der Kapitäne und Eroberer, Admirale und Kolonisatoren.

»Seekrieg interessiert uns nicht«

Nichts in der Weltgeschichte hat die politischen, kulturellen, wirtschaftlichen Verhältnisse der Erde radikaler, ja revolutionärer verändert als die ozeanische Expansion der europäischen Seefahrernationen. Die Portugiesen verwirklichten erstmals das Modell eines Imperiums, das lediglich auf der strategischen Kontrolle der Meere beruhte. Mustergültig war auch die Art, wie es ihnen gelang, dieses Imperium trotz der vielen Schwierigkeiten, die sich aus den Besonderheiten der Konstruktion ergaben, fast das ganze 16. Jahrhundert hindurch aufrechtzuerhalten, und ebenso, sich der Angriffe der Spanier und Holländer solange zu erwehren. Auch für ein Seeimperium bedeutet Ausübung der Herrschaft nichts anderes, als bestimmte Ziele dadurch zu verwirklichen, daß der entsprechende politische Wille durchgesetzt wird, und zwar notfalls militärisch; dies ist den Portugiesen erstaunlich lange Zeit gelungen. Ein britischer Historiker unserer Gegenwart stellte dazu fest: »Portugal und sein Imperium ist eines der großen Rätsel unserer Geschichte.«

Die Gründe für die verblüffenden Erfolge in den ersten Jahren sind allerdings nicht ausschließlich rätselhaft. Im wesentlichen lassen sich vier Voraussetzungen ausmachen:

Erstens hatte Portugal sehr früh erkannt, daß es die Seeherrschaft nur mit rücksichtsloser Gewalt erobern konnte und daß dies so schnell wie möglich geschehen mußte. Es benötigte dazu nicht viel mehr als ein Jahrzehnt; ohne eine Persönlichkeit vom Zuschnitt Albuquerques hätte sich das Konzept allerdings nicht durchführen lassen.

Zweitens kamen die Verhältnisse in Afrika, im arabischen Raum und in Indien damals dem Expansionswillen der Portugiesen entgegen. Im Grunde handelte es sich von der ostafrikanischen Küste über das Arabische Meer bis nach Vorderindien um einen Bezirk, in dem eine beträchtliche politische und religiöse, kulturelle und ökonomische Abstimmung herrschte und der intern verflochten war durch den eingespielten arabisch-indischen Warenverkehr. Deshalb bezogen die Portugiesen den Ausdruck »*Estado da India*« auf eine Region, die beim Kap der Guten Hoffnung begann und bis nach Ostasien jenseits des 120. Längengrads entlang einer Luftlinie von Timor bis nach Japan reichte. Sieht man von der üblichen Kleinpiraterie ab, so waren in diesem gewaltigen Bereich Kriegsflotten unbekannt. Nur die Sultanate Hormos und Malakka besaßen bewaffnete Schiffe, jedoch dienten sie allein dem Hafenschutz und waren für Operationen auf offener See nicht geeignet.

Drittens betrachtete die Mehrzahl der indischen Fürsten, besonders die mächtigsten unter ihnen, politische Herrschaft als Ausübung von Macht auf dem Land; sie unterschieden sich dabei nicht wesentlich von den Kontinentalmächten des christlichen Europa. Von den Einsichten der Osmanen hatten lediglich die Sultane von Ägypten und Heinrich der Seefahrer profitiert. In Vorderindien jedoch, und dies wurde für die Portugiesen von erheblicher Bedeutung, drückte der Herrscher von Gudscharat, Bahadur Schah, die gängige Meinung in dem Satz aus: »Der Krieg auf See ist eine Sache der Händler. Für das Ansehen der Könige ist er nicht von Interesse.« Diese Haltung bildete fast einen Blankoscheck für die Aktivitäten der Portugiesen, die klug genug waren, kontinentale Eroberungen in Vorderindien auszuschließen und wiederholt betonten, daß ihre Festlandsstützpunkte nichts anderes seien als unerläßliche Marinebasen für den Krieg auf See.

Viertens garantierten die Rivalitäten und Feindschaften der indischen Herrscher untereinander in der prekären Anfangszeit der imperialen Expansion, daß die Portugiesen auf keine Einheitsfront von Gegnern stießen. Durch kluges Taktieren und Paktieren gelang es ihnen, die Gegensätze zusätzlich anzuheizen und die politische Lähmung für sich selbst auszuwerten.

Diese vier Gesichtspunkte können die portugiesische Leistung nicht erklären, sie können sie nur ein wenig illustrieren. Daß die hartnäckigsten Feinde nicht in Asien zu Hause waren, sondern dicht benachbart in Europa, in Spanien, das war Portugal bekannt seit den Unabhängigkeitskämpfen im 12. und 13. Jahrhundert.

Noch einmal: der Seeweg nach Indien

Um die Herrschaft auf den Meeren war es schon im kastilischen Erbfolgekrieg und dem Frieden von Alcaçovas 1479 gegangen, und daß der luso-spanische Staatsvertrag von Tordesillas, der die Welt in zwei iberische Interessensphären aufgeteilt hatte, schon lange zur Disposition stand, darüber war man sich in beiden Königreichen einig. Die Berechnungen der Entfernungen und die Bestimmung der Längengrade durch Kosmographen wie Toscanelli besaßen nur das an Gehalt, was von den Seefahrern praktisch bestätigt wurde.

Columbus war mit seinem Plan, auf Westkurs Indien zu erreichen, gescheitert. Der neue Erdteil, den er entdeckt hatte, existierte in der Vorstellung der Kapitäne, Kartographen und Kaufleute vorerst nur als eine ungeheure Landbarriere zwischen Nord- und Südpol.

1492, im gleichen Jahr der Entdeckungsfahrt des Columbus, unternahmen die beiden Portugiesen João Fernandes und Pedro de Barcelos eine große Nordlandfahrt, die drei Jahre dauerte. Von den Ergebnissen ist nur bekannt, daß beide bis nach Grönland vorgedrungen sind. 1497 brach der Venezianer Giovanni Caboto in Bristol mit dem Ziel auf, die Gewürzländer des nördlichen Ostasien zu entdecken. Er segelte bis zur Küste Neufundlands, versuchte in nordwestlicher Richtung weiter voranzukommen, mußte aber schließlich abbrechen. Seine Gewißheit, auf diesem Weg nach Japan zu kommen, war so groß, daß er schon im darauffolgenden Jahr eine zweite Fahrt unternahm. Doch auch sie endete mit einer Enttäuschung. Caboto – oder John Cabot, wie er aufgrund der englischen Dienste auch genannt wird – mußte, wie alle anderen nach ihm, mit der Suche nach einer Nordwestpassage vor dem Eis kapitulieren.

Nachdem Brasilien durch Cabral entdeckt war, ließ König Manuel im Jahr 1501 die neue Küste durch drei Schiffe erkunden. Die Expedition erreichte das Festland jenseits des Äquators am 5. Breitengrad, noch vor dem Ostkap, segelte die ganze Küste entlang bis hinab zum Rio Grande do Sul und kehrte dann nach Portugal zurück. Die Fahrten in den folgenden Jahren dienten nicht nur dem Ausbau der Kenntnisse des neuen Landes, nicht nur der Suche

nach wertvollen Handelsgütern, sondern genauso dem Unternehmen, einen Weg in das Meer jenseits des neuen Kontinents zu finden und damit endlich das durchzuführen, was Columbus beabsichtigt hatte: auf Westkurs nach Indien zu kommen.

Im Gegensatz zu Columbus und vielen mit und nach ihm hatten
die Portugiesen kaum jemals geglaubt, daß 1492 die Schiffe Spaniens an der Ostküste Asiens gelandet seien; sie waren von der
Entdeckung eines *Mundus Novus* überzeugt, doch nicht sehr be-
eindruckt. Denn es war für sie genauso sicher, daß es auch eine
Westverbindung zwischen dem Atlantik und dem Indischen Ozean
geben müsse, daß die »Neue Welt« nicht einfach den Erdball über-
spannen könne wie ein gigantischer Kontinentalriegel entlang der
Längengrade, als eine Art sphärisches Zweieck. 1509 hatten die
Spanier Juan de la Cosa – er war bei der Entdeckungsfahrt des
Jahres 1492 auf der »Santa Maria« Steuermann gewesen – und
Alonso de Hojeda festgestellt, daß Nord- und Südamerika nicht
getrennte Erdteile, sondern territorial miteinander verbunden sind;
das hieß: Dort, wo die Spanier im Anschluß an Columbus auf
Land gestoßen waren, gab es keinen Wasserweg nach Indien, dort
brauchte man nicht weiterzusuchen. Daß die Portugiesen ihre Ka-
ravellen und Galeonen in diesen Jahren nicht nur in brasilianisches
Gebiet, sondern auch nach Venezuela schickten, hatte mit der Suche nach einer westlichen Seeroute nichts zu tun.

Wenn der neue Kontinent nicht ostasiatisches Küstenland war,
mußte es zwischen ihm und Asien einen Ozean geben. Wo lag dieses Meer? Albuquerque hatte für Portugal schon längst Malakka
erobert, war mit seinen Schiffen auf dem besten Weg, in Meere
vorzudringen, die auf der anderen Seite der Erdkugel lagen – und
noch immer hatte kein Mensch den Ozean gesehen, der jenseits
der Neuen Welt im Westen liegen und nach Asien führen mußte.

Ein blinder Passagier

Im Jahr 1510 legt von der Insel Española (Haiti) ein Schiff ab, um
zu der spanischen Kolonie San Sebastian auf dem Festland an der
Nordküste des heutigen Kolumbien zu segeln. Die Passagiere und

die Mannschaft hatte man vor der Abreise streng gesiebt, denn Hunderte von Abenteurern, Bankrotteuren, gescheiterten Existenzen versuchten ständig, zur *terra firma*, aufs Festland, zu entkommen. Mitten im Karibischen Meer klettert plötzlich ein blinder Passagier aus einer Verpflegungskiste, Vasco Nuñez de Balboa. Auch dieser fünfunddreißigjährige Adlige ist einer der Glücksritter, denen die Gläubiger im Genick sitzen. Aber Balboa gehört zu der Sorte von Desperados, die als Motiv nur ihre eigenen Wünsche kennen, und so hat er in kurzer Zeit in der neugegründeten Kolonie am Isthmus von Darién, wohin das Schiff schließlich gesegelt war, alle Gewalt an sich gerissen und in offener Rebellion auch den neuen Gouverneur verjagt, den der König aus Spanien geschickt hat.

Balboa weiß, daß jetzt sein Leben nichts mehr wert ist; wenn er es retten will, muß er dem König Erfolge präsentieren, die seine Vergehen aufwiegen – am besten Gold, weit mehr Gold, als die Kapitäne seit Columbus nach Spanien gebracht haben. Tatsächlich erzählt ihm ein Häuptling der Eingeborenen, mit dem er sich verbündet hat, von einem Gebiet, das nur wenige Tagesreisen entfernt ist und in dem sämtliche Flüsse Gold enthalten; diese Flüsse strömen ohne Ausnahme in einen gewaltigen See.

Balboa ist elektrisiert. Nicht nur wegen des angeblichen Goldes. Der See kann nichts anderes sein als das Meer, nach dem schon so viele Jahre gesucht wird und das zwischen dem Kontinent und Indien liegt. Wenn das zutrifft, wenn Balboa dieses Meer, das im Süden liegen muß – das *Mar del Sur*–, entdeckt und für die spanische Krone in Besitz nimmt, hat er alles übertroffen, was seit 1492 für Spanien erreicht worden ist. Dann gilt Balboa nicht mehr als Mann des Henkers, sondern als Held des Königs.

Er schickt einen Boten nach Sevilla und bittet um Soldaten für seinen geplanten Zug. Doch bevor diese Nachricht in Spanien eintrifft, bringt ihm ein Schiff die Meldung, daß er schon verurteilt worden und eine Abordnung unterwegs ist, um ihn zu verhaften. Balboa entscheidet sich sofort. Er ruft die Soldaten der Kolonie zusammen und erklärt ihnen, daß er, ohne auf die Verstärkungen aus der Heimat zu warten, zu dem Marsch durch die Wildnis aufbricht und jeder daran teilnehmen könne. Fast alle Männer schließen sich an, es sind kaum zweihundert, und ihre Gründe für die

Teilnahme an dieser Expedition, die am 1. September 1513 beginnt, unterscheiden sich nicht sehr von denen Balboas.

Wohl aber unterscheidet er sich von ihnen in seiner Zähigkeit, der Willenskraft, dem verzweifelten Mut, in der Ausdauer des Rebellen. Der Marsch führt durch ein Gebiet, das sich gut für die Beschreibungen von Dantes Hölle eignen würde. Die Sonnenglut des Äquators, der Sumpfboden, der Fieberdunst eines Dschungels, der aus reinem Gift zu bestehen scheint – durch undurchlässiges Lianenflechtwerk und wüstes Dickicht, über Riesenstämme und ein endloses Verhau von Dornen, Tag und Nacht gequält von Blutsaugern und Insekten, muß Schritt für Schritt ein mannbreiter Pfad gehauen werden. So arbeitet sich Balboa einem Ziel entgegen, von dem er nichts weiß als die Richtung. Nach einer Woche sind über die Hälfte der Leute zusammengebrochen, fast selbstverständlich, muß man sagen, denn noch beim Bau des Panamakanals vierhundert Jahre später sterben die Arbeiter in diesem Klima zu Hunderten dahin.

Balboa steht nach knapp drei Wochen mit dem Rest seiner Mannschaft vor dem Gebirge, von dessen Grat aus er beide Weltmeere sehen müßte. Ein Überfall von Indianern macht den Spaniern kaum Schwierigkeiten, die Eingeborenen flüchten nach den ersten Gewehrsalven, die großen Bluthunde sorgen für den Rest.

Entdecken heißt erobern

Am 25. September 1513, frühmorgens, steigt Balboa mit seinen Männern die letzte Steigung hinauf. Unterhalb der Kuppe befiehlt er Halt, er will der erste sein und ohne Zeugen, der das unbekannte Meer erblickt. Balboa ist sich der Größe des Moments voll bewußt, er steigt auf den Gipfel, rechts das Schwert, links die spanische Fahne in der Hand. Und dann steht er oben, vor sich die blaue, schimmernde Endlosigkeit des neuen Ozeans.

Nach Minuten ruft er die anderen, ihr aufgeregtes Schreien, ihr Jubel, ihre Begeisterung bricht erst ab, als der Pater im Gefolge das »Te Deum laudamus« zu singen beginnt. Die Spanier fällen einen Baum, errichten ein großes Kreuz, schnitzen die Initialen des

Königs ins Holz. Balboa schwingt die Fahne langsam in die vier Himmelsrichtungen, er nimmt mit diesem Ritus sämtliche Fernen der Windrichtungen für Spanien in Besitz.

Drei Tage später schließt ein ähnlicher Akt die Entdeckung des neuen Meeres ab. Balboa ist mit den Soldaten zur Küste hinabgestiegen, am Strand läßt er seine Leute zurück – es sind dreiundzwanzig Mann –, geht dem Meer entgegen, mit Schwert und Fahne, geht, bis er mit den Hüften im Wasser ist, bleibt stehen, schwingt die Fahne und ruft eine pathetische Eidesformel in die Weite, daß er, Nuñez de Balboa, für seine Monarchen, »wirklichen und körperlichen und dauernden Besitz nimmt von allen diesen Meeren und Erden und Küsten und Häfen und Inseln, und ich schwöre, wenn (irgend jemand) . . . irgendein Recht auf diese Länder und Meere erheben wollte, sie zu verteidigen im Namen der Könige von Kastilien, deren Eigentum sie sind, jetzt und für alle Zeit, solange die Welt dauert und bis zum Tage des Jüngsten Gerichts«. Nicht das Pathos macht den Nerv dieser Eidesformel und Proklamation aus, sondern die vorweggenommene Wirklichkeit der Ozeanopolitik Spaniens, für die dasselbe gilt, was die Portugiesen schon so lange praktizierten, seit sie die ersten Padrões an Afrikas Küsten errichtet hatten. Die Realisierung der Eroberung ließ nicht lange auf sich warten.

Manuel I. hatte Tristão da Cunha mit seinen kostbaren Geschenken nicht allein deshalb nach Rom geschickt, um den Römern und der Kurie ein besonderes Schauspiel zu bieten. Portugal und Spanien kämpften in diesen Jahren schon Auge in Auge um ihre beiden Hemisphären. Lissabon wollte vom Papst die Bestätigung des Besitzrechtes auf die Molukken. Die Portugiesen besaßen ein feines Gehör für die flüsternden Erörterungen in Spanien, wo denn eigentlich die Demarkationslinie des Tordesillas-Vertrages auf der anderen Seite der Erdkugel verlaufe; jedenfalls sei es keineswegs sicher und ausgemacht, daß die Molukken entsprechend den Längengraden wirklich zu Portugal gehörten. Bis jetzt hatte das noch kein Mensch auf der Welt nachgeprüft und nachprüfen können. Die spanische Krone, das wurde nun laut und für alle hörbar erklärt, betrachte die Gewürzinseln als Gebiet ihrer Hoheitszone und sie werde der Flotte für die Zukunft entsprechende Anweisungen erteilen.

Bevor jedoch Spanien so weit war, hatte der portugiesische König in Rom den ersten Pluspunkt für sich verbucht. Leo X. verlieh in der Bulle »*Praecelsae devotionis*« vom 3. November 1514 Portugal das Universalpatronat in allen seinen überseeischen Besitzungen samt dem Recht auf den Bau von Kirchen und die Besetzung der kirchlichen Ämter; das bezog sich auf alle Gebiete, die Portugal zur See auf Fahrten nach Osten erreichte.

Die Westpassage

Unter dem rein maritimen Aspekt war die Entdeckung Balboas verhältnismäßig zweitrangig. Er hatte lediglich etwas bestätigt, woran niemand zweifelte. Worauf es nach wie vor ankam, war die Entdeckung einer Seeroute in den neuen Ozean. Während sich Spanien in Zentral- und den angrenzenden Gebieten Südamerikas der Kolonialeroberung widmete, während Portugal sein Seeimperium im Indischen Ozean verankerte, suchten Einzelgänger und sanktionierte Expeditionen weiterhin Jahr für Jahr nach einer Passage durch die Landbarriere Amerikas, und zwar nicht nur nebenbei, denn auf den Effekt hin gesehen, der sich in klingender Münze nachzählen ließ, waren die vielen Jahre, die seit der Entdekkung durch Columbus verflossen waren, Jahre des Defizits gewesen. Reich war lediglich Portugal geworden – einer der Hauptgründe für Spanien, sein Interesse, auf westlichem Weg nach Indien zu kommen, ständig wachzuhalten, ständig zu versuchen, einen *paso*, einen Meeresdurchbruch, zu entdecken.

Je mehr Zeit verstrich, um so schwächer wurden die Hoffnungen, denn alle Versuche endeten als Mißerfolge, anscheinend unweigerlich. Die ersten Karten und Globen entstanden, auf denen der Landriegel Amerika als Kontinentalbrücke von Pol zu Pol verzeichnet war. Andererseits gab es auch Karten, auf denen im Süden eine Durchfahrt eingezeichnet war, eingezeichnet von Experten, die sich nie an einer Übersee-Expedition beteiligt hatten. Hörensagen, richtige Information unbekannter Kapitäne, Wunschvorstellungen? Am zuverlässigsten scheint die Erklärung zu sein, daß die riesige Mündung des La Plata für die gesuchte Meeresdurchfahrt gehalten wurde, und zwar ohne daß sich ein Kapitän von der Richtigkeit dieser Annahme überzeugt hätte.

Von dem Irrglauben, hier sei die Verbindung zwischen den beiden Ozeanen, war auch der portugiesische Offizier Fernão de Magalhães besessen, so sehr besessen, daß sein Projekt, die Gewürzinseln endlich auf der Westroute anzulaufen und in derselben Richtung weiterzusegeln – als erster die Erde zu umrunden –, für ihn eine unumstößliche Wahrheit geworden war. In Portugal hatte er einen Weg gefunden, die geheimen Logbücher, Aufzeichnungen, Karten zu studieren, die in der Lissaboner *Tesoraria* aufbewahrt werden, und hier hatte er die Notizen über die Passage gelesen, die es – irrtümlicherweise – an der Mündung des La Plata gibt.

Der kleine Phantast auf Columbus' Spuren

Der Portugiese Magalhães hatte viel mit dem Genuesen Columbus gemeinsam. Weniger, daß beide in spanischen Diensten fuhren, daß sie gleichermaßen von einer scheinbar fixen Idee besessen waren: Beide Seefahrer hatten mit ihren Projekten schon das Ergebnis vorweggenommen und beide mußten lediglich einen Weg suchen, der zu diesem Ergebnis, dem Ziel führte.

Magellan – so nennt er sich, seit er in spanischen Diensten steht – offeriert dem König im Jahr 1517, daß er die Durchfahrt zwischen den beiden Ozeanen mit absoluter Sicherheit kenne und mit einer kleinen Flottille bis zu den Molukken segeln werde, und er tritt noch mit weit größerer Entschiedenheit auf als seinerzeit Columbus. Ausschlaggebend für die zuständige *Casa de la Contratación*, den Obersten Indienrat, ausschlaggebend für den König und für Spanien ist Magellans Argument, daß die Gewürzinseln auf seiner Westpassage weit schneller und leichter zu erreichen seien als über die Routen, auf die sich Portugal festgelegt und die es in seinem Besitz habe. Eile sei um so nötiger, als Portugal die Molukken noch nicht erobert habe, Spanien also noch vor dem so erfolgreichen Rivalen dorthin gelangen könne.

Die Verhandlungen dauern nicht lange. Der König unterschreibt am 22. März 1518 einen Vertrag mit Magellan, und der kleine, ausnehmend hartnäckige Kapitän und Fidalgo sticht nach ausgedehnten, peinlich sorgfältigen Vorbereitungen am 20. September 1519 mit fünf Schiffen von Sanlúcar de Barrameda am Guadalquivir in See, voll ausgerüstet für eine Fahrt von zwei Jahren. Magellan legt mit seinen fünf Galeonen zu einer Fahrt ab, die so präzise geplant ist wie kaum eine andere Expedition des Entdeckungszeitalters und die sich trotzdem, schon nach wenigen Wochen, in eine endlose Kette schreckensvoller Abenteuer verwandelt. Der Kapitän muß mit der Antipathie, bald auch der offenen Feindschaft eines Großteils der Besatzungen fertig werden. Die spanischen Offiziere und Kapitäne verbergen kaum ihren Neid, ihre Verachtung über den »hergelaufenen Portugiesen«, der doch trotz all seines Glücks, daß ihn der König und der Hof so schrankenlos unterstützt haben, der *sobresaliente*«, der simple Soldat geblieben ist, der er schon in Portugal war.

Den Kapitän des größten seiner Schiffe muß Magellan im November wegen Aufsässigkeit verhaften und festsetzen. Er hat in den ersten Wochen Tag für Tag damit zu tun, bei den Matrosen seine Autorität durchzusetzen, ihnen zu zeigen, wer ihr Herr und Generalkapitän ist, und er macht das auf seine eigene, keineswegs kunstgerechte Weise: schweigend, gleichmütig zuwartend, unvermittelt brutal strafend, ohne Konzilianz oder Diplomatie – er ist ein Tyrann, doch ist er bei all seiner starren Rücksichtslosigkeit und Energie absolut gerecht. So hassen ihn die Matrosen, fürchten ihn, gehorchen ihm, und nach langen Wochen kennen sie ihren unerschütterlichen Kapitän mit den schwarzen kugelrunden Augen unter den buschigen Brauen, sie respektieren, bewundern, ja verehren ihn.

Mitte Dezember erreichen Magellans Schiffe die Bucht von Rio de Janeiro. Die Schiffe werden überholt, die Außenhäute müssen bis zu den Kielen von Tang und Muscheln gesäubert, die Planken kalfatert werden. Zwei Wochen sind die Matrosen beschäftigt, zwei Wochen können sie sich erholen, nicht länger, denn Magellan – der einzige, der vor Ungeduld fiebert und vibriert – drängt weiter. Knapp fünfzehn Breitengrade trennen ihn nur noch von der Stelle, an der sich angeblich die Durchfahrt zum anderen Ozean befinden soll.

Der Wind steht gut, die Schiffe segeln rasch und stetig nach Süd-

südwest. Zwei Wochen nach ihrem Aufbruch von Rio haben sie schon weit über eintausend Seemeilen hinter sich, da öffnet sich an Steuerbord die riesige Mündung des La Plata.

Alle sind erregt und glücklich, jeder glaubt, daß endlich die Westpassage entdeckt und Asien zum Greifen nah ist.

An die vierzehn Tage dauert es, bis jede Bucht der zweihundertfünfzig Kilometer breiten Mündung untersucht und abgetastet ist und schließlich kein Zweifel bleibt: Nicht die Durchfahrt ist entdeckt, sondern die Mündung eines riesigen Stromes – und Asien, Indien, das liegt weiter entfernt als jemals zuvor. Am 2. Februar 1520 wird das Rekognoszieren abgebrochen, die Schiffe gehen erneut auf südlichen Kurs. Wir wissen nicht, ob Magellan wirklich überzeugt war, daß er die Passage rasch finden würde. Der Chronist dieser Reise, der junge Italiener Antonio Pigafetta, erwähnt nichts davon, andererseits hat Magellan seine Schiffe mit gewaltigen Mengen an Proviant versorgt, so, als wüßte er insgeheim, daß alle seine Behauptungen über die notwendige Zeit und die Entfernungen nichts als Flunkereien gewesen und die Molukken weiter entfernt sind, als es sich jedermann, auch er selbst, vorstellen kann. Den ganzen Februar über segeln die Schiffe dicht an der Küste entlang, jede Bucht wird ausgekundschaftet, jeder Golf untersucht. Immer wieder stößt Magellan auf geschlossenes Land. Obwohl den Matrosen und Offizieren längst klargeworden sein muß, daß die Behauptung ihres Führers, er kenne die Durchfahrt in den anderen Ozean, eine Täuschung, wenn nicht eine bewußte Lüge gewesen ist, gehorchen sie ihm, als er nach vier Wochen nicht den Befehl zur Rückkehr gibt, sondern sich offensichtlich entschlossen hat, so lange an der Küste weiterzusegeln, bis – ja bis sich wohl das verwirklicht hat, was nur als Hoffnung oder absurde Idee existiert.

Noch einmal vergeht ein Monat, und Tag für Tag wiederholt sich dieselbe Erfahrung wie vorher: Bucht auf Bucht wird abgetastet, Förde auf Förde, aber es gibt keine Durchfahrt. Am 31. März 1520 befiehlt Magellan, in der Bucht von San Julián, fünfzig Grad südlicher Breite, zu ankern. Er gibt bekannt, daß die Expedition an dieser Stelle überwintert. Die Mannschaften sollen an Land Hütten bauen, die Rationen müßten allerdings vorsorglich um die Hälfte gekürzt werden.

Jetzt kommt es zur offenen Meuterei. Zwei Kapitäne verweigern den Gehorsam, das Schiff des dritten, der sich für das Überwintern erklärt, wird gekapert, die Besatzung entwaffnet. Magellan gelingt es jedoch, dieses Schiff durch eine List, ohne Kampf, wieder in Besitz zu bringen. Mit seinen drei Galeonen blockiert er nun die Ausfahrt des Hafens, entert in der Nacht vom 3. zum 4. April ein weiteres Schiff und ist morgens, nachdem auch der Befehlshaber des letzten Seglers kapituliert hat, wieder Herr der Situation.

Seine Strafen sind drakonisch. Zwei der Haupträdelsführer läßt er aussetzen, darunter Vizeadmiral Juan de Cartagena, den Vetter von Kardinal Fonseca, des Bischofs von Burgos, der als Mitglied des Kronrats direkten Einfluß auf den Kaiser hat. Cartagena war der Kapitän, den Magellan schon nach vier Wochen wegen Aufsässigkeit festgesetzt hat. Ein dritter Haupträdelsführer wird auf einem Felsplateau des Ufers enthauptet, vor allen Mannschaften, die in einem Halbrund der Exekution beiwohnen. Zum Henker wurde der Diener des Meuterers bestimmt; er hatte sich ebenfalls an der Rebellion beteiligt, sollte hängen, doch Magellan läßt ihn frei – sofern er seinen Herrn enthauptet. So erkauft sich der Diener sein Leben.

Der Estrecho

Damit ist für die kommenden Monate jeder Hang zu einer neuen Meuterei ausgebrannt. Im April schickt Magellan, obgleich er wissen muß, wie groß das Risiko ist, eins der schnelleren Schiffe nach Süden, um die Küste wenigstens noch ein kleineres Stück weiter auszukundschaften. Doch der Segler zerschellt in den Stürmen, das Gros der Besatzung ertrinkt. Ende August 1520 hält es Magellan nicht mehr, er läßt die Segel setzen, viel zu früh, wie ihm das Wetter rasch beweist, wie er es selbst gewußt hat. Die Schiffe kämpfen sich durch Eisbrocken voran, Sturmböen jagen unversehens vom Hochland herab, die Einfahrten in die engen Buchten Patagoniens sind ein Spiel um Sein und Vergehen; nach zwei Tagen befiehlt der Kapitän, erneut zu ankern, bis die Frühlingsstürme abflauen. Sie bleiben in der Mündung von Santa Cruz.

Bis zum 18. Oktober wartet Magellan. Daß er noch Hoffnung gehabt hätte, die Passage zu finden, wäre eine bloße Vermutung. Wenn er trotzdem weiter nach Süden segelt, dann nur noch deshalb, weil er nicht aufgeben will, nicht aufgeben kann. Am 21. Oktober öffnet sich hinter einem langen Kap wiederum eine der vielen Buchten, eine besonders breite, vierzig Kilometer mißt sie. Magellan schickt zwei Schiffe hinein, sie sollen rekognoszieren, aber nach längstens fünf Tagen wieder zurück sein. Die Segler tauchen schon nach vier Tagen wieder auf, ja, die Bucht geht in eine andere über, und an diese schließt sich ein drittes, sehr breites Becken. Magellan befiehlt seinen Schiffen die Durchfahrt. Wochen sind sie unterwegs, tasten sich unter riesigen Felswänden an Riffen vorbei, kämpfen sich durch fallende Nebel, hin- und hergerissen von jähen Wasserwirbeln und plötzlichen Brechern. Der Himmel ist schiefergrau, reißt niemals auf, die dunklen, fast schwarzen Wellen wirken wie eine ständige Drohung, auch die Schneegipfel der Südkordilleren, die manchmal hinter einer Krümmung aufblitzen, vermitteln keine tröstlichen Momente. Die Karte Feuerlands zeigt es, diese Wasserstraße hat nichts mit den Vorstellungen zu tun, die das Wort »Durchfahrt« oder »Kanal« weckt; das hier ist eine Teufelsschlucht, eingehauen in tausend Meter hohe Felsschroffen. Die Schiffe quälen sich durch ein hundertfach zersplittertes Granit- und Klippengebiet, mit Strudeln, Riffen, toten Buchten, Untiefen – es ist ein Wunder, daß die Passage nicht schon in den ersten Tagen mit dem Auflaufen eines der Schiffe endet.

Magellan ist so vorsichtig und behutsam wie noch nie, er kann sich keine Havarie leisten, alles hängt davon ab, daß er seine Schiffe ohne Beschädigung durch das Fjordlabyrinth bringt. Mehr als sechshundert Kilometer zieht sich die Schlucht hin, an der engsten Stelle keine drei Kilometer breit, sechshundert Kilometer Tag und Nacht auf dem Posten, im Mastkorb, am Steuerrad, jeder einzelne Matrose.

Der Steuermann eines der Schiffe, der »San Antonio«, verliert die Nerven, er hetzt die Mannschaft auf, sie setzen den Kapitän gefangen, drehen um, als sie zu einer Erkundung ausgeschickt werden und die vorderen Schiffe hinter einer Biegung verschwinden; sie fahren zurück, Kurs Sevilla. Zur selben Zeit sieht Magellan die Barkasse seines Flaggschiffs, die er vorausgeschickt hat, zurückkommen: Die Männer winken, rufen, schwenken Wimpel: Die Enge geht wirklich und endgültig in den anderen Ozean über, der *paso*, die Durchfahrt, ist entdeckt, nach vier Wochen eines unerhörten Kampfes.

Auf dem Kastell des Flaggschiffs wird es plötzlich still. Die Offiziere und Matrosen starren ihren Kapitän an, den eisernen, unbeugsamen. Sie drehen sich um, sie ertragen es nicht, daß sich der »Alte« durch Gefühle kompromittiert. Magellan hat die Hände vor dem Gesicht, er wird von einem Weinkrampf geschüttelt. Der Chronist Pigafetta notiert: »*El capitano generale lacrimò per allegrezza.*«

Friedliche Hölle

Als Magellan die Flucht der »San Antonio« entdeckt, hat er nicht nur mit dem Schlag dieses neuerlichen Verrats fertig zu werden und nicht nur mit dem Umstand, daß dieser größte seiner Segler auch den meisten Proviant an Bord hat, sondern auch damit, daß die Zuverlässigkeit seiner Leute eine unbekannte Größe derselben Art ist wie die Fahrt, die noch vor ihnen liegt. Doch er ist längst über jedes Wenn und Aber hinaus, zumal er mit der Entdeckung der Durchfahrt – des *Estrecho de Magellanes*, der Magellanstraße, wie sie seitdem heißt – die größte nautische Schwierigkeit hinter sich hat. Die Größe dieser Leistung läßt sich auch daran ermessen, daß alle Versuche, die später unternommen wurden, die Magellanstraße zu durchqueren, scheiterten. Erst Francis Drake, mehr als ein halbes Jahrhundert später, gelingt die zweite Passage, und seine Voraussetzungen dafür waren unvergleichlich besser als diejenigen Magellans.

Was jetzt vor Magellan liegt, dürfte fast harmlos sein. So scheint es. Welch ein Wandel des Klimas, der ganzen Sphäre! Die düsteren Schwarzfelsen der Küstenkordillere treten in die Ferne zurück, mit ihnen verlieren sich die Eiswinde, das Gebirge wird mattgrau und schemenhaft. Seewärts schwingen die Steilwände in ein sanftes Meer, noch entlassen dunkle Wolken in dünnen Riesennetzen ihre Regenschauer, aber vor den Schiffen liegt das Band des gleißenden Horizonts einer anderen Sonne. Dieser Ozean hat nichts zu tun mit dem wilden Atlantik, er ist wirklich so friedlich, so sonnig, so gleichbleibend schön, wie es Balboa erschienen ist bei seinem ersten Blick über den Golf von Panama. Magellan und seine Leute nennen ihn *El Pacífico*, der Friedliche.

So bleibt dieser Pazifik auch, Woche für Woche, Monat für Monat, friedlich und mit gleichbleibendem Wind. Nur die Sonne bleibt nicht gleich, ihr Licht, ihre Glut nimmt ununterbrochen zu. Die Schiffe segeln durch einen Ozean, der nach dem Urteil eines Zeitgenossen »so weit ist, daß der menschliche Geist es kaum erfassen kann«. Das Trinkwasser geht rapid zur Neige, schließlich erhält jeder pro Tag nur noch einen Schluck, und dieses Naß stinkt so fürchterlich, daß sich die Seeleute die Nase zuhalten müssen, um sich nicht zu übergeben. Von der Verpflegung ist bald alles verfault, der Zwieback bröckelig zerfallen in graues Pulver, durchtränkt vom Urin der Ratten, wimmelnd von Maden. So werden die Ratten zum Proviant, zum Leckerbissen, und als selbst dieser Vorrat endet, erlaubt Magellan, daß die Matrosen das Schutzleder von den Rahen ablösen, in Meerwasser einweichen, kochen und essen; nicht viele sind dazu in der Lage, die meisten leiden an Skorbut, ihr Zahnfleisch wuchert, die Zähne sind locker, fallen aus, die Haut ist überzogen von Schwären, sie liegen apathisch unter Deck. Die Schiffe Magellans verwandeln sich in segelnde Todeshäuser, einer nach dem anderen muß als Leiche über Bord, der Rest wartet stumpf darauf, daß die Reihe an ihn kommt. Fieberträume verzerren die Tagesrealität, nur Magellan scheint unberührbar zu sein, weiß nichts von der Furcht, daß seine psychische Verfassung unter der körperlichen Erschöpfung leiden könnte.

Seit dem 28. November 1520, seit sechzehn Wochen sind die Schiffe ununterbrochen auf See. Sie durchqueren das polynesische Inselgewölk, ohne mehr zu sehen als gefährliche Riffe. Erst am 16. März 1521 taucht eine Insel auf, Magellan hat die Philippinen erreicht. Wenig später erfährt er von Eingeborenen, daß die Gewürzinseln der Molukken im Süden, dicht vor ihm liegen. Der Sultan von Cebu, einer der Hauptinseln, empfängt die Fremden anfangs überaus herzlich, im Gegensatz zu dem Herrscher einer benachbarten Insel.

Magellan und seine Leute werden nach der Landung überfallen, die Eingeborenen sind in einer solchen Überzahl, daß selbst die Musketen der Spanier nichts helfen. Magellan wird von einem vergifteten Pfeil getroffen und stirbt.

Der Tod des Generalkapitäns schien ein Signal zu sein. Mehr als die Hälfte der Besatzungen wird bei einem Festmahl getötet, das der Sultan von Cebu veranstaltet. Eins der Schiffe muß deshalb verbrannt werden. Das vierte Schiff ist so leck, daß es auf den Molukken zurückbleiben muß, um ausgebessert zu werden; später wird es bei dem Versuch, nach Zentralamerika zurückzusegeln, von den Portugiesen abgefangen. Nur das letzte Schiff, die »Victoria« unter dem Kommando des Basken Sebastián del Cano – vollgeladen mit Gewürzen –, erreicht das Kap der Guten Hoffnung, auf einer ununterbrochenen Segeltour, die bald nichts anderes ist als eine direkte Fortsetzung der Qualen, die bisher durchgestanden worden sind. Mehr als zwei Drittel der Leute sterben unterwegs. Am 6. September 1522 trifft die »Victoria« in Spanien ein, kaum noch ein Schiff, sondern ein schwimmfähiges Wrack, und auch die Überlebenden sind nicht viel mehr als menschliche Wracks. Fünf Schiffe hatten ursprünglich die Segel gesetzt, mit 265 Mann; ein Schiff kam zurück, und es lebten noch achtzehn Leute.

Saragossa 1529

Die Weltumsegelung Magellans gehört zu den wenigen Ereignissen der Geschichte, die über alle Zeiten hinwegragen. Für Spanien zählte damals allerdings etwas ganz anderes als der Nachruhm oder die persönliche Leistung der Männer und ihres Kapitäns, es zählte auch nicht der geographische, nautische, kartographische Ertrag – es zählte lediglich eine unmittelbare Folge, die sich aus Magellans Großtat ergab, daß nämlich, wie allgemein geglaubt wurde, die Molukken tatsächlich nicht in der Einflußsphäre lagen, die der Papst den Portugiesen zugewiesen hatte, sondern daß sie in die spanische Interessenzone gehörten und damit entschieden widerlegten, was Portugal so hochfahrend als sein Gewürzmonopol bezeichnet hatte.

Gegen die Bulle Leos X. vom 3. November 1514, die den Portugiesen die Molukken zusprach, hatte Spanien in Rom sofort scharf protestiert; die Erklärung sei ein Verstoß gegen den Vertrag von Tordesillas. Als nun die »Victoria« der Magellan-Expedition in Spanien eintraf, wurde es zwischen beiden Mächten auf dem diplomatisch-politischen Terrain lebendig. Zunächst einigten sich die beiden Staaten darauf, daß ein paritätisch zusammengesetztes Team aus je drei Astronomen und Kapitänen die Demarkationslinie nach dem jüngsten Stand der Kenntnisse über die Pole hinweg in den pazifischen Raum ziehen und kartographisch festlegen sollte; erst dann könne man entscheiden, in welche Zone die Molukken gehörten.

Doch die Experten waren dazu nicht imstande. Der Wissensstand war zu lückenhaft. Beigelegt wurde der Streit auf verhältnismäßig salomonische Weise erst durch Kaiser Karl V., genauer: durch seine Geldnot. Karl V. entschloß sich, gegen ein Darlehen von enormer Höhe, nämlich 350000 Dukaten, seine Rechte an den Molukken den Portugiesen zu verpfänden. Sollten die Sachverständigen schließlich doch zu einem Ergebnis kommen und sollten sie die Gewürzinseln Spanien zusprechen, dann mußten sich die Portugiesen erst dann aus dem Gebiet zurückziehen, wenn Spanien das Darlehen zurückgezahlt hatte; falls sie aber Rechtens in das Interessengebiet von Portugal gehörten, war der Kaiser verpflichtet, das Darlehen in Raten zu tilgen.

Dieser Vertrag von Saragossa vom 22. April 1529 regelt zwar Differenzen zwischen den beiden führenden Seefahrernationen der Zeit, er ist aber auch das Dokument eines ungeheuren Anspruchs. Was im Vertrag von Tordesillas noch als lediglich politisch-theoretische Aufteilung der Erde in Einflußzonen hätte ausgelegt werden können, manifestiert sich 1529 als eine Wirklichkeit der Masten und Musketen, des Krieges und des harten Geldes. Der Erdball, der auf dem Weg über die Meere – und nur auf diesem Weg – als Ganzes entdeckt und erobert wird, präsentiert sich in dieser Epoche des 16. Jahrhunderts als ein Großgebilde, das zwei Staaten selbstherrlich unter sich aufteilen, und zwar unter Gesichtspunkten irdischer Politik und nunmehr befreit von der schiedsgerichtlichen Zuständigkeit des Heiligen Stuhls: Was ist die Welt? Ein Objekt, beherrscht von iberischen Schiffskielen.

Die Tordesillas-Regelung grenzte zwar die Hemisphären voneinander ab, sie bezog sich aber direkt nur auf die insularen und terranen Gebiete; die Ozeane selbst waren nur als Leerräume vorhanden. Im Saragossa-Abkommen sah das anders aus. Der Vertrag behandelte die Meere bereits als feststellbare Größe. Zwar herrschten noch immer die klassischen Begriffe von der erdgebundenen Natur der Besitznahme vor, zumal Spanien durch die Indianerproklamation von 1513 die Einheit von Entdeckung, Eroberung und Bekehrung dekretierte und seine Bemächtigung kolonialen Gebiets mit einem Auftrag Gottes untermauerte und rechtfertigte. Die Ausübung transozeanischer Macht war jedoch abhängig von der Verbindung zwischen Mutterland und Kolonie, das heißt von den Schiffen. Das Meer ließ sich zwar nicht so erobern und einem Staat einverleiben wie ein Stück Land, aber es ließ sich beherrschen durch die tatsächliche Kontrolle der Seewege. Die Beherrschung dieser Routen zeigte die Macht auf dem Meer an, sie bedeutete jedoch keine Ineinssetzung von Seeweg und Meer, so nahe dieser Schluß unter politischen Gesichtspunkten auch lag. Jedes Piratenschiff belehrte eines Besseren.

Die alten Begriffe von Territorialmacht, von terraner Herrschaft und hoheitlicher Gewalt gelten jetzt nicht mehr. Aus welchen Gründen und mit welchen Zielen die Fürsten und Staaten des alten Kontinents an Land ihre Zwiste weiterpflegen und ihre Schlachten schlagen, wird zweitrangig in der Perspektive des ozeanischen Zugriffs, in der zwangsläufig neue Raumvorstellungen und neue Maßstäbe des politischen Handelns entstehen, welche die überkommenen Schemata der Hoheitlichkeit schlechthin entwerten. Das thematische Spektrum des politischen Raums wird in seiner ganzen Breite und Vielfalt erst sichtbar im Ringen um die Herrschaft auf den Meeren.

Spanien auf dem Gipfel der Macht

Im 18. Jahrhundert stellte der englische Staatsmann William Pitt ohne falsche Skrupel fest: Ein Verteidigungskrieg auf See ist der sichere Untergang. Zwar läßt sich eine Kriegsflotte einige Zeit zur

Defensive verwenden, aber sie kann nicht von der Defensive ausgehen und sie womöglich zu einem System erheben. Warum? Weil die Defensive ein Zustand ist, »welcher der eigentlichen Natur des Meeres widerstrebt«.

Pitt zog damit ein Resümee der Kämpfe auf den Ozeanen seit dem 16. Jahrhundert. Portugal hatte sein Seeimperium mit Schiffen errichtet, die ausschließlich für Offensivzwecke gebaut und eingesetzt waren. In den ersten Jahrzehnten wurde den spanischen Kapitänen von der Krone verboten, Küsten und Häfen anzusteuern, die innerhalb des portugiesischen Interessengebiets lagen. Wenn Magellan auf seiner Erdumsegelung in der Bucht von Rio de Janeiro ankerte, verstieß er gegen einen ausdrücklichen Befehl; er riskierte die Landung nur deshalb, weil die Stelle unbewohnt und menschenleer war.

Mit dem portugiesisch-spanischen Streit um die Molukken und dem Vertrag von Saragossa begann eine neue Phase. Bis zu diesem Moment hatten spanische Kapitäne auf ihren Fahrten zu den Westindischen Inseln und nach Zentralamerika nicht mit Angriffen feindlicher Schiffe rechnen müssen, solange sie sich innerhalb der vereinbarten Breiten ihrer Seeräume hielten. Die Kaperung der Magellan-Galeone »Trinidad«, die von den Molukken nach Zentralamerika zurücksegeln wollte, durch portugiesische Schiffe beendete die Ära der mißmutig hingenommenen wechselseitigen Duldung zwischen den beiden iberischen Staaten. Obwohl sich keiner der Herrscher, niemand von den Cortes und den Mitgliedern des Kronrates in Lissabon und Madrid über die Änderung des Klimas täuschten, blieben die Weltmeere auch bis in die zweite Hälfte des 16. Jahrhunderts eine Herrschaftsdomäne iberischer Schiffe.

Spanien konzentrierte seine Energien in die Eroberung des Aztekenreiches in Mexiko, des Mayareiches in Yucatán, des Staates der Inka in Peru. Die Erweiterung des spanischen Territorialbesitzes in Amerika war gegen Mitte des 16. Jahrhunderts abgeschlossen, entscheidend wurde jetzt die Ausbeutung der neuen Gebiete, der Transport des Silbers und des Goldes über See in die Heimat. Die Mengen waren so groß, daß im zweiten Drittel des 16. Jahrhunderts die Silberausbeute aller europäischen Bergwerke durch die amerikanischen Exporte nach Spanien übertroffen wurden.

Der Nachfolger Kaiser Karls V., sein Sohn Philipp II., regierte Spanien von 1556 bis 1598, praktisch in der ganzen zweiten Jahrhunderthälfte. Die Voraussetzungen seiner Herrschaft waren nicht ungünstig. Durch die Trennung der Häuser Spanien und Österreich hatte Karl V. seinen Sohn von der schweren Hypothek der Kaiserkrone befreit. Philipps Eheschließung mit Elisabeth von Frankreich und die Anerkennung der burgundischen und italienischen Herrschaft Spaniens durch Frankreich im Frieden von Cateau-Cambrésis vom 3. April 1559 schufen eine Ausgangslage, wie sie für Spanien kaum besser hätte sein können.

Trotzdem bildete die Regierungszeit Philipps II. eine Ära des verkappten Rückzugs, ungeachtet aller gewonnenen Kriege, Seeschlachten, vorteilhaften Allianzen. Der offizielle Akkord mit Frankreich verdeckte kaum die grundsätzliche Gegnerschaft, die weder in den letzten Regierungsjahren noch nach dem Tod Kaiser Karls V. beigelegt wurde. Garant dafür war in Paris ein Staatsmann vom Rang des Admirals Gaspard de Coligny, Repräsentant einer weitsichtigen Ozeanopolitik Frankreichs schon in der Regierungszeit Franz' I. Wäre das Land in diesen Jahrzehnten nicht von den furchtbaren Religionskriegen zwischen Katholiken und Hugenotten zerrissen worden – von dieser inneren Lähmung profitierte niemand stärker als Spanien –, hätten sich auch seine maritimen Energien mit demjenigen Elan entfaltet, den Coligny vergeblich zu mobilisieren versuchte.

Philipp II. distanzierte sich lange und geschickt von diesem Konfessionskampf. Ob dies als Klugheit oder als Schwäche zu deuten ist, kann dahingestellt bleiben, zumal Spanien in seinen niederländischen Gebieten mit demselben Problem im eigenen Haus fertigwerden mußte und nicht fertigwerden konnte. Als sich der König entgegen den Warnungen seiner klügsten Ratgeber 1590 und 1592 entschloß, in Frankreich militärisch einzugreifen, zwang er dadurch geradezu unmittelbar eine Allianz zwischen den protestantischen Aufständischen in den Niederlanden und dem französischen Herrscher herbei, eine Allianz, die sich bald ausweitete zu einem offenen Bündnis der wortführenden protestantischen Mächte Europas, vor allem auch mit England, das in dieser zweiten Jahrhunderthälfte – so wie die Franzosen und die Holländer – die Grundsätze einer offen kriegerischen Ozeanopolitik entwickelte, die kein anderes Ziel kannte, als die iberische Seeherrschaft mit allen Mitteln zu brechen.

Spanien war in dieser Zeit dank der Meisterschaft seines niederländischen Statthalters Alessandro Farnese zu Lande praktisch jedem seiner Gegner militärisch überlegen. England wiederum konnte der Versuchung nicht widerstehen, sich einen Rückfall in die direkt-kontinentale Europapolitik zu leisten. Es sandte eine Beistandsarmee unter Graf Leicester in die Niederlande; insgeheim bestand der Plan, das Gebiet in einen nördlich-englischen und einen südlich-französischen Distrikt aufzuteilen. Doch Farnese erzwang 1587 den Abzug des englischen Heeres; er wurde noch beschleunigt durch Meldungen, daß Spanien seine Seerüstungen auf einen Höchststand brachte, um innerhalb der nächsten Monate England selbst anzugreifen.

Die Armut des reichen Königs

Jahr für Jahr brachte die spanische Silberflotte von Amerika ungeheure Mengen an Edelmetallen ins Land; ihr Geldwert erreichte schwindelerregende Ausmaße. Die unglaublichen Einkünfte waren eine Grundbedingung, um Philipps II. kostspielige Kriege zu finanzieren. Diese Art der Kapitalausweitung führte aber auch zu ungeheuren Preissteigerungen, die sich bald auf ganz Europa ausdehnten. So gewaltig der Gold- und Silberstrom aus Übersee war, mit ihm allein konnte der Bedarf, der sich aus Spaniens Politik und seinen Kriegen ergab, nicht gedeckt werden. Die Verschuldung der spanischen Krone, die sich durch den Zwang zu ständig neuer Kreditaufnahme ergab, wurde schließlich überdimensional; sie wäre nur dann erträglich gewesen, wenn die spanische Politik Erfolge verzeichnet hätte und dies mit einer Tilgung der Schulden gleichbedeutend gewesen wäre. Davon konnte während der Regierungszeit Philipps II. keine Rede sein, so ungewöhnlich und herausragend dieser Herrscher auch persönlich war.

Schon 1557 kam es in Spanien zum ersten Staatsbankrott. Für die Krone verlief er glimpflich, da es gelang, den Zinssatz der Anleihen zu senken und die Laufzeit zu verlängern. Der zweite Staatsbankrott dagegen, 1575, war identisch mit der Erklärung völliger Zahlungsunfähigkeit und der dritte, 1596, zwei Jahre vor dem Tod des Königs, stellte einen gänzlichen Ruin des Landes dar. Sicherlich war in jenen Zeiten kaum einer der Herrscher in der Lage, die schwierigen Zusammenhänge zwischen Produktion und Finanzkraft, Steueraufkommen und Bedarf, Einfuhr und Währungsstabilität zu überblicken, zumal sich die bittere Notwendigkeit eines geordneten Etats und Finanzhaushalts erst im 17. und 18. Jahrhundert als Erkenntnis einstellte. Aber Philipp II. fehlte bei allem individuellen Format fast völlig der Blick für die Unerläßlichkeiten, die sich aus dem neuen maritimen Aspekt der Politik samt den dazugehörigen wirtschaftlichen Konsequenzen ergaben.

Sein Stolz auf den Sieg der spanisch-venezianischen Flotte über die Osmanen 1571 bei Lepanto entsprang nicht seiner Einsicht in die Natur der maritimen Macht, sondern ergab sich lediglich aus seinem leidenschaftlichen Wunsch, das katholische Christentum gegen die Heiden zum Sieg zu führen. So fehlte ihm auch – heute erscheint das absurd – ein wirklich ausgeprägter Sinn dafür, daß seine Flotten aus Übersee nur dasjenige an Edelmetallen und Kostbarkeiten in spanischen Häfen löschen konnten, was nicht von Piratenschiffen aufgebracht wurde – von französischen, englischen, niederländischen Piratenschiffen. Lange genug hatte er dieses Problem praktisch vor der Tür: Seine Verbindungswege in die Niederlande durch den Ärmelkanal hingen allein davon ab, daß seine Schiffe die Angriffe der Engländer und Franzosen abschlagen konnten. Das war schon unter seinem Vater Karl V. so gewesen. Der Unterschied gegenüber den Schiffsrouten nach Übersee bestand darin, daß sich die Niederlande notfalls auch über Land mit Nachschub und Truppen versorgen ließen.

Das Geleitzugsystem, zu dem Spanien 1543 übergegangen war, konnte das Problem der Routensicherung nicht lösen, im Gegenteil, es war als Defensivverfahren geplant und deshalb von vornherein auf Verlust gestellt. Ob die überseeischen Neuerwerbungen der iberischen Staaten tatsächlich in ihrem Besitz waren, das erwies sich nicht durch Rechtstitel, sondern durch die militärische Kraft, mit der sie behauptet wurden. Dasselbe galt für die Wege dorthin, für die Schiffsrouten und letzten Endes auch für die Meere selbst, die zu durchsegeln waren. Die Herrschaftsorganisation, die Portugal im Indischen Ozean errichtet hatte, besaß deshalb für Spanien und seine transatlantischen Verbindungen einen vorbildhaften Charakter – oder hätte ihn besitzen sollen, sowohl hinsichtlich der Machtverankerung als auch hinsichtlich der katastrophalen Fehler, durch die Portugal sein Imperium selbst zerstörte: Disziplinlosigkeit, Selbstüberschätzung, Gleichgültigkeit, Habgier, Bequemlichkeit, Arroganz.

Portugals Ende

Eine Konzentration aufs Wesentliche wäre für Lissabon um so dringlicher gewesen, als schon seit Albuquerque den Herrschern vorgezeichnet war, welche Politik die Krone treiben mußte, wenn sie ihre Seeherrschaft aufrechterhalten wollte. Abgesehen von den Mängeln und Mißgriffen in den transozeanischen Stützpunkten: Eine Kontinentalpolitik alten Zuschnitts ließ sich für ein so kleines Land wie Portugal nicht mit den Problemen, die sich aus seiner imperialen Seeherrschaft ergaben, verknüpfen. Gegen diese Einsicht verstieß der portugiesische König Sebastian – ein Neffe Philipps II. – in einer religiös ehrenwerten und militärisch törichten Weise. Kaum einer seiner Vorgänger regierte so selbstherrlich wie er, schlug jeden Rat erfahrener Leute in den Wind, was trotz seiner Jugend – er bestieg mit elf Jahren den Thron – kein Fehler hätte sein müssen, wenn ihm eigene Ressourcen der Vernunft offengestanden hätten. Doch das einzige, was ihn erfüllte, war blinder Kreuzzugsfanatismus. Er griff die längst beiseite gelegten alten Territorialpläne Portugals in Afrika wieder auf, er wollte Marokko erobern und die Moslems vertreiben. Sebastian setzte sich über alle Warnungen hinweg und führte im Sommer 1578 ein Heer von 15 000 Mann nach Afrika. Am 4. August kam es bei Ksar el-Kebir südlich von Tanger zur Schlacht. Die Moslems errangen einen totalen Sieg, der König und rund achttausend seiner Soldaten wurden erschlagen, die Überlebenden mußten in Gefangenschaft. Nicht einmal hundert Mann konnten sich nach Tanger retten.
Keine Katastrophe in der Geschichte Portugals war so unnötig wie das Fiasko von Ksar el-Kebir, und kaum eine Katastrophe hatte

schwerwiegendere Konsequenzen. Das Land büßte die Elite seiner Waffenfähigen ein, es war finanziell ausgepumpt, wegen der Überseeaktivitäten darbte die einheimische Wirtschaft völlig vernachlässigt dahin, der Indien- und Afrikahandel litt unter schweren Einbrüchen, und schließlich war der Augenblick abzusehen, an dem aus den Gewinnen nicht einmal mehr die nötigsten Importe für den Eigenbedarf des Landes bezahlt werden konnten. 1560 mußte die königlich privilegierte *Casa da India* in Lissabon, über die der gesamte Indienhandel ablief, ihre Zahlungsunfähigkeit bekanntgeben und damit den Staatsbankrott erklären. Da König Sebastian keine Erben hinterlassen hatte, wurde nach schwierigen Verhandlungen im Jahr 1580 Spaniens König Philipp II. – ein Enkel Manuels I. des Großen – zum rechtmäßigen Thronfolger und Herrscher des Landes proklamiert. Portugal verlor seine staatliche Selbständigkeit.

Die Stimmung der Portugiesen spiegelte sich in der Klage von Camões, der das Jahr 1580 nicht überlebte: »Ich habe mein Land so sehr geliebt, daß ich mit ihm sterben werde.« Philipp II. war zwar klug genug, um alle denkbaren Rücksichten auf den nationalen Stolz des Volkes zu nehmen, er setzte einen Vizekönig ein, der das Land im Inneren weitgehend autonom regieren sollte, doch die Personalunion der iberischen Königskronen, angeblich auf eine bloße Formalität reduziert, ließ sich ernstlich gar nicht durchführen. Die ozeanische Interessengemeinschaft beider Staaten, die spätestens seit der Tordesillas-Regelung datierte, ließ unter König Philipp II. eine selbständige Außenpolitik Portugals auch bei bestem Willen nicht zu. Den Beweis dafür lieferten ungefragt die alten Gegner Spaniens, die sich mit Recht sagten, daß der Bestand von Portugals Seeherrschaft von der Fähigkeit Spaniens abhing, sie aufrechtzuerhalten.

7. Kapitel

»Bin ich ausgeschlossen
von der Teilung der Welt?«

In Europa kursierten wilde Erzählungen von den märchenhaften Schätzen, die spanische Schiffe aus der Neuen Welt in die Heimat brachten. Alle diese Gerüchte wurden bestätigt und von den Tatsachen sogar weit übertroffen, als der französische Piratenkapitän Jean Fleury Anfang 1523 mit zwei gekaperten Spaniern in Dieppe einlief. Jean Fleury gehörte zu der stattlichen Schar von Seeräubern, die im Auftrag des Kaufmanns und Reeders Jean Ango Jagd auf die Karavellen und Galeonen Kaiser Karls V. machten.

Im Dezember 1522 hatte Hernando Cortez eine Flottille mit dem Goldschatz des Montezuma nach Spanien geschickt. Die Karavellen verließen vier Tage vor Weihnachten Vera Cruz und segelten zu den Azoren. Hier kreuzte Jean Fleury die Route des kleinen Verbands, er griff an und brachte mühelos zwei Schiffe in seine Gewalt.

Der Schatz des Montezuma übertraf alles, was den europäischen Kontinent bisher an Kostbarkeiten aus der Neuen Welt erreicht hatte: faustgroße Smaragde, Unmengen an Armbändern, Halsketten und Gehängen, Opferschalen, Strahlenkränze und Platten aus massivem Gold, Götterfiguren aus Edelsteinen, Federkronen, Gesichtsmasken mit Türkismosaiken, Kolliers aus Rubinen – die Beschreibungen geben kaum einen Abglanz des Eindrucks, den diese unermeßliche Beute am Hof in Paris machte.

Der französische König hatte mit dem sensationellen Handstreich Jean Fleurys nichts zu tun, aber er quittierte das Ergebnis voll Genugtuung. Auch die europäischen Herrscher – soweit sie nicht vorbehaltlose Parteigänger Karls V. und Spanien-Habsburgs waren – gaben sich keine Mühe, ihre Schadenfreude zu unterdrücken. Von Jahr zu Jahr hatten sie die Reichtümer, die jedes portugiesische und spanische Schiff aus Übersee in die Heimathäfen brachte, aufmerksamer und mit wachsendem Neid registriert. Dementsprechend wurde auch der allgemeine Protest gegen alle »Aufteilungen der Welt« immer schärfer: Portugal und Spanien hätten sich das Recht zur *divisio mundi* willkürlich angemaßt, unterstützt von Päpsten, die bei ihren Erklärungen von unhaltbaren Voraussetzungen ausgegangen seien.

Der französische König sprach für alle Fürsten und Völker, die sich gegen die Alleinherrschaft der iberischen Staaten auf den Weltmeeren empörten. Als Karl V. ihn durch einen Gesandten an die ozeanischen Vorrechte Spaniens erinnerte und von ihm eine Erklärung verlangte, daß Frankreich auf alle Interessen in Übersee verzichte, erwiderte Franz I. herablassend: »Die Sonne leuchtet für mich genauso wie für jeden anderen. Ich würde gern die Klausel im Testament Adams sehen, nach der ich von der Teilung der Welt ausgeschlossen bin.«

Naturrecht des Neides – Naturrecht an sich?

Der Widerstand gegen jede Art rechtlicher Absicherung der iberischen Interessensphären auf der Hohen See hat sich im 16. Jahrhundert deshalb so rasch gesteigert, weil es bei der ozeanischen Anwartschaft Frankreichs, Englands, Hollands nicht um die Teilung des Erdballs ging, sondern um die Mitsprache bei der Verteilung seiner Güter. Das Paradies, nach dem Persönlichkeiten wie Heinrich der Seefahrer und selbst noch Columbus gesucht hatten, präsentierte sich jetzt als ein Paradies voller irdischer Schätze, und deshalb mußten die Wege dorthin den Völkern erst recht offenstehen.

Der französische König hatte gegen die Verbindlichkeit der päpstlichen Schiedssprüche die göttliche Gerechtigkeit ins Feld geführt, das hieß das allgemeine Naturrecht, das Gott den Menschen gewährt hatte und von dem die Bibel sprach. Frankreich forderte damit seinen »Platz an der Sonne«, viele Jahrhunderte vor der Wilhelminischen Ära Deutschlands. Auch der Grundsatz von der »Freiheit der Meere« wurde schon 1532 aufgestellt, weit früher, bevor ihn Juristen als völkerrechtliches Prinzip verkündeten.

Das Motiv war aber keineswegs die brennende Sorge um die Rettung der bedrohten Freiheit, sondern vielmehr der Wille, den portugiesischen und spanischen Vorsprung wettzumachen, das iberische Übergewicht zu brechen. Die Rechtsgelehrten sorgten für den machtpolitisch-militärischen Akzent. Sie erklärten den Spaniern, daß aus der bloßen Entdeckung keinerlei Territorialrechte abzuleiten seien. Man habe nur auf das einen Anspruch, was man tatsächlich in Besitz genommen hätte.

Diese Behauptungen waren fadenscheinig, denn wenn sich die Konkurrenten Spaniens und Portugals an solche Sätze gehalten hätten, wären bewaffnete Kämpfe um den Kolonialbesitz von vornherein ausgeschlossen gewesen. Sämtliche Argumentationen, allen voran die juristischen, krankten an der Schwierigkeit, daß sich die althergebrachten Vorstellungen nicht auf die neuen Verhältnisse anwenden ließen und vor allem keine einzige von ihnen auf die Ozeane zu übertragen war. Seerechtsregelungen waren seit alters kaum etwas anderes gewesen als Abwandlungen von landgebundenen Verkehrsregelungen.

Die Juristen erkannten rasch das Problem: Ihre Maßstäbe entstammten dem kontinentalen Erfahrungsbereich. Wer sie beibehielt, konnte die Weltmeere entweder nur als Hindernis zwischen den Erdteilen ansehen oder als Brücken zwischen ihnen. Die Frage, ob sich ozeanische Besitzansprüche rechtlich genauso klären lassen, wie es auf dem Land üblich war – also durch Grenzziehungen, Parzellierung von Gebieten, Nutzung von Routen und ähnlichem –, blieb bis in unser Jahrhundert strittig. Dabei handelt es sich aber gerade hier um etwas Grundsätzliches, denn eine Rechts-, Politik- oder Geschichtswissenschaft, welche die ozeanische Erfahrungsrevolution nicht zur Kenntnis nimmt, ignoriert einen entscheidenden Gesichtspunkt der modernen Zeit.

Begriffe oder rechtsverbindliche Feststellungen sind gewöhnlich für das Gebiet der politischen Auseinandersetzungen nicht von Bedeutung. Bei den Staatsgründungen der Geschichte hat es sich bis heute überwiegend um Raubstaatengründungen gehandelt. Aber bis in unsere Tage werden zahllose Experten und unzählige Betroffene von dem Problem bewegt, aufgrund welcher unergründlichen Geheimnisse sich offenkundiges Unrecht allein durch den Ablauf der Zeit in anerkanntes Recht verwandelt. Noch erheblich schärfer stellte sich das Problem der rechtlich-begrifflichen Unzulänglichkeit bei den soeben entdeckten gigantischen Weiten der Ozeane. Bei dem Ringen um ihre Beherrschung ging es bald um nackte Existenzfragen der Staaten, um ihr elementares Recht auf Sicherung ihres Bestandes. Jeder Staat muß eine bestimmte Gliederung durchsetzen, deshalb muß jeder Staat Macht ausüben und dazu gehört der unbedingte Wille, sich selbst zu erhalten – nicht zuletzt um seiner Bürger willen. Gegen diesen Sachverhalt werden sich immer wieder höchst sittliche Forderungen zusammenrotten, doch das ändert nichts daran, daß sie von den Triumphwagen rüder Interessen- und Machtpolitik an Ketten hinter sich hergeschleppt werden.

Große Taten ohne Handschuhe

Portugal und Spanien gaben niemals die Ansprüche preis, die ihnen aufgrund der päpstlichen Verfügungen zustanden. So verzichteten die Spanier erst zu Beginn des 19. Jahrhunderts darauf, den Pazifik als »Dominium Seiner Katholischen Majestät« exklusiv als spanische Machtsphäre zu behaupten. Im 16. Jahrhundert war die ozeanische Situation dagegen noch völlig geprägt von der iberischen Flottenüberlegenheit einerseits und den hektischen Versuchen der seefahrenden Rivalen andererseits, den Güterstrom, der durch den Freiraum der Hohen See zu den beiden Staaten floß, mit allen Kräften zu unterbrechen und in die eigenen Häfen zu leiten.

In diesem Jahrhundert und noch lange darüber hinaus betrachteten die Seemächte den transozeanischen Warenverkehr als Teil eines ununterbrochenen Krieges, der sich ohne Rücksicht auf die offiziellen Beziehungen zwischen den Staaten abspielte: Außenhandel war Krieg – ob zu Lande Frieden herrschte oder nicht, spielte dabei keine Rolle. Deshalb hielten sich die Herrscher ohne Skrupel für berechtigt, Schiffsführer jeder Sorte in Dienst zu nehmen, in den Dienst ihres Landes. Sie wurden mit Kaperbriefen offiziell zum Seeraub ermächtigt. Diese »Lettres de marque«, die der König ausstellte, hoben den gewöhnlichen Piraten in den Stand des Korsaren. Er durfte, falls sein Schiff aufgebracht wurde, nicht wie jeder andere Seeräuber ohne Umstände gehängt werden. Doch die Kapitäne, die einen Freibeuter fingen, hatten andere Eigenschaften als einen ausgeprägten Sinn für derartige Spitzfindigkeiten. Der Korsar wurde meistens wie ein simpler Pirat an der Rahe gehenkt. Weder bei der Ausstellung der Kaperbriefe noch bei ihrer Ignorierung gab es übermäßige Bedenken. Das staatlich gepflegte Freibeutertum wurde von allen Seefahrernationen als hervorragendes Instrument des Krieges zur See hoch geschätzt.

Der Kampf um die Seeherrschaft begann für Frankreich, die Niederlande und England mit der Ära einer schrankenlosen Piraterie. Andere Möglichkeiten, um den Portugiesen und Spaniern auf See zu begegnen, fehlten zunächst. Das Freibeutertum war ein natürliches Frühstadium der Entwicklung von eigenen Hochseeflotten. Allerdings dauerte diese Phase erheblich länger, als es entsprechend den tatsächlichen Notwendigkeiten hätte sein müssen. Verschärft wurde die monarchische Piraterie durch Invasionen wie das französisch-englische Unternehmen 1543 in Nordafrika, als 300 Mann Karthago überfielen und ausplünderten, oder der Coup von Jacques de Sore und Normand François le Clerc, die mit einem Hugenottenaufgebot in Havanna einfielen, die Kirchen anzündeten und mit einer immensen Beute davonsegelten.

Frankreich brachte für den Kampf um die See besonders günstige Voraussetzungen mit: Es grenzte sowohl ans Mittelmeer als auch an den Atlantik; seine Wirtschaftskraft war außerordentlich stark. Abgesehen davon war Frankreich der volkreichste Staat Europas, nur in Rußland lebten mehr Menschen, doch das Moskauer Reich spielte auf den Ozeanen noch keine Rolle. Deshalb hat die Behauptung Kardinal Richelieus im 17. Jahrhundert soviel für sich: »Kein Königreich liegt geographisch so gut wie Frankreich und ist so reich an sämtlichen erforderlichen Mitteln, um sich zum Herrn des Meeres zu machen.«

Für Richelieu war die Seeherrschaft allerdings nur ein Mittel zu kolonialen Zwecken. Das Überseekonzept hielt sich eng an die Ziele von Franz I., den französischen Anspruch auf Beteiligung an der Eroberung neuer Länder durchzusetzen. Kein Staat mußte aber härter dafür büßen, daß er nicht rechtzeitig erkannt hatte, wie unbedingt Seeherrschaft in bestimmter Umgrenzung die Voraussetzung für gesicherte Kolonialherrschaft war. Frankreich mußte um so stärker darunter leiden, als es jahrzehntelang den Rang der stärksten Seemacht der Welt behaupten konnte, bevor es den Engländern auf den Ozeanen unterlag.

Seefahrt und Territorialgewinn waren für Frankreich nicht zu trennen. Bei Schiffen, die auf Entdeckungsfahrten (»aux découvertes«) in See stachen, handelte es sich bald um nichts anderes als um Vorkommandos für Siedler. Die Begründung dafür wurde fast zur selben Zeit gegeben. Der Wirtschaftstheoretiker und Unternehmer Antoine de Montchrétien untermauert 1615 in seinem »Traktat über die politische Ökonomie« (»Traité de l'économie politique«) die kolonialen Eroberungen mit Bemerkungen, die sehr modern klingen: »Große Taten werden nicht mit Handschuhen vollbracht. Eisen und Stahl sind als Tugenden besser geeignet als Gold, Silber und Seide.«

Die kalten Winter Kanadas

Wärmende Handschuhe hätten die Franzosen immerhin in demjenigen Gebiet der Neuen Welt gebraucht, das sie als erste entdeckt, als erste besiedelt und als erste wieder aufgegeben haben: in Kanada. Französische Seefahrer waren 1506 an die Mündung des St.-Lorenz-Stroms und 1508 nach Neufundland gekommen. Von Saint-Malo aus fuhren ganze Flotten zum Kabeljaufang Kurs Nordnordwest. In Saint-Malo wurde gegen Ende des 17. Jahrhunderts das Piratentum als Gewerbe großen Stils und beinahe unverfänglich betrieben, aus Saint-Malo kam der erfolgreichste aller französischen Freibeuter, René Duguay-Trouin, der in seinem langwährenden Seeräuberleben Hunderte von englischen Schiffen

»Kein Friede jenseits der Linie!« Sir Francis Drake, Korsar und Admiral Englands (1540–1596), Kupferstich von 1577

Folgende Seiten: » . . . der Kampf gegen die Engländer und gegen Wind und Wellen.« Die Seeschlacht zwischen der englischen Flotte und der spanischen Armada im Juli 1588

Habes Lector candide fortiss, ac inuictiss Ducis Draeck ad viuum simaginem
toto terrarum orbe, duorum annorum, et mensium decem spatio, Zephiris fauen-
tibus circumducto, Anglium sedes proprias, 4. Cal. Octobr. anno à partu Virgi-
nis 1580 reuisit cum antea portu soluisset Id. Decem: anni, 1577.

aufbrachte und versenkte. Seine Fähigkeiten wurden in der Folge vom König durch die Ernennung zum Generalleutnant und Vizeadmiral legalisiert. Als die Nachricht von großen Goldvorkommen in Brasilien durch die Welt lief, hatte Duguay-Trouin den Einfall, Rio de Janeiro wie ein Schiff zu behandeln. 1711 erklärte er die Stadt einfach zu einer Prise, besetzte sie und hißte auf seinen Schiffen erst dann wieder die Segel, als die Bewohner eine ungeheure Kontribution entrichtet hatten. Die Beute soll sich auf einen Goldwert von fünfundzwanzig Millionen Dukaten belaufen haben; nach heutiger Währung etwa eine halbe Milliarde Mark.

Aus Saint-Malo stammte auch Jacques Cartier. Am 20. April 1534 verließ er mit zwei Schiffen den Hafen auf demselben Kurs wie die bretonischen Fischer, wenn sie auf Kabeljaufang gingen. Cartier aber wollte nicht die Netze mit Fischen füllen, sondern »gewisse Inseln entdecken, auf denen große Mengen Gold und andere Schätze« vermutet wurden. Nachdem er Neufundland erreicht hatte, segelte er in die Mündung des St.-Lorenz-Stroms, erinnerte sich an das Vorbild der portugiesischen Padrões und errichtete am Ufer der Bucht von Gaspé ein zehn Meter hohes Holzkreuz mit der Inschrift: »*Vive le Roy de France*«.

Bei seiner zweiten Fahrt im darauffolgenden Jahr erkannte Cartier, daß die Bucht an der Mündung eines großen Stromes lag. Er segelte flußaufwärts, mehr als siebenhundert Kilometer, bis zu einer großen Insel; 1642 wurde hier der Ort Marie-Ville gegründet, später umbenannt in Mont Royal – das heutige Montreal zwischen dem Ottawa-River und dem St.-Lorenz-Strom. Nach seiner Rückkehr fand Cartier in Paris die aufmerksamsten Zuhörer, als er von dem neu entdeckten Land erzählte, von dem Klima, den gastfreundlichen Indianern, von den vielen Seehunden und Pelztieren, vor allem aber von dem – angeblichen – Gold- und Diamantenreichtum im Inneren und der Aussicht, nach China zu gelangen, wenn man den St.-Lorenz-Strom aufwärts segeln würde.

Doch erst am 23. Mai 1541 lichtete Cartier wieder die Anker, mit

»The Lady of the Seas – Die Herrin der Meere«, Elisabeth I., Königin von England (1533–1603), Gemälde eines unbekannten Künstlers (National Portrait Gallery, London)

etwa vierhundert Kolonisten an Bord; wenig später folgten nochmals zweihundert Mann unter dem Vizekönig Roberval. Oberhalb Montreals, in der Nähe des heutigen Quebec, wurde die erste französische Siedlung gegründet. Cartiers zuversichtliche Erwartungen schlugen bald in Enttäuschung um. Die Kolonisten starben reihenweise an Skorbut. Die Indianer wurden zunehmend reservierter und schließlich feindselig. Am meisten jedoch machte den Franzosen die erbarmungslose Kälte im Winter zu schaffen, die sich in nichts von sibirischen Verhältnissen unterscheidet.

Cartier mußte sich entschließen, mit den Überlebenden zurückzukehren. Dieses Ende hatte ein spanischer Grande vorausgesagt, als er Karl V. wegen der Nordamerikapläne Frankreichs beruhigte: »Auf Grund bloßen Geschwätzes nehmen die Franzosen an, daß dieses Gebiet reich an Gold und Silber sei, und hoffen, dasselbe wie wir zu erreichen. Aber sie sind in einem Irrtum befangen, denn die ganze Küste dort, bis hinab nach Florida, ist durchaus unergiebig. Folglich werden sie zugrunde gehen oder bestenfalls einen kurzen Ausflug machen, unter Verlust etlicher Leute und dem größten Teil ihrer Ladung.«

Cartier fiel sein Kapitulationsentschluß um so leichter, als er die Schiffe mit zahlreichen Fässern voller Golderz und diamanthaltigem Gestein beladen hatte. Doch in Paris erkannten die Fachleute sofort, daß es sich um Schwefelkies und Lehm, Glimmerschiefer und Quarzkristalle handelte, die Schätze völlig wertlos waren. Noch viele Jahrzehnte wurden in Frankreich Betrügereien mit der Redensart »falsch wie ein Diamant aus Kanada« charakterisiert.

Freiheit des Raubes – Freiheit des Meeres

Diejenigen Völker Europas, die dem imperialen Anspruch der iberischen Staaten auf den Meeren entgegentraten, konnten der Idee und der Verwirklichung eines Weltreiches luso-spanischer Prägung keinen eigenen Entwurf gegenüberstellen. Sie setzten deshalb an den Fundamenten an. Am wirkungsvollsten war der Appell an ein Grundrecht, das in der europäischen Neuzeit eine Hauptrolle spielt: der Appell an die Freiheit.

Bei dieser Freiheit ging es nur nebenbei um ein »heiliges Ideengut« der Menschheit. Die kategorische Feststellung der empordrängenden Seefahrernationen des Nordens, daß die Meere grundsätzlich frei seien, war eine reine Interessenerklärung. Sie kam aus dem Mund von Leuten, die nichts als ihren Anteil an den Ozeanen, an der Seeherrschaft, haben wollten. Der freie Zugang zum Meer, die Freiheit auf den Weltmeeren war die Voraussetzung dafür, daß die Portugiesen und Spanier die neu entdeckten Länder und Gebiete nicht unter sich allein aufteilten. Nur deshalb kämpften die anderen Herrscher und Völker um die »Freiheit der Meere«; sie meinten damit das allgemeine Recht auf Landnahme, das den einen genauso zustand wie den anderen, und damit die Freiheit der Beute.

Einen besonders aggressiven Akzent erhielt die Auseinandersetzung mit Portugal-Spanien durch die Niederländer und ihren großen Aufstand seit 1568. Der religiöse Zwist, das Ringen der Protestanten-Calvinisten mit den katholischen Spaniern um die Freiheit der Religion war um so erbitterter, als sich das Widersacherverhältnis gegenüber Spanien in die Tradition der zunehmenden Selbständigkeit der Niederlande eingefügt hatte, die schon von Kaiser Maximilian I. so nachdrücklich gefördert worden war.

In dem Moment, als sich der Kampf aufgrund der geographischen Verhältnisse auch auf die Meere verlagerte, wurden die aufständischen Niederländer zu natürlichen Bundesgenossen der Engländer. In diesem Kampf gegen Spanien ging es nun auch um die Meere selbst, um die Herrschaft auf ihnen, um ihre Beherrschung. Der Kampf wurde mit Kielen und Kanonen ausgetragen und ebenso verbissen mit theologischen Argumenten und juristischen Begriffen. Die Niederländer brachten bald das urtümlichste aller Momente mit ins Spiel. Während ihres Ringens mit den spanischen Truppen griffen sie wiederholt zu dem ebenso mörderischen wie selbstmörderischen Mittel, die Deiche zu öffnen und das Land zu überschwemmen. Sie weiteten ihren Kampf zu einer Fehde der Elemente aus: Das Meer empörte sich gegen das Land. Diesem schroffen Gegensatz gewinnt das Lied der Wassergeusen eine neue politische Bedeutung ab: »Das Land wird Meer, doch es wird frei.« Nicht zufällig erinnert das an die rettende Arche Noahs in der Bibel: Wer an Land bleibt, geht unter.

Jenseits der vielen unterschiedlichen Motive und leitenden Argumente entwickelte sich während des Ringens um die Weltmeere und als Mittel dieses Ringens selbst das moderne Völkerrecht, und zwar in seinem bekannten, universal-globalen Sinn. Als König Philipp II. nach Vollzug der Personalunion mit Portugal alleiniger Herr der luso-spanischen Erdsphäre wurde, sahen die Holländer in dem »*een monarche van de wereld*« keinen bloßen Titel. Sie befürchteten mit besten Gründen, daß dieser König ernsthaft beabsichtige, »allein die Trompete bis an die Grenzen der Welt zu blasen«. Und die Engländer waren derselben Meinung.

Das Recht der Völker

Durch die plötzlich entdeckten Territorien und Gebiete der Erde wurden Rivalitäten erneut geschürt, die vielfach eine lange Vorgeschichte hatten. Die Gegnerschaften und Feindpositionen waren sowohl durch die alten Kontinentalgegensätze als auch durch die religiösen Kämpfe im Verlauf der Reformation und Gegenreformation festgelegt. Auch deswegen rebellierten diejenigen Staaten, die in einem anderen Verhältnis zu Rom standen als Portugal und Spanien, gegen die päpstlichen »Teilungen der Welt«, protestierten besonders die Engländer gegen die Dekrete aus Rom mit dem Einspruch, daß ihnen der Zugang zu Westindien »*contra ius gentium*« verschlossen worden sei. Faktische Landnahme würde davon abhängen, daß das Territorium auch tatsächlich in Besitz genommen worden sei. Mit dem Meer aber und ebenso mit der Luft verhalte es sich anders; sie seien ein Besitztum aller Menschen.
Die eingeklagte Gleichberechtigung mit Spanien-Portugal und gegenüber den päpstlichen Erlässen bedeutet dabei eine grundsätzliche Entwertung der römisch-christlichen Rechtsbegründungen, die bis dahin niemand angezweifelt hatte.
Weit über ein halbes Jahrhundert dauerte es, bis der denkwürdige Ausspruch von Franz I. in eine juristische Fassung gebracht wurde, die wenigstens nach außen hin nicht mehr verschmutzt war durch individuelle Habsucht. Die leidenschaftliche Beschwörung der Freiheit und der Freiheitsrechte verhalf den Seemächten, die gegen

Spanien ins Feld, das heißt aufs Meer gezogen waren, zum entscheidenden Durchbruch. Die Rechtslage, die sich aus den Freiheitsansprüchen ergab, wurde zum erstenmal von dem holländischen Juristen Hugo Grotius in einer umfassenden Weise formuliert. Seitdem besitzt der Grundsatz von der Freiheit der Meere seinen klassischen Rang, und zwar so unangefochten, daß die derben Profitinteressen, die dabei Geburtshilfe geleistet hatten, längst vergessen worden sind.

Die Formel von der »Freiheit der Meere« geht auf den Titel einer Schrift zurück, die 1609 in lateinischer Sprache erschienen ist: *Mare liberum*. Der Text bildete ursprünglich den Abschnitt eines größeren Buches »Über das Beuterecht«, das Grotius im Auftrag der Niederländisch-Ostindischen Handelskompanie geschrieben hatte. Grotius rechtfertigte darin mit dem größtmöglichen juristischen Aufwand die Ansprüche der Holländer auf absolut freie Schiffahrt und unbehinderten Handel in Indien, insbesondere im Gegensatz zu den Behauptungen und zur Praxis der Portugiesen.

So wie es seine Auftraggeber von ihm erwarteten, legte Grotius sämtliche juristischen »Beweise« dafür vor, daß Portugal keine exklusiven Herrschafts- und Eigentumsrechte über das Meer erworben hätte, sondern die Weltmeere ein Eigentum darstellten, das allen gemeinsam sei. Ohne den komplizierten Begriff eines derartigen ozeanischen Gemeinschaftseigentums gründlicher zu untersuchen, kommt Grotius zu der Schlußfolgerung: »Nach dem Völkerrecht steht die Schiffahrt jedem Beliebigen zu jedem Beliebigen frei.«

Seltsamerweise erschien erst nach vielen Jahren eine Gegenschrift, und zwar aus englischer Feder. Sie wurde von dem Politiker und Juristen John Selden im Auftrag König Karls I. abgefaßt und trug den Titel »*Mare clausum*« – »Das verschlossene Meer«. Um ein wirkliches Gegenstück zu dem Buch von Grotius handelte es sich allerdings nicht, denn Selden ging in seiner Abhandlung, die er 1618 niederschrieb, aber erst 1635 veröffentlichte, nur um einen kleinen Schritt über die Beweisführung von Grotius hinaus. Mit ihrem Völkerrechtsprinzip der freien Schiffahrt hatten die Holländer nichts anderes gewollt, als den Portugiesen ihren faktischen Besitz gewaltiger Meeresbereiche juristisch streitig zu machen. Die Engländer wiederum, die den Holländern in dieser Frage damals zur Seite standen, wollten mit der Schrift John Seldens nichts anderes, als ihre tatsächliche Herrschaft über diejenige Meere, die an die britische Insel grenzten, juristisch rechtfertigen.

Ketzerei macht seetüchtig

Die völkerrechtlichen Beweisführungen der jungen Seemächte des Nordens sind kräftig unterstützt worden von der Feindschaft der Protestanten gegen die römische Kirche und den Papst. Was hier vom Stuhl Petri aus verkündet worden sei, so behauptete man, widerspreche zutiefst den Lehren, die Christus verkündet habe. Diese Meinung wurde schon bald in die Kurzformel geschmiedet: Protestantismus und Freiheit der Meere gehören zusammen. Wenig später war die Interessengemeinschaft der protestantischen Mächte auf See schon fast etwas Natürliches, »da nun einmal Ketzerei für Seefahrer am geeignetsten ist«, wie es der Franzose René Champigny im Jahr 1590 ausdrückte.

In dieser Behauptung steckte nicht nur ein konfessioneller Glaubenskern, sondern etwas Elementares, das schon die Griechen mit Beklemmung erkannt hatten: Wer auf die See geht, der verstößt gegen Gesetze und Grenzen, die dem Menschen von Natur aus gezogen sind – und wenn nicht das, so widerspricht doch das Wagnis, sich aus freien Stücken aufs Meer hinauszubegeben, allen herrschenden Auffassungen von einem schicklichen Verhalten.

Ob bei den protestantischen Seemächten letzten Endes Macht- und Profitinteressen im Vordergrund standen oder der konfessionelle Zwist mit Rom, ist mit Rücksicht auf die tatsächliche Entwicklung zweitrangig. Mit Frankreich gemeinsam kämpften sie auf den Meeren auch gegen den römisch-katholischen Universalismus und setzten dabei in einem radikalen Sinn zum Todesstoß gegen ihn an. Spanien andererseits focht bis zum endgültigen Abschluß dieses Prozesses, der immerhin zweihundert Jahre, bis zum Ende des 18. Jahrhunderts dauerte, darum, das universal-katholische Ordnungsprinzip, das in Europa von der Staatenautonomie abgelöst worden war, für die Überseegebiete einschließlich der Meere durchzusetzen und möglichst lange aufrechtzuerhalten, um es da-

mit über die europäische Verwurzelung hinaus zu retten. Infolgedessen kann man behaupten: Das christliche Mittelalter endete in
Europa im Verlauf des 16. Jahrhunderts; vollständig aber war es
mit seinem Universalismus erst vorbei, als die protestantischen Seemächte die spanische Herrschaft auf den Weltmeeren vernichtet
hatten. Luther und Calvin triumphierten nicht im Abendland, sondern auf der Hohen See.

Die Linien

Das Ringen der Mächte spielte sich in zwei verschiedenen Bereichen ab. Während des Dreißigjährigen Krieges im 17. Jahrhundert
pendelte sich in Europa ein gewisses Religionsgleichgewicht ein.
Neben der christlich-katholischen Ordnungsidee hatte sich der
protestantische Sonderanspruch durchgesetzt und war akzeptiert
worden. Außerhalb der Territorialregelungen der Friedensschlüsse
wurde auch die Protestantenforderung nach Freiheit der Meere
gelten gelassen – allerdings lediglich imaginär. Durch den atlantischen Ozean wurden gedachte Linien gezogen, an denen der
Raum des europäischen Staatensystems völkerrechtlich endete.
Jenseits dieser Linien verlor das zwischenstaatliche öffentliche
Recht, das sich zu jener Zeit in Europa entwickelte, seine Verbindlichkeit.
Die Linienregelung geht dem Prinzip nach zurück auf den Vertrag
von Cateau-Cambrésis des Jahres 1559 zwischen Spanien und
Frankreich. Was die Territorialbestimmungen betrifft, so handelt
es sich bei diesem Friedensschluß um die Besiegelung einer emp-
findlichen französischen Niederlage. Der Text der Vereinbarung
läßt keinen Zweifel daran. Frankreich muß auf seine italienischen
Ansprüche verzichten und das Herzogtum Savoyen herausgeben.
Der Vertrag enthält allerdings kein Wort von den mündlichen Ab-
sprachen, die während der Verhandlungen getroffen wurden: Die
Friedensvereinbarungen besitzen nur für Europa Geltung, nicht
aber für die Bereiche der Meere. Dort, jenseits von Europa, entscheiden nach wie vor die Waffen, entscheidet die maritime
Kriegsmacht über Herrschaft und Besitz; die Kämpfe, zu denen es

dabei kommen werde, wirken sich in keiner Weise auf das Verhältnis der beiden Staaten in Europa aus.

Die imaginären Linien, die durch das Meer gezogen wurden, waren sowohl Freundschafts- als auch Feindschaftslinien. Letzten Endes handelte es sich dabei um eine Abwandlung der Demarkationen, welche die Päpste vorgenommen hatten. Die neuen Linien grenzten lediglich den europäischen Landraum genauer von dem ozeanischen Freiraum ab, in dem kein Recht, keine Ordnung, kein Gesetz galt und in dem die Seefahrernationen einander bekämpften, als hätte es seit den prähistorischen Zeiten nie etwas anderes gegeben als das nackte Faustrecht. Daß dieser Kampf von Europa ausging, daß er die Form war, in der Europa eine unerhörte Expansion vollzog – die gewaltigste aller Expansionen der Weltgeschichte –, das legte trotz der Brutalität des ganzen Prozesses den hohen Rang Europas bis ins 20. Jahrhundert unwiderruflich und in historisch unvergleichlicher Form fest.

Durch die Ausgrenzung des Kampfgebietes vermittels Festlegung von Zonen, in denen vertragliches Recht galt, beziehungsweise nicht galt, sprach die europäische Welt ihrer Rechtsordnung nur in den bisher vertrauten, alten Bereichen Gültigkeit zu, sie billigte die Existenz einer »Neuen Welt« als eines Freiraums des gewaltsamen Zugriffs. Sie würden erst dann zu Objekten des europäischen Völkerrechts werden, wenn der Kampf um sie entschieden war.

Solange dieser Zeitpunkt ausstand, hielt sich der Brauch der »Freundschaftslinien«. Im Süden verliefen sie entlang des Wendekreises des Krebses oder des Äquators, im Westen hielten sie sich an den Längengrad durch die Kanarischen Inseln oder die Azoren. Gelegentlich wurden sie sogar amtlich festgelegt – und damit ein Sachverhalt offiziell anerkannt, den es offiziell nicht gab. Der Widersinn dabei beruht darauf, daß an diesen Linien die Gültigkeit des europäischen Rechts endete und jenseits davon der Raum des gesetzlosen Kampfes um die Weltmeere, die Freiheit des Faustrechts begann. Ob in Europa zwischen den Seerivalen Frieden herrschte oder nicht: Jenseits »der Linie« lagen die Überseeräume der Gewalt. Der britische Seeheld Francis Drake gab dafür die Parole aus, eine Formel von welthistorischem Gewicht und drakonischer Kürze: »*No peace beyond the line!* – Kein Friede jenseits der Linie!«

Unter den Wahrzeichen der religiösen und sittlichen Begründungen von Rechts- und Unrechtsbestimmungen ist diese Linienabgrenzung etwas Ungeheuerliches. Sie beglaubigt die Existenz einer doppelten Moral und relativiert dadurch sowohl ihre christlich unterbaute als auch innerweltlich postulierte Unbedingtheit. Wie sollte ein gläubiger, ein sittlicher Mensch begreifen, daß sich christliche Herrscher dazu verstehen, für den unabsehbaren Raum des Ozeans die Barbareien und Ruchlosigkeiten eines Naturzustandes primitivster Art gelten zu lassen und sich gleichzeitig für den europäischen Kontinentalbereich auf das Gegenteil zu einigen? Wie ließ es sich rechtfertigen, die Meere als ein Reich der Anarchie auszugrenzen? Waren die Unterschiede zwischen Recht und Unrecht, Gut und Böse eine Frage der Geographie? Von solchen Zweifeln wurde der große Philosoph Pascal zu dem Seufzer hingerissen: »Die fundamentalen Gesetze wechseln. Ein Meridian entscheidet über die Wahrheit.«

So sah die eine Seite der Medaille aus. Die andere Seite bestand darin, daß durch die Linien-Übereinkunft die europäische Ordnung entscheidend stabilisiert wurde. Die Demarkationen verhinderten eine Zersetzung der Vertragsregelungen durch die rohe Willkür im Freiraum der See. In der Praxis bedeutete die »Freiheit der Meere« eine totale Befreiung von Recht, Moral und Gesetz; sie bedeutete aber genauso eine Rettung der innereuropäischen Ordnung, sie verhinderte hier den Rückfall in die Barbarei vorzivilisatorischer Zustände.

Das Ungeheuer Francis Drake

Am leidenschaftlichsten wurde diese Übereinkunft von England befürwortet. Das Königreich war damals der schwächste Partner in dem exklusiven Kreis der Seefahrernationen, und vielleicht erkannten gerade deshalb die britischen Staatsmänner und Herrscher besonders früh, daß England daraus den größten Nutzen ziehen konnte. Seine Piraten hatten fast ausnahmslos nichts anderes im Sinn, als in den Freiräumen der Meere Beute zu machen. Aber diejenigen von ihnen, die immerhin Anflüge von Format besaßen, achteten sorgsam darauf, daß ein hoher Prozentsatz des Geraubten am Königshof abgeliefert wurde – manchmal war es fast die Hälfte.

Das englische Freibeutergewerbe wurde erstmals von John Hawkins auf einen bemerkenswerten Stand gebracht. Er entstammte einer Familie von Kaufleuten und Schiffseignern aus Plymouth. 1562, 30 Jahre alt, segelte er mit einer Dreierflottille zu seiner ersten Fahrt nach Afrika. An der Sierra Leone überfiel er portugiesische Schiffe, raubte dreihundert Negersklaven und verkaufte sie mit riesigem Gewinn in Haiti. Königin Elisabeth I. wußte offiziell nichts von dieser Fahrt, was sie aber nicht hinderte, höchst offiziell die prachtvollen Perlen zu tragen, die ihr Hawkins aus Westindien mitbrachte.

1566 wurde John Hawkins von einem jungen Mann besucht, einem entfernten Verwandten seiner Familie. Dieser Francis Drake hatte sich kürzlich unter Kapitän John Lovell an einer Fahrt nach Mexiko beteiligt; sie war ein katastrophaler Mißerfolg gewesen, die Engländer wurden von den Spaniern völlig ausgeraubt. Von dieser Fahrt brachte Francis Drake vollendete seemännische Kenntnisse und einen maßlosen Haß auf die Spanier mit.

Hawkins bereitete für das folgende Jahr eine neue Kaperexpedition vor. Im Oktober 1567 lichteten sechs Schiffe die Anker. Das Flaggschiff »Jesus von Lübeck«, 700 Tonnen groß, hatte Königin Elisabeth dem Flottillenchef Hawkins selbst zur Verfügung gestellt; sie war an dem Unternehmen noch mit einem zweiten Schiff, der »Minion«, beteiligt. Francis Drake befehligte eine kleine Barke von 50 Tonnen, die »Judith«. An der Guineaküste erbeuteten die Engländer 500 Sklaven und segelten mit ihnen nach Amerika. Die Fahrt war ein halber Rachezug, denn sie liefen die Hafenstadt Rio de la Hacha an, in der Kapitän Lovell und Drake 1565 ausgeplündert worden waren. Als die Spanier jeden Handel mit den Engländern ablehnten, landete ein Kommando zu einem Plünderungszug, anschließend wurde die Stadt beschossen. Erst jetzt erklärten sich die Bewohner bereit, die Sklaven abzukaufen. Auf der Rückfahrt kamen die Schiffe in ein schweres Unwetter, des Flaggschiff schlug leck, Hawkins und Drake mußten in San Juan de Ulloa bei Veracruz Schutz suchen. Am nächsten Tag fuhren dreizehn spanische Geleitschiffe in den Hafen ein. Hawkins und der spanische Befehlshaber vereinbarten ein neutrales Verhalten. Wenig später brachen die Spanier jedoch das Abkommen, eröffneten das Feuer auf die britischen Schiffe und töteten jeden Engländer, der sich an Land befand. Hawkins und Drake konnten zwar vier Spanier in den Grund bohren, verloren aber selbst die »Jesus von Lübeck« und drei weitere Schiffe; nur die »Minion« und die »Judith« retteten sich, schwer beschädigt, aufs offene Meer. Drake erreichte am 20. Januar 1569 Plymouth, seine »Judith« kroch mehr in den Hafen als daß sie segelte. Eine Woche später erreichte auch Hawkins die Küste von Cornwall. Die »Minion« war in einem so jämmerlichen Zustand, daß er sie von hier nach Plymouth schleppen lassen mußte.

Das Mißgeschick der beiden Korsaren wurde in England als eine quasi öffentliche Demütigung empfunden. Hawkins und Drake, die sich genaugenommen nur hatten übertölpeln lassen, unterstützten diese Meinung durch kräftige Klagen über die Wortbrüchigkeit der Spanier. Der königliche Hof zeigte lebhaftes Verständnis für diese Version, denn durch den Verlust der »Jesus von Lübeck«, durch die unerfüllte Hoffnung auf ihren Anteil an der Beute und die havarierte »Minion« war auch Elisabeth I. geschädigt worden. Bei Hawkins hielten sich Rachegefühl und Resignation die Waage, Drakes verletzter Stolz dagegen ließ keine andere Empfindung zu als Haß.

Sein nächstes Unternehmen bereitete er außerordentlich gründlich vor. 1570 segelte er mit zwei kleinen Schiffen zu einer Erkundungsfahrt nach Westindien. Drake war zwar inzwischen in die Königliche Marine aufgenommen worden, doch die Expedition unternahm er auf eigene Faust, ebenso eine zweite Rekognoszierungsfahrt mit nur einem Schiff im darauffolgenden Jahr. Er lernte die Inseln der Karibik, die Küste Südamerikas, die Strömungen, Untiefen und Windverhältnisse, die Schlupfwinkel und versteckten Naturhäfen so gut kennen, als wäre er dort aufgewachsen.

Drake wußte jetzt auch bis in die Einzelheiten, wie die spanischen Galeonen mit Gold beladen wurden, wie ihr Geleitzugsystem funktionierte, wie die Schatzschiffe gesichert wurden.

Im Jahre 1626, dreißig Jahre nach dem Tod von Francis Drake, veröffentlichte einer seiner Neffen einen Bericht über das Unternehmen, zu dem Drake 1572 mit nur zwei Schiffen aufbrach. Die

Notizen erschienen unter dem Titel »*Sir Francis Drake redivivus* fordert dieses stumpfsinnige und verweichlichte Zeitalter auf, seinen noblen Schritten nach Gold und Silber zu folgen«.

Die »noblen Schritte nach Gold und Silber« des Kapitäns Drake machten seinen Namen binnen wenigen Monaten in ganz Europa berühmt und berüchtigt. Es war eines der verwegensten Projekte der ganzen Epoche, würdig auch des Beinamens, mit dem Königin Elisabeth inzwischen von spanischen und französischen Diplomaten ausgezeichnet wurde: »Perfide, freche Jezabel des Nordens«. Und wirklich mehr als frech – sofern dieses Wort die Drakesche Expedition treffend charakterisiert – war seine spektakuläre Kaperfahrt, zu der er im Mai 1572 auslief.

Die Besatzung hatte Drake ausnahmslos aus Freiwilligen zusammengestellt, aus blutjungen Seeleuten, insgesamt 73 Mann. Ein volles Jahr trieb sich Drake mit ihnen an der Nordküste Panamas herum, überfiel Städte und Garnisonen, kaperte Fregatten, lieferte sich Gefechte mit spanischen Truppen, tauchte blitzschnell und völlig unerwartet auf, landete einen Coup und verschwand ebenso rasch, als hätte ihn die See verschluckt – offensichtlich ein ebenso genialer wie verrückter Abenteurer, der es nur darauf angelegt hatte, seinen Hals zu riskieren, aber mit dem Teufel im Bunde sein mußte, weil er jeder Falle entschlüpfte.

Verrückt mußte er deshalb sein, weil er auf eigene Faust, aber namens angemaßter Stellvertretung des kümmerlichen Inselkönigreiches England, die Weltmacht Spanien zu attackieren wagte, vielmehr: Ein einzelner Mann mit zwei kleinen Schiffen und einem Haufen verwegener Burschen führte Krieg gegen den spanischen König, gegen den faktischen Herren der Welt in dieser Zeit.

Die Hälfte von Drakes Raubzügen schlug fehl, endete ganz anders als geplant, aber sein jähes Hervorbrechen und urplötzliches Verschwinden, die Tollkühnheit seiner Angriffe mit wenigen Männern, die Unverschämtheit, mit der er sowohl an Land als auch auf See alles überfiel, was ihm einen Versuch wert zu sein schien, festigte seinen Ruf bei den Spaniern: Der Einzelgänger Drake war kein normaler Kapitän, sondern ein Ungeheuer des Meeres. Dementsprechend wurde sein Name spanisch abgewandelt: »*El draque* – der Drache«. Soweit es die Mischung aus Bewunderung und Wut betraf, die darin lag, glaubte auch Drake selbst an seine »Ungeheuerlichkeit«, denn er war maßlos eitel auf seine Tollkühnheit und seemännische Überlegenheit und hatte unstreitig auch ein gewisses Recht dazu.

Sein Hauptziel war es, einen der großen Silber- und Goldtransporte, die von Peru über Land nach Panama zum Hafen Nombre de Dios gingen, zu überfallen. Ein erster Versuch mißglückte, der zweite wurde ein voller Erfolg. Der Transport bestand aus fast zweihundert Packtieren; um die ganze Beute fortzuschleppen, war die Zahl der Engländer zu gering, sie beschränkten sich deshalb auf das Gold. Anfang August 1573 fuhren die Schiffe Drakes in den Hafen von Plymouth ein, schwer beladen mit einer ungeheuren Beute.

Die Achillesferse Spaniens

England jubelte, Spanien schäumte vor Zorn, Francis Drake lachte – und plante das nächste Piratenstück, ein Projekt, das alles bisher Dagewesene in den Schatten stellte. Daß er, der Seemann, die Geldtransporte nach Panama an Land überfallen mußte, paßte so zu ihm, als wäre ein Hai gezwungen, außerhalb des Wassers zu jagen. Die Konvois über den Atlantik waren schwer bewacht; ein Überfall im Alleingang hatte von vornherein keine Aussicht, nur mit einem größeren Schiffsverband war ein erfolgreicher Angriff möglich. Dazu aber konnte sich die Königin nicht entschließen, England fehlte noch bei weitem die maritime Macht, um Spanien offen herauszufordern, so stetig Elisabeth I. auch die Flotte vergrößern ließ.

Andererseits handelte es sich bei dem Verbindungsweg zwischen der Karibik und dem iberischen Mutterland um den Lebensnerv des spanischen Weltreichs. Der gesamte Staatsschatz hing völlig von den Silber- und Goldtransporten über den Atlantik ab; wenn dieser Zustrom versiegte oder auch nur kurze Zeit unterbrochen wurde, konnten die Truppen in den Niederlanden nicht besoldet, die neuen Schiffe nicht gebaut, die europäische Politik Spaniens nicht fortgeführt werden. In der Karibik und in Peru, das die größten Goldvorräte besaß, befand sich die Achillesferse Spaniens.

Drake erreichte eine Audienz und entwickelte der Königin seinen Plan. Das Edelmetall aus den Minen Perus wurde zu den Häfen der Pazifikküste Amerikas gebracht und dort auf die Schatzschiffe verladen, die nach Norden in den Golf von Panama fuhren. Hier wurden die Lasten auf Maultiere umgeladen und über die Landenge zu den karibischen Häfen transportiert, um dann an Bord der Schiffe nach Europa zu kommen. Drake hatte vor, durch eine Umsegelung Südamerikas in den Pazifik vorzudringen. Die Durchquerung der Magellanstraße war zwar nach dem Bericht Pigafettas das Entsetzlichste, was Seefahrer durchmachen könnten, aber er, Drake, schrecke vor nichts zurück. Auf der pazifischen Seite würde er dann in dem gewaltigsten Raubzug, den die Piratengeschichte kannte, die Schiffe des spanischen Königs ausplündern.

Elisabeth I. hungerte kaum weniger nach Gold als Drake. Der Plan versetzte sie in helle Begeisterung, sie versicherte Francis Drake, daß er ihre volle Unterstützung erhalten werde, und sie würde sich an dem Unternehmen auch finanziell beteiligen; offiziell könne und dürfe sie allerdings mit der Piratenfahrt nichts zu tun haben, besonders weil im Augenblick das Verhältnis Englands zu Spanien aufmerksamer denn je gepflegt werden müsse. Drake hatte für alles Verständnis, er wollte nichts weiter, als mit stillschweigender königlicher Rückendeckung seine Schiffe ausrüsten und schnellstens aufbrechen. Die Vorbereitungen wurden nicht eigens getarnt, um keine Neugier und keine Gerüchte zu wecken. Drake wußte, daß er seine Pläne am sichersten geheimhielt, wenn er möglichst offen vorging. Am 15. November 1577 verließ er mit fünf Seglern England.

Drakes Fahrt ähnelte in vielem dem Unternehmen Magellans, allerdings nur in nebensächlichen Dingen; beide brachen mit fünf Schiffen auf, beide mußten Meutereien niederschlagen, beide verloren Schiffe in Stürmen, beide Expeditionen endeten damit, daß nur ein einziges Schiff in den Heimathafen zurückkehrte. Drake durchquerte die Magellanstraße in der erstaunlich kurzen Zeit von sechzehn Tagen, mit drei Schiffen erreichte er im Herbst 1578 den Pazifik, verlor in einem wochenlangen Sturm zwei weitere Schiffe und segelte schließlich allein mit seinem Flaggschiff »Golden Hind« nach Norden.

Mit einem Überfall Valparaisos begann sein beispielloser Kaperzug. Er lief in den Hafen ein, plünderte die Stadt, raubte die Kirchen aus und überholte dann in aller Ruhe das Schiff, ergänzte die Vorräte und lag auf der Reede, bis sich die Mannschaft von den Strapazen erholt hatte. Während der nächsten fünf Monate segelte er ohne Hast die Küste entlang nach Norden, systematisch die Hafenstädte plündernd, über eine Strecke von mehr als 3000 Kilometer bis Lima. Die Stadt war der zentrale Stapelplatz für die Schätze Perus. Im Hafen ankerten zwölf große spanische Schiffe, die Kapitäne fühlten sich so sicher, daß die ganze Takelage an Land war; kein Mensch rechnete mit einem Überfall. Drake hatte kaum jemals so leichte Beute gemacht und noch nie in solchen Dimensionen.

In Lima erfuhr er, daß vor kurzem eine besonders große Galeone mit vielen Tonnen Silber, Gold und Schmuck nach Panama gesegelt war; das Schiff war allerdings schwer bestückt. Drake setzte dem Spanier sofort nach, holte ihn knapp jenseits des Äquators ein und konnte ihn trotz seiner Geschütze und der starken Besatzung entern. Außer Gold und Silber befanden sich unter Deck dreizehn Truhen mit Schmuck, Edelsteinen und anderen Kostbarkeiten.

Drake dehnte seinen Piratenzug bis nach Mexiko aus, als Beute nahm er jetzt nur noch Gold und Perlen mit. Den Nordkurs hatte er deshalb eingeschlagen, weil er den amerikanischen Kontinent nach einer Nordwestpassage absuchte. Er drang bis zum 48. Breitengrad vor. Auf der Höhe der Insel Vancouver gab er das Projekt auf, überquerte im Gefolge Magellans den Pazifik, erreichte die Molukken, wurde von den Herrschern freundlich empfangen, belud den restlichen Laderaum seiner »Golden Hind« mit den kostbarsten Gewürzen und nahm endlich Kurs in die Heimat, quer durch den Indischen Ozean und seine Stürme, um das Südkap Afrikas und durch den Atlantik vorbei an den Azoren. Im Herbst 1580 tauchte die »Golden Hind« vor Plymouth auf, zerlumpt und abgerissen wie ihre Besatzung, ein jämmerliches Schiff, doch bis über den Freibord beladen mit einem ungeheuren Schatz: die »Golden Hind«, der berühmteste Segler der Epoche.

Vom Räuber zum Ritter

Niemand hat nach so langer Zeit noch mit der Rückkehr Drakes gerechnet. Der Hafenkommandant von Plymouth begrüßt das Schiff mit Salutschüssen, die Stadt taumelt vor Begeisterung, der Jubel brandet über das Land, die Nachricht von Drakes Ankunft erreicht London in der Nacht, die Menschen rütteln sich gegenseitig wach, sie strömen auf die Straße, auch die Königin wird im Palast von St. James geweckt, sie wirft ein Negligé über, trommelt ihre Räte zusammen – so wird erzählt – und stammelt ihnen die Nachricht entgegen: »Drake ist zurück, er hat die Welt umsegelt!« Dabei rinnen Tränen über ihre Wangen.

Francis Drake hatte dem Namen seines Schiffes auch in einem materiell meßbaren Sinn alle Ehre gemacht. Die spanische Regierung war laufend über die mutmaßliche Größe der Schäden, die ihr Drake zufügte, informiert worden; der Gesamtumfang der Beute jedoch – in Spanien auch jetzt mehr durch Gerüchte als durch exakte Schätzungen bekannt – trieb die Erregung in Madrid auf den Höhepunkt. Philipp II. hatte sich schon nach den ersten Meldungen von Drakes Überfällen im Pazifik heftig in London beschwert. Seine Proteste wurden zunehmend schriller, als die Goldverluste so anstiegen, daß sich die Gefahr einer unmittelbaren Auswirkung auf das spanische Schiffsbauprogramm und die Besoldung der Truppen im Niederländischen Krieg abzeichnete. In heutiger Währung – vorsichtig geschätzt und samt den unerläßlichen Vorbehalten bei Umrechnungen – betrug die Beute auf der »Golden Hind« mehr als 56 Millionen DM. Die Hälfte davon war persönliches Eigentum der englischen Königin.

Nicht nur deshalb bestritt Elisabeth dem spanischen König gegenüber energisch, daß sie auch nur das geringste von den Überfällen Drakes gewußt habe; sie wehrte schon bei der ersten Demarche Madrids eineinhalb Jahre vorher alle Verdächtigungen und angedeuteten Mutmaßungen über ihre Mitwisserschaft, Billigung oder gar aktive Unterstützung ebenso scharf wie scheinheilig ab. Nach der triumphalen Rückkehr Drakes ging es jedoch nicht mehr nur um Gold und Edelsteine; es ging darum, daß Drake mit der ersten Weltumsegelung eines englischen Schiffes, mehr als ein Halbjahrhundert nach der Fahrt Magellans, die Überzeugung der Wortführer einer britischen Ozeanopolitik am Königshof – der »Navalisten« oder »Blue-Water« -Vorkämpfer – bewahrheitet hatte: »Wer das Meer beherrscht, der beherrscht die Welt.«

Mit der Ankunft der »Golden Hind« in Plymouth begann Englands neue Zukunft. Und deshalb wies Elisabeth die spanische Forderung, daß alles von Drake Geraubte an Madrid zurückgegeben und »der größte Dieb der bekannten Welt« kategorisch bestraft werden müsse, kühl und ebenso kategorisch zurück. Es gäbe keine Beweise, daß Drake tatsächlich spanisches Gut geraubt habe; immerhin, sie werde die Angelegenheit gründlich und in Ruhe prüfen lassen.

Sie lud Drake zu einer Audienz und prüfte zunächst die Qualität der erbeuteten Schätze, und Drake überreichte ihr eine große Goldschüssel, gefüllt mit den herrlichsten Edelsteinen. Elisabeth war überwältigt, sie ließ umgehend eine neue Krone anfertigen. Die drei größten Smaragde prangten auf dem Diadem, die Königin zeigte sich damit am Neujahrsfest 1581 in der Öffentlichkeit. Francis Drake war jetzt zwar nicht mehr »ihr kleiner Pirat«, sie feierte ihn als »Helden des Landes«, als Ruhm Englands, aber sie paßte trotzdem ihr Verhalten sorgfältig der außenpolitisch unvermindert delikaten Situation Englands an. Drake mußte für einige Monate unter eine Art Tarnkappe; sein Schiff wurde, flankiert von Wachbooten, in ein Trockendock nach Deptford Yard an der Themse, zwischen den Surrey Docks und Greenwich, gebracht und dem spanischen Botschafter Don Bernardino de Mendoza gegenüber die Existenz Drakes und seine Affäre in der Schwebe gelassen. Das Verhältnis Englands zu Spanien in diesen Jahren legte eine solche Taktik nahe; dem unerklärten Krieg auf See durfte noch nicht der erklärte Krieg an Land folgen. Von Monat zu Monat wurde jedoch deutlicher, daß sich Spanien auf England als seinen hartnäckigsten und England auf Spanien als seinen gefährlichsten Feind konzentrierte – doch solange noch die geringste Hoffnung bestand, ein Arrangement zwischen beiden Mächten herzustellen, legten weder Philipp II. noch Elisabeth I. die Masken ab. Immerhin entschloß sich die Königin im April 1581 zu einem Schritt, den ganz England längst erwartete. Sie besuchte mit großem Gefolge Englands berühmten Seehelden auf seiner legendären »Golden Hind«. Drake und die Besatzung erwarteten die

Herrscherin in Festkleidung, alle Schiffe im Hafen hatten über Topp geflaggt, und die Seeleute jubelten der Königin in ihrem Staatsboot mit dem traditionellen Ruf zu, den jedes weibliche Wesen auslöste, das sich damals einem Schiff mit Matrosen näherte: »*Whore, Whore!* – Hure, Hure!« Und die Königin, *Queen Bess*, durchaus in Einklang mit dem Vulgären ihrer Zeit, in der Welt Shakespeares genauso zu Hause wie in den Labyrinthen der Diplomatie, in den gemeinsten Seemannsflüchen ebenso bewandert wie in den erquickenden Bedrängnissen der Liebesnöte – Elisabeth nahm die Ovation ihres Seevolks strahlend und mit souveränem Witz entgegen; sie rief zurück: »Ay, ay! Seid ihr doch alle meine lieben Kinder!«

Auf den teppichbelegten Planken der »Golden Hind« trat Francis Drake der Königin entgegen, er verneigte sich, beugte das Knie. Elisabeth lächelte ihm zu und meinte, freimütig auf die spanischen Beschwerden anspielend, sie sei mit einem Schwert gekommen, um ihm den Kopf abzuschlagen. Drake blieb knien, und auf ein Zeichen Elisabeths trat der französische Gesandte vor und schlug in Stellvertretung der Königin den erfolgreichsten aller Piraten zum Ritter. Drake, in den Adelsstand erhoben und von nun an Sir Francis, wurde zum Vizeadmiral der Flotte ernannt.

Die Jungfräuliche

Königin Elisabeth I. war die Tochter Heinrichs VIII. und Anna Boleyns; der König hatte Anna 1533 heimlich geheiratet, drei Jahre später ließ er sie wegen angeblichen Ehebruchs enthaupten. Elisabeth wurde nach der Exekution zwar für illegitim erklärt, aber so wie der Thronerbe Eduard VI. ebenbürtig erzogen. Das Parlament erkannte sie im Jahr 1558 als Herrscherin an, Elisabeth zählte damals fünfundzwanzig Jahre. In der inneren Politik war ihr Zentralproblem die Wiederherstellung der anglikanischen Staatskirche und die Auseinandersetzung mit den Katholiken, ein Zwist, auf den sich die Interessen Spaniens und der Römischen Kirche unmittelbar und in jeder Phase auswirkten, und zwar bis ins Jahr 1587, als Elisabeth ihre Nebenbuhlerin Maria Stuart, die Königin von Schottland, enthaupten ließ. In demselben Jahr begann der offene Krieg mit Spanien.

Die äußeren Verhältnisse Englands seit der Inthronisierung Elisabeths waren geprägt von den komplizierten Beziehungen des Inselkönigreichs zu den beiden führenden Großmächten Europas, zu Frankreich und Spanien. Sie ergaben sich aus den gewaltigen Belastungen Frankreichs durch die Hugenottenkriege und Spaniens durch den Aufstand der Niederlande und datierten seit 1560. Ihr Beginn fiel praktisch mit Elisabeths Regierungsantritt zusammen. Die junge Königin wurde einerseits von beiden Staaten als Bundesgenossin umworben, andererseits spielte sie ihre eigene Person – als begehrte Heiratskandidatin, weil politisch attraktivste Partie dieser Zeit – viele Jahre meisterhaft intrigant im Spiel der Großmächte als besten Trumpf aus.

Ihr Format bestand nicht zuletzt in der Fähigkeit, zwischen den vielen sich gegenseitig bekämpfenden Gruppierungen neutral zu bleiben, ohne gesichtslos zu werden: zwischen den rebellierenden Niederländern und dem schroffen Philipp II., zwischen den erbitterten Hugenotten und den taktierenden Herrschern Frankreichs, einschließlich Katharinas von Medici. Elisabeth blieb stets ihre eigene Partei, die Partei ihres Königreiches. England verdankte seinen jähen Aufstieg vor allem anderen den skrupellosen Berechnungskünsten dieser Herrscherin und ihrer Fähigkeit, entscheidungsreife Situationen immer wieder besonders glücklich dadurch zu entscheiden, daß sie die Entscheidung vertagte. Das sollte man nicht mit Schwäche verwechseln, vielmehr spiegelte sich darin auch die besondere Situation der britischen Insel. Das Lavieren zwischen Spanien und Frankreich wurde seit Elisabeth zu einem unveränderlichen Element der englischen Politik und hielt sich bis ins 18. Jahrhundert.

Der unbeugsame Eigensinn Elisabeths wuchs sich für den spanischen König und die Römische Kirche zu einem der stattlichsten Ärgernisse aus, besonders weil alle Versuche, ihn zu brechen, fehlschlugen. Als Papst Pius V. im Jahr 1570 über die Königin den Bann verhängte und ihre Untertanen von der Gehorsamspflicht entband, zog das im Grunde nichts anderes nach sich als harte Ausnahmegesetze für die Katholiken im Land. Trotz dieser Ächtung gelang es Elisabeth, bei den spanischen Diplomaten unverändert die heiße Hoffnung wachzuhalten, daß England zu guter Letzt doch noch durch eine passende Heirat in die katholische Mächtegruppierung einrücken werde. Die vielberedete Jungfräulichkeit Elisabeths I. war eine offiziell gepflegte Phantasmagorie, die durch keinen ihrer Favoriten jemals beeinträchtigt wurde. Sie bestand im wesentlichen in dem unerhörten Geschick der Königin, vermittels ihrer amtlichen Virginität jede der dynastischen Pokerpartien für sich zu entscheiden. Spaniens Botschafter berichtete einmal resigniert nach Madrid: »Diese Frau hat zehntausend Teufel im Leib, sie verlobt sich jeden Monat, aber sie heiratet nie.« Daß sie von Philipp II. grenzenlos gehaßt wurde, war ihr bekannt, störte sie aber nicht. Vor ausländischen Diplomaten spottete sie: »Wie muß dieser Mann mich lieben! Siebzehnmal hat er versucht, mich zu ermorden!« Das war nicht übertrieben, denn für strenggläubige Katholiken galt Elisabeth I. praktisch als vogelfrei. Der große Reformpapst Gregor XIII. antwortete englischen Jesuiten auf die Frage, ob es erlaubt sei, die Königin zu töten: »Da diese schuldbeladene Frau von England über zwei edle Königreiche der Christenheit regiert und so großen Schaden am katholischen Glauben und den Verlust von Millionen Seelen verursacht hat, gibt es keinen Zweifel, daß, wer immer sie mit der heiligen Absicht, Gott zu dienen, aus dieser Welt befördert, nicht nur keine Sünde begeht, sondern sich Verdienst erwirbt.« In solchen Äußerungen drückt sich genausoviel Zorn wie Ohnmacht aus; aber auch der verkappte Respekt ist nicht zu verkennen. Der Nachfolger Gregors XIII., Papst Sixtus V., stellte ganz unvoreingenommen fest: »Wenn sie Katholikin wäre, dürfte man sie vollkommen nennen.« Philipp II. hätte es anders formuliert. Die Königin hatte Spanien zwei Jahrzehnte lang hingehalten und düpiert mit ihren verklausulierten Bündnisverheißungen und Heiratserwägungen. Am Ende dieser langen Phase verfügte England über eine Flotte, die bereit war, sich mit Spaniens Marine in jeder Form und auf jede Weise zu messen. Elisabeths Beiname »*The Lady of the Seas* – Die Herrin der Meere« besitzt welthistorischen Gehalt, denn England wurde durch ihre Politik auf die veränderten Standards einer Zukunft festgelegt, von der andere kaum etwas ahnten. Das läßt sich in die Formeln fassen: Rationale Staatsführung im Inneren und absolute Macht auf den Weltmeeren.

Der angesengte Bart des spanischen Königs

Drake konnte in der neuen Position als Königlicher Vizeadmiral seine Seemachtspläne mit ganz anderem Nachdruck verfolgen als bisher. Monatelang ging er im Palast ein und aus. Er entwickelte den Plan, eine ostindische Kompanie zu gründen; der englische Handel würde dadurch unerhört belebt werden. Drake beabsichtigte, umgehend erneut zu den Molukken aufzubrechen und seine Verbindungen zu festen Handelsbeziehungen auszubauen. Die Navalisten unterstützten Drakes Ideen, auch Hawkins, der große Organisator, assistierte Drake. Voraussetzung war allerdings der zielstrebige Aufbau einer britischen Handelsflotte.

Die politisch brisante Lage schob solchen Projekten zunächst einen Riegel vor. Die Königin stimmte aber offensichtlich Drakes Vorstellungen so widerspruchslos zu, daß sich seine wesentlichen Ideen unversehens in offizielle Richtlinien verwandelten. Das Hauptziel mußte damals die Umgestaltung der Marine zu einer selbständigen Waffe sein. Sie sollte nicht mehr wie bisher als bloßes Hilfsinstrument des Landheeres, als Transportmittel oder Küstenschutz eingeschätzt werden. Erst durch die Umkehrung ihrer bisherigen Funktion – von der Defensive zur Offensive – wurde es möglich, die Flotte zu einer autonomen Waffengattung mit eigener Kampftaktik und selbständiger Strategie zu entwickeln. Von dieser neuen Einschätzung der Marine führte ein unmittelbarer Weg zu der Einsicht, daß Englands wirkliche Stärke und weltgeschichtliche Chance darin liege, die Flotte als das entscheidende Mittel für die Entfaltung politischer Macht anzusehen.

»Seemacht« hieß für England in den Jahren Drakes und Elisabeths noch nicht »Großmacht«. Seemacht hieß: Rettung Englands vor dem Todfeind Spanien. Was Francis Drake und die anderen elisabethanischen Freibeuter mit großem Namen bis dahin geleistet hatten und was ihre Nachfolger später leisteten – wie John Hawkins, Martin Frobisher, Walter Raleigh, der Earl of Essex, Thomas Cavendish, Richard Gilbert, Richard Grenville oder John Oxenham –, folgte dem festliegenden Schema von Drakes Unternehmungen: die Schiffahrtslinien Spaniens unsicher zu machen und sie abzuschnüren, die »treasure ships« Philipps II. zu jagen, um ihm das Gold zu rauben, »mit dem er Unruhe in der Welt schuf« – wie

Drake sagte –, und drittens die spanischen Siedlungen in der Karibik, besonders die reichen Städte, zu überfallen und auszuplündern. Auch das Fernziel einer eigenen englischen Kolonialverankerung wurde von Drake gründlich erörtert und von Raleigh erstmals angesteuert.

Die englische Kriegsflotte entwickelte ihre Charakteristika aus den Bedingungen des nichterklärten Krieges zwischen Spanien und England auf der hohen See und der britischen Freibeutertaktik. Bevor Drake zu seinem pazifischen Piratenzug aufgebrochen war, hatte die spanische Kriegsflotte in Plymouth einen Höflichkeitsbesuch absolviert. Die wechselseitige Begutachtung der Segler war aufschlußreich für die unterschiedliche Selbsteinschätzung und den Wandel der Seekriegführung, der sich schon damals für die Kenner abzeichnete. Die Spanier blickten mit unverblümter Verachtung von den Kastellen ihrer riesigen Meereskähne auf die winzigen Schiffe der Briten. Die englischen Seeleute wiederum musterten voll Mitgefühl die schwerfälligen Ungetüme der Gäste; sie schienen ihnen geradezu als Zielscheiben und Beuteobjekte für ihre schnellen, wendigen Segler mit der weittragenden Artillerie entwickelt worden zu sein.

Daß die Königin Francis Drake durch den französischen Gesandten zum Ritter schlagen ließ, war kein Zufall. In diesen Jahren war England auf die Freundschaft Frankreichs genauso angewiesen wie umgekehrt Frankreich auf England. Nur die ununterbrochene Rücksicht auf die Festlandssituation zwang der Königin wohl oder übel die Zurückhaltung gegenüber den forschen Plänen ihrer Navalisten auf. Die Verlockung einer Invasion der britischen Insel war zu naheliegend und zu mächtig, als daß sie Elisabeth als Gedankenspielerei hätte abtun dürfen; deshalb ihre Bemerkung: »Wenn der letzte Tag Frankreichs kommt, dann wird das der Beginn von Englands Untergang sein.«

Dieser letzte Tag schien Mitte der achtziger Jahre des 16. Jahrhunderts vor der Tür zu stehen, denn die grauenhafte Selbstzerfleischung in den Hugenottenkriegen konnte für Frankreich offenbar nur in einer völligen Katastrophe enden. Philipp II. hielt das für den besten Zeitpunkt, um gemeinsam mit den Truppen seines Statthalters Alexander Farnese in den Niederlanden an der britischen Küste zu landen, das Inselreich zu erobern und damit ein für allemal als politischen Machtfaktor auszuschalten. Er gab den Auftrag, die spanische Flotte so zu vergrößern, daß für die Engländer keine Chance bestand, auch nur einen geringfügigen Erfolg zu erzielen, von einer Verhinderung der Invasion ganz zu schweigen. Nicht nur die Engländer, sondern alle europäischen Staaten wußten, daß es in dem Krieg zwischen Spanien und England nicht nur um die europäische Vorherrschaft Spaniens ging, sondern auch um den Anspruch beider Mächte auf die Beherrschung der Weltmeere. 1585 hatte Philipp II. die begründete Hoffnung, den Aufstand in den Niederlanden bald zu beenden: Alexander Farnese konnte Antwerpen erobern, das Handelszentrum der westeuropäischen Staaten. Nichts schien den Vormarsch der Spanier aufhalten zu können. Elisabeth entschloß sich deshalb, die Generalstaaten offen zu unterstützen. Sie schickte den Grafen von Leicester mit einer starken Hilfsarmee aufs Festland.

Aber selbst dieser Entschluß, durch den die Phase des verdeckten Spiels beendet, die ozeanische Orientierung Englands unwiderruflich besiegelt und eine politische Ausrichtung welthistorischen Ranges eingeleitet wurde – selbst dieser Entschluß war nicht frei von eigennützigen Überlegungen. Elisabeth forderte von den Niederländern als Gegenleistung ihrer Unterstützung die Städte Vlissingen und Brielle als Pfand. Sie wurden erst 1616 von den britischen Truppen geräumt.

Philipp II. blieb die Antwort nicht schuldig, er ließ sämtliche englischen Schiffe, die in seinen Häfen lagen, beschlagnahmen, die Besatzungen einkerkern und zum Großteil umbringen. Francis Drake schlug daraufhin der Königin vor, ihm ein Kontingent der schnellsten Segler zu unterstellen, um damit – entsprechend dem Muster seiner blitzesgleichen Piratenüberfälle – die Flotte Philipps in Spanien selbst anzugreifen und »dem König den Bart anzusengen«, wie er sagte. Diese präventive Überrumpelung würde die Gefahr einer Invasion beträchtlich mindern, vor allem hätte England Zeit gewonnen.

Die Hauptmacht der spanischen Schiffe lag in Cádiz, dem Zentralhafen der Westindien-Segler. Cádiz beansprucht den Ruhm, die älteste Stadt Spaniens, wenn nicht ganz Europas zu sein. Sie wurde um 1100 v.Chr. von den Phönikern gegründet und war zu Beginn der römischen Kaiserzeit die größte und reichste Stadt des

Westteiles der Alten Welt. Ihre Schönheit brachte ihr ganze Ketten schmückender Beinamen ein wie »*Taza de Plata* – Silberschale«. Die ausladende, durch eine acht Kilometer lange Landzunge gegen den Atlantik geschützte Bucht bot sich auch als nahezu idealer Kriegshafen an, denn die begrenzte Tonnage der damaligen Schiffe erlaubte es, die gesamte Flotte Spaniens in Cádiz zu versammeln.

Dieser Vorteil war jedoch auch ein entscheidender Nachteil. Seit Drake die westindischen Häfen überfallen und geplündert hatte, zog auch Cádiz die englischen Kapitäne und später jeden Gegner Spaniens auf See unwiderstehlich an. Die Stadt selbst liegt auf einem Felsen, der von Kliffs umringt ist. Die Festungsanlagen waren nach dem Stand der Kriegstechnik gegen Ende des 16. Jahrhunderts vollendet ausgebaut. Entsprechend allen militärischen Erfahrungen schien dies absolut zu garantieren, daß mit einem direkten Angriff von See aus nicht zu rechnen war.

Doch gerade einen solchen Angriff beabsichtigte Drake. Sein Flottenkontingent bestand aus sechs Kriegsschiffen und siebzehn umgebauten, mit Kanonen bestückten Kauffahrern. Im April 1587 wurden die Segel gehißt. Drake war kaum in See gestochen, da wurde die Königin von Zweifeln an der Vernunft dieses waghalsigen Unternehmens geplagt. Sie erließ einen Gegenbefehl, Drake sollte sich nur auf offener See mit spanischen Schiffen messen; doch der Kurier konnte Drakes schnelle Segler nicht einholen, er kehrte um.

Drake erreichte ohne Zwischenfall den Golf von Cádiz, durchbrach ungestüm die Sperre der Galeeren vor der Nordeinfahrt und drang ins Hafenbecken ein. Diese Tollkühnheit war unumgänglich, denn dadurch waren die kleinen englischen Schiffe weder von der Artillerie der Forts noch von den Kanonen der hochbordigen Spanier zu erreichen; die Kugeln trafen nicht einmal die Mastspitzen. Kaum waren Drakes Schiffe im inneren Hafenbecken, drehten sie bei und feuerten Breitseiten in die dicht beieinander liegenden Galeonen, Galeassen und Galeeren, in die Werften und Docks, Lagerhallen und Hafenanlagen. Die Bucht verwandelte sich in eine lodernde Hölle, eine Flucht war unmöglich; in der allgemeinen Panik, die durch das ununterbrochene Donnern der Geschütze von allen Seiten bis zum Chaos gesteigert wurde, rammten sich die spanischen Schiffe selbst, zertrümmerten die Ruder und trieben bald manövrierunfähig, mit Schlagseite und zerbrochenen Masten, im Wasser.

Drake hatte sein Ziel erreicht. Er befahl, den Hafen zu verlassen. In diesem Moment legte sich der Wind, die Segel schlappten gegen die Masten, die Engländer dümpelten, sie lagen fest. Zwölf Stunden lang hielt sie die Flaute gefangen. Erst um Mitternacht sprang der Wind auf, die Segel füllten sich, Drakes Flotte nahm Kurs auf das offene Meer. Drake hatte an die vierzig Schiffe der Spanier zerstört, vier vollbeladene Kauffahrer nahm er als Prise mit. Auf der Rückfahrt fing er die Karacke »San Felipe« ab, die mit Goldfracht aus der Karibik nach Lissabon unterwegs war. Die »San Felipe« war damals das größte aller Kauffahrteischiffe und persönliches Eigentum des spanischen Königs.

Die »Unbesiegliche Armada«

So spektakulär und erfolgreich der Überfall auf Cádiz auch war: Das Entscheidungstreffen zwischen den beiden Seemächten wurde dadurch nur aufgeschoben. Immerhin um ein volles Jahr, und diese Frist war zweifellos bitter nötig, denn Drake brachte außer der Erfolgsmeldung und den erbeuteten Schiffen auch die Information mit, daß die Seerüstungen Philipps II. alle Vermutungen der Engländer übertrafen und sämtliche Befürchtungen zu Recht bestanden. Die Frage war, ob die Zeit, die England für die eigenen Kriegsvorbereitungen durch Drakes Handstreich gewonnen hatte, genützt werden konnte.

Die Seekriegführung trug im 16. Jahrhundert noch immer die Grundprägung, die sie in der Antike erhalten hatte. Kampf der Schiffe war letzten Endes nichts anderes als eine Wiederholung der Kampfweise, wie sie auf den Schlachtfeldern des Landes üblich war. Der Seekrieg rekapitulierte diese Art des militärischen Schlagens in einem anderen Element, aber mit denselben Mitteln. Entweder versuchten die Schiffe, den Gegner zu rammen oder in bestmöglicher Position Bord an Bord anzulegen; die Soldaten enterten und fochten an Deck Mann gegen Mann mit den gängigen Waffen die Entscheidung aus. So hatten die Spanier noch den Sieg bei Lepanto gegen die Osmanen errungen.

Erst die englische Marine der Elisabethanischen Epoche brach mit diesen Prinzipien. Die Gründe dafür sind unterschiedlich. Teils hatten Seeleute von Geblüt wie Francis Drake das richtige Gespür, daß der Krieg auf See eigene Gesetzlichkeiten aufwies, teils wurden sie zu einer Änderung der bisherigen Kampfform durch den Respekt vor der Bravour der spanischen Soldaten im Nahkampf genötigt, teils erkannten sie, daß der Vorzug ihrer schnellen kleinen Schiffe erst dann militärisch voll zur Geltung kam, wenn sie die Artillerie zur Hauptwaffe entwickelten. Seitdem wurde der Kampf der Schiffe selbst gegeneinander zunehmend die Regel, der Enterkampf gehörte mehr und mehr einer überholten Phase des Seekriegs an.

Das Invasionsunternehmen der Spanier lief 1588 an. Ihre Flotte, die »Unbesiegliche Armada« oder »*Felicissima Armada*« stellte an Tonnage und Kampfkraft jedes Aufgebot, an das man sich erinnerte, in den Schatten. Die Hauptmacht bestand aus 65 Galeonen, sieben davon betrugen mehr als 1000 Tonnen, waren also nach den Begriffen der Zeit buchstäblich riesige, schwimmende Festungen. Doch damit hatte eine traditionelle Überzeugung, ins Extrem getrieben, auch ihre Grenzen überschritten. Ein Zeitgenosse notierte treffend, daß diese feuerspeienden Kolosse zwar »schrecklich anzusehen, doch schwer zu bedienen« waren. Die jüngeren spanischen Seeoffiziere waren derselben Meinung, sie hielten ihre »schwimmenden Kasernen« keineswegs für einen Gipfel seemännischer Vernunft. Zu den reinen Kriegssegelschiffen kam noch eine große Zahl von Truppentransportern und umgebauten Frachtschiffen. Bemannt war die Armada mit 8000 Seeleuten, 2000 Ruderknechten und mehr als 20000 Soldaten; insgesamt beförderte diese Riesenflotte über 30000 Mann nach Norden.

Und das allein war auch ihre Funktion. Spanien beabsichtigte mit diesem Schiffsverband keine Entscheidungsschlacht auf See, sondern – zusammen mit den 17000 Mann des Herzogs von Parma – eine Landung auf der Insel. Der König hatte ausdrücklich Befehl gegeben, daß seine Flotte nicht von sich aus die englischen Schiffe angreifen, sondern sich nur dann auf ein Gefecht einlassen sollte, wenn sie unmittelbar angegriffen wurde. Die englische Flotte wiederum hatte einzig und allein die Aufgabe, eine Invasion zu verhindern.

Drake hatte zwar den Vorschlag gemacht, mit allen Einheiten den Spaniern entgegenzusegeln und die Armada auf offener See zu stellen, doch die Königin lehnte ab. Drakes Plan war souverän und trug den Bedingungen der neuen Seestrategie voll Rechnung. Trotzdem war der Entschluß Elisabeths richtig. Die Royal Navy hätte absolut sicher sein müssen, daß sie einen entscheidenden Sieg erringen würde; nur dann wäre das Auslaufen aller Kampfverbände richtig gewesen – abgesehen von dem Umstand, daß Alexander Farnese dadurch eingeladen worden wäre, allein eine Invasion der ungeschützten Insel zu unternehmen. Gegen die Wahrscheinlichkeit eines englischen Sieges auf hoher See sprach die mangelnde Munitionierung und die unvollständige Ausrüstung der britischen Schiffe. Bei einem Fehlschlag des Treffens wäre die Insel praktisch eine sichere Beute der Spanier geworden.

Ein Tanz wird ausgetragen

Ursprünglich war man in London übereingekommen, die Flotte zu teilen, um die reinen Abwehrfunktionen zu stärken. Drake hatte man zu diesen Beratungen nicht gebeten. Als er von dem Plan erfuhr, sandte er aufgebracht ein Memorandum an die Königin, das seehistorisch und weltgeschichtlich ein Prinzip auf den Begriff brachte: Die Verteidigung, so hält er voller Zorn der Königin und ihren politischen Intimi – »Ihrer Majestät und den Lords« – entgegen, besteht im Angriff und nur im Angriff. Deshalb müssen alle Kräfte, die England auf See besitzt, in geschlossener Ballung gegen die Armada gerichtet werden.

Das überzeugte Elisabeth. England hatte gegen die Armada nur die Schnelligkeit seiner Schiffe, die weitreichenden Kanonen, den Einfallsreichtum Drakes und das unverfrorene Draufgängertum seiner im Piratenkrieg abgebrühten Seeleute zu setzen. In gewisser Weise stand eine Neuauflage der Situation in der Schlacht bei Salamis bevor. Den Oberbefehl hatte Lord Charles Howard of Effingham, ein erfahrener Seemann und der dritte seiner Familie auf dem Posten des Lord High Admiral; Francis Drake war Vizeadmiral. Als Howard seine Einheiten vor dem Auslaufen musterte, ließ er sich zu einem Ausruf hinreißen, der in England berühmt wurde: »*God bless them, they are wonderful ships!* – Gott segne sie, es sind wundervolle Schiffe!«

Die Armada erreichte am 19. Juli 1588 die Einfahrt des Englischen Kanals, sie hatte einen schweren Sturm abreiten müssen, war aber ohne Einbußen davongekommen. Sie segelte in einem dichtgeschlossenen, halbmondförmigen Verband. Kaum waren die Spanier erschienen, liefen die englischen Schiffe von Plymouth aus, ließen die Armada in den Kanal eindringen, setzten sich in ihren Rücken und begannen ununterbrochene Attacken.

Der spanische Oberbefehlshaber, Herzog Alonso Medina Sidonia, hatte keinerlei seemännische Erfahrung. Philipp II. hielt das für unnötig, er reagierte mit Empörung, als ihm einmal von einem seiner Flottenführer vorgehalten wurde: »Wenn Not am Mann ist, können Matrosen auch als Soldaten kämpfen, das Gegenteil aber war noch nie der Fall!« Medina Sidonia sollte nun diese Überzeugung Lügen strafen, der König erwartete das von ihm. Erst nach langer Weigerung und auf ausdrücklichen Befehl des Königs übernahm der Herzog die Flottenführung – nicht, weil er ein bloßer Diener seines Herrschers oder seines buchstabengetreuen Verstandes gewesen wäre, sondern weil das spanische Empfinden für Ehre und Würde die Oberhand über seine Einsicht in die eigene Unzuständigkeit gewann.

Medina Sidonia ließ sich gemäß der Order Philipps II. auf kein unmittelbares Gefecht ein. Er hielt die Flotte so eng wie möglich zusammen, er beschränkte sich auf die Abwehr der englischen Einzelangriffe und brachte die Flotte in langsamer Fahrt weiter durch den Kanal. Tag für Tag, mehr als eine Woche lang, waren die Flügel seiner Formation zermürbenden Angriffen ausgesetzt, einzelne Schiffe wurden abgesprengt und gingen verloren, insgesamt aber blieb die Armada intakt, erreichte am 27. Juli Calais und ging auf der Reede vor Anker.

Die Engländer hatten zwar alle Scharmützel für sich entschieden, doch es bestand kein Zweifel, daß es ihnen nicht gelungen war, den spanischen Invasionsplan auch nur zu gefährden. Solange die Armada ihre geschlossene Ordnung beibehielt, hatten die briti-

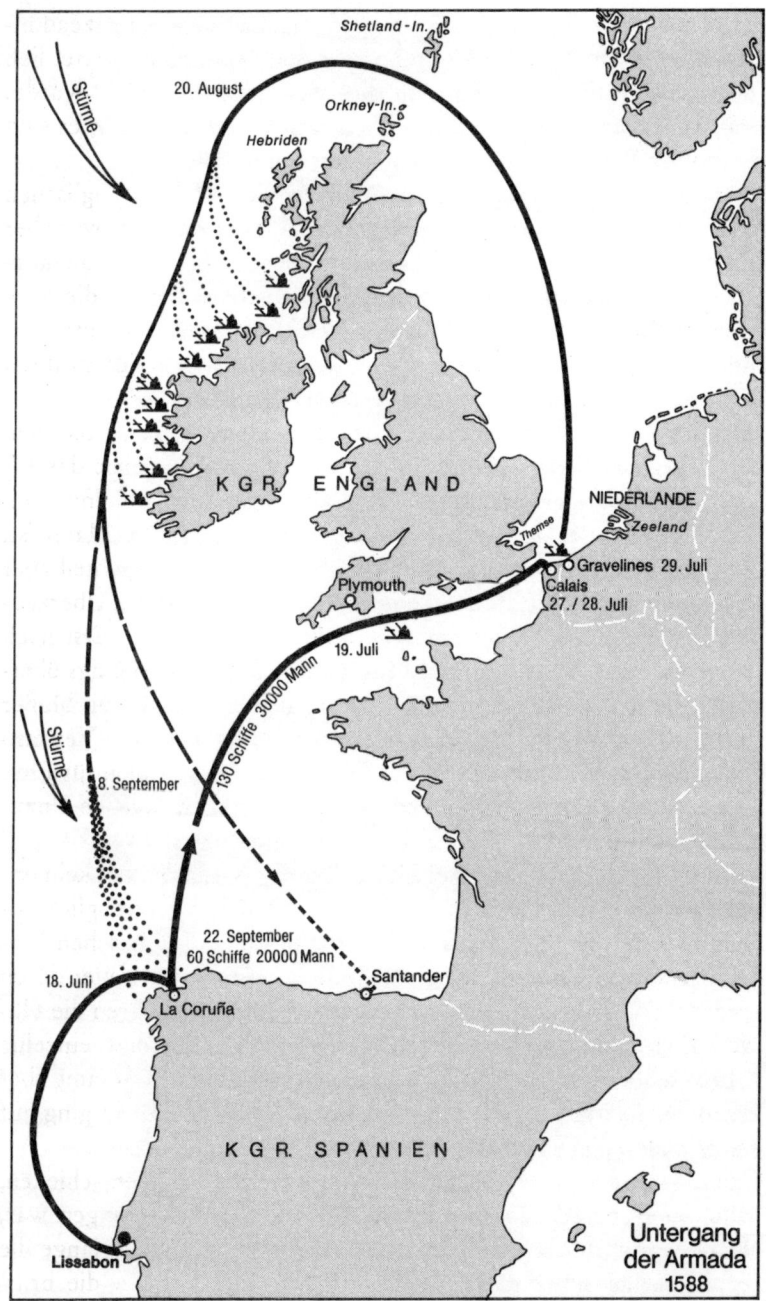

Shetland-In.

20. August

Orkney-In.

Hebriden

Stürme

K G R.   E N G L A N D

NIEDERLANDE

Zeeland

Themse

Plymouth

Gravelines 29. Juli
Calais
27. / 28. Juli

19. Juli

130 Schiffe 30000 Mann

Stürme

8. September

22. September
60 Schiffe 20000 Mann

Santander

18. Juni

La Coruña

K.G.R. S P A N I E N

Lissabon

Untergang
der Armada
1588

schen Aktionen keinerlei Einfluß auf das Endziel. Howard und Drake versammelten die Kapitäne zu einer Beratung.

In der Nacht des 28. Juli ließen die Engländer mit der Flut acht Brander gegen die ankernde Armada treiben. Im Handumdrehen brach eine Panik aus, Schiff nach Schiff kappte die Ankertaue, sie rammten sich gegenseitig in der allgemeinen Flucht, jagten so rasch ins freie Meer, daß kein einziges der explodierenden Feuerschiffe einen Spanier in Brand setzte. Aber die Briten hatten den gewünschten Erfolg: Die Ordnung der Armada war zerschlagen. Als der Morgen des 29. Juli dämmerte, sahen die Spanier im Westen vor der hohen Kimm die Rudel der englischen Schiffe, graue Seewölfe, die auf ihre Beute lauerten. Triumphierend schrieb Drake angesichts des zerstreuten, nach Nordosten treibenden Gegners: »Wir haben sie vor uns und mit Gottes Gnade werden wir einen Tanz mit ihnen austragen!«

Inzwischen war es der Armada gelungen, wieder in eine notdürftige Ordnung zu kommen. Der Wind war auf Nordwest umgesprungen, Drake griff deshalb mit seinem Geschwader auf der Höhe von Gravelines unentwegt feuernd an, die anderen Verbände unter Hawkins, Frobisher und Howard folgten, die Armada mußte sich stellen, wenn sie nicht auf die flachen Sandbänke von Zeeland gedrängt werden und dort festlaufen wollte. Es fehlte ihr aber der notwendige Raum, um sich in Formation zu entwickeln. Nach kurzem schienen die Spanier rettungslos verloren zu sein, doch da drehte sich der Wind erneut, sprang um auf Westsüdwest. Allein dadurch gelang ihnen die Befreiung von der Küste und ein Absetzen von den Engländern.

Der Plan, in die Themse zu laufen und mit den Truppen Alexander Farneses zu landen, wurde nach den verlustreichen Kämpfen aufgegeben. Medina Sidonia berichtete resigniert dem König: »Die Engländer fochten mit schwerer Artillerie, wir dagegen mit Arkebusen und Musketen auf nächste Entfernung.«

Die Armada war kampfunfähig, sie besaß keine Munition, konnte die Bestände nicht auffüllen, die Moral der Mannschaften war zerrüttet. Während der Gefechte hatten die Gegner mehr als 100 000 Salven verschossen. Da die Engländer den Kanal sperrten, blieb nur noch die Möglichkeit, eine Rückkehr um Schottland herum zu versuchen, zwischen den Orkney- und Shetland-Inseln hindurch.

Die Fahrt war entbehrungsreicher und qualvoller als die Wochen der Kämpfe mit den Engländern; es gab kein Wasser, keine Verpflegung. Erst am 20. August erreichte die Armada den Atlantik; hier brachen gewaltige Stürme über die Flotte herein, sie wurde zerschlagen, ein Teil der Schiffe ging auf offener See verloren, rund zwanzig wurden an die Klippen Schottlands und Irlands getrieben und zerschellten. Ein Teil der Mannschaften starb an Hunger oder Durst. Die letzten Schiffe erreichten in kümmerlichstem Zustand die spanische Küste erst gegen Ende September. Insgesamt hatte die Armada rund 70 Schiffe, mehr als die Hälfte, verloren. 10 000 Mann waren gefallen, ertrunken oder an Erschöpfung gestorben. Die Engländer büßten kein einziges Schiff ein.

Philipp II. reagierte scheinbar gelassen: »Ich habe meine Schiffe zum Kampf gegen die Engländer, nicht aber gegen die Elemente geschickt. Gott sei gepriesen.« Auch Elisabeth nahm den Herrn in Anspruch, sie ließ eine Gedenkmünze mit der Umschrift prägen: »*Flavit et dissipati sunt* – ER blies, und sie wurden zerstreut.« Am 17. November, dem Jahrestag ihrer Thronbesteigung, feierte die Königin den Sieg über die Armada mit einem Zug zur St.-Pauls-Kathedrale, wohl das prachtvollste Fest ihrer ganzen Regierungszeit, ein Fest, das zugleich ganz England beging, denn es feierte mit diesem Sieg seinen neuen Rang als Herrscher über die Weltmeere.

Das Vermächtnis von Francis Drake

Der Dichter Lope de Vega, einer der Unsterblichen Spaniens, nahm als sechsundzwanzigjähriger Soldat auf einer Galeone am Zug der Armada teil. Nach seiner Rückkehr schrieb er ein episches Gedicht »*La Dragontea*«. Es handelte von Francis Drake und bewies mit den unwiderleglichen Mitteln der Poesie, daß Drake kein anderer sei als der schauerliche Drache der Apokalypse des Johannes. Zweifelsohne gab es kaum jemals einen Seefahrer, dessen Kühnheit und Phantasie, Weitsicht und strategische Meisterschaft sich furioser äußerte als bei Francis Drake.

Als Pirat schien er allen, die ihn kannten, die fleischgewordene

Freiheit der Gesetzlosigkeit zu sein – abzüglich jener Roheit, die fast ausnahmslos ein Stigma des Piratentums war. Ohne Drakes feste Frömmigkeit wäre das nicht möglich gewesen. Es handelte sich um eine besondere Frömmigkeit, ihre Färbung wird sichtbar in seinem Satz: »Ein Akt der Seeräuberei gegen jenen verfluchten Papisten (Philipp II.) ist ein Akt der Frömmigkeit – so wahr mir Gott helfe!« Dieselbe Haltung findet sich bei Walter Raleigh, sie gehörte zu allen britischen Freibeutern: Jedes gekaperte Schatzschiff traf die »überheblichen und blutgierigen Ansprüche der spanischen Krone«, die darauf abziele, »alle Völker zu verschlingen und sie dem katholischen Glauben zu unterwerfen«.

Apokalyptisch könnte man bestenfalls die Feindschaft des persönlich so liebenswürdigen, von Statur kleinen Mannes – ein Meter fünfundsechzig – gegen Spanien bezeichnen. Doch dieser Haß gegen die Madrider Weltmacht genügte, um ihr den Todesstoß auf den Meeren zu versetzen.

Mit dem Rachebedürfnis läßt sich nur ein Teil seiner Antriebe erklären; ein Gutteil entsprang der Vermischung seiner maritimen Prognostik mit Profitgier; zum größten Teil aber verkörperte Drake jene seltene Ineinssetzung der Privatperson mit ihrem Land und seinen Interessen, die den Einzelhandlungen so komplikationslos die Kraft und Autorität höherer Bezirke verleiht.

Zu gefangenen Spaniern sagte Drake einmal: »Ihr werdet sagen, dieser Kerl ist ein Teufel, der bei Tage raubt und nachts betet. So ist es. Mein Verhalten ist aber ebenso gerechtfertigt wie dasjenige des spanischen Vizekönigs, der die Anweisungen eines Schreibens König Philipps ausführt. So hat auch mir meine Landesherrin befohlen, in diese Gegenden (Westindiens) zu kommen. Ich hab's getan – und ob es unrecht ist oder nicht, wird sie am besten wissen.«

»...hat mit Herz und Kopf Taten verrichtet, die Menschenkraft übersteigen.« Der niederländische Admiral Michiel de Ruyter (1607–1676), Gemälde von Ferdinand Bol

Folgende Seite: Vernichtung des spanischen Flaggschiffs in der Schlacht bei Gibraltar im Jahre 1607. Gemälde von Hendrik Corneliszoon Vroom (Rijksmuseum Amsterdam)

Die Bestimmtheit solcher Sätze hat der Korrektheit von Drakes Behandlung der Landesbevölkerung oder von Gefangenen nichts genommen. Nuño da Silvas Beschreibung ist von anderen bestätigt worden: »Drake ist von kleiner Statur und sehr robust. Seine ganze Haltung ist vornehm, sein Gesicht macht einen frischen Eindruck, ein schöner Bart gibt ihm ein gutmütiges Aussehen.«

Davon hat sich eine Reihe von Gegnern Drakes irreführen lassen. Nach dem Niederschlagen der ersten gefährlichen Meuterei bei seiner Weltumsegelung hat sich auf Schiffen Drakes nie mehr Widerspruch geregt. Wer einmal unter seinem Kommando auf See gefahren war, zog Drake jedem anderen Kapitän vor. Drake setzte das Prinzip der seemännischen Ebenbürtigkeit durch, das zum Wesen des Segelschiffs gehört; ähnlich hatte Themistokles, hatten die Athener im alten Griechenland die »demokratische« Prägung des Ruderdienstes erkannt und akzeptiert. Drake verachtete die Rangordnung aufgrund bloßer Privilegien; an Bord gab es nur die Gliederung nach Funktionen. Als er die Magellanstraße durchquert hatte, rief er seine adligen Herren, die sich meist unter Deck aufgehalten und die Arbeit den Matrosen überlassen hatten, zusammen und donnerte sie an, daß er von ihnen dieselbe Aufopferung erwarte wie von den einfachen Seeleuten. Drakes Ausbruch wurde später in der Royal Navy symbolisch in Gold gerahmt: »*I must have the gentleman to haul and draw with the mariners and the mariners with the gentleman!* – Ich erwarte vom Herrn, daß er mit dem Seemann schleppt und zieht, und vom Seemann, daß er mit dem Herrn schleppt und zieht.«

Drake war fanatisch davon besessen, in jeder Lage bis zum äußersten der Möglichkeiten – auch seiner eigenen – zu gehen. An Deck, auf See umgab ihn die Aura des erfolgreichen Abenteurers, die selbst durch die unerläßliche Skepsis, die zu waghalsigen Unternehmungen gehört, nichts einbüßte. Drakes Bedeutung wurde

Die maritime Herausforderung Frankreichs. Der französische Staatsmann Jean-Baptiste Colbert (1619–1683)

Vorhergehende Seite: Holland vor dem Untergang gerettet. Seeschlacht bei Texel im August 1673, in der Admiral de Ruyter die englisch-französische Flotte besiegte

zwar durch die politischen Umstände, in denen sich England befand, außerordentlich gesteigert – doch besondere Umstände gewinnen ohne besondere Persönlichkeiten keine Schärfe.

Unter Hawkins und Drake wurde die britische Randmeer-Marine in eine unerhört aktive Hochseeflotte verwandelt. Ihre neuen schnellen Schiffe, die sich in den schwersten Stürmen besser zu Hause fühlten als die plumpen Galeonen der Spanier in harmlosen Gewässern, drängten zwangsläufig zu ersten Grundsatzüberlegungen über die Bedingungen einer Seemachtstrategie im Zeichen des weltumspannenden Kampfes um die Beherrschung der Meere. Die politischen Folgen der ersten englischen Weltumsegelung Drakes lassen sich kaum überschätzen; seit ihr – nicht schon seit Magellan – beginnt die Erschließung des pazifischen Raumes, seit ihr erfaßt die Weltgeschichte mit politisch-militärischer Wucht den ganzen Erdball.

Das Vermächtnis, das Drake seinem Land hinterließ, war der Appell, das Inseldasein durch ozeanische Existenz zu ersetzen. Er starb 1596 während eines neuen Unternehmens in der Karibik. Sein Bleisarg wurde auf eine Pinasse gebracht und das Schiff in Brand gesetzt. Die Flotte schoß Salut, als der brennende Segler hinaustrieb aufs Meer. Aber nicht das Trompetensolo von seinem Flaggschiff war der würdigste Nachruf, sondern der Freudentaumel, in den Spanien verfiel, als die Nachricht vom Tode Drakes eintraf: In allen Kathedralen läuteten die Glocken, überall fanden Dankgottesdienste statt.

»England in Person«

Zu einer Reverenz in der Sache wurde auch die spanische Marineführung gezwungen. Drakes Kaperfahrten und Seegefechte waren so eindrucksvoll, daß sie daraus ihre Lehren zog: Sie brach mit den Grundlinien ihres traditionellen Schiffbaues. Sämtliche Typen wurden modernisiert, der Gesamtflottenbestand wurde erheblich vergrößert, in erster Linie aber nach britischem Vorbild kleine wendige Segler auf Kiel gelegt. Sicher, die Weltmacht Spanien hatte ihre Seeherrschaft in der »Goldenen Epoche« Königin Elisabeths verloren, aber die Unwiderruflichkeit dieser Tatsache wurde weder von Spanien eingesehen noch von England erkannt.

Das lag nicht an Elisabeth. Bevor Drake zu seiner Weltumsegelung aufbrach, schilderte er nach einer Audienz seinen Eindruck: Die Königin sei schön und sehr jugendlich, ihr Wesen sei sowohl schlicht als auch majestätisch, kurzum: sie sei »England in Person«. Drake versuchte nicht so sehr den Eindruck zu verwischen, den die persönliche Anziehungskraft der feingliedrigen, rotblonden Frau auch auf ihn gemacht hatte – daß er sein Schiff »Golden Hind« nannte, war nicht ganz zufällig; Drake meinte vielmehr, daß sich in dieser Königin der neue politische Rang Englands innerhalb des Welthorizonts, auf dem Kurs zur Seeherrschaft, verkörperte.

Die Navalisten beanstandeten an Elisabeth I., daß sie nicht bedingungslos genug alle Kräfte auf den Ausbau der Flotte und nur auf die Flotte gerichtet hätte. Das wäre jedoch einer brückenlosen Distanzierung von den Machtkämpfen und politischen Konstellationen des europäischen Kontinents gleichgekommen. Ein solcher Isolationismus hätte eine völlige Blindheit gegenüber den schwierigen Zusammenhängen zwischen den kontinentalen Zielen und der ozeanisch-imperialen Endabsicht vorausgesetzt. Daß Elisabeth diese Zusammenhänge in aller Klarheit sah und nicht in extremer Verengung allein auf die Meere blickte, sichert ihr den Ruhm, Englands Fundamente für die künftige See- und Weltherrschaft gelegt zu haben.

Kurz vor ihrem Tod am 4. März 1603 entschloß sie sich, die Pläne Drakes zur Gründung einer ostindischen Kompanie durchzuführen. Sie erteilte den englischen Kaufleuten die Lizenz für die Ostindische Handelskompanie. Die Urkunde trägt den Titel: »Der Gouverneur und die Kaufleute von London, die mit Ostindien Handel treiben.« Mit der Übertragung des Handelsmonopols an diese Kompanie, die über zwei Jahrhunderte lang bestand, hatte die Königin den Grundstein für das englische Weltimperium des 19. Jahrhunderts gesetzt.

Walter Raleigh kommentierte die Ozeanopolitik seiner Herrscherin und die Gründung der Ostindienkompanie mit einem Wort, das nochmals die Summe der Elisabethanischen Ära zog und wenig später zum Polarstern des britischen Weges zum Seeimperium wurde: »*Whosoever commands the sea commands the trade, whosoever commands the trade of the world commands the riches of the world and consequently the world itself.* – Wer das Meer beherrscht, beherrscht den Handel, und wer den Welthandel beherrscht, herrscht über die Reichtümer der Welt und deshalb über die Welt selbst.«

Das war die Perspektive. Der Weg, der zu dieser Erkenntnis geführt hatte, war schwer gewesen. Noch weit mühsamer und leidensvoller wurde es freilich, die anvisierte Richtung beizubehalten, denn die Perspektive wurde auch von anderen Nationen bald erkannt.

8. Kapitel

Die Revolutionäre der Rahe

Die Epoche des nachelisabethanischen Jahrhunderts trägt den Stempel der niederländischen Seegeltung. In den ersten Jahren nach 1600 hatten die sieben nördlichen Provinzen des Landes ihre Trennung von Spanien vertiefen und absichern können. Der Waffenstillstand mit Madrid von 1609 bis 1621 brachte den Generalstaaten – wie sie jetzt offiziell hießen – überdies eine Atempause, die sie mit allen Kräften nützten. Die Landesnatur bestimmte die Existenzgrundlage des neuen Staates. Es waren die Fischerei und der Handel; der Handel über See.

Folgerichtig rissen die Niederländer binnen kürzester Zeit zunächst den Ostseehandel an sich, denn hier war keine Konkurrenz mit Spanien-Portugal auszutragen. Seine Bedeutung wurde von den Kaufleuten in Amsterdam damit charakterisiert, daß sie ihn als »Mutter der Kommerzien« bezeichneten. Zur selben Zeit kreuzten holländische Frachtsegler bereits regelmäßig im Mittelmeer.

In den Jahren 1595–97 hatten vier niederländische Kauffahrer die erste Fahrt um das Südkap Afrikas und durch den Indischen Ozean nach Java unternommen. Und schon ein Jahr nach ihrer Rückkehr, 1598, brachen 80 Handelsschiffe der Generalstaaten in die südlichen Meere auf. Zur Jahrhundertwende hatte der Fernosthandel holländischer Kaufleute bereits einen solchen Umfang angenommen, daß ihre gegenseitige Rivalität ein ernstes Problem für seinen weiteren Ausbau wurde. Die Regierung folgte deshalb dem englischen Beispiel: Sie zwang 1602 die privaten Konkurrenten zu einer Interessenvereinigung zusammen durch die Lizenzierung einer »Ostindischen Kompanie«. Und so wie es bei den englischen Kampfschiffen üblich war, so gehörte es auch zu den Aufgaben der niederländischen Kriegsflotte, den Handel der Kaufleute nach

Möglichkeit vor Angriffen zu schützen. Innerhalb eines Jahrzehnts war die niederländische Kriegsflotte so schlagkräftig geworden, daß sie 1615 bei Malakka ein starkes spanisch-portugiesisches Kontingent triumphal besiegte.

»Die Schiffahrt des Mittelalters bricht zusammen«

Die Datenkette dieser rasch aufeinanderfolgenden Ereignisse hängt mit einer Besonderheit zusammen, die kein Ergebnis der politischen Notlage der Generalstaaten, sondern des Schiffsbaues und der Takelung war. Im Jahre 1595 wurde in der nordholländischen Stadt Hoorn – nach Amsterdam wichtigster Hafen an der Zuidersee und alte Hauptstadt Westfrieslands – ein neuer Schiffstyp entwickelt, die Fleute (*fluyt*). In einer alten Chronik der Stadt wird von diesen Schiffen gesagt, daß sie »viermal so lang als breit waren, einige noch länger. Sie waren zur Fahrt sehr dienlich, wegen der Fähigkeit, am Wind zu segeln, und wegen ihres geringen Tiefgangs. Darum wurden sie so gesucht, daß in acht Jahren mehr als achtzig solcher Schiffe hier in Hoorn ausgereedet worden sind zum großen Gewinn der Bürger.«
Nicht die Proportionen, der Kiel, das runde Heck oder die neue Führung der Bordwände waren bahnbrechend, sondern die besondere Takelung und die neu geschnittenen Rahsegel. Die drei Masten – Fock-, Haupt- und Besanmast – wurden höher gezogen, als es bis dahin üblich war, die Rahen dagegen gekürzt; der trapezförmige Segelschnitt hatte nichts mehr zu tun mit den alten mächtigen Rahsegeln.
Diese Neukonstruktion war so revolutionierend, daß seitdem die ganze Weiterentwicklung der Segelschiffe im Prinzip festgelegt war bis zum Ende der Windjammerepoche. Jede Neuerung bedeutete bestenfalls eine Steigerung der Schiffsgröße, eine veränderte Gesamtproportionierung, eine Verarbeitung neugewonnener Erfahrungen, aber keine Änderung der Grundlagen. Die holländischen Fleuten übertrafen jedes andere Schiff in der Schnelligkeit und der Brillanz der Segeleignung. Ein Klassiker der Schiffshistorie hat die Entwicklung der Fleute mit dem Kurzurteil kommen-

tiert: »Katastrophenartig bricht die Schiffahrt des Mittelalters zusammen.«

Das Drängen der Niederländer in den Fernhandel war nicht zuletzt wegen der konkurrenzlosen Qualität ihrer Schiffe so erfolgreich. Kaum hatten sie 1609 den Waffenstillstand mit Spanien geschlossen, wickelten sie auch schon den ganzen Handel mit Madrid ab; daran änderten selbst die schärfsten Proteste der alten Hansestädte nichts. Hier zählte nur die Leistung und nicht ein alter Brauch oder ein Privileg. Ebenso sah man im Mittelmeer nach kurzer Zeit kaum noch andere Schiffe als die niederländischen Segler. Das Tief der anderen Seefahrernationen wurde erst überwunden, als auch sie mit dem Bau von Fleuten begannen: Die ersten deutschen liefen 1618 in Lübeck vom Stapel. Die Holländer aber konnten das ganze 17. Jahrhundert hindurch den Ehrentitel behaupten, der einmal die Portugiesen ausgezeichnet hatte: Sie waren die »Fuhrleute der Welt«.

Die religiös motivierte Partnerschaft Englands mit den Niederlanden lockerte sich in demselben Maß, in dem die Gegnerschaft zu Spanien verfiel. An ihre Stelle trat die wirtschaftliche Konkurrenz, die sich rasch in eine gnadenlose Feindschaft verwandelte. Daß Holland sich nicht nur mit Kauffahrern in den Weltmeeren tummelte, sondern inzwischen auch eine Kriegsmarine aufgebaut hatte, die selbst das großmächtige Spanien herauszufordern wagte, gab England genauso zu denken wie den spanischen Admiralen. Im April 1607 griff eine holländische Einheit unter Jacob van Heemskerk bei Gibraltar ein starkes spanisches Geschwader an und errang einen Sieg, den niemand für möglich gehalten hatte. Doch nicht allein der holländischen Seedynamik waren die Erfolge der Generalstaaten zuzuschreiben. Nach dem Tod Elisabeths I. wurde nicht England, wie erhofft, zum Nutznießer der verfallenden spanischen Macht, sondern Holland. Denn ihr Nachfolger, Jakob I., ließ die Flotte völlig verkommen. Ein solches Desinteresse mußte sich für ein Instrument, das seine erste Entwicklungsphase soeben hinter sich gebracht hatte, schlechthin verheerend auswirken. England, das sich den staunenden Europäern erst kürzlich als eine Seemacht obersten Ranges vorgestellt hatte, versackte in einem maritimen Vakuum, das beinahe fünfzig Jahre anhielt.

Flaute unter König Jakob

Alles in allem war Jakob I. kein König, sondern ein frommer Calvinist, ein hochgebildeter Bücherfreund und ein furchtsamer Zauderer; gegen seine zeitgenössische Charakterisierung als »*the wisest fool of Christendom* – der weiseste Narr der Christenheit« läßt sich wenig ins Feld führen.

Jakob I. kann für seine Regierungszeit bestenfalls das Plus verbuchen, die drei Kronen Englands, Schottlands und Irlands auf sich vereinigt zu haben. Die Hartnäckigkeit, mit der er ein absolutes Königtum durchsetzen wollte, reichte jedoch bei weitem nicht dazu aus, um den Widerstand des Parlaments zu brechen.

Daß der König in anderen Dimensionen dachte als Elisabeth, war allerdings nicht allein ausschlaggebend für den Verfall der Flotte und den Verfall einer souveränen Politik. Den Briten war die Unerläßlichkeit der Meeresorientierung noch nicht so selbstverständlich geworden, wie sie es wenige Jahrzehnte später durch die Interessengemeinschaft von Parlament, Wirtschaftsexpansion und Flottenmacht demonstrierten. So wurde binnen kürzester Zeit alles verspielt, was England unter Elisabeth an Positionen erkämpft hatte. Auch die Beendigung des Krieges mit Spanien 1604 trug keineswegs zu einer allgemeinen Befriedung in Europa bei, wie es der König aus seiner pazifistischen Grundstimmung heraus erwartet haben mochte, sondern sie legte den Keim zu einer unversöhnlichen Feindschaft mit den Generalstaaten. Die Niederländer fühlten sich hintergangen, im Stich gelassen.

Alle Seeaktivitäten Englands in diesen Jahren blieben privater Art. Der König unterstützte sie nicht, aber er behinderte sie auch nicht, wenn man davon absieht, daß er den Kaufleuten jede Freibeuterei untersagte und keine Kaperbriefe mehr unterzeichnete – im Gegensatz zu den selbstverständlichen Gepflogenheiten bei den übrigen Seefahrernationen. Die Ostindische Kompanie dagegen blieb nicht passiv, sie errichtete eine Reihe von Stützpunkten, wurde zwar nach 1620 von den Holländern rücksichtslos aus den indischen Bereichen verjagt, konnte aber immerhin noch 1615 mit Genugtuung feststellen, daß die Kriegsflotte ihren Schutz übernahm: Die Engländer gewannen 1615 bei Surat im Golf von Cambay überlegen ein Seegefecht gegen die Portugiesen.

Doch das sind Arabesken, wenn man an das Wort denkt: »Lieber hängen, als in der Flotte dienen«, das 1627/28 in England kursierte, und wenn man den holländischen Aufschwung in derselben Zeit berücksichtigt. 1628, als der Dreißigjährige Krieg schon zehn Jahre auf dem europäischen Festland tobte, überfiel der holländische Admiral Piet Heyn eine vollbeladene spanische Silberflotte vor der Nordküste Kubas. Die Beute betrug 15 Millionen Gulden, spanische Stimmen bezeichneten in verständlicher Übertreibung diesen Schlag als die »größte Katastrophe« seit der Entdeckung Amerikas.

Mehr Schiffe als Häuser

Sowohl die Generalstaaten als auch Spanien bereiteten sich während des zwölfjährigen Waffenstillstands nicht auf den Frieden, sondern auf die Fortsetzung des Krieges vor. Das maritime Selbstbewußtsein der Niederländer erreichte damals seinen Gipfel. Ihre Niederlassungen durchsetzten den ganzen indisch-asiatischen Raum, sie vertrieben die Portugiesen mit unglaublicher Brutalität, eine Entwicklung, bei der allenfalls die Hilflosigkeit ihrer Gegner erstaunlich ist.

Sie beherrschten die Schiffahrt von Virginia, Guayana und Brasilien bis Java, Malakka und Ceylon, das Südkap Afrikas nicht zu vergessen. 1599 hatten die Niederländer zum erstenmal die Bandainseln besucht, die 1512 von Portugiesen entdeckt worden waren. Die nordmolukkische Insel Ternate wurde ebenfalls 1599 angelaufen und auch gleich in Besitz genommen. 1613 versuchten die Niederländer die Portugiesen von der Sundainsel Timor zu vertreiben, allerdings ohne Erfolg. Die europäischen Konkurrenten einigten sich auf eine Teilung, die weiterschwelenden Zwistigkeiten wurden erst 1859 beigelegt!

1621 eroberten die Holländer die Bandainseln und ermordeten die gesamte Bevölkerung, die aus Alfuren bestand. Zwanzig Jahre später wurde Malakka erobert, ein Jahr zuvor hatten sie auf Ceylon festen Fuß gefaßt. In den nächsten Jahren fiel eine Küstensiedlung nach der anderen in ihre Hand, 1658 waren die letzten Portugiesen vertrieben. Die Niederländer beherrschten jetzt ein weit größeres Kolonialgebiet, als es die Portugiesen jemals besessen hatten. Die wichtige Insel Tidor südlich Ternates kam allerdings erst 1667 unter niederländische Herrschaft.

Innerhalb eines Jahrhunderts hatten die Generalstaaten die Kontrolle oder das Monopol für die profitabelsten Güter, nämlich die Gewürze und den Pfeffer des indischen und malaiischen Raumes, in die Hand bekommen. Der ganze Osthandel war straff kontrolliert, den Gegenpol zu der Metropole Amsterdam bildete Batavia, das heutige Djakarta an der Nordwestküste Javas. Die Niederländer hatten hier 1610 eine Faktorei gegründet und während des folgenden Jahrzehnts zum Sammellager aller Waren ausgebaut, die nach Europa verschifft wurden. Die Lage Batavias war nicht komplikationsfrei, die Zufahrtswege beschwerlich, aber nur so ließ sich ernsthaft ein Gegengewicht zu dem uneinnehmbaren portugiesischen Goa schaffen.

Die hochragenden Wälder der Schiffsmasten im Hafen von Amsterdam erregten solches Staunen bei Besuchern, daß es allgemein hieß: »In Holland gibt es mehr Schiffe als Häuser.« Das war nicht übertrieben. Mehr als die Hälfte des Sundzolls, den Dänemark erhob, wurde von Schiffen der Generalstaaten entrichtet. Die Kanäle und Grachten des Landes wurden von Tausenden und aber Tausenden Schiffen befahren. Es gab praktisch keine Familie, die nicht in irgendeiner Form von der See, der Fischerei, dem Überseehandel lebte. Das Ringen Hollands um seine Seegeltung konnte gar nichts anderes sein als ein Kampf um seine Existenz.

Holland suchte die Entscheidung des Krieges auf den Meeren; zu Lande bestand von vornherein keine Aussicht, die Spanier zu schlagen. Tatsächlich wurde diese zweite spanisch-holländische Auseinandersetzung, die sich gleichlaufend mit dem Dreißigjährigen Krieg und als ein Teil von ihm entwickelte, auf den Meeren entschieden. Nach einer Reihe zäher Gefechte und heftiger Versuche, die verschiedenen Seeblockaden zu durchbrechen, rüstete Spanien 1639 eine Armada aus, deren Kampfkraft Vergleiche mit der legendären Flotte von 1588 herausforderte. Die Holländer mußten es mit einem vierfach stärkeren Gegner aufnehmen.

Ein einziger Mann glich das numerische Mißverhältnis aus, der niederländische Flottenführer Maerten Tromp. Kaum erschien die

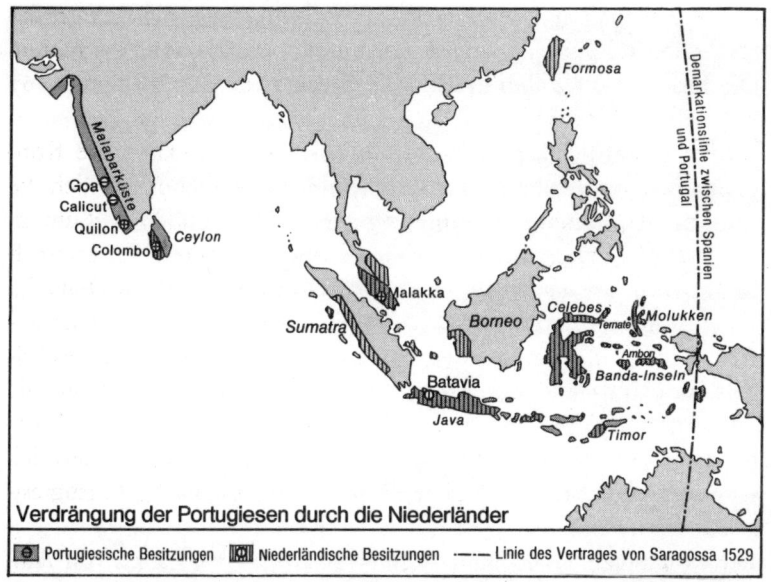

Goa
Calicut
Quilon
Colombo
Ceylon
Malabarküste
Formosa
Demarkationslinie zwischen Spanien und Portugal
Malakka
Sumatra
Borneo
Celebes
Ternate
Molukken
Amboi
Banda-Inseln
Batavia
Java
Timor

Verdrängung der Portugiesen durch die Niederländer

⊙ Portugiesische Besitzungen   ▨ Niederländische Besitzungen   —·— Linie des Vertrages von Saragossa 1529

Armada am Ostausgang des Kanals, griff Tromp mit seinem kleinen Schiffsverband die spanischen Galeonen so ungestüm an, als wäre er unter Drake zur See gefahren. Sein massiertes Artilleriefeuer trieb die Spanier an die englische Küste. Hier, in den Gewässern von Dover–Folkestone und seinen Kliffs, den »*Downs*«, glaubten sie vor allen Angriffen Tromps sicher zu sein, denn sie ankerten in neutralem Gebiet; überdies hatte ihnen der englische König Karl I. die Hilfe der britischen Kanalflotte versprochen.
Tromp ließ sich jedoch nicht abschrecken. Er blockierte die Spanier, zog in den folgenden Wochen aus den Niederlanden jedes verfügbare Kriegsschiff heran und bereitete in aller Offenheit den Angriff vor. Er war von seinem Sieg absolut überzeugt, einem Engländer versicherte er: König Karl wird bald alle spanischen Kanonen besitzen, seine Landsleute die Schiffe und der Teufel die spanischen Männer.
Am 21. Oktober griff er die Armada mit voller Wucht an. Die Überraschungsattacke gelang vollständig, die Spanier wurden in Grund geschossen, explodierten, zerschellten an der Küste. Von den 70 Schiffen gelang nur zwölf oder dreizehn Seglern die Flucht. Die Oktoberschlacht bei den Downs war das letzte Ge-

fecht, das Spanier auf offener See mit den Niederländern schlugen, oder besser: zu schlagen riskierten.

Die Holländer wurden in dieser Zeit nicht nur die Spediteure des Erdballs, das ganze Land mit seinem monopolisierten Zwischenhandel galt als »Warenhaus der Welt« schlechthin. Die gewaltigen Handelskonvois fuhren nie ohne starken Geleitschutz, feindliche Kaperschiffe hatten nur geringe Chancen, Beute zu machen. Dabei wuchs die Handelsmarine erheblich schneller als die Kriegsmarine. In den 40er Jahren des 17. Jahrhunderts verfügten die Niederlande – bei einer Bevölkerung von 450 000 – über eine Handels- und Kriegsflotte, die weit größer war als alle Schiffe Spaniens, Portugals, Englands und Frankreichs zusammengenommen. 1650 fuhren 16 000 Schiffe unter holländischer Flagge, die anderen Seenationen zählten kaum 4000, der Anteil Englands davon betrug zwischen 500 und 600. Noch gegen Ende des 17. Jahrhunderts, als die holländische Seegeltung längst über ihren Zenit hinaus war, passierten jährlich noch immer rund 1600 ihrer Handelsschiffe den Sund und entrichteten den Zoll.

Ein schrecklicher Rivale

Für das Deutsche Reich wurde das Jahr 1648 zu einem Katastrophendatum seiner Geschichte. Für Holland wurde dasselbe Jahr, das Jahr des »Westfälischen Friedens«, ein Datum des Triumphs. Spanien mußte die sieben aufständischen Nordprovinzen in aller Form als eigenen Staat anerkennen, es mußte den unbeschränkten Handel in seinen Häfen, gleichgültig, an welchen Küsten sie lagen, zulassen und damit auf alle Monopolansprüche, Sperrzonen und exklusiven Seerouten verzichten. Aus den kleinen Provinzen mit ihren Dünen, Watts und Marschen – als Lebensraum nur Heringsfischern bekömmlich, wie zu glauben war – hatte sich binnen einem Halbjahrhundert eine der »großen Mächte« der Welt, hatte sich eine Weltmacht entwickelt.

Oder waren die Niederlande nur eine Handelsmacht, waren es findige Kaufleute, die ihrer Schläue und ihrer merkantilen Skrupellosigkeit einen politischen Deckmantel übergeworfen hatten? So sehr die Engländer mit ihren inneren Nöten und den Königen Jakob und Karl, mit Korruption, Intrigen und Bürgerkrieg beschäftigt waren: Nicht nur die britischen Kaufleute, Reeder und Handelsherren registrierten voller Bedrückung und Neid die rücksichtslose Tatkraft, mit der die Niederländer auf die Meere drängten, die Reste des portugiesischen Seeimperiums im Indischen Ozean zerschlugen und ihre Faktoreien übernahmen.

Auch die britischen Politiker und Offiziere waren nicht blind dafür. König Karl I. versuchte, spät genug, mit der Stagnationspolitik seines Vaters zu brechen und die Flotte zu reorganisieren. Der Stand der niederländischen Marine und die starke Aufmerksamkeit, die Frankreichs führender Staatsmann Richelieu der Seerüstung widmete, nötigten fast gewaltsam dazu. Das Problem der leeren Kassen versuchte er 1634 durch Einführung einer Steuer, die ausschließlich für den Bau von Kriegsschiffen verwendet wurde, zu lösen. Obwohl auch diese Maßnahme in die Zeit fiel, in der Karl I. ohne Parlament regierte, das »Schiffsgeld« also ohne jene Zustimmung erhoben wurde, die für eine erfolgreiche Marinepolitik notwendig gewesen wäre, regte sich zunächst keine Opposition dagegen. So besaß England in verhältnismäßig kurzer Zeit wieder eine kleine, recht schlagkräftige Flotte.

Während des Bürgerkriegs, der 1642 ausbrach und sieben Jahre später mit der Hinrichtung Karls I. endete, befand sich die Marineführung auf seiten des Parlaments; zwei Drittel der Flotte hatten sich für Oliver Cromwell erklärt. Dies trug nach seinem Sieg wesentlich dazu bei, sich an die Fundamente der britischen Politik zu erinnern, die Elisabeth I. gelegt hatte. Wenn Großbritannien unter den herrschenden Bedingungen überhaupt Politik treiben wollte, dann mußte es Seemachtpolitik sein.

Anlässe zur Besinnung gab es genug. Der ärgerlichste befand sich direkt vor der Tür: die Holländer, die »schrecklichen Rivalen«, die sich weigerten, den »Channel Salute« zu entrichten. England verlangte seit dem 13. Jahrhundert von allen fremden Schiffen, die in den Gewässern der Insel einem seiner Kriegsschiffe begegneten, den Flaggengruß durch Dippen der Nationalflagge und Fieren der Marssegel. Die Holländer machten sich seit langem ein Vergnügen daraus, den »Channel Salute« zu mißachten. Doch seit 1649 war Großbritannien nicht mehr bereit, das hinzunehmen.

Daß sich schon unter Karl I. das Klima zu ändern begann, hätten die Generalstaaten an der Einführung des Schiffsgeldes ablesen können oder an den Seglern, die der geniale Phineas Pett zusammen mit seinem Sohn Peter in königlichem Auftrag erbaute. Seine »Sovereign of the Seas« war das größte Schiff der Zeit, bestückt mit 40 und später mit 100 Kanonen. Zwar hatte der Bau zehnmal soviel gekostet wie ein normales Kriegsschiff – die Einrichtung war luxuriöser als die aller anderen Schiffe auf den Meeren –, technisch aber war es der Entwicklung um ein Jahrhundert voraus. Die Niederländer lernten ihre Qualitäten in einer Reihe von Seetreffen kennen und gaben ihr daraufhin den Namen »Goldener Teufel«.

Die »Magna charta maritima«

Der Sieg des Parlaments und Cromwells bedeutete eine Wende, denn seit 1649 wird Marinepolitik in England eine Sache der ganzen Nation. Binnen zwei Jahren verdoppelt sich der Flottenbestand, bis 1660 wird er um das Fünffache vergrößert. Besonderes Gewicht wird auf die schnellen Fregatten gelegt, die den Piraten von Dünkirchen weit überlegen sind und bei der Jagd auf Konvois bald zum Schrecken der Holländer werden. Dies um so mehr, als die Niederländer seit 1648 zwar ihre maritime Spitzengeltung weiter festigen, es sich aber auch verblüffend schnell im Speck der Selbstgefälligkeit wohl sein lassen.

England wird unter Cromwell nicht nur von verletztem Stolz über die Anmaßung der Vereinigten Provinzen gequält, sondern auch von blankem Neid, der erfrischend offenherzig ausgesprochen wird: Ihr großer Admiral George Monck – neben Robert Blake der hervorragendste Flottenführer der Epoche – skizzierte die Lage kalt und knapp: »Bedarf es vieler Gründe zum Krieg? Die Holländer haben einen zu großen Anteil am Handel, und wir sind entschlossen, ihnen den wegzunehmen.«

So gesehen betreibt England seine Seerüstung nur als Vorbereitung eines Handelskrieges mit dem kleinen, umtriebigen Nachbarn, dem man selbst erst vor kurzem so energisch auf die Beine geholfen und dadurch vor der protestantischen Hölle des spanisch-katholischen Himmels gerettet hat. 1650 sind etwa 90 Prozent des englischen Außenhandels in holländischem Besitz. Das ist unerträglich. Deshalb erläßt 1651 das Parlament ein Gesetz, das die tiefgreifendsten Folgen für Großbritannien und die Welt haben wird, die »Navigations Act«: der berühmteste Parlamentsbeschluß der Geschichte. Die Navigationsakte setzt fest, daß der transozeanische Handel des Landes ausnahmslos durch britische Schiffe erfolgen muß oder auf Schiffen derjenigen Länder, aus denen die Waren stammen. Handelsgüter durften auch nicht von holländischen Zwischenhändlern übernommen werden.

Das war nicht nur eine Monopolisierung der Schiffahrt und der Einfuhr. Zwar wurde dadurch auf dem Papier der aktive Handel Englands den Holländern über Nacht aus der Hand gerissen, aber die Navigationsakte war ein blanker Spiegel des welthistorischen Entschlusses Cromwells, des Parlaments, Englands überhaupt, kommerzielle Politik als Seemachtspolitik zu imperialer Politik auszuweiten. Deshalb wurde die Navigationsakte, die erst 1849, zwei Jahrhunderte später nach erreichtem Ziel, endgültig aufgehoben wurde, auch Großbritanniens »Magna charta maritima« genannt.

Wesentlich war nicht nur, daß die Konkurrenz der Generalstaaten mit einem Schlag beseitigt wurde, wesentlich auch für die Wucht des Schlages war die Übernahme der Monopolstellung durch den englischen Staat selbst und die Garantiefunktion, die der Kriegsflotte offiziell übertragen wurde.

Spitzfindige Fragen

Die Niederlande nahmen das nicht hin, ihre Kaufleute waren außer sich vor Wut. In den folgenden drei Seekriegen zwischen England und Holland von 1652 bis 1674 ging es ausschließlich um die Ansprüche, deren Ausdruck die Navigationsakte war, und um Hollands Protest dagegen. Daß es wirklich reine Seekriege waren, also nicht nur Kriege auf dem Meer, sondern um die Meere, zeigt sich schon allein daran, daß die Gegner mit Invasionsgedanken nur unter seestrategischen Gesichtspunkten spielten und nicht, um

– entsprechend den alten Vorstellungen – die Kriegsentscheidung an Land zu suchen und womöglich Land hinzuzugewinnen.

Für Großbritannien ging es um die Macht und Seegeltung des Staates. Für die Niederlande ging es um die Existenz. Sie hatten ihre Wohlfahrt, ihren Reichtum, ihre Größe ausschließlich mit dem Übergewicht ihrer Handelsflotte verbunden, sie hatten sie damit verbinden müssen – aber diese unersetzliche, lebenswichtige Schiffahrt hatten sie militärisch unzureichend gesichert.

Die Jahrzehnte ihrer Kriege gegen England waren zwar auch die Glanzzeit ihrer genialsten und berühmtesten Admirale, aber die Flottenführung selbst war grotesk zersplittert, und zwar nicht nur im Verhältnis zu dem betont straffen Kommando, das bei der englischen Flotte selbstverständlich war und bei der kaum jemals ernste Dissonanzen mit der Regierung in London auftraten. Die ans Meer grenzenden fünf Seeprovinzen der Niederlande stellten eigene Geschwader, jedes wurde geführt von einem selbständig entscheidenden Admiral. Einen gemeinsamen Oberbefehl gab es nur bis 1650, seitdem existierten fünf selbstherrliche »Admiralitäten«, die sich häufig so wenig miteinander vertrugen, daß die Überlegung, wo denn eigentlich der wirkliche Feind zu suchen war – beim benachbarten oder beim englischen Flottenverband – keineswegs nur von Galgenhumor zeugt. Dazu kam die strategische und taktische Besserwisserei der politischen Führung. Admiral Tromp raste wiederholt vor Zorn, »daß ich, nachdem ich [in der Schlacht] alles gegeben habe, was in mir ist, bei der Rückkehr mit spitzfindigen Fragen belästigt werde«. Eine Klage, die den Heerführern und Admiralen bekannt ist, seit Kriege geführt werden.

Die Kiellinie

Die Briten zogen daraus allerdings andere Lehren als die Holländer. Sie erkannten, daß durch die Entwicklung neuer Schiffstypen und die Verbesserung der Artillerie auch eine neue Geschwaderführung und geschlossene Operationen unerläßlich wurden. Die alte Taktik der Dwarslinie, bei der die Schiffe nebeneinander auf demselben Kurs lagen, in den Gegner hineinfuhren und dann im

Getümmel von Einzelkämpfen (Mêlée-Taktik) die Entscheidung gesucht wurde, war im Grunde schon seit dem Augenblick fragwürdig, als man die Wirkung massierter Breitseiten erkannt hatte. Damit erhielt die Gefechtsführung in Kiellinie, also auf Parallelkurs zum feindlichen Flottenverband samt den verschiedenen »Evolutionen«, die sich aus der neuen Formal-Taktik ergaben, fast kanonische Geltung für den Seekrieg bis ins 18. Jahrhundert.

Die Linien-Kampfordnung wurde von England eingeführt. 1653, knapp ein Jahr nach Beginn des ersten britisch-niederländischen Krieges, gab Admiral Robert Blake neue Gefechtsanweisungen *(Fighting Instructions)* heraus. In Artikel 3 dieser berühmt gewordenen Instruktionen heißt es: »Alle Schiffe jedes Geschwaders haben bestrebt zu sein, die Linie hinter dem Führerschiff zu halten.« Ergänzt wurde die Kampfformation der Schlachtlinie durch die Anweisung, wenn irgend möglich den Angriff aus der Luvstellung zu entwickeln – eine Lehre, deren Vorteile für Segler schon die Holländer erkannt hatten. Die Kiellinie setzte allerdings eine gewisse Gleichwertigkeit der Schiffe eines Geschwaders voraus, um bei den Breitseiten größte Wirkung zu erzielen. Man erkannte bald, daß Schiffe mit mindestens 50 Kanonen am besten geeignet waren, in Kiellinie zu kämpfen; sie wurden seitdem Linienschiffe genannt, gleichgültig, ob sie mit der doppelten Zahl Kanonen bestückt waren, und unabhängig davon, welche Unterschiede hinsichtlich Schnelligkeit, Segeleignung oder Wendigkeit bestanden.

Holland versuchte zunächst, mit London Verhandlungen über die Navigationsakte zu führen. Cromwell zeigte die kalte Schulter, doch auch die niederländischen Kauffahrer segelten weiter durch den Kanal, als hätten sie niemals etwas vom Flaggengruß gehört. Im Mai 1652 eröffneten die Briten das Feuer auf holländische Kriegsschiffe und erzwangen den »*Channel Salute*«. Kurz darauf passierte Admiral Tromp mit seiner Flotte Dover, und als die Engländer von ihm den Flaggengruß verlangten – zwecks Verständlichkeit begleitet von einigen scharfen Schüssen –, gab Tromp die Antwort mit einer vollen Breitseite.

Dieser erste englisch-niederländische Seekrieg dauerte nur zwei Jahre, bis 1654; doch in keinem anderen Krieg auf den Meeren hat es in so kurzer Zeit so viele Einzelgefechte und große Schlachten gegeben, ist so verbissen, gnadenlos, grausam gekämpft worden.

Die britische Flotte unter Robert Blake errang Ende September 1652 einen bemerkenswerten Sieg über die Holländer, doch keine zwei Monate später revanchierte sich Maerten Tromp während eines Geleits durch den Kanal mit einem so überlegen geführten Gefecht, daß Blake eine seiner katastrophalsten Niederlagen hinnehmen mußte.

Die folgenden Kämpfe in der Nordsee und im Kanal entschieden die Briten durchweg für sich. Die letzte Schlacht fand im August 1653 vor Scheveningen statt, ein überaus erbittertes, verlustreiches Ringen zwischen Monck und Tromp, in dem die Briten schließlich ebenfalls dank ihrer Geschwaderführung und überlegenen Schiffsartillerie triumphierten. Maerten Tromp verlor in der Schlacht sein Leben. Die Niederländer entschlossen sich im April des darauffolgenden Jahres zum Frieden – nicht wegen ihrer militärischen Schwäche, sondern weil ihr Handel an den Rand des Zusammenbruchs geraten war. Englische Korsaren hatten in dieser Zeit mehr als eintausend holländische Segler gekapert, eine Zahl, deren Größenordnung erst deutlich wird, wenn man ergänzt, daß damals der Gesamtbestand der englischen Handelsmarine nur knapp fünfhundert Schiffe betrug.

»Der Schrecken des großen Ozeans«

Der zweite Seekrieg zwischen den Rivalen begann 1665 und dauerte ebenfalls zwei Jahre. Englands Ruhm als Seemacht war durch die Kämpfe mit Spanien von 1655 bis 1660 in einer Weise gefestigt worden, die alle Erinnerungen an die Epoche unter Jakob I. ausmerzte. Allerdings mißlang Cromwells Versuch, so wie zu Zeiten Elisabeths I. den britischen Kampf mit Spanien um die Seeherrschaft durch die Perspektive eines Ringens des Protestantismus mit dem katholischen Glauben zu ergänzen und dadurch Verbündete zu finden.

Die Holländer hatten unterdessen alles unternommen, um das verlorene Handelsterrain auf Kosten der Briten wieder zurückzugewinnen. Was das, in harter Münze ausgedrückt, für die Wohlfahrt Englands hieß, war unschwer zu begreifen. Deshalb wurde die

Flottenpolitik sowohl unter Cromwell als auch in der Restaurationsära Karls II. ohne Änderung weitergeführt. Bei Beginn des zweiten Krieges betrug der Gesamtbestand der englischen Flotte 4000 Segel.

Allerdings befand sich die Flottenrüstung nicht auf demselben Stand wie die Überzeugung der britischen Regierung, daß für eine Politik der nationalen Interessen die Marine das wichtigste Instrument darstellte. Holland dagegen verfügte nicht nur über die schlagkräftigste Kriegsmarine seiner Geschichte, sondern in Michiel de Ruyter über den erfolgreichsten aller seiner Admirale, den später viele Kenner und Experten als den »größten Seehelden aller Zeiten« feierten, ihn also noch über Drake und Nelson stellten.

Michiel de Ruyter kannte die Meere seit seiner Jugend, mit elf war er Schiffsjunge, mit dreißig wurde er Kapitän und sieben Jahre später Konteradmiral. Seine Gefechtsliste weist vierzig Seeschlachten auf. In den drei Seekriegen gegen England kann sein Name fast stellvertretend für die ganze niederländische Flotte und ihre Leistungen stehen. Michiel de Ruyter war wegen seines geraden, unverwüstlichen Wesens eine Art Bilderbuch-Seebär. Mit Jan de Witt wird er als Schöpfer der holländischen Kriegsmarine verehrt; die Seefahrer seiner Zeit titulierten ihn treffend als den »Schrecken des großen Ozeans«. Von den Künstlern ist er nicht nur so porträtiert worden, wie sie ihn gesehen haben, sondern woran sie sich bei ihm erinnerten: starker Kopf, buschige Brauen, schweres Kinn, unerschütterlicher Blick – das ganze Gesicht eine gewonnene Schlacht.

Die »Four Days Battle«

Die englische Flottenführung während des zweiten Krieges wurde geprägt von den Admiralen George Monck, Prinz Rupert von der Pfalz – dem Neffen König Karls I. – und dem Herzog von York, dem späteren König Jakob II. Als Bruder Karls II., als erfahrener Seemann und hervorragender Taktiker wurde der Herzog zum Lord High Admiral der Royal Navy – wie die Flotte seit Karl II. hieß – ernannt. York brachte die Instruktionen Blakes auf den neuesten Erfahrungsstand, verschärfte die Disziplin und begann mit dem Aufbau eines geschulten Seeoffizierskorps. Die erste große Schlacht fand am 13. Juni 1665 vor der englischen Küste bei Lowestoft statt. Sie endete mit der völligen Zersprengung der holländischen Flotte, die an diesem Tag rund ein Drittel des Aufgebots, mehr als dreißig Schiffe verlor. Ein Augenzeuge stellte fest: »Es war eine Lust, die englische, aber ein Jammer, die holländische Linie zu sehen!«

Höhepunkt dieses zweiten Seekriegs war die oft zitierte »Schlacht der vier Tage« im Kanal. Die holländische Flotte bestand aus 85 Schiffen, die britische aus 80. Monck fand in diesen Tagen in de Ruyter seinen absoluten Meister. Am ersten Tag wurden die Briten so schwer mitgenommen, erlitten so fürchterliche Verluste, daß ein Rückzug die verständlichste Entscheidung gewesen wäre. Von 56 Schiffen des Geschwaders Monck waren abends nur noch 43 kampffähig, und es gab kein Schiff ohne zahlreiche Tote und Verwundete. Monck rief in der Nacht die Kommandanten zusammen: »Hätten wir die Zahl der Feinde gefürchtet, so hätten wir fliehen müssen. An Schiffen sind wir zwar unterlegen, an allem anderen aber sind wir überlegen. Im schlimmsten Fall ist es ehrenhafter, tapfer auf unserem eigenen Element zu sterben, als den Niederländern ein Schauspiel abzugeben. Zu unterliegen ist ein Risiko des Krieges, aber nur Feiglinge fliehen.«

So brach der zweite Tag an. Und er endete noch entsetzlicher als der erste. Monck besaß nur noch 16 kampffähige Schiffe gegenüber den 80 von de Ruyter. Am dritten Tag zog sich die englische Flotte wie ein schwerverwundetes Tier vorsichtig zurück. Erst nachmittags stieß das Geschwader Prinz Ruperts mit 24 Segeln zu Monck. In der Nacht beschlossen die Befehlshaber, trotz der Überlegenheit des Gegners weiterzukämpfen. Der vierte Tag wurde für beide Seiten zum schwersten. Die Schlachtlinien lösten sich bei dem starken Seegang und dem kräftigen Südwest auf, bis in den Nachmittag hinein wurde Schiff gegen Schiff gekämpft, erst die Abendnebel zwangen zum Abbruch des Ringens.

Die Flotten trennten sich, ohne daß eine Entscheidung im gewöhnlichen Sinn gefallen wäre, doch die Niederländer waren eindeutig Sieger. Der Totalverlust an Schiffen war sowohl hüben wie drüben erstaunlich gering: zehn englische und vier Holländer. Anders stand es mit den Mannschaftsverlusten. England hatte 8000 Tote, Verwundete und Gefangene zu beklagen, viermal soviel wie die Holländer.

Pearl Harbor im Jahre 1667

England konnte zwar schon wenige Wochen später bei einem Treffen nördlich von Dover am St.-Jakobs-Tag den Holländern eine schwere Niederlage bereiten, doch dieser Sieg im »St. James fight« hielt sie aufgrund ihrer inneren Schwierigkeiten und der ungeheuren Finanzlasten des Krieges nicht davon ab, im Oktober mit den Niederlanden Friedensgespräche zu beginnen. Für de Ruyter war das lediglich ein Grund, um die Aktionen des nächsten Jahres besonders gründlich vorzubereiten. Bestärkt wurde er darin durch die schleppende, hochmütige Verhandlungsweise der Engländer. Am 31. Mai 1667 schrieb Jan de Witt an seinen Bruder: »Den englischen Abgesandten in Breda muß eine gehörige Lektion erteilt werden, um ihre Arroganz zu zügeln.« Jan de Witt war auf eine Idee verfallen, die zunächst so abenteuerlich schien, daß selbst de Ruyter protestierte. Doch Witt als verantwortlicher Staatsmann der Republik setzte sich durch. Im Juni 1667 segelte die holländische Flotte mit 80 Schiffen und 12000 Mann in die Mündung der Themse, überwand alle der so gefürchteten Untiefen, drang bis zum Medway vor, zerschoß das Fort von Sheerness an der Mündung des Medway, segelte dann ungehindert diesen fast mäandrig gewundenen Wasserweg elf Kilometer stromaufwärts bis Chatham: Liegeplatz und Werft der größten englischen Schiffe. Hier lagen die »Royal Charles«, das ruhmbedeckte Flaggschiff des Herzogs von York, des Prinzen Rupert, des Admirals Monck, die »Royal Oak«, die »Loyal London«, die »Royal James« – die gewaltigsten Schlachtschiffe der Welt, kein Schiff unter 1000 Tonnen.

In London brach eine Panik aus, die Bevölkerung floh aufs Land, ein Gerücht jagte das andere. Am Morgen des 23. Juni beschlossen de Witt und de Ruyter, die Befestigungsanlagen zu beschießen und so viele Schiffe wie möglich zu vernichten. Brander wurden angesetzt, die Batterien an Land zum Schweigen gebracht, über der »Royal Oak«, der »Loyal London«, der »Royal James« schlugen die Flammen zusammen, ganz Chatham wurde von dunklen Brandwolken verhüllt. Ein Augenzeuge schrieb: »Die Vernichtung dieser unserer drei stattlichen und glorreichen Schiffe war der bedrückendste Anblick, der sich je meinen Augen bot; jedem echten Engländer mußte dabei das Herz bluten.«

Das Chaos in Chatham schlägt sich im Stil eines anderen Chronisten nieder: »Der Fluß voll von fahrenden Schiffen, Booten und brennenden Trümmern, ununterbrochenes Geschütz- und Gewehrfeuer, übertönt vom Geschrei der Verwundeten, Trompetengeschmetter, Trommelschlag und Hurrarufen der Holländer nach jedem Erfolg; über dem Ganzen dunkler Pulverrauch, erleuchtet von den Flammen der brennenden Schiffe und Häuser und von den Blitzen der Feuerwaffen.«

Drei Tage lang waren die Holländer mitten im Zentrum der britischen Kriegsmarine, zerschossen Docks und Lagerhallen, versenkten Schiffe. Als Krönung dieses unglaublichen Coups enterten die Holländer die »Royal Charles«, holten die Flagge ein, hißten die niederländische, nahmen das königliche Schiff in Schlepp und segelten in aller Gemütsruhe flußabwärts, heim nach Holland. Der Wind hatte sich in diesen Tagen auf die Stunde genau so verhalten, als hätten die Holländer ein Abkommen mit dem Wetter getroffen. John Evelyn, ein Freund von Samuel Pepys, dem großartigen Marinesekretär und Verwaltungschef der Royal Navy, fand für seine Empfindungen und für Englands Flotte nur drei Worte: »Eine unauslöschliche Schande!«

»Taten, die Menschenkraft übersteigen«

War jetzt die Arroganz der Engländer gezügelt, wie Jan de Witt gehofft hatte? Sie war es. Die anschließende Blockade der südöstlichen und südwestlichen Häfen der britischen Insel war kaum noch nötig, um die Bereitschaft Englands zu verstärken, sich mit der Lage abzufinden. Schon am 31. Juli 1667 konnten die Parteien den Frieden von Breda unterzeichnen.

Seine Artikel entsprachen bei weitem nicht den Vorstellungen, die Holland mit einem Sieg hätte verbinden müssen. England fand sich zu einer belanglosen Lockerung der Navigationsakte bereit. Die Holländer sicherten dafür die Beachtung des Flaggengrußes zu und traten in Nordamerika das Gebiet von Neu-Amsterdam, das spätere New York, an die Engländer ab. Zweifellos hatte bei diesem Kompromißfrieden auf beiden Seiten die Abschätzung der Gesamtkräfte und Flottenstärken unter dem Aspekt der bedrohlich wachsenden Seeambitionen Frankreichs eine erhebliche Rolle gespielt. Anders wäre wohl kaum der im Jahr darauf geschlossene Dreibund zwischen Großbritannien, Schweden und den Niederlanden zu erklären. Den Zwang dazu empfanden besonders die Niederlande recht nachhaltig. Damals kursierte in den Provinzen als Reaktion auf die französische Expansionspolitik das resignierte Wort: »Frankreich ist gut als Freund, aber nicht als Nachbar.« England revidierte seine Haltung jedoch überraschend schnell, als Ludwig XIV. in Geheimgesprächen dem englischen König vorschlug, das lästige Widersacherproblem namens »Niederlande« auf eine radikale Weise zu lösen. Beide Herrscher schlossen einen Vertrag zur Teilung der Generalstaaten. England kündigte daraufhin von sich aus den Dreibund, nicht ohne sich den Entschluß dazu durch erhebliche Subsidien Frankreichs erleichtern zu lassen. Damit standen die Zeichen erneut auf Krieg, eine formelle Erklärung schien nicht nötig zu sein. Im März 1672 griff ein britischer Flottenverband einen großen Geleitzug Hollands an: Das Präludium zum dritten englisch-niederländischen Seekrieg.

Ruyter nützte in der folgenden Zeit außerordentlich geschickt die mangelnde, ja teilweise bewußt nachlässige Zusammenarbeit der englischen mit den französischen Verbänden aus. Im Juni schlug er vor der Solebay südlich von Lowestoft die Briten in unübertrefflicher Manier, nachdem er zuvor die Franzosen geschickt nach Süden in die freie See abgedrängt hatte.

Ruyter und Hollands neuer Statthalter, der einundzwanzigjährige Wilhelm III. von Oranien, gaben sich keinen Täuschungen darüber hin, daß in diesem Krieg tatsächlich die Existenz der Niederlande auf dem Spiel stand. Halbe Maßnahmen kamen für Wilhelm nicht in Frage. Er beseitigte die Aufsplitterung der Admiralität nach den fünf Seeprovinzen und übertrug die gesamte Marineführung de Ruyter, der zum »Lieutenant-General-Admiral« bestallt wurde.

Seine Aufgabe in diesem dritten Krieg war so undankbar wie nur möglich. Der Zustand der holländischen Kriegsflotte und die Situation des Landes ließen nur eine defensive Kampfführung zu, aber de Ruyter beherrschte die »Strategie der inneren Linie« bald so meisterhaft, daß seine Unternehmungen zwischen 1672 und 1674 zu den herausragendsten Leistungen der neueren Seekriegsgeschichte zählen. Was Ludwig XIV. nach der Viertageschlacht von de Ruyter gesagt hatte, traf noch weit mehr auf die Zeit des dritten Seekrieges zu: »Der Sieur de Ruyter hat mit Herz und Kopf Taten verrichtet, die Menschenkraft übersteigen.«

England ließ sich davon nicht beeindrucken. Es setzte auf die Disziplin der Royal Navy und auf die Fähigkeiten solcher Admirale wie Prinz Rupert und den Herzog von York. Worauf sich Holland einzustellen hatte, formulierte 1673 der britische Lord-Kanzler Anthony Ashley Shaftesbury; mit dem Blick an die Amstel wiederholte er das gnadenlose Wort des älteren Cato: »*Ceterum censeo Carthaginem esse delendam* – Übrigens bin ich der Meinung, daß Karthago zerstört werden muß.«

In diesem Fall hatten die Götter vor die Zerstörung den Admiral de Ruyter gesetzt. Im Mai 1673 unternahm er einen Sperrversuch vor der Themse, konnte aber seine Position nicht halten. Einen Monat später kam es erneut zu einer Schlacht mit den vereinigten englisch-französischen Geschwadern. Auch diesmal gelang de Ruyter eine Sprengung des Verbandes, die Engländer entgingen nur mit knapper Not der Vernichtung. Im Juli kreuzte de Ruyter wiederum vor der Themse.

Die Alliierten entschlossen sich jetzt, mit sämtlichen Kräften in einer kombinierten Land- und Seeaktion die hartnäckigen Niederlande zu vernichten. Doch ihre Zusammenarbeit gelang nicht besser als im Jahr zuvor. Vom Mai an kam es zu wiederholten Gefechten im Raum zwischen der holländischen Küste und der Themse. Erst im August entwickelten sich auf der Höhe der Insel Texel die gegnerischen Flottenverbände zu einer Entscheidungsschlacht. Zwei volle Tage tobte der Kampf, die Linienordnung löste sich mehrfach in wirre Knäuel und Getümmel auf. Schließlich zogen sich die Verbündeten mit ihren schwer angeschlagenen Einheiten in die Häfen zurück. Wenn de Ruyter dem Statthalter einen klaren Erfolg meldete, so hieß das nichts anderes, als daß er Holland vor dem Untergang gerettet hatte.

Die Franzosen waren bei Texel in einer so betonten Reserve geblieben, daß bei den Briten der Unmut über solche Art Waffenbrüderschaft den Haß auf die Holländer zu überwiegen begann. So wurde der Krieg zwischen England und Holland im Februar 1674 durch eine Sonderregelung, den zweiten Frieden von Westminster, beendet. Die Bedingungen für Holland waren wenig vorteilhaft. England erhielt seine Dominanz auf den Weltmeeren bestätigt, Holland mußte sich zu einer Reihe empfindlicher Zugeständnisse verstehen – doch das entscheidende Ziel, die Generalstaaten als Konkurrenten völlig zu vernichten, hatte England dank de Ruyter und de Witt nicht erreicht.

Michiel de Ruyter fiel im April 1676 in einem Gefecht mit französischen Schiffen unter Admiral Abraham Duquesne bei Augusta, etwa sechs Seemeilen nördlich von Syrakus. Eine Kanonenkugel riß das linke Bein de Ruyters ab und zerschmetterte seinen rechten Fuß. Die holländischen Schiffe zogen sich in die Bucht und den Hafen von Syrakus zurück, de Ruyter starb am Abend auf seinem Flaggschiff »Eendracht«. Als die Nachricht in Paris eintraf, befahl Ludwig XIV., das Schiff mit dem Sarg frei passieren zu lassen und dem Toten durch Flaggengruß die letzte Ehre zu erweisen.

Seemacht, Großmacht, Weltmacht

Großbritannien unternahm in dieser Zeit dasselbe, was den Niederlanden während der Kämpfe Englands mit Spanien gelungen war: Es baute seine Handelsmacht mit höchster Energie weiter aus, und als Wilhelm III. von Oranien den Kampf mit Frankreich 1678 durch den Frieden von Nijmwegen beenden konnte, waren die englischen Positionen in Übersee bereits so verankert, daß der britische Anteil am Schiffshandel eine feste Größe geworden war. Die Niederlande hatten sich in den drei Kriegen behauptet, hatten ihre Existenz bewahrt, doch trotz der glänzenden Leistungen ihrer Admirale hatte sich bestätigt, daß die Holländer zwar einen hochentwickelten Sinn für den erfolgreichen Aufbau einer transozeanischen Handelsmacht besaßen, jedoch viel zu wenig Gespür für einen Kampf, der das Fundament für einen sicheren Handel legt. Das sah bei den Briten anders aus. Einem fremden Diplomaten versicherte Karl II. ohne zu erröten, »daß es auf der ganzen Welt keine berechtigtere Eifersucht gibt als diejenige eines Engländers auf die wachsende Größe einer anderen Seemacht«.

Die Seekriege mit Holland brachten Großbritannien zunächst keine ausmünzbaren Erfolge. Dazu waren die Rüstungen zu kostspielig und die wirtschaftlichen Einbrüche während der Kriegsjahre zu tief gewesen. Holland gelang es, bis weit in das folgende Jahrhundert hinein seinen Überseehandel noch in einer Form aufrechtzuerhalten, die den Reichtum und die Wirtschaftsblüte des Landes im Vergleich mit der Glanzzeit der ersten Hälfte des 17. Jahrhunderts nur unwesentlich verringerte.

Am nachhaltigsten wirkten sich die Kriege auf das Verhältnis der Engländer zur See aus. Auch wenn die militärischen Erfolge bei weitem hinter den Erwartungen und dem britischen Selbstbewußtsein zurückgeblieben waren: Das Wechselverhältnis von Überseehandel und mächtiger Kriegsflotte wurde von den Engländern als Zentralmoment einer Ozeanopolitik begriffen, die von dem Willen lebte, die Seeherrschaft zu erringen, um ein Seeimperium aufzurichten. Das klang in der herablassenden Bemerkung Sir William Monsons an: »Als der König von Spanien mit uns Krieg begann, wußte er nicht einmal, was ein Seekrieg war.«

Englands Staatsmänner hatten außerdem erkannt: Der holländische Überseehandel wurde getragen von kaufmännischen, nicht von politischen Interessen. Die Holländer besaßen ein Imperium der Bilanzen, ein Weltreich der Gewinne. Wenn auch der britische Neid darauf keineswegs ins Hintertreffen geriet, so beherrschten doch wirtschaftliche Faktoren niemals die britische Politik. Kaufmännisches Nützlichkeitsdenken und Gewinnstreben bestimmten nicht das politische Fernziel: durch Errichtung eines Seeimperiums zur führenden Großmacht, zur Weltmacht zu werden. Der britische Kaufmann und Reeder konnte seine positive Handelsbilanz auch als eine nationale Leistung genießen. Für den britischen Staatsmann dagegen waren Im- und Export nur Indizien einer erfolgreichen Politik.

Praktisch schlug sich das so nieder, daß der Ausbau der Royal Navy so umsichtig und sorgsam vorgenommen wurde wie bei keiner anderen Seenation. Gegen Ende des 17. Jahrhunderts hatte Großbritannien die Korruption in der Marineverwaltung fast völlig beseitigt, es gab eine ordnungsmäßige Rekrutierung und Entlöhnung, Anfänge einer systematischen Gefechtsausbildung, geregelte Rechnungsführung und zuverlässige Verwaltung der Arsenale, ganz zu schweigen von dem gewaltigen Ausbau der Werften. Die Royal Navy war der wesentliche Trumpf in der beginnenden Auseinandersetzung mit dem Rivalen Frankreich.

9. Kapitel

Weltpolitik im Zeichen der Windrose

In Paris vertiefte das Wort Kardinal Richelieus, daß kein Königreich besser als Frankreich geeignet sei, »um sich zum Herrn der Meere zu machen«, den Stachel, den schon König Franz I. gespürt hatte. Es weckte Erinnerungen an Gaspard de Coligny, der 1552 zum Admiral von Frankreich ernannt worden war und dessen Name glanzvolle Bilder heraufbeschwor.

War die Überzeugung Richelieus ein Trugschluß oder Ausdruck politischer Wunschvorstellungen? Weder in Frankreich noch in England oder in den Niederlanden wußte man in den 60er Jahren des 17. Jahrhunderts mit Sicherheit, wie diese Frage zu beantworten war. Daß sie aber auf jeden Fall zur Entscheidung anstand, spürten die Niederlande womöglich noch deutlicher als England. Und dieses Empfinden hatte schließlich auch dem Kompromißfrieden von Breda 1667 zu seinen Rundungen verholfen.

Die Außenpolitik Ludwigs XIV. bezog ihre Kraft und Aggressivität nicht nur aus dem persönlichen Selbstbewußtsein des Herrschers, sondern im materiellen Sinn aus der Solidität der Finanz- und Wirtschaftsordnung, die der große Reformer Jean-Baptiste Colbert Frankreich gegeben hatte. Derselbe Colbert war so tief wie kein anderer von der Notwendigkeit überzeugt, daß die Außenpolitik seines Landes eine Ozeanopolitik sein müsse.

In stolzer Einsamkeit

In Colberts Reformprogramm, dessen Grundsätze er 1664 in einer Denkschrift festgehalten hatte, wurde dem Überseehandel ein entscheidender Platz zugewiesen, und deshalb lag es im Zwang der

Sache, daß Colbert in den 60er Jahren auch die Leitung des Marineministeriums übernahm. Colbert hatte geschrieben: »Die Macht des Staates und der Glanz des Königtums bestehen darin, daß große Einnahmen große Ausgaben ermöglichen und daß zuletzt ein Überschuß an Geld verbleibt. In demselben Augenblick, in dem wir das Bargeld vermehren, vermehren wir die Macht, die Größe und den Reichtum des Staates.«

Die Außenhandelspolitik Colberts nötigte zu einer protektionistischen Zollpolitik – was Holland und England als eine rücksichtslose Kampfansage empfinden mußten –, sie nötigte ebenso zum schnellstmöglichen Aufbau einer gewaltigen Handelsflotte – was Holland und England gleichfalls alarmierte –, und sie erforderte schließlich auch die Schaffung einer modernen Kriegsmarine, die den Schutz des französischen Überseehandels übernehmen und als wichtigstes Instrument für koloniale Ziele dienen sollte. Und weil Colbert die Pläne nicht nur konzipierte, sondern auch rasch und energisch verwirklichte, stellte Deutschlands großer Historiker Leopold von Ranke bewundernd fest: Colberts Name erhebe sich »in stolzer Einsamkeit aus der Nacht der Geschichte«.

Colbert legte so großes Gewicht auf eine aktive Marinepolitik, weil es nichts gab, was einem Staat größere Einnahmen brachte als der Überseehandel; das hatten die Niederländer Europa demonstriert und vor ihnen die Spanier und Portugiesen. Deshalb ließ Colbert mit geradezu brutalem Druck die Handelsmarine ausbauen. Er schuf Arsenale, Werften und Stützpunkte in allen wichtigen Häfen, richtete Schulen für Seeoffiziere ein, schuf die »inscription maritime«, die allgemeine Wehrpflicht für Seeleute, die bis in unsere Zeit hinein bestehenblieb, ließ die Häfen systematisch erweitern, baute das Fischerdorf Brest zum beherrschenden Kriegshafen, zur »Hüterin des Ozeans« aus.

Einer der besten Mitarbeiter Colberts war Abraham Duquesne, der aus Dieppe stammte, sowohl in der französischen Marine diente als auch – wie so viele andere Kapitäne des Landes – als Freibeuter zur See fuhr und schon mit 36 zum Geschwaderchef ernannt wurde. Neben Tourville ist er der berühmteste aller französischen Admiräle. Er war besessen von einem Perfektionswahn und schwieg erst dann, wenn die Schiffe makellos ausgestattet waren. Beamte der Marineverwaltung, die sich über den Admiral bei Colbert beschwerten, wurden vom Minister brüskiert: »Wenn Duquesne Fehler hat, dann ist es Ihre Aufgabe, sie zu ertragen und dafür zu sorgen, daß ihm der Dienst erleichtert wird.«

In dasselbe Programm gehörte die Gründung großer Außenhandelsgesellschaften nach dem Muster der Seemächte: 1664 entstanden die Ostindische und die Westindische Kompanie, 1669 die Nordische und ein Jahr darauf die Levantekompanie.

Die Energie und das Tempo, mit dem der Aufbau einer starken, modernen, allen Rivalen überlegenen Kriegsflotte betrieben wurde, wirkte jenseits des Kanals zutiefst schockierend. Ein britischer Historiker unserer Zeit fühlte sich zu der Feststellung veranlaßt, daß es für Colberts Flottenpolitik in der ganzen Geschichte nur eine einzige Parallele gebe, nämlich »das Werk von Tirpitz in den Jahren vor 1914«. Der Vergleich hat deshalb viel für sich, weil England auf Colberts Marineprogramm genauso nervös reagierte wie Großbritannien auf die deutsche Flottenpolitik unter Kaiser Wilhelm II.

Der Vergleich hat aber auch viel gegen sich, sieht man von der britischen Nervosität einmal ab. England mußte durch den Ausbau der französischen Marine um seine ozeanische Anwartschaft bangen, eine Anwartschaft, die es eben erst gegen Holland durchzusetzen versuchte. Die deutsche Flottenpolitik vor 1914 dagegen war bestenfalls ärgerlich und unangenehm, aufreizend und taktlos, sie stellte aber keine Existenzbedrohung dar, ja nicht einmal die Gefahr einer Minderung von Englands überwältigender, unerschütterlicher Beherrschung der Weltmeere – so rapide auch die deutsche Wirtschaft und Industrie, der deutsche Handel nach 1900 expandierten.

Das Frankreich Ludwigs XIV. dagegen machte sich, als es Colberts weltpolitischen Plänen folgte, im letzten Drittel des 17. Jahrhunderts daran, gemeinsam mit England die Niederlande abzuwürgen. Allerdings nicht deshalb, um den Briten die Vorherrschaft auf See zu sichern, sondern um mit Holland denjenigen Widersacher auszuschalten, der wie kein anderer Gegner der eigenen Meerespolitik im Wege stand. Erst danach – das war kein Geheimnis an der Themse – würde und mußte sich die mittelbare Bedrohung Englands in eine direkte Gefährdung verwandeln.

Auftakt zu einem Jahrhundertduell

Als im Jahr 1688 Ludwig XIV. seinen dritten Eroberungskrieg gegen die deutsche Pfalz beginnt, sieht er sich 1689 unversehens einer großen europäischen Koalition gegenüber. Im Grunde handelt es sich um zwei Kriege. 1685 war der katholische Herzog von York als Jakob II. Nachfolger seines Bruders geworden; sein Versuch, England wieder in die Katholische Kirche zurückzuführen, fand wenig Gegenliebe. Die Führer des Parlaments forderten 1688 seinen Schwiegersohn Wilhelm III. von Oranien, den Statthalter der Niederlande, auf, die Regierung in England zu übernehmen. Wilhelm rückte mit einer gewaltigen Flotte und starken Truppen an. Seine Landung wurde als »Glorreiche Revolution« gefeiert, Jakob II. floh nach Frankreich und erhielt von Ludwig XIV. bei seinem Kampf um die Rückgewinnung des Throns Hilfe zugesagt.

Das Bündnis Kaiser Leopolds I. mit England, Holland, Spanien, Schweden und Savoyen gegen Frankreich wird nur deshalb so folgenschwer für den Sonnenkönig, weil sich der Kampf um die pfälzische Erbfolge einerseits zu einem entscheidenden Seekrieg mit den beiden Hauptmächten Holland und England entwickelt und Frankreich andererseits gezwungen ist, gegen die europäische Festlandsallianz übermäßig viele Kräfte einzusetzen, was zu Lasten der Marine geht.

Der Krieg, der im Jahr 1689 beginnt, dauert bis 1697; doch er bildet als Ganzes nur den Auftakt zu dem gewaltigen Ringen mit England um die uneingeschränkte Beherrschung der Meere, einem Ringen, das erst durch den denkwürdigsten Seesieg aller Zeiten, durch Nelsons Triumph im Jahre 1805 bei Trafalgar, gekrönt und 1815 auf dem Wiener Kongreß beendet wird.

Frankreich hat bei seinem Kampf gegen England im Vergleich mit Holland erhebliche Vorteile. Seine Küsten, die an drei Meere grenzen, können kaum blockiert werden; eine solche Blockade hatte den Niederländern die größten Schwierigkeiten bereitet und maßgeblich zu ihrer Niederlage beigetragen. Außerdem übertreffen die militärischen Kräfte und allgemeinen Ressourcen Frankreichs diejenigen Hollands bei weitem. England muß außerdem mit der Gefahr einer Invasion französischer Truppen rechnen. Das nötigt von vornherein zu einer völlig anderen Strategie, denn die

Gewässer um die Insel dürfen zu keiner Zeit militärisch unge-
schützt bleiben. Das Gegenteil würde einer Einladung an die Franzosen gleichkommen, die Herrschaft über die »Narrow Seas« an
sich zu reißen und die Invasion durchzuführen. Überlegungen, die
schon für die Auseinandersetzung mit Spanien im 16. Jahrhundert
charakteristisch waren – mit dem Unterschied, daß der Gegner
Frankreich unmittelbar jenseits des Kanals, direkt gegenüber liegt.
Flottenmäßig war Frankreich zu Beginn des Krieges auf See keineswegs unterlegen. Zwar besaß es nur knapp mehr als die Hälfte
der Linienschiffe, über die England und die Niederlande verfügten, doch die Kriegsmarine war in einem ausgezeichneten Zustand. Daran hatte sich auch durch Colberts ungnädige Entlassung
nichts geändert. Sein Sohn, der Marquis de Seignelay, hielt als
Marineminister die Flottenpolitik strikt auf der vorgezogenen Linie. Zu Kriegsbeginn hatte die Schlachtflotte Frankreichs einen absoluten Höchststand erreicht, was Modernität und Schlagkraft betraf. Die Mannschaften waren hervorragend geschult, das Offizierskorps diszipliniert und ehrgeizig, die Flottenführung brannte
buchstäblich darauf, sich mit den Seemächten zu messen. Der qua-
litative Abstand zu den Gegnern vergrößerte sich noch durch die
Gleichgültigkeit, mit der die Niederlande im letzten Jahrzehnt ihre
Kriegsflotte behandelt hatten, und Englands Marine war zur selben Zeit nicht in der Lage, einem massierten Einsatz von Frankreichs Schlachtschiffen standzuhalten.
Die Franzosen zählten zu Kriegsbeginn 77 einsatzbereite Linienschiffe, sie besaßen in ihrer »Soleil Royal« mit 110 Kanonen das
damals größte Schlachtschiff der Welt. Wenn auch die englische
Flotte zahlenmäßig erheblich stärker war, so befanden sich doch
die Schiffe wegen der schlechten Finanzlage des Landes in einem

»Einen so jungenhaften Kapitän habe ich noch nie gesehen.« Sir Horatio
Nelson (1758–1805)

Folgende Seite: »Patentbrücke zum Entern von Linienschiffen erster Klasse.« Nelson klettert in der Schlacht von St. Vincent am 14. Februar 1797
durch ein Fenster der Heckgalerie des spanischen Schiffes »San Nicolas«.
Holzstich nach einem Gemälde von Frank Baden-Powell

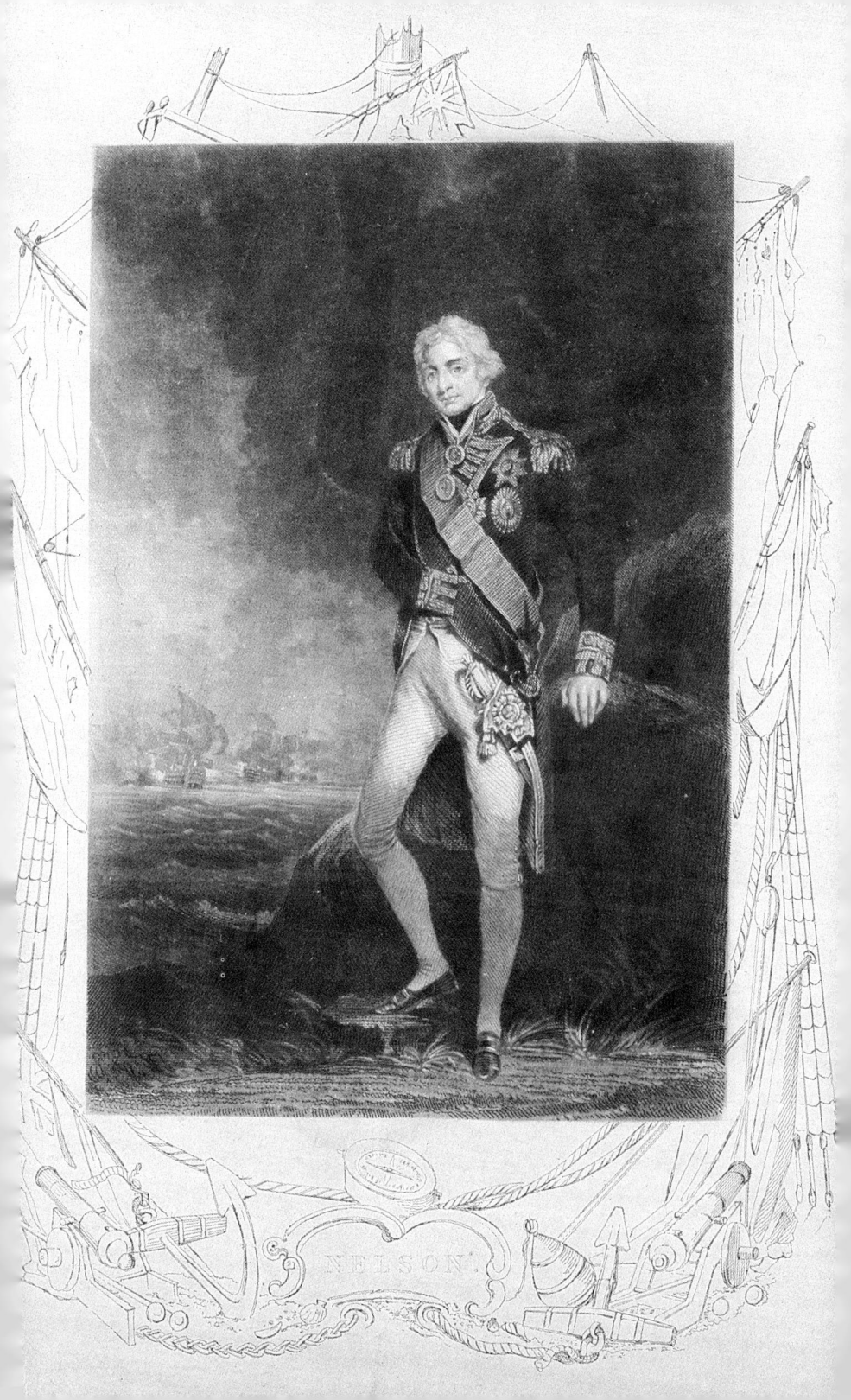

NELSON.

bedauerlichen Zustand; von einer Einsatzbereitschaft, wie sie bei entschlossener Kriegführung Frankreichs unerläßlich gewesen wäre, konnte keine Rede sein. Auch die Holländer hatten ihre Kriegsschiffe, abgesehen von der allgemeinen Vernachlässigung, nur zum Teil gerüstet. Frankreich beging deshalb schon zu Beginn des Krieges einen kapitalen Fehler. Obwohl seine Flotte den Kanalbereich eindeutig beherrschte, konnte sich die Führung zu keiner Invasion entschließen. Wohl landete ein Heer unter dem entthronten König Jakob II. in Irland, aber der Versuch, die englische Insel in die Zange zu nehmen und dadurch Frankreichs atlantische Küste zu entlasten, versprach nur dann Erfolg, wenn die französische Flotte die Herrschaft in der Irischen See aufrechterhalten und dadurch alle Verstärkungen von England aus unterbunden hätte. Doch Frankreichs Marine behinderte Mitte 1690 nicht einmal symbolisch den Transport eines Heeres unter Wilhelm III. Ungestört landeten seine Truppen in Irland. Der König besiegte seinen Nebenbuhler Jakob II. in der Schlacht am Boyne oberhalb der Stadt Drogheda entscheidend, so daß das irische Sprungbrett Frankreichs ein für allemal beseitigt war.

Dieser Entwicklung fehlte jede Notwendigkeit, weil die französische Marine die Initiative besaß, sie jedoch nicht nützte. Aus dem Zustand der verbündeten Flotten zog lediglich der britische Admiral Lord Arthur Herbert von Torrington die richtige Konsequenz; er empfahl, jedem Angriff des französischen Flottenchefs Hilarion de Tourville auszuweichen, völlig defensiv zu bleiben und mit den

Nelsons Flaggschiff »Victory« im Hafen von Portsmouth

Vorhergehende Seite, oben: . . . ein fürchterlicher Vernichtungskampf. Die Schlacht bei Abukir am 1. August 1798

Mitte: »Der Plan ist neu, er ist einzigartig.« Angriffsformation der Engländer in der Seeschlacht bei Trafalgar am 21. Oktober 1805. Stich von A. W. Warren

Unten: Das französische Linienschiff »Redoutable«, von dem aus Nelson in der Schlacht von Trafalgar tödlich getroffen wurde

eigenen Seestreitkräften – als »*fleet in being*«, als faktisch vorhandene, vorerst in Reserve bleibende, doch im Notfall präsente Flotte – nur dann einzugreifen, wenn tatsächlich eine Invasion versucht wurde.

Herberts Konzept war richtig, seine strategische Defensive wurde zu einer klassischen Größe in der Geschichte des Seekrieges, doch dem traditionell landgebundenen Denken der Militärs widersprach sie vollständig. Herbert bekam den Befehl, unter allen Umständen zu kämpfen. So mußte er entgegen seiner Überzeugung im Juli 1690 östlich der Insel Wight bei Beachy Head die französische Flotte angreifen und wurde von Tourville vernichtend geschlagen. Der französische Admiral hatte hier zum erstenmal in seiner Laufbahn das Flottenoberkommando, sein Sieg war so vollständig, wie es kaum bei einer anderen Seeschlacht jener Zeit der Fall war. Trotzdem verzichtete Tourville darauf, die fliehenden Verbündeten zu verfolgen und so viele Schiffe wie möglich zu vernichten – ein unverständlicher Entschluß, so daß er später als Musterbeispiel für den niedrigen Entwicklungsstand der Gefechtsführung bei Seeschlachten dienen mußte. In England konzentrierte sich der ganze Zorn über die Niederlage auf Admiral Herbert. Er wurde abgesetzt und eingekerkert, das Oberkommando der Royal Navy übernahm Edward Russell.

Der Triumph von Barfleur

Im Frühjahr 1692 versuchte der französische König nochmals, ein Heer unter Jakob II. nach England überzusetzen, um eine Wende des Krieges herbeizuzwingen. Tourville erhielt den Befehl, die Transportflotte zu decken und, falls er unterwegs auf die gegnerische Flotte stoße, »den Feind unverzüglich anzugreifen, zu schlagen und ihn bis in seine Häfen zu verfolgen, gleichgültig, wie stark der Gegner sei«.

Tourville und der Marineminister Pontchartrain verstanden sich nicht, ihre gegenseitige Abneigung war kaum zu überbieten. Pontchartrain war Nachfolger Seignelays im Marineministerium geworden, er hatte weder eine Beziehung zum Seewesen noch war er bereit, sich in das Ressort einzuarbeiten. So verkam die Bewaffnung der Schiffe, das straffe Rekrutierungssystem Colberts begann zu verfallen – und das zu einer Zeit, da die Engländer mit allen Kräften ihre Schiffe überholten und die Kriegsflotte ausbauten. Als Tourville im Mai 1692 die Segel setzte, mußten 20 Schiffe in Brest vor Anker bleiben, weil die Besatzungen nicht vollständig und die Schiffe deshalb nicht kampfbereit waren.

Tourville besaß außerordentliche seemännische Erfahrungen, Pontchartrain dagegen war ein Mann, der seine Meinung von seemännischer Kompetenz schon für diese Kompetenz selbst hielt. Dem Admiral war im Frühjahr 1691 ausdrücklich befohlen worden, einer großen Seeschlacht auszuweichen, nur die Küsten zu decken und sich auf den Handelskrieg zu beschränken. Tourville löste diesen Auftrag mit überragendem Geschick, er begann seine später oft gerühmte »Kampagne des offenen Meeres« (»campagne au large«), eine Kreuzfahrt der Flotte von den Scilly-Inseln bis weit in den Atlantik, ständig das Gros der verbündeten Flotte hinter sich herziehend, ohne daß es ihr gelang, ihn zu stellen. Unterdessen hatten die französischen Korsaren im Kanal freie Hand.

Dennoch lief nicht ohne Zutun des Ministers das Gerücht, Tourville würde aus Feigheit einem entscheidenden Treffen ausweichen. Diese Nachrede hatte im Winter ausreichend Zeit, um Gewicht anzusetzen, denn in den kalten Monaten ruhten auf beiden Seiten die Flottenaktionen; wenn die Winterstürme im Atlantik lange anhalten, kommt es zu gewaltigen Sturmseen mit Wellenhöhen bis zu 27 Metern. Kein Schiff war damals solchen Unwettern gewachsen.

Der Befehl Ludwigs XIV., Tourville solle während des Unternehmens 1692 unverzüglich den Feind attackieren, »gleichgültig, wie stark er sei«, spielt auf das Gerücht von der Zaghaftigkeit Tourvilles an. In Weißglut aber wurde der Admiral durch den persönlichen Zusatz des Ministers Pontchartrain gebracht: »Sie haben über des Königs Befehle nicht zu diskutieren. Sie haben sie auszuführen und in den Kanal zu laufen. Melden Sie mir, ob Sie es tun wollen. Andernfalls wird der König jemanden an Ihre Stelle setzen, der gehorsamer und weniger bedächtig ist.«

Tourville war in einer Verfassung, die ihn den Gegner nicht angreifen, sondern gewissermaßen anspringen ließ. Mit 44 Linienschiffen traf er am 29. Mai 1692 bei Kap Barfleur an der Ostspitze der Halbinsel Cotentin auf die mehr als doppelt so starke englisch-holländische Flotte unter Admiral Russell.

Die französische Flotte befindet sich in der günstigen Luvstellung, es liegt nur an Tourville, ob er den Kampf beginnt, sich den 99 Linienschiffen der Gegner stellt. Der Admiral steuert die »Soleil Royal« direkt vor das Flaggschiff Russells. Nach dem ersten Schuß gegen 10 Uhr morgens wird die Küste der normannischen Bucht zwischen Cherbourg und Le Havre ununterbrochen, den ganzen Tag, vom Donner der 10 000 Kanonen erschüttert, fünfzehn Stunden lang, bis tief in die Nacht. Das Treffen von Barfleur ist die blutigste Schlacht der französischen Seekriegsgeschichte.

Die Franzosen schlagen sich so meisterhaft, so verwegen und einfallsreich, daß es Russell bis zum Abend nicht gelingt, ihre kurze Linie zu umfassen; das wäre die Vernichtung Tourvilles gewesen. Die verbündete Flotte ist nicht in der Lage, auch nur ein einziges französisches Schiff in Grund zu schießen. Als das Artilleriefeuer nachläßt und verebbt, sind sämtliche Einheiten Tourvilles noch seetüchtig und kampffähig, obwohl jedes Schiff schwer beschädigt ist und die Verwundeten so zahlreich sind, daß sie kaum versorgt werden können. Aus dem Flaggschiff Tourvilles, der »Soleil Royal« – sie war stundenlang von mehreren Engländern eingekreist und lag konzentrisch in pausenlosem Artilleriefeuer – »floß das Blut aus den Speigatten«. Bis heute sind französische Marinehistoriker der Überzeugung, daß Barfleur die großartigste Schlacht war, die je von Frankreichs Kriegsflotte geschlagen worden ist.

La Hague: Frankreichs Trauma

Abends fielen leichte Nebel, die Befehlshaber verloren die Übersicht, ihre Schiffe trieben durcheinander, doch die Kanonen feuerten noch im diffusen Mondlicht weiter. Erst als die Nebel so dicht wurden, daß die Verbindungen völlig abrissen, endeten die Kämpfe. Die Franzosen zählten rund 1700 Tote und Verwundete, ihre Gegner dreimal soviel. Tourville befahl noch in der Nacht, west-

lich nach Cherbourg zu segeln und dort zu ankern. Im Morgengrauen konnte der Admiral nur 35 seiner Schiffe sammeln, die übrigen waren abgetrieben.

Russell hatte sich mit den verbündeten Geschwadern zur Verfol-
gung entschlossen, mußte aber wegen der Strömung ebenfalls ankern. Als der Strom umschlug, versuchte Tourville, zwischen der
Insel Aurigny und Kap La Hague nach Süden zu entkommen und
St.-Malo zu erreichen. Die Durchfahrt gelang nur einem Teil des
Geschwaders; 15 Schiffe, voran die »Soleil Royal«, mußten dicht
vor La Hague erneut ankern. Am 2. und 3. Juni tauchten Flottillen
und Brander des Vizeadmirals George Rooke auf und vernichteten die französischen Schiffe, ohne daß es zur geringsten Gegenwehr kam. Die Katastrophe spielte sich unmittelbar vor den Augen
der französischen Landungsarmee und Jakobs II. ab, die nach einem Zeitbericht »dies herzzerreißende Schauspiel so ruhig betrachteten, als ob sie einem Feuerwerk beiwohnten«.

Nach einem Treffen, in dem nach einem britischen Urteil Tourville und seine Kapitäne wahre Wunder an Tapferkeit und genialer
Gefechtsführung vollbracht hatten – einem Treffen, das zu den
stolzesten Erinnerungen der französischen Flotte zählt, folgte das
armselige Debakel von La Hague. Der amerikanische Admiral und
Seestratege Alfred Thayer Mahan schrieb noch zweihundert Jahre
später von Tourville und der Schlacht von Barfleur: »Ein glänzen-
derer Beweis von Tapferkeit und kämpferischer Leistung konnte
von keiner anderen Marine erbracht werden.« Auch die Engländer
waren davon überzeugt, daß die Schlacht von Barfleur ein französischer Triumph genannt werden müßte, wenn es die darauffolgenden Tage nicht gegeben hätte. Trotzdem zählte nicht Barfleur,
sondern La Hague. Denn La Hague hat sich, zu Unrecht und un-
erklärlicherweise, zu einem französischen Trauma ausgewachsen.

Eine schwer bekämpfbare Kriegführung

Die Katastrophe von La Hague markiert nicht nur die Wende dieses ersten denkwürdigen Seekrieges zwischen Frankreich und England, sondern mit ihr werden auch die Positionen der Gegner für

ein langes Jahrhundert abgesteckt. Frankreich kämpft seitdem mit England nicht mehr um den ersten Platz, sondern es ist gezwungen, ihm den bereits errungenen ersten Platz aus der Situation des Zweiten heraus streitig zu machen. Nicht, daß seit La Hague schon der Verfall der französischen Marine eingesetzt hätte, wie oft geschrieben worden ist. Aber seit dem Frühjahr 1692 ist die maritime Offensivdynamik Frankreichs gebrochen. Die Entscheidung in der Frage, ob französische Politik vorherrschend diejenige einer Kontinentalmacht oder diejenige einer Seemacht sein sollte, ist damals insgeheim zugunsten der Landorientierung gefallen.

Im Grunde steckt darin auch so etwas wie eine bessere Logik der Geschichte, denn Frankreich hatte sich selbst unter Colbert in einem betont anderen Sinn für die See entschieden als Großbritannien. Mit der Beherrschung der Meere verband Frankreich niemals ein anderes Ziel als die Sicherung der kolonialen Expansion, die Inbesitznahme neuer Territorien in Kanada und Nordamerika, Afrika und Indien mit Hilfe der Flotte zu unterstützen und zu festigen und die Wege dorthin von Gefahren freizuhalten.

Auch in den folgenden Jahren konnte die französische Marine noch beträchtliche Erfolge verbuchen. Ende Juni 1693 überfiel sie unter Führung von Tourville und Vizeadmiral Jean d'Estrées vor Lagos einen Riesenkonvoi von 400 Handelsschiffen, der von Smyrna kam und sich unter dem Geleitschutz von George Rooke befand. Die Franzosen kaperten und versenkten mehr als 90 Schiffe. Zwei Jahre später holte der berühmte Pirat Jean Bart einen französischen Getreidekonvoi von 100 Schiffen zurück, den Holländer genommen und schon bis Texel gebracht hatten.

Trotzdem täuschten solche Triumphe im Kaperkrieg nicht darüber hinweg, daß Frankreich seine Überlegenheit auf See, die es zu Beginn des Krieges besessen hatte, nicht zu halten, zu festigen oder gar auszubauen vermochte. Nach der Katastrophe von La Hague konstatierte Ludwig XIV., als er sich erkundigte, ob Tourville gefallen sei, zwar recht treffend: »Neue Schiffe lassen sich finden, nicht aber ein Mann wie Tourville«, aber Marineminister Pontchartrain beschäftigte sich ernsthaft mit dem Plan, die Kriegsmarine vollständig aufzulösen.

Die Verlegung der Seeaktivität auf den Kaper- oder Kreuzerkrieg *(guerre de course)* ist an sich ein unverkennbares Indiz für Frankreichs Entschluß nach La Hague, von der Schlachtflottenstrategie abzurücken und auf den Ozeanen die Defensive zu wahren, England damit die Initiative zu überlassen und auf jeden Versuch zu verzichten, sie selbst wieder zu übernehmen. Den Kaperkrieg hatte Frankreich schon seit Beginn der Auseinandersetzung mit den spektakulärsten Ergebnissen geführt; die Zahl der verbrannten oder aufgebrachten holländischen oder englischen Segler ging in die Tausende. Kaperkrieg aber ist als ausschließliches Mittel von Seeoperationen nichts weiter als die stärkste Waffe des Schwächsten. Kriegsentscheidend hätte die Jagd auf Geleitzüge nur dann sein können, wenn dadurch die Versorgung der Gegner nicht bloß gestört, sondern völlig zusammengebrochen wäre.

Zu diesem Versuch entschloß sich der französische König nach La Hague, einem Versuch, dessen Ausgang nicht von vornherein feststand, dessen Ergebnis jedoch zu einer Reihe von Erfahrungen und Lehren verhalf. Daß später aus ihnen nicht die richtigen Folgerungen gezogen worden sind – weder von Napoleon noch von den Marineführungen in den beiden Weltkriegen des 20. Jahrhunderts –, steht auf einem anderen Blatt der Geschichte und der menschlichen Bereitschaft, festliegende Vorurteile durch historische Erfahrungen und eigene Gedanken aufzulockern.

Einer der entschiedensten Befürworter des Kaperkrieges war der geniale Festungsbaumeister Sébastian de Vauban, dessen militärischer Sachverstand Ludwig XIV. kaum jemals enttäuscht hatte. Vauban stellte fest, daß der Hafen Brest als Operationsbasis für den Kaperkrieg so günstig läge, »als ob Gott ihn eigens zur Vernichtung des Handels der beiden Seenationen geschaffen hat«. Deshalb sei es die beste Politik, den Überseehandel und damit die Wirtschaft der Gegner »durch eine schwer bekämpfbare Kriegführung über weite Seeräume« zu erschüttern.

Sein Urteil schien sich fast zu bewahrheiten, denn in der folgenden Zeit kam es zu den aufsehenerregendsten Meisterstreichen des französischen Freibeutertums. Einzeln, in Wolfsrudeln, mit größeren Verbänden und ganzen Geschwadern der Kriegsmarine jagten die Piraten die Schiffe und Geleitzüge der Verbündeten. Zu den verwegensten Kapitänen gehörten René Duguay-Trouin, Ludwig Demel, genannt Le Mel, der mehr ruhmredige als zu rühmende Chevalier Claude de Forbin-Gardanne, Jacques Cassard und allen voran Jean Bart, der nahezu mythische Volksheld. Er entstammte einer Familie flämischer Piraten, sein unverwüstliches Draufgängertum lebte noch lange in den Liedern der Fischerkinder an der Kanalküste weiter. Als ihn der König im Jahr 1697 zum Vizeadmiral ernannte, sagte Jean Bart selbstbewußt und trocken: »Sire, da haben Sie einmal das Richtige getan!«

Die französischen Freibeuter setzten dem Seehandel der Verbündeten so verheerend zu, daß die englische und niederländische Wirtschaft gegen Ende des Krieges tatsächlich hart am Rand des Zusammenbruchs stand. Innerhalb von sechs Jahren wurden von den Franzosen weit über 4000 Schiffe als Prisen aufgebracht, eine Zahl, die den Zeitgenossen geradezu unwahrscheinlich erschien und die deutlich macht, wie fürchterlich der Aderlaß der Seemächte war.

Doch der Kaperkrieg war keine einseitige Angelegenheit. Auch die Verbündeten machten gnadenlos Jagd auf die Schiffe Frankreichs und aller Staaten, die Güter über See nach Frankreich brachten, auch der Bestand ihrer Schiffe wurde aufs schwerste dezimiert. Die wirtschaftliche Belastung Frankreichs war dadurch mindestens ebenso groß wie die der Gegner. Zweimal entging das Land nur deshalb einer Hungersnot, weil Jean Bart Getreidekonvois in französische Häfen brachte. Dazu kam, daß sich die französische Handelsmarine trotz ihres jähen Ausbaus unter Colbert umfangsmäßig nicht mit denjenigen der Feinde vergleichen ließ.

Der Kaperkrieg ließ wegen der Ausmaße, die er in diesen Jahren annahm, erstmals erkennen, in welche neuen Bereiche sich die militärische Konfrontation vor dem Hintergrund der Meere künftig erstrecken würde. Der Krieg, bis dahin begrenzt auf das Schlagen der Armeen, weitete sich auf die ganze Bevölkerung aus und zielte in die Richtung zum totalen Krieg. Nicht mehr Herrscher und Herrscher oder Staat und Staat fochten gegeneinander, sondern Volk und Volk. Der Kreuzerkrieg hatte das Ziel, die Wirtschaft und damit die Versorgung aller Menschen zu lähmen, wenn nicht ganz zu vernichten, er hob den Unterschied zwischen Armee und ziviler Bevölkerung auf, er schonte den Minister ebensowenig wie den Säugling.

Gegen Ende des Krieges entschlossen sich die Verbündeten, ihre ganze Flottenmacht im Kanal zu konzentrieren und jetzt die französischen Freibeuter systematisch zu jagen, das Schwergewicht somit vom Geleitschutz auf die Offensive zu legen. Daraufhin brach binnen einem Jahr der französische Kaperkrieg vollständig zusammen; kurz vor Beendigung des Krieges waren Piraten Frankreichs auf den Meeren zu einer Rarität geworden. Insgesamt hatte die Wirtschaft Englands und der Niederlande einen längeren Atem besessen als diejenige Frankreichs, denn 1697 waren die Ressourcen Ludwigs XIV. gänzlich erschöpft. Aufgrund seiner kostspieligen Feldzüge auf dem Kontinent war Frankreich noch kriegsmüder und erheblich friedenswilliger als die beiden Seemächte.

Der Rhein oder das Meer

Der Friede von Rijswijk bedeutete für Frankreich ein ungünstiges Abkommen, denn es war den Diplomaten nicht einmal gelungen, sich auf den *status quo ante bellum* zu einigen. Mit Ausnahme von Straßburg mußte Frankreich im wesentlichen auf alle Rauberwerbungen verzichten, die es zwei Jahrzehnte vorher im Frieden von Nimwegen bestätigt erhalten hatte. Ludwig XIV. erkannte unwiderruflich Wilhelm III. als rechtmäßigen König an. Die Handelsverträge, zu denen sich Frankreich mit den Seemächten verstehen mußte, waren so abgefaßt, daß sie jeder Erneuerung der ozeanischen Ambitionen Frankreichs ausgeklügelte Hindernisse in den Weg legten.

Ob Ludwig XIV. in diesem großen Krieg etwas mehr von dem langen Atem hätte besitzen müssen, dessen Mangel Kardinal Richelieu in seinem Politischen Testament bei seinen Landsleuten beklagt hatte, läßt sich schwer entscheiden. Deutlich wurde in den letzten Monaten der Auseinandersetzung, daß ein konsequent geplanter und praktizierter Kaperkrieg unerwartete Erfolge bringen, daß aber er allein einen Krieg nicht entscheiden konnte – sofern die Wirtschaft des bekämpften Staates hinreichend stabil, das Durchhaltevermögen der Bevölkerung ungebrochen und der politisch-militärische Wille zum Sieg nicht von einer bestimmten Dauer des Krieges abhängig war.

Ob Frankreich eine Kontinental- oder eine Ozeanopolitik treiben, ob es sich zwischen dem Rhein und dem Meer entscheiden solle, ist nicht erst nach La Hague spruchreif geworden. Ludwig XIV. hatte die Antwort vorweggenommen, als er sich 1672 zur Entlassung Colberts entschloß. Sicherlich hat dabei die besondere Note der königlichen Selbstherrschaft, die Ludwig XIV. dem französischen Absolutismus gab, eine erhebliche Rolle gespielt. Doch das Übergewicht terraner Interessen in der Politik Frankreichs war keine Spezialität des Sonnenkönigs, auch wenn er dieser Politik zu Höhepunkten mit zeitenüberdauernden Glanzlichtern verhalf.

Frankreich fiel es nicht leicht, in einer Epoche, in der die Außenpolitik der Seemächte sich zwangsläufig in eine Politik im Zeichen der Windrose verwandelte, seine eigene und den Kräften des Landes angemessene Position zu finden. Die Niederlande hatten in erster Linie auf die Schwerkraft des Überseehandels gesetzt. Bei ihnen überwog der kaufmännisch-profitbestimmte Sinn die politische Einsicht, daß die Sicherung dieses Handels unmittelbar vom Besitz der Seeherrschaft abhing. So zerschlugen sie zwar das portugiesische Seeimperium und traten das Erbe Lissabons an, erkannten jedoch nicht die Bedeutung des Tragpfeilersystems, das Albuquerque vollendet hatte.

Frankreich wiederum war durch Colbert gewaltsam genug auf das politische Gewicht des Welthandels und damit auf das Problem der Seemacht aufmerksam gemacht worden. Aber schon Colbert hatte mit dem eingewurzelten Bodeninstinkt seiner Landsleute zu ringen, die ihr Geld lieber in Grundbesitz anlegten, anstatt bei den überseeischen Handelskompanien, die von Colbert so gefördert wurden. Und in derselben Art richtete sich der ganze expansive Sinn Frankreichs auf den Erwerb kolonialen Neulands. Dieses Ziel vor allem wurde charakteristisch für Frankreichs Kampf um die Meere und seine Marinepolitik – bis ins 19. Jahrhundert hinein.

Die Würfel darüber fielen in dem Halbjahrhundert zwischen 1661 bis 1715, in dem Ludwig XIV. als Alleinherrscher regierte und das nicht zu Unrecht als »Epoche des Sonnenkönigs« bezeichnet wird: die Epoche der kontinentalen Vorherrschaft Frankreichs in Europa und der ungehinderten Macht- und Prachtentfaltung des monarchischen Absolutismus. Der Kampf Ludwigs XIV. um den Rhein war geprägt von den territorialen Vorlieben der traditionellen Politik, obwohl Ludwig XIV. von Colbert mit aller Schärfe auf die

Verlagerung der Schwerpunkte aufmerksam gemacht wurde, die mit der Erkenntnis der politischen Dimensionen der Weltmeere eingesetzt hatte.

Das Zünglein an der Waage

Für England gab es diesen Zwiespalt nicht, weil es das richtige Empfinden dafür hatte, daß es zwar alle Chancen besaß, den Kampf um die Weltmeere für sich zu entscheiden, dabei aber das europäische Staatensystem durchaus nicht der Hegemonie einer Kontinentalmacht ausliefern mußte. Zweifellos war das Frankreich Ludwigs XIV. bestrebt, eine solche Position zu erringen. Sobald dies deutlich wurde, erinnerten sich die britischen Staatsmänner an die Warnung Elisabeths I. vor einem übermächtigen Frankreich. Eine bildkräftige Formel für die englische Politik in dieser Lage lieferte William Camden: »Frankreich und Spanien sind die Waagschalen im Gleichgewicht Europas, und England ist die Zunge oder der Halter des Gleichgewichts.«

Damit wird das berühmte Programm des Gleichgewichts der Kräfte in Europa, für dessen Bestand England die Verantwortung übernimmt, zu einer Richtschnur, die seit spätestens 1700 jeder politisch Interessierte in Europa kennt. Der Kampf Wilhelms III. gegen Ludwig XIV. läßt sich – auch auf den Weltmeeren – ohne Schwierigkeiten aufgrund der Erfordernisse einer »*balance of power*« als ein Kampf gegen den Kontinentalvorrang Frankreichs verstehen, und zwar – wie englische Interpreten nie zu erwähnen vergaßen und vergessen – zum Wohle Europas, was nicht einschloß, daß es zum Nachteil Großbritanniens geschehen mußte.

Aufgrund günstiger Umstände fielen die Interessen der Staaten Europas, was ihr Wohl betrifft, stets mit den Nationalinteressen Großbritanniens zusammen, sobald in London festgestellt wurde, daß Europas Gleichgewicht bedroht sei – gleichgültig, ob durch Spanien, Frankreich, die Niederlande, Österreich, Preußen, Deutschland oder Rußland.

Auch dieser Sachverhalt fördert bei dem britischen Kampf um die Weltmeere den Elan, die Zielstrebigkeit, stärkt die beeindruckende

Willenskraft: die Erkenntnis, daß sich die Herrschaft zur See nur erringen und bewahren läßt, wenn kein Staat des europäischen Festlandes so mächtig wird, daß er gegen eine Koalition der anderen Staaten, auf deren Seite sich selbstverständlich England befindet, bestehen kann. Eine solche europäische Balance war genaugenommen kein »Gleichgewicht der Kräfte«, sondern ein »Gleichgewicht der Schwachen«.

Europa entwickelte sich im Verlauf der Gleichgewichtspolitik, die um so deutlichere Konturen erhielt, je stärker die Seemacht wurde, für Großbritannien mehr und mehr zu einem Hinterland; der Kontinent wurde ein zweitrangiger Bereich, seine Bewohner politisch für etwas zurückgeblieben eingeschätzt, teils freundlich herablassend, teils nachsichtig behandelt, wie es das gute Recht von *backward children* ist – wirklich ernst genommen nur als Schleppenträger britischer Weltpolitik.

Englands größter Geschäftskrieg

Im Spanischen Erbfolgekrieg von 1701 bis 1714 legte England eine gelungene Generalprobe seiner Gleichgewichtspolitik ab. Gleichzeitig wurde dieser Krieg zu einer besonders wichtigen Etappe Englands auf seinem Weg zur ersten Seemacht der Welt. Anlaß war die Thronfolge in Spanien.

Der spanische Habsburger-König Karl II. war im Jahr 1700 gestorben. Kaiser Leopold I. verlangte den Thron für seinen Sohn, Ludwig XIV. dagegen, der mit der älteren Schwester des verstorbenen Königs verheiratet war, forderte ihn für seinen Enkel Philipp, den Herzog von Anjou. Kaum waren diese Ansprüche bekanntgegeben, kaum hatte Ludwig XIV. unverblümt mitgeteilt, daß Frankreich und Spanien künftig dank des »göttlichen Rechts der Könige« zu einer einzigen Monarchie vereinigt würden, und dies durch den Einmarsch französischer Truppen in die spanischen Niederlande bekräftigt, schlossen sich dieselben Partner, die schon im letzten Krieg Waffengefährten gewesen waren, zu einer »Großen Allianz« gegen Frankreich zusammen: England, Holland, das Reich, Preußen, Portugal und Savoyen.

Die Sorgen Englands waren noch erheblich bedrängender als während des vorangegangenen Krieges, weil Frankreich durch eine Vereinigung mit Spanien auch in den Besitz aller spanischen Niederlassungen und Gebiete in Übersee gekommen wäre und das Mittelmeer sich in ein geschlossenes *Mare Hispanogallicum* verwandelt hätte – schon allein deshalb, weil Süditalien mit dem Königreich Neapel-Sizilien damals spanischer Besitz war.

In diesem Krieg, der Frankreich vollständig erschöpfte, wurde erneut über die Frage entschieden, wer im Kampf um die Meere seine Positionen am vorteilhaftesten wahren und festigen konnte; es war ein Kampf um die See, freilich ohne ein rechter Seekrieg zu sein, ein Krieg, der in erster Linie an Land geführt und an Land entschieden wurde. England zog sich 1710 aus der »Großen Allianz« zurück, denn in diesem Jahr gab es keine Zweifel mehr daran, daß sich die europäische Balance wieder befriedigend einspielen und England seine überseeischen Eroberungen unangefochten behalten würde, nicht zuletzt auch Menorca und Gibraltar, das 1704 George Rooke durch einen Überfall erobert hatte.

Gibraltar war einer der ersten und bedeutendsten Stützpunkte, die England erobern konnte, nachdem ein Angriff auf Cádiz 1702 fehlgeschlagen war. Damit wandte Großbritannien energisch diejenigen Prinzipien an, die Portugal im 16. Jahrhundert praktiziert hatte: Der Erfolg eines Kampfes auf den Meeren hängt wesentlich von den Stützpunkten ab, die man verankern kann. Daß dies gerade in diesem Krieg, dessen entscheidende Schlachten zu Lande geschlagen wurden, realisiert werden konnte, hatte England ausschließlich dem Weitblick seines Feldherrn Marlborough zu danken. Die Besetzung Gibraltars erwies sich als eine der größten strategischen Errungenschaften Englands.

Die Kriegsflotte Großbritanniens besaß zu dieser Zeit eine absolute Vorherrschaft auf den Meeren. Wie beschämend es mit der französischen Kriegsmarine stand, zeigte sich 1706, als die Flotte der Verbündeten versuchte, den Mittelmeerhafen Toulon zu erobern. Aus Angst vor einer eventuellen Kaperung versenkten die Franzosen sämtliche Schiffe, die im Hafen ankerten, an die 40, wenn nicht sogar 50 Linienschiffe – der Kern ihrer Hochseeflotte. Eine französische Kriegsmarine gab es seitdem kaum noch auf den Seekarten der Admiralität.

Allerdings war es der Royal Navy nicht möglich, auch mit den französischen Piraten fertigzuwerden; die Franzosen brachten weit über 3000 Prisen auf. Nur mit größter Mühe gelang es den Briten, den französischen Überseehandel wesentlich zu beeinträchtigen; nicht etwa wegen der Größe der französischen Handelsmarine, sondern weil Frankreichs Außenhandel weitgehend von neutralen Schiffen getragen wurde. Frankreich selbst verlor bis zum Jahr 1706 über 1400 Handelsschiffe, seitdem trieb die französische Handelsmarine einem unaufhaltsam scheinenden Verfall entgegen. Nach einer zuverlässigen Schätzung soll die Handelsflotte bei Kriegsbeginn an die 10000 Schiffe unter Flagge gehabt haben; 1713 zählte man nur noch 300.

England war an dem Zwist, der den Spanischen Erbfolgekrieg auslöste, nur indirekt – aufgrund der Interessen seiner Gleichgewichtspolitik – beteiligt, doch England war der eindeutige Sieger, als die Utrechter Friedensschlüsse 1713–15 allen Kämpfen ein Ende setzten. So belanglos die Kriegführung zur See war, so belangreich für die Machtverhältnisse auf den Ozeanen war das Ergebnis. Wesentlich waren nicht die Neuerwerbungen außerhalb Europas oder die vertragliche Übernahme des äußerst lukrativen Monopols des Sklavenhandels mit den spanischen Kolonien in Amerika *(El pacto del Assiento de Negros)*, das Frankreich seit 1703 innehatte; man sollte sich wenigstens bei dieser Gelegenheit daran erinnern, daß Heilige nur selten Händler waren und Händler niemals Heilige.

Die Vorteile des Krieges und diejenigen der Friedensbestimmungen waren jedenfalls bemerkenswert genug, um den führenden britischen Historiker des Imperialismus, John Robert Seeley, gegen Ende des 19. Jahrhunderts feststellen zu lassen, daß der Spanische Erbfolgekrieg der größte »Geschäftskrieg« gewesen sei, den England jemals geführt habe – ein Urteil, das um so schwerer wiegt, als sich Großbritannien kaum jemals in Kämpfe einließ, bei denen es nicht wesentlich auch um Geschäftsinteressen ging.

Ausschlaggebend beim Utrechter Frieden war jedoch die Tatsache, daß es nunmehr keine Seemacht mehr gab, die sich mit Großbritannien messen konnte. Die Niederlande hatten sich in ihren politischen Interessen völlig auf den Kontinentalbereich zurückgezogen; was ihre Möglichkeiten im Überseehandel anging und damit die Frage der Seegeltung, traf die spätere Feststellung Friedrichs des Großen genau die Lage: »Im Gefolge Englands fährt Holland wie eine Schaluppe im Gefolge eines Kriegsschiffes, an das sie befestigt ist.«

Das Übergewicht der Royal Navy war – wie gesagt – nicht allein unter dem Aspekt der maritimen Schlagkraft unerläßlich; nur mit ihrer Hilfe ließ sich das europäische Gleichgewicht verwirklichen und garantieren. Der Friede von Utrecht hat den britischen Gedanken vom Gleichgewicht der europäischen Mächte politisch legalisiert und ihn zur Grundlage des sich entwickelnden europäischen Völkerrechts gemacht. Das Gleichgewichtskonzept bezog sich allerdings ausschließlich auf das europäische Kontinentalgebiet, seine Staatsgliederungen und -beziehungen; der ungeheure Raum der Meere blieb ausgespart und damit die Frage, inwieweit ihre Beherrschung durch eine der Hochseenationen einen Machtzuwachs darstellte, der sich unweigerlich auf das Kontinentalgleichgewicht auswirken mußte.

Verdeckt wurde diese ebenso delikate wie politisch hochexplosive Frage durch die Sanktionierung eines Grundsatzes, um den die Niederlande viele Jahre gerungen hatten, daß nämlich in einem Krieg die kämpfenden Parteien sämtlichen neutralen Schiffen freie Fahrt gestatteten, ausgedrückt in der Formel: »Frei Schiff – frei Gut.« Das war eine Konsequenz, die mit den altbekannten Schwierigkeiten der Rechtsfreiheit, das heißt Rechtsindifferenz auf den Meeren, aufräumen sollte. Sobald zwei Seemächte auf dem Meere Krieg führten, mußte die neutrale Schiffahrt nach wie vor in Gefahr geraten, denn auf den Seewegen konnte ein- und dieselbe Stelle nicht Kriegsschauplatz und Ort des Friedens zugleich sein.

Ewige Interessen

In der ersten Hälfte des 17. Jahrhunderts entwickelte Großbritannien die Verflechtung und wechselseitige Stützung seiner ozeanischen und festländischen Interessen zu einer hohen Kunst. Rasch wechselten die Bündnisse und Bindungen Englands während der Auseinandersetzungen und Streitigkeiten zwischen Spanien,

Österreich, Frankreich und Schweden. Die großen Staatsmänner Robert Walpole und William Pitt d. Ä. waren zuverlässige Garanten dieses Systems, das Großbritannien ohne Abweichungen auf dem Weg zur führenden Weltmacht hielt.

Der Frieden von Utrecht hatte nur Europa vorübergehend Frieden gebracht. Schon im August 1718 überfielen die Engländer bei Sizilien die Reste der spanischen Flotte und zerschlugen sie. Spanien seinerseits griff 1727 nach Gibraltar, ohne es jedoch behaupten zu können. England konzentrierte sich nunmehr auf die äußerste Nutzung des Assiento-Vertrages mit dem Ergebnis, daß es bis 1735 mehr als drei Viertel des spanisch-westindischen Handels an sich gebracht hatte.

Das problemlose Einvernehmen mit Frankreich auf dem Kontinent, das mit dem Frieden von Utrecht begann, endete nach zwei Jahrzehnten. Die französischen Kolonialerfolge in Westindien, Nordamerika und Indien steigerten sich mit einer bedrohlichen Geschwindigkeit. In der Karibik schien Frankreich den Löwenanteil an dem gewinnbringenden Handel zu erlangen, und was den Güterumschlag mit Lateinamerika betraf, zeigten sich die Spanier so abweisend, daß sich England, nicht ohne Druck der Öffentlichkeit, 1739 zu einem Seekrieg gegen Spanien entschloß.

Dieser Konflikt und ebenso seine wenig belangreichen Ergebnisse wurden relativiert durch den Tod Kaiser Karls VI. und die Thronbesteigung seiner Tochter Maria Theresia im Jahr 1740, dem Jahr, das auch die Inthronisierung Friedrichs des Großen brachte. Der Versuch Preußens, Schlesien zu rauben, der Wunsch Sachsens, Bayerns und Spaniens, das Fell des schon totgeglaubten österreichischen Bären zu verteilen und – kräftig unterstützt von Frankreich – die Habsburger Monarchie zu zerstückeln, das alles alarmierte Großbritannien in seiner Funktion als Wächter des festländischen Gleichgewichts. Wenn Österreich unterlag, gewann Frankreich die Vorherrschaft in Europa. London bewilligte deshalb hohe Subsidien, es erweiterte seine Unterstützung durch die Zusage, Österreich mit einer 12 000-Mann-Armee beizuspringen. Als Frankreich 1744 in dem Konflikt offen Partei ergriff, verzichtete auch England auf seine Zurückhaltung; der folgende Krieg spielte sich teils auf dem Kontinent ab, teils wurde er als Seekrieg geführt; er endete 1748 mit dem Frieden von Aachen. Die Operationen auf dem Meer besaßen keine nennenswerte Bedeutung, sieht man von dem rücksichtslosen Kreuzerkrieg ab, den beide Seiten wiederum führten und der wegen der geringeren Tonnage Frankreich weit härter traf. 1747 begann die englische Flotte mit einer scharfen, nahezu lückenlosen Blockade der französischen Küsten. Die wirtschaftlichen Schwierigkeiten in Frankreich steigerten sich durch Unterbrechung der Überseeverbindungen rapide.

Der Österreichische Erbfolgekrieg und sein Ende brachte unter dem maritimen Aspekt die erneute Bestätigung der britischen Überlegenheit auf See, und dies wurde eigens durch den französischen König Ludwig XV. erhärtet, der den Frieden von Aachen mit dem Eingeständnis kommentierte: »Der Verlust des Handels hat mich zum Frieden gezwungen.«

Immerhin war sich England jetzt darüber im klaren, daß auch künftig mit Frankreich noch immer als dem Hauptrivalen auf den Meeren und in Übersee zu rechnen war: das heißt, abgerechnet werden mußte. Auf diesen Augenblick bereitete man sich in England vor, und zwar mit jener Zielstrebigkeit, die der außergewöhnliche Staatsmann Lord Palmerston im 19. Jahrhundert mit dem ebenso selbstbewußten wie illusionslosen Satz ausgedrückt hat: »England hat keine ewigen Verbündeten, England hat nur ewige Interessen.«

Die Sturmschlacht von Quiberon

Als England den Frieden von Aachen unterzeichnete, besaß es eine Kriegsflotte von 136 Linienschiffen. Bis zum Beginn des Siebenjährigen Krieges, der schon 1755 durch den Ausbruch der Kämpfe zwischen Frankreich und England eingeleitet wurde, hatte Frankreich die Zahl seiner eigenen Linienschiffe mehr als verdoppeln können; es besaß fast 70 Segler dieses Typs – es besaß vor allem seit 1758 in Étienne François Choiseul einen Staatsmann, den nicht nur politische Kompetenz und jene Entschlossenheit auszeichnete, die der Engländer mit der Vokabel »*fitness to win*« umschreibt, sondern auch einen ausgeprägten Sinn für die Bedeutung der Hochseeflotte.

Choiseul sah genauso klar wie England, wo die prägenden Momente der Auseinandersetzung und damit die Elemente der Entscheidung lagen: »Ich weiß nicht, ob man in Spanien wirklich begreift, daß im augenblicklichen Zustand Europas Kolonien, Handel und infolgedessen Seemacht das Gleichgewicht der Kräfte auf dem Kontinent bestimmen müssen. Das Haus Österreich, Rußland, der König von Preußen, sie sind nur Mächte zweiten Ranges, so wie alle diejenigen, die sich nur dann in einen Krieg einlassen können, wenn sie von den Handelsmächten Subsidien erhalten.« Allerdings spielte nicht der Kolonialbesitz die wichtigste Rolle, sondern die Sicherung der Seewege, wie Frankreich schmerzlich genug erfahren mußte – im krassen Unterschied zu der Staatsführung in England, die während des Krieges nie das Wort von Walter Raleigh vergaß, daß Englands Reichtum auf dem Seehandel beruhe und Seehandel auf Gedeih und Verderb abhänge von der Stärke der maritimen Macht.

Politik und Kriegführung Großbritanniens wurde in diesen bedeutungsvollen Jahren von einem der überragenden Staatsmänner der Epoche bestimmt, von William Pitt d. Ä., Earl of Chatham. Pitt war entschlossen, mit allen Mitteln und jeder List den Existenzkampf Preußens zu unterstützen, denn allein auf diesem britischen »Festlandsdegen« ruhten die englischen Hoffnungen, das Konzept des europäischen Gleichgewichts vor dem Zusammenbruch und damit Englands Imperialkonzept zu retten. Deshalb behandelte Pitt die kriegerischen Auseinandersetzungen dieser Jahre als einen Gesamtkomplex: Jeder Erfolg Englands auf den Weltmeeren mußte sich als eine Stärkung seines Festlandsverbündeten auswirken; solange Preußen den Kampf in Europa durchhielt, wurden die kontinentalen Kräfte seiner Gegner gebunden, das heißt insbesondere Frankreichs transozeanische Möglichkeiten eingeengt. Das war »Pitts Plan«, eines der eindrucksvollsten Projekte weltpolitischer Strategie.

Im Jahr 1759 demonstrierte Großbritannien seinen maritimen Vorrang in der einzigen großen Seeschlacht des Siebenjährigen Krieges. Ihre Konsequenzen liefen auf eine Bestätigung und zugleich Berichtigung von Choiseuls Einschätzung der Seepolitik hinaus. Choiseul, seit 1. November 1758 Außenminister, und Kriegsminister Marschall Fouquet Duc de Belle-Isle entschlossen sich, dem

Krieg durch ein Gewaltunternehmen die entscheidende Wende zu geben. An drei Stellen zugleich, in Schottland, Irland und an der Themse, sollten starke französische Truppen landen, insgesamt 62 000 Mann. Falls die Invasion gelang, mußte der Krieg ein völlig anderes Gesicht bekommen.

Die Invasionsarmee sollte in der Bucht von Quiberon an der Südküste der Bretagne zusammengezogen werden; ein Geschwader mit den Transportern wurde aus dem Mittelmeer erwartet und von Brest der Admiral Comte de Conflans mit 21 Linienschiffen. Das großartige Projekt war für den Juli 1759 vorgesehen, doch noch im Spätherbst häuften sich die Klagen und Beschwerden über die unzulängliche Armierung, die Gesamtausstattung der Schiffe, das Fehlen geschulter Besatzungen. So gab Conflans seinem Brest-Geschwader erst im November den Befehl »Leinen los!« – zu einer Jahreszeit, deren schwere Wetter jedes Fischerkind kannte.

Auf der anderen Seite des Kanals, in der Torbay, war Admiral Edward Hawke eben erst mit seiner Flotte vor Anker gegangen, unfreiwillig, denn ein stürmischer Südwest hatte ihn dazu gezwungen, seinen Auftrag, Brest zu blockieren, abzubrechen; er konnte nicht anders, der Sturm trieb ihn nach Torbay. Hawke stand bereits seit Mai mit der Blockadeorder vor Brest; es war nicht das erste Mal, daß ihn die Wetter an die englische Südküste drückten, und es war ebensowenig das erste Mal, daß der Admiral – ein Rundkopfoffizier von Geblüt – sofort erneut die Segel hissen ließ, sobald sich der Wind drehte, und wieder vor Brest erschien.

Mitte November springt der Wind um, Conflans entschließt sich, mit seinem Kampfgeschwader in die Quiberon-Bucht zu segeln und den Schutz der Transportflotte zu übernehmen, damit die Invasion endlich in Gang kommt. Aber auch Hawke lichtet zur gleichen Zeit die Anker. Die Franzosen erreichen bis zum 19. November ohne Schwierigkeiten eine günstige Position südwestlich der Insel Belle-Ile. Conflans muß am nächsten Tag nur auf Ostkurs gehen, um die Bucht sicher zu erreichen. Nachts frischt der Wind erneut auf, dreht auf Nordwest. Frühmorgens meldet der Toppgast: »Schiff voraus! Schiff voraus!«

Der Admiral hat damit gerechnet, es kann sich nur um die wenigen englischen Blockadeschiffe handeln, die unter Kommodore Duff seit langem vor Quiberon liegen. Conflans greift an, die Engländer ziehen sich zurück, im selben Moment werden neue Schiffe aus Richtung Südwest gemeldet. Die Zweifel sind rasch vorbei: Hawke hat mit seiner Flotte die Franzosen achtern überholt. Admiral Conflans entschließt sich, nicht zuletzt wegen des jetzt einsetzenden schweren West-Nord-West-Sturmes, um Belle-Ile herum in die Bucht von Quiberon zu segeln, hinter die Riffe der Cardinaux – Kardinäle, so heißen die gefährlichen Klippen bei Quiberon – und die kleinen Inseln Houat und Hoëdic. Seine Steuerleute kennen die Felsen und Untiefen, in diesen engen Kessel wird ihm Hawke nicht folgen können, es wäre für die Engländer eine sichere Katastrophe.

Doch Hawke scheint einen unbezwingbaren Hang für sichere Katastrophen zu haben. Als geborener Seemann vermutet er nicht unrichtig, daß dort, wo für französische Schiffe ausreichend Wasser unter den Kielen ist, auch englische Segler nicht auf dem Trockenen sitzen werden. Die britischen Linienschiffe folgen ohne Zögern; am frühen Nachmittag, bei schwerem Sturm, entwickelt sich, als Hawke das Signal »Jagd frei« abfeuert, ein gnadenloser Kampf. Die Formationen lösen sich sofort auf, das französische Geschwader wird zersprengt, teils stranden die Linienschiffe, teils werden sie versenkt, in Brand geschossen oder als Prisen genommen.

Von Gott zur Seeherrschaft bestimmt?

Seit der Sturmschlacht in der Bucht von Quiberon existiert bis auf weiteres keine französische Kriegsmarine mehr. Im Ringen um die See wurde Frankreich jedoch nicht bei Quiberon endgültig abgeschlagen; das geschah vielmehr schon am 14. September desselben Jahres, als General James Wolfe und Admiral Charles Saunders in einer amphibischen Operation Frankreichs Überseemetropole Quebec, die Hauptstadt des französischen Kolonialreiches in Nordamerika, eroberten.

Hier, vor Quebec, entschied sich, daß im Kampf um die Weltmeere Frankreich nicht mehr obsiegen konnte, und dies wurde zu seiner größten politisch-historischen Katastrophe in der jüngeren Neuzeit. Ein französischer Gelehrter beklagte noch im 19. Jahr-

hundert die Eroberung Quebecs durch die Engländer als das erste irreparable Unglück, das Frankreich überhaupt in seiner Geschichte zugestoßen sei: »Mit dieser Stadt entriß uns England die Herrschaft über Amerika, vielleicht sogar die Weltherrschaft.«
William Pitt hatte nicht beabsichtigt, England lediglich zur unangefochtenen Seemacht zu erheben. Sein Ziel war vielmehr, Frankreich vollständig von der Liste der Hochseemächte zu streichen. Ob dieser Wunsch eine Voraussetzung für die Verwirklichung der ersten Absicht war, darf strittig bleiben. Pitt forderte jedenfalls, als Paris 1761 zu einem Friedensschluß bereit schien, nicht nur den Rückzug Frankreichs aus allen Kolonien, sondern auch die Auslieferung sämtlicher hochseetüchtigen Schiffe, die Frankreich noch besaß, ob Linien- oder Handelsschiffe, gleichgültig, auf welchen Meeren der Welt. In diesen Forderungen Pitts wird unverkennbar, was für die Errichtung des englischen Weltimperiums auf der Grundlage unangefochtener Beherrschung der Meere eine Grundbedingung war: die Entschlossenheit, der Welt ein neues politisches Gefüge zu geben.
Frankreich blieb das Schicksal, das ihm Pitt zugedacht hatte, nur deshalb erspart, weil 1760 mit Georg III. ein König zur Macht gekommen war, der England so schnell wie nur möglich aus dem Krieg herausbringen wollte, gleichgültig, unter welchen Zugeständnissen. Pitt drängte aber im Sommer 1761 mit aller Energie darauf, daß England sich sofort entschließen solle, Spanien den Krieg zu erklären. Der König und die Mehrheit des Kabinetts lehnten ab, daraufhin trat Pitt zurück – in einem Moment, da es Frankreich gelungen war, Spanien in die Koalition gegen England und Preußen zu bringen. Gleichwohl, England wollte den Frieden. Gegen die Abmachungen des Pariser Friedens von 1763 kämpfte Pitt mit all seiner Leidenschaftlichkeit – er gilt bis heute als der wirkungsvollste Redner, der dem britischen Parlament jemals angehörte – bis zur letzten Minute. Ätzend stellte er fest: »Frankreich ist uns vor allem als See- und Handelsmacht gefährlich. Was wir in dieser Beziehung gewinnen, ist für uns in erster Linie durch den Schaden, den Frankreich davon hat, von Vorteil. [Die Friedensbedingungen aber] lassen Frankreich die Möglichkeit, seine Marine neu ins Leben zu rufen.« Pitt sträubte sich vergebens. Die Franzosen empfanden allerdings auch die milderen Vereinbarun-

gen, mit denen der erste Krieg, der wirklich als Weltkrieg bezeichnet werden könnte, beendet wurde, immer noch als »karthagisch«. Frankreich mußte ganz Kanada an England abtreten. Da Großbritannien von Spanien alle Gebiete westlich beziehungsweise südwestlich des Mississippi und ganz Florida erhielt, war England praktisch zum Alleinbesitzer Nordamerikas geworden. In Südindien hatte Frankreich seine letzten Stützpunkte an die Engländer und damit allen Einfluß auf dem Subkontinent verloren. Und an der beherrschenden Position Englands im Mittelmeer hatte sich durch den Krieg nichts verändert. Die britische Doppelorientierung als Element einer globalen Seestrategie hatte die Probe aufs Exempel bestanden; Pitt brachte das in den Satz: »Kanada und noch manches andere wurde in Deutschland erobert.«

Die Pariser Vereinbarungen vom 10. Februar 1763 zwischen den Seemächten Großbritannien, Frankreich, Spanien und Portugal bedeuteten für England einen so ungewöhnlichen Triumph, daß man allzuleicht geneigt sein könnte, ihn höher zu veranschlagen als jeden anderen Sieg in den folgenden Jahrzehnten. Admiral Mahan stellte treffend fest: »Die einzige Nation, die in diesem Krieg gewann, war diejenige, die im Frieden das Meer dazu benützte, um Reichtum anzusammeln, und die im Krieg das Meer beherrschte durch die Größe ihrer Flotte, durch die Zahl ihrer Untertanen, die auf der See und von der See lebten, und durch ihre zahlreichen, über den ganzen Erdball verteilten Operationsbasen.«

Die Belastungen Englands waren im Vergleich mit denen anderer Staaten fast unerheblich gewesen, die Flotte vergrößerte sich auch während der Kriegshandlungen stetig, mit 8000 Schiffen verfügte Großbritannien über ein Drittel der gesamteuropäischen Handelstonnage, ebenfalls während des Krieges liefen 40 weitere Linienschiffe vom Stapel. Wenn überhaupt jemals, so schien sich im Jahr 1763 die Meinung britischer Navalisten am Hof Heinrichs VIII. zu bestätigen, die Anfang des 16. Jahrhunderts von der Beteiligung an allen europäischen Kontinentalhändeln grundsätzlich abgeraten hatten; Eroberungen auf dem Festland würden der Natur von Inseln nicht entsprechen. England sei schon jetzt ein richtiges Reich: »Wollen wir uns ausdehnen, dann sollten wir es auf diejenige Weise tun, die sich uns anbietet und für die uns die Vorsehung bestimmt hat, und das ist über See.«

10. *Kapitel*

Der Nabel der Welt ist eine Insel

Der Friede von Paris markiert einen Gipfel des Ringens um die Ozeane.
Selbst wer den Begriff des Britischen Imperiums nur mit landbezogenen Kategorien verbindet, dem zeigt die Erdkarte, daß England zu dieser Zeit – im Besitz der wesentlichen Teile Nordamerikas – zweifellos schon ein Reich darstellt; es ist das »*Old Empire*« der Historiker.
Ein seltsames »Reich« und eine seltsame Herrschaft, deren sich Großbritannien in dieser Zeit erfreute, denn es hat kein Reich der Weltgeschichte mit einem kürzeren zeitlichen Bestand gegeben.
Kaum eineinhalb Jahrzehnte, und schon war dasselbe Reich zerfallen.
Keine Macht der Erde schien es vor seinem endgültigen Untergang retten zu können.
Der Untergang Englands schien besiegelt.
Wer zwischen dem Old Empire und dem anderen Empire trennt, dessen moderne Form im 19. Jahrhundert vollendet wurde und an das man normalerweise denkt, als hätte es das Jahr 1763 nie gegeben, irrt sich in doppelter Beziehung. Beide Imperien hängen engstens zusammen, weil sie von der Macht über den Seeraum gehalten wurden.
Das zwang England zu einer eigenen Politik, die ihre Prägung von der Flotte erhielt, und deshalb ist das Britische Imperium von den Grundlagen her gesehen eine unverfälschte Fortentwicklung des Weltreichs des älteren Pitt. Der katastrophale Rückschlag zwischen dem Pariser Frieden und dem Beginn des Amerikanischen Unabhängigkeitskrieges 1776 und seinem Ende ist nur ein scheinbarer Bruch.

Ein seidener Faden reißt

Der Sprung von der Gipfelposition Großbritanniens nach Beendigung des Siebenjährigen Krieges zum Jahr 1776, in dem die englischen Siedler Nordamerikas beschlossen, sich vom Mutterland zu trennen, wirkt geradezu unfaßlich. Der Friede von Paris bestätigte das Britische Reich in seinem weltpolitischen Übergewicht. Für die Nordamerikaner hatte er die Konsequenz, daß sie vom Druck, von der jahrelangen quälenden Bedrohung durch die Franzosen entlastet wurden. Die Franzosen hatten vom Becken des St.-Lorenz-Stroms über das Becken des Mississippi bis zum Golf von Mexiko – von Kanada bis Louisiana – einen Mitteldistrikt besessen, der jede Expansion der englischen Siedler nach Westen unmöglich machte. Dem Drängen der Franzosen nach Osten hatten sie sich nur mit Hilfe des Mutterlandes erwehren können. Seit 1763 war das nicht mehr nötig, und dadurch wurde das besondere Selbstbewußtsein der nordamerikanischen Bevölkerung rapide gestärkt: Diese Menschen waren selbständig, sie lebten in einem freien Land, sie fühlten sich als ein freies Volk.

England mußte die beginnende Friedenszeit als eine Phase der inneren Kräftigung betrachten. Das war nach dem Aderlaß des Siebenjährigen Krieges unerläßlich, und ebenso natürlich schätzte es seine Gebiete in Nordamerika aufgrund der wirtschaftlichen Möglichkeiten als einen soliden Aktivposten ein. Daß der Beitrag der nordamerikanischen Kolonien zur Festigung des Empire sich nicht darauf beschränken würde, nur ein geographischer Teil von ihm zu sein, durfte sowohl das Mutterland als auch Amerika erwarten. London benötigte klingende Münze.

Gerade diese Annahme löste die schwersten Unruhen aus. Die Zoll- und Steuergesetze der Jahre 1764 bis 1767 verdeutlichten den amerikanischen Kolonien zum erstenmal, daß Freiheit, selbst wenn es eine Freiheit von Bedrohung war, auch ihren Preis besaß. In Amerika wurde dieser Gegenwert als eine Beschneidung derselben Freiheit empfunden, als eine Verstümmelung der eigenen Rechte und Mißachtung des Ranges, den die Siedler beanspruchten aufgrund ihres Wagemutes und unverfälscht frischen Sendungsbewußtseins, das ihnen die ersten Einwanderer in Neu-England, die Pilgerväter, als ewiges Erbe hinterlassen hatten.

Die unmittelbare Antwort, die das Mutterland erhielt, war neben harten Formulierungen eine breite Boykottbewegung, die sich gegen sämtliche englischen Waren richtete. William Pitt warnte jetzt seine Landsleute: »Vorsicht! Ein Krieg in Übersee hängt am seidenen Faden über euch. Frankreich und Spanien lauern auf jeden eurer Fehler und blicken gespannt nach Amerika.« Tatsächlich steigerte sich die Erbitterung gegen England zu ersten Gewaltakten. Das Parlament in London versuchte zu dämpfen, es hob die neuen Einfuhrzölle auf und beharrte lediglich auf einem »Prüfstein der Autorität«: an der privilegierten Tee-Einfuhr der Ostindischen Kompanie.

Daraufhin sackte der Bedarf an Tee in Amerika sofort ab; keinen Tee zu trinken, das wurde eine nationale Widerstandspflicht. Damit nicht genug: Am 16. Dezember 1773 enterten die Amerikaner im Hafen von Boston einige englische Schiffe, die soeben eingelaufen waren, und warfen die gesamte Teeladung über Bord. Die vielzitierte *»Boston Tea Party«* hatte den Effekt einer Oppositionsverdichtung. London antwortete mit Zwangsgesetzen, die Amerikaner bäumten sich dagegen auf und lehnten jede Zahlung ab, solange sie nicht im Parlament vertreten waren. Ihr Schlachtruf war so etwas wie das erste Demokratikum der jüngeren Neuzeit: *»No taxation without representation.«* Sie brachen 1774 den gesamten Handelsverkehr mit dem Mutterland ab. Dem Versuch Londons, die Autorität mit Gewalt durchzusetzen, folgten im April 1775 die ersten militärischen Zusammenstöße.

Die Nordamerikaner überstürzten nichts. Erst im nächsten Jahr wurde auf einer Versammlung von Sprechern sämtlicher 13 Kolonien, dem Kontinentalkongreß im Juli 1776, die Trennung von der Britischen Krone erklärt und in einem Dokument niedergelegt, der »Unabhängigkeits-Erklärung« Thomas Jeffersons – ein revolutionärer Befreiungsakt, der welthistorische Würde beansprucht, sowohl wegen des Entschlusses als auch wegen seiner Formulierungen, deren Mittelpunkt das Bekenntnis bildet: »Folgende Wahrheiten halten wir für selbstevident: daß alle Menschen gleich geschaffen sind; daß sie von ihrem Schöpfer unveräußerliche Rechte empfangen haben; daß zu diesen das Leben, die Freiheit und die Suche nach Glück gehören; daß die Regierungen zur Sicherung dieser Rechte eingesetzt sind und ihre gerechte Macht aus der Zustimmung der Regierten empfangen; daß das Volk das Recht hat, jede Regierungsform, die jemals diesen Zielen abträglich wird, zu ändern oder zu beseitigen und eine neue einzurichten.«

Der Unabhängigkeitskrieg der nordamerikanischen Kolonien wurde von der *Liberty Bell* des *State House* in Philadelphia, dem Sitz des Kongresses, eingeläutet. Ihre Klänge schienen zugleich diejenigen der Sterbeglocke des Britischen Empire zu sein. In keiner Phase der englischen Geschichte häuften sich die Rückschläge, Mißgeschicke und Niederlagen so bedrängend.

Nach dem moderaten Vorspiel des ersten Jahres, das im September 1777 durch die Einnahme Philadelphias den Unernst der britischen Kriegführung zu rechtfertigen schien, folgte ein Verhängnis dem anderen. Am 27. Oktober 1777 wurde die englische Armee des Generals Burgoyne – 5000 Mann – bei Saratoga im Staat New York eingekesselt und mußte sich ergeben. Frankreich sah darin einen erfrischenden Beweis für die günstigen Aussichten der rebellierenden Kolonien, es unterzeichnete im Februar 1778 mit Amerika Bündnis- und Handelsverträge und erklärte damit England offen den Krieg. Der Streit zwischen Kolonien und Mutterland war internationalisiert.

Die Flottenqualitäten

Im darauffolgenden Jahr schloß sich Spanien dem Schritt Frankreichs an. Als gemeinsames Kriegsziel wurde in einer Erklärung festgehalten, daß das Unrecht, das Großbritannien beiden Staaten zugefügt habe, gerächt und »der tyrannischen Herrschaft, die England sich angemaßt hat und auf dem Ozean auszuüben beansprucht«, ein Ende gesetzt werden solle. 1780 erklärte Großbritannien seinerseits Holland den Krieg, weil es dem »Bündnis der bewaffneten Neutralität« der nordischen Seemächte und Rußlands, das ihre Schiffahrt sichern sollte, beigetreten war. Die Haltung der übrigen europäischen Mächte lief auf eine völlige Isolierung Englands hinaus. Im Oktober 1781 war der festländische Krieg in Amerika entschieden; die britische Südarmee in einer Stärke von 8000 Mann unter Lord Cornwallis wurde von überlegenen Streitkräften der Amerikaner und Franzosen unter der Führung George Washingtons bei Yorktown in Virginia eingeschlossen und mußte kapitulieren.

Pitt hatte in den 6oer Jahren das Parlament beschworen, den Hauptmangel des Pariser Friedens nicht hinzunehmen. Seine Warnungen gingen unter, die Franzosen erhielten die Möglichkeit, ihre Flotte neu aufzubauen, und sie ließen diese Chance nicht vorbei. Choiseul verwandte seine ganze Energie auf dieses Ziel, Choiseul begriff auch so frühzeitig wie kaum ein anderer, daß sich in Amerika eine Situation entwickelte, die Frankreich die größten Vorteile bringen mußte. Als Choiseul sein Amt verließ, besaß die Monarchie wieder 60 neue Linienschiffe. Die Kriegsflotte war inzwischen zu einer Sache der Franzosen selbst geworden, sowohl Ludwig XVI. als auch sein Außenminister Vergennes setzten die intensive Flottenpolitik Choiseuls fort, teilweise wurde sogar die Marine gegenüber dem Landheer deutlich bevorzugt. Bei Kriegsausbruch bestand die Flotte aus mehr als 70 Linienschiffen ersten Ranges.

In England dagegen wurden alle Erfolge der großen Reorganisation, die Admiral George Anson bei der Flotte durchgeführt hatte, innerhalb weniger Jahre zunichte. Am verheerendsten wirkte sich die Seuche der Korruption aus; sie griff von den Politikern, bei denen sie schon längere Zeit in einem förderlichen Klima grassierte, auf die Marine über. Die Summen für Instandhaltung und Wartung der Flotte wurden nur zu einem Bruchteil für den bewilligten Zweck verwendet. In der allgemeinen Demoralisierung machten sich auch die politischen Gruppenkämpfe im Offizierskorps breit, sie zersetzten die Homogenität, lähmten die Disziplin und die Tatkraft. Zwischen 1763 und 1769 wurden die Ausgaben für die Royal Navy zweimal um 50 Prozent zusammengestrichen, die Kriegsflotte wurde aufgelegt und praktisch vergessen, viele der Schiffe verfaulten, sprangen von selbst leck und gingen unter. Großbritannien bemühte sich zwar, mit diesen Mißständen während des Krieges aufzuräumen, doch blieb es ein richtiges Vorhaben zur falschen Zeit. Obwohl jetzt der Bau neuer Schiffe geradezu hektisch vorangetrieben wurde, war es unmöglich, den Stand der Navy den unerwarteten Kriegserfordernissen anzupassen, speziell denjenigen dieses besonderen Krieges.

Was die militärische Schlagkraft, die Ausrüstung, Zahl der Linienschiffe und Qualität der Marineartillerie betraf, konnte sich England nur zahlenmäßig mit der franko-spanischen Flotte messen. Der größte Vorteil der Briten, deren Flotte seit 1778 von Augustus Keppel geführt wurde, bestand in der enormen seemännischen Erfahrung der Besatzungen und in ihrer offensiven Gefechtsführung, die sich schon in eine selbstverständliche Tradition verwandelt hatte – wenn sie nicht vielleicht auf eine geheimnisvolle Art noch tiefer wurzelte und Ausdruck des zeitgenössischen britischen Naturells war.

Der aggressive Kampfgeist der englischen Marine stand in einem schroffen Gegensatz zu dem abwartenden, mitunter entschlußschwachen Flotteneinsatz der Franzosen. Zahlenmäßig auch nur geringfügig überlegene Streitkräfte der Briten wurden von französischen Einheiten grundsätzlich nicht angegriffen. Lediglich Pierre André de Suffren, einer der kühnsten und einfallsreichsten Seebefehlshaber Frankreichs, verstieß gegen diese eherne Defensivregel, doch Suffren war ein ausgesprochener Sonderfall.

Insgesamt war der Zustand der britischen Flotte so bekümmernd, daß ihre Mängel wiederholt als Hauptursache für die englische Niederlage bezeichnet wurden. Doch der wirkliche Grund ist keineswegs in der zahlenmäßigen Unterlegenheit gegenüber den vereinigten Flottenverbänden aller Gegner Englands oder der Zersplitterung der Kräfte zu finden; auch die Alliierten mußten auf den vier Schauplätzen des Krieges operieren, waren ebenfalls »zersplittert«.

Die Angst vor der Invasion

Ausschlaggebend war vielmehr, daß kein verantwortlicher Politiker in London mit einer derart großen Feindeskoalition gerechnet hatte. Englands Flotte wäre schon mit der Aufgabe, genügend Truppen über den Atlantik auf den Hauptkriegsschauplatz zu transportieren, ausgelastet gewesen. Im besonders kritischen Jahr 1779 nannte der Earl of Sandwich, der für die Marine verantwortlich war, das Dilemma beim Namen: »Man wird fragen, warum uns der Feind überlegen ist. Die Antwort lautet, daß England bis zum heutigen Tag noch nie in einen Seekrieg gegen das völlig geeinte Haus Bourbon verwickelt war, dessen Seestreitkräfte intakt sind und dessen Aufmerksamkeit und Mittel durch keinen anderen Krieg oder kein anderes Ziel abgelenkt werden. Wir dagegen haben unglücklicherweise noch einen weiteren Krieg am Hals, der ganz wesentlich an unseren Kräften zehrt und einen beträchtlichen Teil unseres Heeres und unserer Marine beansprucht. Wir haben keinen einzigen Freund oder Verbündeten, der uns hilft, im Gegenteil: Alle, die unsere Verbündeten sein sollten, mit Ausnahme Portugals, handeln gegen uns, indem sie unsere Feinde mit Mitteln zur Ausrüstung ihrer Flotten versorgen.«

Hauptaufgabe Großbritanniens mußte es wie eh und je sein, die Invasion der Insel zu verhindern. Und im Jahr 1779 war die Invasionsgefahr so groß wie noch nie seit 1588, als die spanische Armada heranrückte. Die Flotte Madrids hatte sich mit der Flotte der Franzosen vereinigt, fast 70 Schiffe standen Mitte August 1779 im Kanal und waren für die Landung bei der Insel Wight und bei Portsmouth bereit. Die Engländer rechneten jeden Tag mit dem Angriff, König Georg III. forderte in einer Proklamation die Küstenbewohner auf, ihre Pferde, das Vieh und die Vorräte ins Innere des Landes abzutransportieren. Daß es dennoch nicht zur Invasion kam, war nicht der Kraft Englands, sondern der Schwäche des Gegners zu verdanken. Die franko-spanische Flotte litt unter kläglichen logistischen Mängeln, die Besatzungen waren durch Krankheiten völlig dezimiert, nur wenige Schiffe wirklich gefechtsbereit, die Militärführung Frankreichs unentschlossen, so daß zuletzt das Unternehmen eingestellt wurde.

An keinem Ort der Welt konnte England den Kampf um die Herrschaft auf den Ozeanen schneller und unwiderruflicher verlieren als im Kanal, im eigenen Land, durch eine Invasion. Unbedingte Herrschaft im Kanal, das war die Hauptaufgabe der englischen Flotte. Gleichzeitig aber sollte sie im Unabhängigkeitskrieg an den Küsten Nordamerikas operieren, sie mußte Gibraltar schützen, das damals die bedrohlichste aller Belagerungen durchzustehen hatte, die Flotte mußte in Westindien sein, von den Gewässern des Indischen Ozeans ganz zu schweigen.

Der politische Imperativ wäre in diesen Jahren tatsächlich eine maritime Variante des Gleichgewichtskonzepts gewesen: Die britische Flotte darf niemals schwächer sein als die vereinigten Seestreitkräfte Frankreichs und Spaniens. Doch dieser Imperativ ergab sich erst aus den Lehren des Unabhängigkeitskrieges, er war eine Konsequenz daraus, er war kein Grundsatz, gegen den bereits vor dem Krieg verstoßen wurde oder verstoßen werden konnte – Großbritannien hatte ihn weder erkannt noch war es möglich gewesen, ihn vorauszusehen.

Schiffbruch der Gleichgewichtspolitik

Ob Großbritannien überhaupt in der Lage gewesen wäre, mit der Rebellion der nordamerikanischen Kolonien fertigzuwerden, läßt sich nicht beantworten. Daß Nordamerika aufzugeben war, wurde in London nach der Niederlage von Saratoga geahnt und 1782 allgemein eingesehen. In diesem Jahr mußte noch ein besonders empfindlicher Schlag hingenommen werden: Die Franzosen eroberten die Balearen-Insel Menorca, eine wichtige Flottenbasis der Briten im Mittelmeer.

Fast wirkt es wie ein Wunder, daß sich die Royal Navy trotz allem hatte behaupten können. Am 12. April 1782 gewann Admiral George Rodney gegen die Franzosen, die von François de Grasse geführt wurden, eine Schlacht bei Dominica in der Karibik. Er durchbrach dabei die Linie des Gegners, löste bewußt beide Formationen auf und zersprengte in Einzelkämpfen den ganzen französischen Verband. Rodney hatte damit den Defensivschlachten ein Ende gesetzt, es war die erste Durchbruchsschlacht, seit die Linientaktik zum vorgeschriebenen System erstarrt war, und sie wird deshalb als der Beginn einer grundlegenden Veränderung der maritimen Taktik gewertet.

Auch in Indien konnte die britische Flotte gegen Admiral Suffren alle wichtigen Positionen behaupten. Die Friedensverträge vom 3. September 1783 von Paris und Versailles, die mit den Vereinigten Staaten, mit Frankreich und mit Spanien geschlossen wurden, waren inhaltlich zu ertragen – sieht man von der Anerkennung der 13 Rebellenkolonien als souveränem Staat ab. England verblieb von Nordamerika nur noch das kanadische Gebiet. Andererseits hatte es Gibraltar erfolgreich verteidigt und behauptet. Das war zunächst nur ein schwacher Trost bei einer tief verbitternden Niederlage, doch immerhin: Es war ein Trost, und er war um so nötiger, als die Friedensbedingungen insgesamt keineswegs dazu angetan waren, den Verlust des Krieges – des einzigen innerhalb eines Jahrhunderte währenden Zeitraums – weniger schmerzhaft fühlen zu lassen.

Für den Unabhängigkeitskrieg fand England keine historische Parallele. Am meisten gab der Umstand zu denken, daß er sich nicht in das wohldurchdachte Gleichgewichtskonzept einbauen ließ, daß er völlig aus seinem Rahmen fiel. Die Gegnerschaft Frankreichs ließ sich verhältnismäßig leicht durchkalkulieren, wenn Paris durch einen Konflikt auf dem Kontinent gebunden war und England selbst die Partie mit Festlandsverbündeten spielen konnte. Außenminister Vergennes war aber zu klug gewesen, den Effekt seines Einsatzes für Amerika dadurch aufs Spiel zu setzen, daß er zum vermeintlichen Schaden Englands auf dem Kontinent einen Konflikt auslöste. Ein Angriff auf Hannover, das seit 1714 mit England unter einem Herrscherhaus stand, hätte sich dazu angeboten. England erhoffte sogar insgeheim eine solche Aktion, weil dann mit Sicherheit die Ruhe in Europa gestört und die Geschlossenheit der antibritischen Koalition zerbrochen wäre.

Frankreichs Politik hat sich als richtig erwiesen. Je konfliktfreier die Lage in Europa blieb, um so durchschlagender konnte England außerhalb Europas getroffen werden, um so aussichtsreicher war auch der Versuch, Englands Flottenüberlegenheit zu brechen – wenn Frankreich einen solchen Versuch wirklich unternommen hätte. Die offizielle Kampfansage hatte zwar der Weltstellung Englands auf den Meeren gegolten, tatsächlich aber führten die Franzosen und Spanier den Krieg gegen die Kolonialmacht, nicht gegen die Seemacht England. Beide Staaten leiteten aus den kolonialen Mißerfolgen Englands eigene maritime Erfolge ab. Das war ein Trugschluß.

Spaniens Meerespräsenz war seit dem Ende des 16. Jahrhunderts, seiner goldenen Flottenära, zum erstenmal wieder eindrucksvoll, fast beängstigend eindrucksvoll: Doch obwohl die spanische Marineorganisation des 18. Jahrhunderts so hervorragend war, daß

Madrid zu Beginn der 90er Jahre mit 79 Linienschiffen und 54 Fregatten die zweitstärkste Flotte hinter England besaß, blieb den Spaniern nur der ungeschmälerte Ruhm, die ästhetisch schönsten Schiffe bauen zu können – von den Briten neidlos als »*Spanish beauties*« bewundert –, hervorragend tapfere Soldaten zu besitzen und Admirale zu ernennen, die darin wetteiferten, die überzeugendsten Beispiele des Unvermögens zur Flottenführung zu liefern. Im Vergleich zu Spanien war Frankreichs Situation noch bedrückender. Die Flotte hatte sich trotz aller Schwierigkeiten in Einzelgefechten hervorragend geschlagen. So wurde durch die erfolgreiche Sperrung der Chesapeake-Bucht durch Admiral de Grasse im September 1781, der den Briten unter Thomas Graves und Samuel Hood das Nachsehen gab, der Sieg der Amerikaner bei Yorktown maßgeblich vorbereitet. England konnte sich nicht darüber hinwegtäuschen, daß Frankreich die Friedensschlüsse von 1783 als einen gewaltigen außenpolitischen Erfolg verbuchen durfte, doch die glänzende maritime Überlegenheit zu Beginn des Krieges war den Franzosen verlorengegangen. Großbritannien hatte seine Vorherrschaft auf den Meeren wiederhergestellt; der Krieg – in einem traditionellen Sinn eindeutig verloren – war für die Royal Navy zu einem Jungbrunnen geworden.

Oben: Britisches Kriegsschiff aus der 2. Hälfte des 19. Jahrhunderts

Mitte: Das deutsche Panzerschiff »Kaiser Wilhelm II.«, das 1896 vom Stapel lief

Unten: Die russischen Schlachtschiffe »Imperator Pawel I.« und »Andrej Pjerwoswannij«, die im Jahre 1903 vom Stapel liefen

Folgende Seite: »Sieg oder Untergang unseres Reiches hängen von dieser Schlacht ab.« Admiral Heihachiro Togo (1847–1934), der Sieger der Seeschlacht von Tsuschima im Jahre 1905

312

元帥伯爵野本太郎平八

Diese Bilanz beschleunigte in London die Erkenntnis, daß der Verlust von Nordamerika letzten Endes eine Voraussetzung dafür war, die Beherrschung der Meere imperial zu verankern und nicht kolonial. Im Jahre 1783 hatte England über eine Niederlage nachzudenken, die eine Fülle festgefahrener politischer Überzeugungen und scheinbar verläßlicher Grundsätze über den Haufen warf. Die Niederlage führte in Großbritannien zu einer Konzentration auf das Wesentliche; es gehört zu ihren Konsequenzen, daß sie die wirtschaftlich-industrielle Entwicklung der Insel selbst gewaltig vorantrieb und durch den Export den Überseehandel Englands weit über die Expansionsmarken früherer Zeiten steigerte.

Die englische Ausfuhr zwischen 1780 und 1800 stieg gegenüber der Einfuhr um das Doppelte an. Das Verhältnis von Ausfuhr und Einfuhr im Jahr 1785 betrug etwa 1 : 1, fünfzehn Jahre später dagegen 3 : 4. Dieser Handel beschleunigte das Wachstum der Flotte in einem gleichlaufenden Verhältnis, der Güterumschlag der britischen Häfen stieg in derselben Zeit um 100 Prozent. Die Gesamttonnage der englischen Handelsmarine sprang von 951 855 t im Jahr 1785 auf 1 396 000 t sieben Jahre später, 1792. Zu Beginn des Jahrhunderts hatte sie 273 693 betragen. Demgegenüber bezifferte sich zum Beispiel die spanische Gesamttonnage im Jahr 1802 nur auf die Hälfte der englischen des Jahres 1700, also auf rund 138 000 t. Sie betrug mithin nur ein Zehntel der britischen Tonnage im Jahr 1792.

Eine solche Entwicklung wäre in England nicht möglich gewesen ohne den fast drakonischen Zwang zu einer Industrialisierung, die man nicht anders als aggressiv bezeichnen kann. Die Kohle- und Eisenproduktion konnte kaum mit der Nachfrage Schritt halten, die Häfen wurden ununterbrochen erweitert, eine neue Werft nach der anderen entstand, der Schiffbau ließ eine eigene Zubringerindustrie entstehen, und zwar erst in diesen Jahren, denn die Regierung achtete sorgsamer denn je auf den Flottenausbau. Was Cromwell schon prinzipiell seiner Politik zugrunde gelegt hatte, das stellte sich als Folge der Kriegsmisere erneut ein: England besann sich auf seine nationalen, auf seine ozeanischen Interessen. Das Wort von der englischen Flotte, die im 18. Jahrhundert gegen die ganze Welt kämpfen mußte – »*The Navy against the World*« –, verlor den Akzent des Selbstmitleids, den es im Unabhängigkeitskrieg besaß. Jetzt war es vom Pathos des Stolzes gebläht wie ein Segel.

Der unmittelbare Zusammenhang zwischen Handel und Flottenstärke, Wirtschaftskapazität und Finanzhaushalt, globaler Staatskunst und politischer Macht hatte sich in Großbritannien niemals fühlbarer ausgedrückt als während des Unabhängigkeitskrieges und in seinem Gefolge. So verwandelten sich die bei den Briten so oft beklagten zwei Jahrzehnte zwischen 1763 und 1783, in der die Marine durch die Zeit ihres unglückseligen Mißgeschicks mußte – *The Navy in adversity* –, in die beste Vorbereitungszeit für eine Wiedergeburt vom Topp bis zum Kiel, von der Admiralität bis zum einfachen Mann.

England hatte außerdem noch das unschätzbare Plus, in dem Sohn des früheren Premiers, dem jüngeren William Pitt, von 1783 bis 1801 einen Regierungschef zu besitzen, dem die Bedeutung der Flotte für Großbritannien bewußt war. Außenpolitisch eher reserviert als betriebsam, war Pitt in erster Linie auf Kräftigung der inneren Verhältnisse bedacht. Die Entwicklung Englands bis in die Zeit der Französischen Revolution und der folgenden Ära Napoleons bestätigt den Weitblick seiner distanzierten Außenpolitik genauso wie die Weitsicht seiner Politik der Selbstaktivierung des Landes.

Während Europa von der Französischen Revolution bis zu den Fundamenten erschüttert und selbst einem revolutionären Veränderungsprozeß unterworfen wurde, präsentierte sich Großbritannien – wiederum an der Spitze des Welthandels stehend und im Besitz der blühendsten Wirtschaft und der progressivsten Industrie – in beispielloser politischer Gelassenheit. Ein englischer Historiker unserer Zeit beendet die Analyse seines Landes bei Beginn der Revolution mit einem für die britische Schablonenkühle fast schon emphatischen Satz: »Seemännisch ausgedrückt war England wie ein gut getrimmtes, gut gebautes, mächtiges Schiff; und das war auch nötig, denn es sollte nun hinaussegeln in einen Sturm von bisher unbekannter Wildheit und Dauer.«

Kein Idealzustand?

John Bull segelte allerdings in ein Wetter, das auch über den anderen Staaten Europas heraufzog. Daß England den Sturm nicht nur am wenigsten beschädigt überstand und nach dem Zusammenbruch Napoleons kaum Wunden zu lecken hatte, sondern sich als unbestrittener Sieger und glanzvolle Königin der Meere darbot, war keineswegs vorauszusehen. Der Triumph wirkt um so größer, als die Belastungen und Anstrengungen während des Ringens mit Napoleon weit größer waren als jemals in einem seiner früheren Kriege.

Auf den Meeren der Welt mußte England fast Jahr für Jahr seine Schlachten schlagen, und dennoch ging kein einziges Treffen von Bedeutung verloren, obgleich die Navy anfangs der französischen Flotte, zu der später die Geschwader der anderen Staaten kamen, die an der Seite Napoleons standen, der Zahl nach keineswegs überlegen war. Die Qualität der Segler Frankreichs übertraf sogar diejenige der Briten; das Niveau der »*Architecture navale*« spiegelt sich in dem Spruch zur Zeit der Revolution: »Ein Schiff, von Franzosen erbaut, mit Engländern bemannt, das wäre der Idealzustand!«

Nach diesem Maßstab gab es weder diesseits noch jenseits des Kanals den Idealzustand. Allerdings profitierte England erheblich von der Unnachsichtigkeit der französischen Revolutionäre, welche die adligen Flottenführer und Offiziere genauso köpfen ließen wie die Aristokraten des festen Landes. So mußte sogar Frankreichs verdientester Admiral, Comte d'Estaing, 1794 den Weg zur Guillotine gehen. Wer von der Marine enthauptet wurde, gab den unteren Chargen Gelegenheit, nachzurücken und die oberen Kommandos in dem Glauben zu übernehmen, daß sich Können durch Ehrgeiz ersetzen ließe.

Frankreichs Marine bestand im Jahr 1791 aus 86 Linienschiffen und 76 Fregatten, dazu kamen mehr als 80 kleinere Kriegsschiffe. Ihr Zustand ließ erheblich zu wünschen übrig. Das lag vor allem an der Gleichgültigkeit der Revolutionsregierungen und der Dezimierung, welche die Flottenführung und die Administration im ersten Jahrfünft der Revolution durchstehen mußte.

Napoleon hätte über eine Flotte verfügen können, die der englischen gewachsen, wenn nicht sogar überlegen gewesen wäre. Mit den spanischen und niederländischen Einheiten betrug die Gesamtzahl über 200, während die Royal Navy mit ihrer nominellen Gefechtsstärke weit darunter blieb. Zwar konnte sich die Flotte seit 1796 und unter Napoleon wieder größerer Zuwendung erfreuen, aber dem Kaiser blieb jeder Zugang zur maritimen Welt verschlossen. Für ihn war das Meer eine negative Größe, er brachte es nicht einmal zu der heimlichen Bewunderung charaktervoller Landratten. Der Ton, den der Kaiser bei seinen Admiralen anschlug, war den Soldaten oder Offizieren, mit denen er Europa überrannt und erobert hatte, fremd. Napoleon fehlte nicht nur die eigene seemännische Erfahrung, ihm fehlte der Sinn für die Besonderheiten der Marine und für das Proteische des Meeres ...

Jack, die Teerjacke

Die nautische Erfahrung der englischen Seeleute, ihre Sicherheit, die Selbstverständlichkeit ihres Lebens an Bord mußten sich deshalb bei einem solchen Gegner besonders stark auswirken. Dasselbe gilt für ihre Haltung im Gefecht, ihren Angriffsgeist, ihren Mut zum Risiko, ihre unbändige Initiative, nicht zuletzt auch für ihren seemännisch-militärischen Spürsinn, der eine erhebliche Rolle spielte in dieser Epoche, in der England das unverrückbare Fundament seines Weltimperiums und seiner Regentschaft über die Meere legte.

Fähigkeit und Eignung, Angriffslust und Tapferkeit der britischen Blaujacken sind ein Phänomen für sich. Sobald es darauf ankam, verfügten sie vom Flottenchef bis zum Janmaat über die unentbehrliche Dosis Rücksichtslosigkeit. Die Entfesselung der Mordinstinkte, die selbstverständliche oder künstlich gesteigerte Lust, den Gegner anzufallen, äußerte sich auch in Sentenzen, deren Stilisierung viel mit den Urängsten des Menschen zu tun hat. Einem jungen Offizier, der sich erkundigte, wie er sich in einer gefährlichen Situation verhalten solle, antwortete Lord Nelson: »*Always fight and you are sure to be right.*«

Die Überlegenheit der britischen Seeleute wirkt um so verblüffender, als die Zustände bei der Marine verheerender waren, als es unsere Vorstellungskraft zuläßt. Die Unbeirrbarkeit und Todesverachtung der englischen Soldaten war so imponierend, daß Napoleon daraus nur mißmutig auf die Wirksamkeit der Prügelstrafe schloß, mit der im britischen Heer sicherer gerechnet werden konnte als mit dem Sold.

Für die Ergänzung der Schiffsbesatzungen und den Nachwuchs sorgten in erster Linie die Preßkommandos, die regelmäßig durch die Straßen patrouillierten und junge Männer mit allen Tricks bis hin zum Kidnapping für den Dienst auf den Kriegsschiffen einfingen. Das war damals bei allen Seenationen üblich. Spanische Flottenchefs klagten: »Was für ein Jammer, daß wir unsere herrlichen Schiffe Bettlern und Hirten überlassen müssen.«

Nirgends aber war die Not an Mannschaften größer als bei der britischen Marine. Ihre Flotte war größer als jede andere, dazu kam die begrenzte Bevölkerungszahl der Insel. Nach 1795 wurden die englischen Grafschaften durch ein Gesetz gezwungen, von sich aus Rekruten zu stellen – die beste Gelegenheit für die Städte und Dörfer, ihre Asozialen und Kriminellen loszuwerden. Im Jahr 1793 hatte die Royal Navy 15 000 Mann Personal, Ende 1801 fuhren 133 000 Seeleute auf ihren Schiffen; rechnet man den Bedarf der Verwaltung dazu, so hatte sich das Personal in dieser Zeit verzehnfacht. Kein Wunder also, daß 1805, im Jahr der Schlacht von Trafalgar, ein Drittel aller Matrosen der Kriegsflotte gewaltsam ausgehoben und zum Dienst gepreßt werden mußten.

Die Bestrafung der geringsten Subordination war barbarisch, das Normale war das Auspeitschen mit der neunschwänzigen Katze. Daß dabei das Fleisch bis auf die Rippen weggefetzt und Matrosen zu Tode gepeitscht wurden, war keine Sache des Aufhebens. Um so schärfer zeichneten sich einige Ausnahmen wie Nelson oder Vizeadmiral Cuthbert Collingwood vom Durchschnitt ab. Collingwoods Maxime hielten die meisten Kapitäne für eine Marotte: »Es ist mir unbegreiflich, wie ein Offizier es fertigbringt, heute zu beten und morgen seine Leute auspeitschen zu lassen.«

Wegen der miserablen Verhältnisse in der Navy – Soldrückstände, üble Verpflegung, ununterbrochener Dienst – brach eine schwere Meuterei aus, die erst nach Monaten mit Hilfe einer Mischung aus Verbesserungen und erbarmungslosen Strafen beigelegt wurde.

Der Zwang zur Disziplin ist auf Schiffen, insbesondere auf Kriegsschiffen, weit ausgeprägter als an Land. Noch heute spiegelt sich selbst auf Handelsschiffen in den erhöhten Befugnissen, die ein Kapitän besitzt, spiegelt sich in seiner Schiffsgewalt eine Exklusivität, die früher den Kapitän zum absoluten Herrn über Leben und Tod machte. Ein Satiriker des 18. Jahrhunderts hielt den Kapitän für einen »Leviathan oder vielmehr für eine Art Meeresgott, den die armen Janmaaten verehren wie die Indianer den Teufel«.

Dreizack und Blitz

Friedrich Schiller verdichtete an der Jahrhundertwende den Kampf Napoleons mit England auf ein Zusammenprallen der beiden Urelemente, des Landes und des Meeres: »Edler Freund! Wo öffnet sich dem Frieden / Wo der Freiheit sich ein Zufluchtsort? Das Jahrhundert ist im Sturm geschieden / Und das neue öffnet sich mit Mord / Und die Grenzen aller Länder wanken / Und die alten Fronten stürzen ein / Nicht das Weltmeer setzt der Kriegswut Schranken / Nicht der Nilgott und der alte Rhein / Zwei gewaltige Nationen ringen / Um der Welt alleinigen Besitz! Aller Länder Freiheit zu verschlingen / Schwingen sie den Dreizack und den Blitz.«
Wenn Napoleon England besiegen wollte, mußte er die Invasion versuchen. Voraussetzung dafür war die Herrschaft im Kanal. In der Sicherung des Truppentransports und der Landung sah er den einzigen Sinn der Marine. 1797 schlug er dem Direktorium in Paris vor: »Laßt uns alle unsere Bemühungen auf die Flotte vereinigen und England zerstören. Dann liegt Europa zu unseren Füßen!« Schon ein Jahr später resignierte er: »Wir können machen, was wir wollen; für Jahre werden wir die Kontrolle über die Meere nicht erlangen. Ohne sie ist jede Landung in England das denkbar kühnste und schwierigste Unternehmen.«
Die andere Möglichkeit wäre eine Blockade gewesen. Seit zum erstenmal Festungen belagert und auf dem Weg der Auszehrung zur Übergabe gezwungen wurden, kannte man den Zusammenhang zwischen Hunger und Kapitulationsbereitschaft. Für eine unmit-

telbare Blockade aber fehlte Napoleon die Flotte genauso wie für die Invasion. Deshalb verfiel er, nachdem alle anderen Bemühungen fehlgeschlagen waren, auf die *ultima ratio* der Kontinentalsperre.

Sie wurde am 21. November 1806 durch das Dekret von Berlin eingeleitet. Napoleon untersagte den gesamten Handel mit England, schnürte die Einfuhr britischer Güter rigoros ab. Nicht zufällig geschah dies erst nach seinem letzten Invasionsversuch 1805 und der bedeutendsten aller Seeschlachten, dem Sieg Nelsons bei Trafalgar am 21. Oktober desselben Jahres. England blieb nichts anderes übrig, als zu demselben Mittel zu greifen. Es untersagte 1807 allen neutralen Schiffen, französische Häfen anzulaufen, es begann seinerseits eine rücksichtslose, nicht ganz verzweiflungsfreie Blockade der Küsten Frankreichs und der Häfen aller Staaten, die mit Napoleon verbündet oder von ihm abhängig waren.

Die schweren Schädigungen des Wirtschaftslebens wirkten sich auf England genauso aus wie auf ganz Europa. Vorteilhaft für Frankreich waren anfangs nur die beträchtlichen Vergünstigungen, die Napoleon der eigenen Wirtschaft gegenüber den anderen Ländern einräumte; sie wirkten sich höchst belebend auf die industrielle Entwicklung des Landes aus. England wiederum gewann den ganzen südamerikanischen Bereich als Markt, ebenso fiel ihm das Monopol für koloniale Waren fast von selbst zu.

Denkbar wäre es immerhin gewesen, daß beide Mächte aneinander vorbeioperierten. Napoleon hätte sich die Macht auf dem Kontinent gesichert, Großbritannien hätte – unabhängig vom Krieg, jedoch durch ihn beschleunigt – seine Weltstellung ausgebaut und das europäische Festland dem französischen Schicksal überlassen. Doch die reale Lage war allein schon durch die wirtschaftlichen Faktoren erheblich verwickelter. Was nützten die wertvollen Produkte aus den Kolonien, wenn die europäischen Märkte für ihren Absatz nicht offenstanden? England allein konnte sie nicht verzehren, England war auf den Handel mit Europa angewiesen, so wie die europäischen Staaten auf den Handel mit den Überseegebieten. Durch die Abschnürung Europas und die festländische Bindung der französischen Interessen wegen der geringen Möglichkeiten Napoleons, den britischen Ausweichaktionen einen Riegel vorzuschieben, wurde England stärker denn je in den transozeanischen Bereich gedrängt, mußte es alles auf die Karte der Flotte setzen und war damit zum Imperialismus genötigt. Diese Grundrichtung prägte sich freilich erst nach dem entscheidenden Sieg Nelsons bei Trafalgar unverhüllt aus.

Die letzten Feste der Korsaren

Wie schon einmal, blieb Frankreich auch diesmal, als es die Schlachtflottenstrategie aufgeben mußte, nichts anderes übrig als der Kaperkrieg, das offizielle Freibeutertum genauso wie das inoffizielle. Die Piraterie war um so verlockender für die französischen Korsaren und traf England um so härter, als sich die Handelsflotte immens vergrößert hatte und die Kriegsmarine selbst bei bestem Willen nicht in der Lage war, den gewaltigen Überseeverkehr auch nur annähernd zu sichern. Die Napoleonische Ära war für England die goldene Zeit seines Aufstiegs zur einzigen Seemacht der Welt – für Frankreich war sie die letzte, ebenfalls goldene Zeit des abenteuerlichsten Korsarentums, verkörpert in einem Mann wie Robert Surcouf, der es sich im Oktober 1800 nicht nehmen ließ, mit seinem kleinen Schiff »Confiance« den schwer bestückten, mächtigen Ostindienfahrer »Kent«, mit 437 Mann Besatzung und millionenschwerer Ladung, anzugreifen und zu kapern.

Goethe hatte für die Vertracktheit der Verbrechen auf hoher See, die sich im Dienst der Staaten erheblich schneller zu Tugenden adeln als gleiches an Land, einigen Sinn. Gegen Ende des 18. Jahrhunderts entrüstete sich der Politiker und Staatsdenker Edmund Burke: »Wenn man den Äquator überschritten hat, sterben – so wie gewisse Tiere – auch alle Moralbegriffe.« Goethe sah es differenzierter; er läßt seinen Mephisto doppelsinnig räsonnieren: »Man hat Gewalt, so hat man Recht. Man fragt ums Was und nicht ums Wie. Ich müßte keine Schiffahrt kennen: Krieg, Handel und Piraterie, dreieinig sind sie, nicht zu trennen.«

Die großen Handelsschiffe waren fast ausnahmslos wie Kriegsschiffe gebaut und bestückt, aber ihr eigentlicher Zweck, Fracht zu laden, machte sie von vornherein den schnellen Kapern unterlegen. Der wirksamste Schutz für sie war ein ausgeklügeltes und später offiziell verordnetes Konvoisystem, das die Kauffahrer in Großflottenstärke über die Meere brachte. Die umfangreichsten Züge beliefen sich gelegentlich bis auf 500 Schiffe. Trotz des Begleitschutzes war das Feld für Piraten nur selten besser bestellt. Von 1793 bis zum Wiener Kongreß 1815 sollen die Engländer etwa 11 000 Kauffahrer verloren haben. Nicht alle waren eine Beute der französischen Korsaren geworden. Im Indischen Ozean, im Arabischen und Chinesischen Meer, vor der nordafrikanischen Küste war die Jagd auf Handelsschiffe nach wie vor genauso beliebt wie von St.-Malo, Dieppe oder Dünkirchen aus.

Die hohe Zahl der gekaperten Schiffe steht in einem milderen Licht, wenn man den Umfang des Handelsverkehrs, der über die britischen Häfen ging, danebenhält. Sollte es zutreffen, daß in derselben Zeit pro Jahr im Schnitt 24 000 Schiffe in England ihre Ladung löschten und durch Korsaren 480 Segel im Jahr verlorengingen, käme man auf eine Verlustquote von nur zwei Prozent. Die Wahrscheinlichkeit, daß dies zutrifft, ist recht groß, denn der nachgewiesene Schiffsbestand Englands betrug im Jahr 1795 immerhin 16 728 und stieg bis etwa 1810 auf 23 703 Segler.

England in Indien besiegen

Solche Zahlen lassen den strategischen Rang des Kaperkrieges zur Belanglosigkeit schrumpfen. Warum das maritime Selbstbewußtsein Frankreichs trotz seiner beachtlichen Schlachtflotte schon gebrochen war, bevor es wirkliche Prüfungen bestehen mußte, läßt sich leichter mit Hilfe der britischen Leistungen erklären als mit den Schwächen Frankreichs. Aus der Fülle der Seeschlachten und der Flut kleinerer Gefechte bis 1815 ragen fünf große Treffen: dasjenige des »*Glorious First of June*« 1794 im Atlantik, 400 Seemeilen westlich von Brest, die Schlachten vor Kap St. Vincent am 14. Februar 1797 und bei Kamperduin an der niederländischen Westküste am 11. Oktober desselben Jahres, und schließlich die Triumphe Nelsons am 1. August 1798 in der Bucht von Abukir in Ägypten und bei Trafalgar sieben Jahre später – ausnahmslos englische Siege.

Sicherlich wirkte es demoralisierend, daß Frankreich bereits in den ersten Treffen die Flagge streichen mußte. Andererseits war die Ägyptische Expedition Napoleons der Versuch, England in einem anderen Land zu schlagen, weil Frankreich eingesehen hatte, daß der Gegner auf der Insel selbst nicht aufgesucht und gestellt werden konnte. Darum wollte Napoleon über Ägypten nach Indien. Kein völlig neuer Gedanke. Als die Zarin Katharina die Große mit Kaiser Joseph II. über die Möglichkeit einer Aufteilung des Osmanischen Reiches verhandelte, erklärten die französischen Minister ihrem König: »In einem solchen Fall ist Frankreich nur durch eine Kompensation zu entschädigen, durch Ägypten. Von da aus werden wir nach Indien gelangen. Wir werden die alte Verbindung mit Suez wiederherstellen und den Weg um das Kap der Guten Hoffnung in Vergessenheit bringen.« Auch Napoleon wollte nur zu diesem Zweck Ägypten erobern. Seine Armee sollte in einer zweiten Etappe von dort aus verschifft und nach Indien transportiert werden, um zusammen mit den Truppen des Sultans von Maisur, Tipu Sahib, die Engländer aus dem Land zu jagen.

In London wurde der Plan bekannt. Napoleons Projekt wäre aussichtsreich gewesen, wenn die französische Flotte das Mittelmeer in der Hand gehabt hätte. Napoleon gab sich jedoch Täuschungen hin; er war überzeugt, die Invasion würde sich durchführen lassen, ohne vom Feind behindert zu werden. England aber sah gerade im Mittelmeer die schwächste Stelle Frankreichs. Eine Schlacht an Land, in Ägypten, war für England nicht möglich. Deshalb sollte die Flotte Napoleons abgefangen werden. Die Admiralität schickte ein Geschwader von 14 Linienschiffen unter dem Konteradmiral Horatio Nelson ins Mittelmeer.

»Ein so jungenhafter Kapitän«

Nelson war damals in England schon eine Berühmtheit. Die See lernte er als Junge von zwölf Jahren kennen. Sein Vater war ein armer Dorfpfarrer. Der schmächtige Junge wurde als sechstes Kind der Familie geboren, seine Mutter starb bei der Geburt des elften – Nelson war damals neun Jahre alt. Drei Jahre später ging er als *Midshipman* an Bord, zu seinem Onkel Maurice Suckling, dem Kapitän des Linienschiffes »Raisonnable«. Nelson hatte seinen Vater gebeten, ihm den Dienst in der Royal Navy zu vermitteln. Verblüfft schrieb Kapitän Suckling zurück: »Was hat denn der arme Horace verbrochen? Ausgerechnet dieser schwächliche Junge soll den harten Seemannsberuf ergreifen? Aber laß ihn nur kommen; vielleicht reißt ihm beim ersten Gefecht eine Kugel den Kopf ab, dann hat er ausgesorgt.«

Ein Jahr lang fuhr er nach den Anfangsmonaten bei seinem Onkel auf einem Westindienfahrer, ging anschließend wieder zur Kriegsmarine, war im Lotsendienst auf einem Wachschiff in der Themsemündung, nahm an einer Expedition in die Arktis teil, kämpfte im Amerikanischen Unabhängigkeitskrieg, erhielt im Winter 1778 sein erstes Kommando und wurde 1782, mit 24 Jahren, Kapitän der Fregatte »Albemarle«. Körperlich war Nelson schmal und zart geblieben: 1,65 m Größe, 60 Kilo Gewicht. Ein Kadett des Schiffes schrieb überrascht: »Einen so jungenhaften Kapitän habe ich noch nie gesehen.«

Zwischen den Kriegen, von 1783 bis 1793 war Nelson außer Dienst, er wartete bei halbem Sold, wie es Brauch war, auf die Reaktivierung. 1793 wurde er als Kapitän eines Linienschiffs wieder eingestellt, verlor bei Kämpfen in Korsika das rechte Auge, wurde 1796 Kommodore und erhielt das 74-Kanonen-Linienschiff »Captain«.

Im Jahr darauf wurde Nelson mit seinem Schiff zu einem Geschwader beordert, das unter Admiral John Jervis im Atlantik vor der Iberischen Halbinsel kreuzte. Am 1. Februar wurde die spanische Flotte beauftragt, aus dem Mittelmeer einen Konvoi nach Cádiz zu bringen und dann nach Brest zu laufen. Das Geschwader von 24 Linienschiffen wurde von Admiral Cordoba kommandiert. Sein Flaggschiff, die »Santissima Trinidad«, ein Vierdecker mit 130 Kanonen, war das größte Kriegsschiff der Zeit und wurde im Land als der »Stolz Spaniens« geliebt.

Jervis wurde vom Auslaufen der Spanier verständigt, er nahm mit seinen 15 Linienschiffen sofort Kurs auf Gibraltar, am Morgen des 14. Februar stieß er bei Kap St. Vincent auf die Spanier, ließ die Vorhut passieren, griff das Gros an und ließ die Breitseiten abfeuern. Sobald die englische Linie an den Spaniern vorbei und in der Luvposition war, ließ der Admiral nacheinander wenden, um den Angriff zu wiederholen. Die Spanier versuchten, an der britischen Nachhut vorbeizukommen und sich mit ihrer Vorhut zu vereinigen.

Nelsons Schiff segelte in der Nachhut. Er begriff sofort, daß dieses Manöver die Spanier erheblich verstärken und dadurch eine unabsehbare Gefahr entstehen würde. In der Royal Navy besagte die strengste aller Vorschriften, daß während einer Schlacht jedes Schiff unter allen Umständen in der Linie bleiben müsse. Ein Kapitän, der dagegen verstieß, kam vors Kriegsgericht wegen Insubordination und unehrenhaftem Verhalten. Nelson scherte dennoch augenblicklich aus der Linie, halste und griff die »Santissima Trinidad« an.

Wenig später hatten bereits sieben spanische Schiffe die »Captain« umringt. Der Plan Cordobas war durchkreuzt, Nelsons Schiff befand sich jetzt allerdings in größter Not, es wurde mit Kugeln förmlich überschüttet, das Steuer war zerschossen, die Vormarsstenge verloren. Jervis kam mit den Schiffen, die in Luv standen, zu Hilfe. Die »Captain« bohrte sich in dem Getümmel mit ihrem Schanzkleid in die Heckgalerien der »San Nicolas«, ein 80-Kanonen-Schiff, Nelson gab sofort den Befehl zum Entern, sprang selbst durch ein Fenster der Galerie und schlug sich zum Oberdeck durch. Der spanische Kommandant kapitulierte und übergab das Schiff. Im selben Monent rammte auf der anderen Seite die manövrierunfähig geschossene »San José« das eroberte Schiff. Nelson kletterte sofort mit demselben Enterkommando an den Eisenketten außenbords, den Püttings, hinüber und eroberte auch diesen 112-Kanonen-Riesen. Später empfahl Nelson diese Doppeleroberung amüsiert als seine »Patentbrücke zum Entern von Linienschiffen erster Klasse«.

Am frühen Nachmittag wurde das Geschützfeuer eingestellt, die Spanier waren in die Flucht geschlagen, die Briten hatten sechs Schiffe erobert, selbst aber kein einziges verloren.

Der ungestüme Admiral

Die Royal Navy hatte bei St. Vincent durch Nelson nicht nur die taktische Beweglichkeit wiederentdeckt, sondern auch die erste Form eines neuen Prinzips dargeboten bekommen, von Nelson intuitiv erfaßt und verwirklicht: die Aufteilung eines Verbandes in locker verbundene Einheiten, deren Aktionen während des Kampfes dem Gefechtsverlauf angepaßt wurden. Was Nelsons spontaner Entschluß bedeutete, hatte Flottenchef Jervis noch während des Manövers Nelsons erkannt. Er duldete deshalb keine Kritik an der Eigenmächtigkeit des Kapitäns. Auf die Bemerkung eines Offiziers, Nelson hätte bewußt gegen die Signalanweisung verstoßen, reagierte Jervis ärgerlich: »Sicher hat er das getan. Und wenn Sie einmal in derselben Weise ungehorsam sind, werde ich Ihnen ebenfalls verzeihen.«

Nichts ist charakteristischer für Nelson gewesen als sein Mut zu selbständigen Entscheidungen. Um sein Gewissen nicht zu mißbrauchen, mißbraucht er seine Vollmachten. Das wird zu einem Grundsatz. In der Schlacht vor Kopenhagen Anfang April 1801 befahl der führende Admiral Hyde Parker auf dem Höhepunkt des Kampfes den Rückzug, weil er den Überblick verloren hatte. Nelson sah das Signal und drehte sich zu seinem Kapitän um: »Sie wissen doch, Foley, daß ich nur ein Auge habe. Also habe ich auch das Recht, gelegentlich blind zu sein.« Er hob das Fernglas vor das blinde Auge: »Bei Gott, ich sehe das Signal wirklich nicht!« Nach der Kapitulation der Dänen meinte Nelson: »Gut, ich habe entgegen den Befehlen gekämpft und werde vielleicht aufgehängt. Macht nichts, sollen sie es tun.« Dieses Muster bleibt eine Herausforderung, solange es Kommando und Gehorsam, Genie und Tapferkeit gibt.

Jervis avancierte nach der Schlacht bei St. Vincent zum »Earl of St. Vincent« und erhielt eine hohe Jahresrente, Nelson wurde zum Konteradmiral ernannt. Er war zu einem Idol der Flotte geworden. Im selben Jahr wurde bei einem überstürzten Angriff auf Teneriffa Nelsons rechter Ellbogen zerschossen, sein Arm mußte amputiert werden. Die Wunde heilte nur langsam ab, seine einzige Sorge war, ob er im Dienst bleiben konnte.

In Gefechten schien sich Nelson völlig zu verwandeln; allerdings bemerkten das nur seine engsten Freunde. Ein Augenzeuge berichtete: Sobald die Schlacht voll entbrannte, begann sich Nelsons »Miene aufzuhellen, und er wirkte fröhlich, beschwingt und munter – ein wahrhaft erfreulicher Anblick«. Nelsons Naturell war empfindlich bis zur Übererregung, er litt unter chronischer Schlaflosigkeit, unter ständigen Fieberanfällen – eine Folge der Malaria, die er sich in Westindien geholt hatte –, an Bord wurde er die meiste Zeit von der Seekrankheit gequält, und trotzdem war dieser Mann ein Bündel von Energie und militärischer Phantasie, in der Schlacht ein tollkühner, besessener Kämpfer und von einer Begeisterungsfähigkeit, die ohne Worte auf die Seeleute übersprang, für die Nelson aber im richtigen Moment auch immer die richtigen Worte fand.

Dieser »ungestüme Admiral«, wie ihn die Franzosen nannten, war um so gefährlicher, als er selbst im größten Chaos nie die Übersicht verlor und trotz allen Draufgängertums immer etwas von einer unerklärlichen, seltsam entrückten Gelassenheit behielt.

Natürlich war Nelson von einem unbändigen Ehrgeiz getrieben, natürlich war er eitel, am liebsten paradierte er mit allen seinen Orden. Ein britischer General fand das grotesk: »Mit seinen Bändern, Orden und Sternen wirkt er mehr wie ein Operettenfürst. Es ist betrüblich, wie ein so tapferer und tüchtiger Mann, der sich so sehr um sein Land verdient gemacht hat, eine so jämmerliche Figur abgibt.«

Wie ernst soll man das bei einem Mann nehmen, der ohne weiteres zugab, daß er sich gerne feiern ließ? Er genoß das Leben in seinen Darbietungen auf dieselbe stürmische Art, wie er es im Kampf aufs Spiel setzte. Seine berühmte Liebe zu Emma Hamilton, der Frau des britischen Gesandten in Neapel, Sir William Hamilton, ihr gemeinsames Leben auf Nelsons Landsitz in England, erfreute die Klatschbedürftigen, verärgerte die Admiralität, konsternierte den puritanischen König und verführte einen seiner Biographen im 20. Jahrhundert zu der Prophezeiung, die Erinnerung daran würde nicht untergehen, »solange es jene Zwiespälte gibt, die das Herz bewegen bis ins hohe Alter«.

Eine Bande von Brüdern

Napoleon war im Mai 1798 von Toulon aus in See gegangen. Das Ägyptische Expeditionskorps von mehr als 40 000 Mann – samt Pferden, Geschützen, Munition – wurde von etwa 300 Transportern durchs Mittelmeer gebracht, unter dem Geleitschutz von 15 Linienschiffen, ebensoviel Fregatten und mehr als 100 leichteren Kriegsschiffen. Befehlshaber war Vizeadmiral François Paul Brueys. Anfang Juni begann Nelsons Geschwader den Franzosen nachzujagen. Allerdings wußte niemand, welchen Kurs Napoleon eingeschlagen hatte. Nelson kreuzte am 28. Juni vor Alexandria, doch er sichtete kein einziges französisches Segel. Enttäuscht und aufgebracht ging er auf Gegenkurs, Richtung Kreta: »Die Kinder des Satans haben eben des Satans Glück«, notierte er. Wenige Tage später, am 1. Juli, landete Napoleon an derselben Stelle. Er hatte tatsächlich unglaubliches Glück gehabt, er war von den schnelleren Briten in einer nebligen Nacht überholt worden, keiner ahnte, wie dicht sie aneinander vorbeisegelten.

Nelson ist unterdessen wieder umgekehrt, seine Flotte kreuzt am Nachmittag des 1. August vor Abukir. Die Franzosen ankern in langer Linie, geruhsam, kein Mensch rechnet noch mit den Briten. Sofort setzt Nelson das Angriffssignal, um massiert die Vorhut und die Mitte anzufallen und dann den Rest der Feindflotte zu vernichten. Nelson hat es begründet: »Dadurch, daß ich Vorhut und Mitte des Feindes angriff, als der Wind, direkt von vorn kommend, entlangblies, konnte ich mich auf wenige Schiffe mit soviel Macht werfen, wie ich wollte.«

Die Briten gehen auf kürzeste Distanz heran. Bis in die Nacht und die Nacht hindurch, bei klarem Mondschein bis zur Frühdämmerung, dauert der fürchterliche Vernichtungskampf. Vor Mitternacht fliegt das französische Flaggschiff »L'Orient« durch eine Explosion des Pulvermagazins in die Luft: »Für einen Zeitraum von zehn Minuten herrschte tiefste Stille. Nach dieser Pause hob das Geschützfeuer von neuem an und setzte sich ohne Unterbrechung bis 3 Uhr morgens fort und ebbte dann bis 5 Uhr fast ganz ab. Dann brach es mit derselben Heftigkeit wie bis dahin wieder hervor.« Obwohl sich die Franzosen verzweifelt wehren, ist der Kampf unausgeglichen, denn fast die Hälfte der angegriffenen

Flotte wartet regungslos auf ein Signal des Befehlshabers, daß sie eingreifen soll – anstatt den bedrängten Schiffen von allein zu Hilfe zu kommen. Nelsons Kapitäne dagegen suchen von sich aus den Kampf, sie brauchen keine Order.

Im Morgengrauen fallen die Briten den Ostflügel der Schlachtflotte von Brueys an und vernichten sie genauso gnadenlos, wie sie mit der Vorhut und dem Zentrum umgesprungen sind. Nelson hatte während des Kreuzens im Mittelmeer die Kapitäne immer wieder auf sein Schiff geholt, um mit ihnen die verschiedensten taktischen Möglichkeiten durchzusprechen. Seine Autorität, sein Genie, seine Kameradschaftlichkeit wirkten auf jeden Offizier, und sie verwandelten auch die Disziplinierung der Besatzungen vom blinden Gehorsam in Kampfeslust und Begeisterung. Von der Jagd im Mittelmeer sagte Nelson: »Ich hatte das Vergnügen, eine Bande von Brüdern zu befehligen.« Ähnliches hatte schon Drake von seinen Offizieren, seinen Mannschaften erwartet; sie sollten eine verschworene Schiffsgemeinschaft sein: die »*band of brothers*« Nelsons.

Die Bilanz von Abukir war für die Franzosen niederschmetternd. Bis auf zwei Linienschiffe und zwei Fregatten verloren sie ihre ganze Orientflotte. Sie zählten 2200 Tote und Verwundete. Nach der Schlacht schrieb ein Engländer: »Die ganze Bucht war mit Leichen bedeckt, mit Verstümmelten, Verwundeten und Verbrannten.« Der französische Admiral war gefallen, Nelson wurde am Kopf verwundet. Mehr als zwei Drittel der französischen Seeleute mußte in Gefangenschaft. Nelson dagegen verlor kein einziges Schiff; 218 Briten waren gefallen und 677 verwundet.

Mut braucht Mittel

Die Schlacht von Abukir hatte schwerwiegende Folgen. Napoleons Heer war abgeschnitten, sein Indienplan zerstört. Insbesondere aber wurde bei Abukir die Seeherrschaft der Franzosen im Mittelmeer vernichtet und ebenso die Illusion, sie hätten sie überhaupt besessen. Nelson, zum »Baron of the Nile« ernannt, wird mit Auszeichnungen überschüttet. Vorher war er in England berühmt gewesen, jetzt rückt er zum Volkshelden auf, zum Seehelden, zum letzten und größten des Landes.

Nach dem Scheitern des Indienplans beginnt Napoleon noch einmal die Invasion zu durchdenken. Er hatte dem Krieg der ersten europäischen Koalition gegen das revolutionäre Frankreich die Wende zum Sieg gegeben, Preußen war 1795 durch den Basler Frieden ausgeschieden, Österreich resignierte zwei Jahre später, nur England hatte die Waffen nicht gestreckt, hatte Napoleons Ägyptische Expedition in ein Fiasko verwandelt und blieb im zweiten Koalitionskrieg genauso ungeschlagen wie vorher.

Den Frieden von Amiens 1802 hatte England zwar wirklich in der Hoffnung geschlossen, daß er nach neun Jahren Krieg eine Ruheperiode eröffnen würde, aber Napoleon betrachtete ihn nur als Gelegenheit, um Frankreichs Kräfte für den nächsten Waffengang zu stärken. Die Differenzen zwischen Paris und London brachen so rasch wieder auf, als wären sie niemals beigelegt worden, Napoleon leistete sich Übergriffe in Westindien, in Italien, in den Niederlanden und der Schweiz. Wenn eine Schuld bei den Engländern zu finden wäre, dann lediglich in der Tatsache, daß sie nicht rascher darauf reagierten. Schließlich aber raffte sich die Regierung auf, sie erklärte am 16. Mai 1803 Frankreich den Krieg.

Napoleon hatte sich schon längst entschlossen, diesmal mit Nachdruck, mit allen Mitteln die Invasion zu versuchen, den »Stoß mitten ins Herz Großbritanniens«. Er kennt die Voraussetzung, die sich auf keine Weise umgehen läßt, so geringfügig sie auch erscheinen mag: »Gebt mir nur einen Tag die Herrschaft im Kanal, und England liegt zu meinen Füßen.« Er zieht eine Armee von 130000 Mann in den Häfen der Kanalküste zusammen, stellt 2300 Boote für den Transport bereit – Korvetten, Kanonenboote, Schaluppen, Prähme, die meisten flachgehend, was absolut falsch ist, weil sie dadurch jeder Strömung hilflos ausgesetzt sind –, er befiehlt, daß sich bis zur Mitte des Jahres 1805 die gesamte Kriegsflotte Frankreichs im Kanal versammelt.

Die französischen Schiffe sind verstreut an den Küsten Europas stationiert – zwangsläufig, denn die Royal Navy blockiert die Häfen, bewacht auch die kleinste Einheit, verfügt durch die Aufklärungsfregatten über ein lückenloses Informationssystem. Obwohl England seit 1793 die Zahl seiner Linienschiffe von 135 auf weit über 200 gesteigert und seine ehemals 133 Fregatten auf mehr als die doppelte Zahl gebracht und obwohl in derselben Zeit die französische Marine um 50 Prozent geschrumpft ist, bleibt die Aufgabe für die Engländer immer noch schwer genug.

Der stärkste Flottenverband Frankreichs liegt in Toulon, seinem wichtigsten Kriegshafen. Nelson befehligt seit dem Sommer 1803 die Blockade im Mittelmeer – »The bloody sea« heißt es bei den Engländern wegen der vielen Kämpfe in seiner Geschichte. Nelson kreuzt ohne Unterbrechung, bei jedem Wetter, seit bald 20 Monaten waren die Besatzungen nicht an Land. Die französischen Geschwader beginnen im Frühling 1805 mit ihren Ausbruchsversuchen. Nelson ist aus Prinzip für die weite Blockade, denn er hofft ständig, die französische Flotte aus den Häfen herauszulocken; dann könnte er sie vernichten.

Die weite Blockade gibt aber auch der Toulonflotte die Möglichkeit, zu entschlüpfen. Sie segelt hastig an Gibraltar vorbei, mit Kurs nach Westindien, um die Engländer über die wirklichen Absichten zu täuschen. Es ist ein Teil des »Großen Plans«, den Napoleon entworfen hat. Als Nelson erfährt, in welcher Richtung die Toulonflotte verschwunden ist, jagt er ihr nach, und zwar wieder einmal entgegen dem ausdrücklichen Befehl der obersten Admiralität, der ihn ans Mittelmeer bindet. Sein Entschluß ist richtig, denn im Mittelmeer hat er jetzt nichts mehr verloren.

Admiral Pierre Villeneuve, der Führer der Toulonflotte, ist im Juni aus der Karibik wieder über den Atlantik zurückgesegelt und erhält von Napoleon den Befehl, im August nach Norden zu stoßen. Der Kaiser erwartet ihn bei Boulogne, mit der ganzen Invasionsarmee, mit »neun Meilen Soldaten«, wie es in einem Bericht heißt.

Über diesem letzten Versuch, etwas mit aller Gewalt durchzusetzen, was dem Kaiser so unsagbar leicht erscheint und aus unbegreiflichen Gründen so schwer ist, liegt der Hauch einer das Groteske streifenden Tragik. Napoleon inspiziert täglich die Soldaten, die Transporter, geht am Strand auf und ab. An Villeneuve schreibt er: »Ich hoffe, Sie sind jetzt in Brest. Laufen Sie unverzüglich aus und mit meinen vereinten Geschwadern in den Kanal. England gehört uns! Wir sind erzbereit. Alles ist an Bord. Kommen Sie für nur 24 Stunden, und alles ist vorbei.«

Waren die Franzosen erst einmal gelandet, »würden vier Tage

genügen, um bis London vorzudringen«, so ist Napoleon überzeugt. Sicher zu Recht. Von Boulogne aus kann man die Kreide-
felsen von Dover sehen. Napoleon blickt immer wieder hinüber,
sein Gesicht, seine verkniffene Miene fordern der Einbildungskraft
nichts ab, er sagt es selbst: »Der Kanal ist nur eine Pfütze und wird
überquert werden, sobald jemand den Mut dazu aufbringt.«
Aber der Mut braucht Mittel, um zur Aktion zu werden. Admiral
Villeneuve ist von der Nordwestecke Spaniens aus nach Norden
unterwegs, als er nachts vor sich eine lange Lichterkette sieht. Das
kann nur der *»fougueux amiral«*, der ungestüme Nelson mit seinem
Geschwader sein. Villeneuve läßt die Flotte augenblicklich wenden, er geht auf Gegenkurs. Erst lange danach erfährt er, daß es
nur ein harmloser Konvoi von Handelsschiffen war. Villeneuve
zieht sich gleich bis nach Cádiz zurück. Damit bricht der ganze Invasionsplan Napoleons, der zwei Jahre vorbereitet wurde, über
Nacht zusammen. Der Kaiser ist außer sich: »Villeneuve ist nicht
einmal Manns genug, um eine Fregatte zu kommandieren. Dieser
Mensch hat keinen Funken Energie im Leib, kein bißchen Stehver-
mögen – ein Feigling und Verräter, ein Jammerlappen, den man
unehrenhaft entlassen sollte. Der würde alles opfern, um seine eigene Haut zu retten.« Napoleon setzt Villeneuve ab.
Die vereinigte franko-spanische Flotte wird zurück ins Mittelmeer
beordert. Villeneuve, der als Geschwaderchef des Ostflügels der
Orientflotte bei Abukir besondere Erfahrungen sammelte – er hatte nicht von sich aus in die Schlacht eingegriffen und konnte am 2.
August nur mit größter Mühe entfliehen –, zog sich nicht aus Feigheit, sondern in weiser Selbsteinschätzung seiner Unzulänglichkeit
nach Cádiz zurück. Die harte Reaktion Napoleons verletzt ihn; er
entschließt sich, mit der Flotte ins Mittelmeer zu segeln, noch bevor sein Nachfolger in Cádiz eintrifft, um ihn abzulösen.

»Unsagbar schrecklich und großartig«

Nelson ist 47 Jahre, er hat mehr als 100 Seegefechte hinter sich, es
gibt niemanden, der das Meer und den Kampf auf dem Meer besser kennt. Am 21. Oktober fängt er die Franko-Spanier 16 Seemei-

len südlich von Cádiz bei Kap Trafalgar ab. Villeneuve ist zahlenmäßig überlegen, er kommandiert 33 Linienschiffe und 14 kleinere Einheiten, Nelson 27 Linienschiffe und 4 Fregatten.

Die Flotten sichten sich am frühen Morgen. Es herrscht ein leichter Nordost, der sich später dreht, das Wetter scheint umzuschlagen. Mittags haben die Briten den Gegner erreicht. Nelson läßt die Flotte in einer völlig neuen Formation angreifen, in zwei Kolonnen zu Luv und zu Lee. Er will die feindliche Linie in voller Massierung durchbrechen, um dann den Einzelkampf bis zur Vernichtung zu führen. Bei Marineexperten gilt diese Gefechtsplanung, gelten die Anweisungen für die beiden Kolonnen, die zwar präzise sind, aber der Beweglichkeit und Angriffslust jeden Spielraum lassen, gilt Nelsons Führung in der Schlacht als »absolut genial«.

Nelson hatte den Kapitänen seine Vorstellungen in einem Memorandum entwickelt: »Ich habe mich entschlossen, daß die Anmarschformation gleichzeitig die Gefechtsformation sein soll. Die britische Flotte muß von der Absicht durchdrungen sein, die feindliche Linie niederzukämpfen, angefangen bei den zwei oder drei Vorderleuten des Flaggschiffs, das wahrscheinlich in der Mitte stehen wird, bis zum Schlußschiff . . . Etwas wird man dem Zufall überlassen müssen, denn bei einem Kampf auf See ist nichts todsicher. Kugeln können Masten und Rahen bei Freund und Feind fortschießen, aber ich erwarte zuversichtlich einen Sieg, bevor die feindliche Vorhut der Nachhut zu Hilfe kommen kann. Mein Stellvertreter soll in jeder denkbaren Lage die Bewegungen seiner Kolonne derart leiten, daß er sie so geschlossen beisammen hält, wie es die Umstände zulassen.«

Die Kapitäne waren hingerissen, Nelson schreibt: »Es ist wie ein elektrischer Schlag gewesen. Einige brachen vor Begeisterung in Tränen aus, alle waren einverstanden: ›Der Plan ist neu‹ – ›Er ist einzigartig‹ – ›Er ist einfach!‹ Und von den Admiralen abwärts wiederholten alle: ›Es muß gelingen, wenn wir den Feind nur zu fassen kriegen!‹«

Nelson hat vor dem Kampf sein Testament aufgesetzt – nicht wegen irgendwelcher Vorahnungen, sondern weil es selbstverständlich ist. Als sein Verband nahe genug an die Vereinigte Flotte herangekommen ist, um den Beginn des Kampfes absehen zu können, geht er noch einmal in seine Kajüte. Das Mobiliar ist weggeräumt,

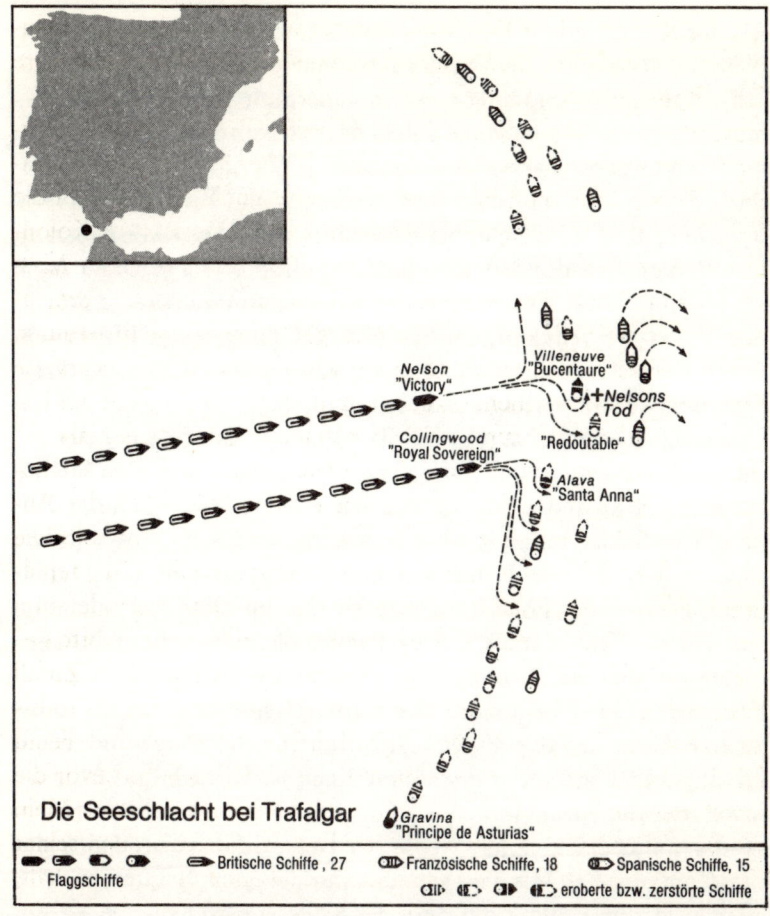

Die Seeschlacht bei Trafalgar

Nelson
"Victory"

Villeneuve
"Bucentaure"

+Nelsons
Tod

Collingwood
"Royal Sovereign"

"Redoutable"

Alava
"Santa Anna"

Gravina
"Principe de Asturias"

➡ ➡ ➡ ➡ Flaggschiffe   ➡ Britische Schiffe, 27   ◁ Französische Schiffe, 18   ◁ Spanische Schiffe, 15

◁ ◁ ◁ ◁ eroberte bzw. zerstörte Schiffe

die Matrosen schieben Geschütze hinein. Nelson geht zu seinem Tisch und schreibt ein Gebet nieder, das er dem Vermächtnis beilegt: »Der große Gott, den ich verehre, schenke meinem Land, zum Segen ganz Europas, einen großen und glorreichen Sieg. Möge kein Versagen irgendeines Menschen diesen Sieg verdunkeln, und möge nach dem Siege Menschlichkeit das hervorstechendste Merkmal der britischen Flotte sein. Ich persönlich lege mein Leben in die Hand meines Schöpfers. Möge sein Segen auf meinem Bemühen ruhen, meinem Lande treu zu dienen. Ihm vertraue ich mich und die gerechte Sache an, deren Verteidigung mir aufgetragen ist.«

Als der Kommandant Don Cosme de Churruca auf der »San Juan Nepomuco« die beiden Schlachtkolonnen Nelsons heranrücken sah – Villeneuve sprach von einem »unerbittlichen Vormarsch« –, musterte er die eigene lange Linie, begriff Nelsons Plan und murmelte gottergeben: »*Perdidos! Perdidos!* – Wir sind verloren, verloren!« Er selbst war entschlossen, auf Biegen und Brechen zu kämpfen. Da er aber seine Soldaten gut kannte, befahl er »Alle Mann an Deck!« und ließ den Priester die Absolution erteilen. Dann sagte er: »Meine Söhne, im Namen des Kriegsgottes verspreche ich jedem die ewige Seligkeit, der heute in Ausübung seiner Pflicht sein Leben verliert. Doch wenn ich einen von euch sehe, der aus Feigheit seine Pflicht verletzt, lasse ich ihn auf der Stelle erschießen.« Um 11 Uhr 35 läßt Nelson das Signal hissen, das zu einer der berühmtesten Parolen wird: »*England expects that every man will do his duty* – England erwartet, daß jeder Mann seine Schuldigkeit tut.« Sein Schlachtplan wird mustergültig umgesetzt, der »*Nelson touch*« – wie ihn sein Urheber nannte – bewährt sich, der Durchbruch gelingt, die Formationen lösen sich in wilde Einzelkämpfe auf. An der Rah der »Victory« flattert bis zum Schluß Nelsons Lieblingssignal, die Nummer 16: »Ran an den Feind«.

Kurz nach 12 Uhr feuert das französische Linienschiff »Fougueux« die erste Salve ab, viel zu früh, denn die Kugeln erreichen die Engländer nicht. Als erster von ihnen ist Vizeadmiral Collingwood, der die Parallelkolonne führt, mit seiner »Royal Sovereign« an der Linie des Gegners, seine Breitseite donnert ins Heck des 112-Kanonen-Schiffes »Santa Ana«, fast die halbe Besatzung stirbt oder wird durch diese mörderische Salve verwundet, 400 Mann. Das Geschützfeuer reißt jetzt nicht mehr ab. Nelson steuert das Flaggschiff Villeneuves, die »Bucentaure«, an, schert achtern an ihr vorbei und feuert die volle Backbord-Breitseite mit doppelter Ladung ab. Auch hier ist die Wirkung vernichtend: 100 Tote und doppelt soviel Verwundete, und genauso fürchterlich sind die Szenen auf allen anderen Schiffen: das Schreien und Stöhnen der Verwundeten, das Krachen der zersplitterten Masten und Rahen, das Donnern der Kanonen und Carronaden, das Blut, das sich strömend in den Wassergängen sammelt.

Ein Bericht von der »Santissima Trinidad«, die bei Trafalgar völlig zusammengeschossen wird, schildert die Lage an Bord als »einfach infernalisch. Die englischen Geschosse hatten unsere Segel zerfetzt. Es sah aus, als hätten riesige Krallen an ihnen gerissen. Bruchstücke von Spieren, Holzsplitter, dicke Hanftaue, die zerschnitten waren wie Getreide von der Sichel, herabgefallene Blökke, Segeltuchfetzen, Eisenteile und Hunderte anderer Gegenstände, die durch die feindlichen Geschosse abgerissen worden waren, häuften sich auf dem ganzen Deck. Blut floß in Rinnsalen über das Deck, sie liefen durch das Schlingern des Schiffes trotz des ausgestreuten Sandes bald hierhin und bald dorthin, so daß auf den Planken seltsame Muster entstanden.«

Das französische Linienschiff »Achille« beginnt zu brennen und fliegt kurz darauf in die Luft, in einer gewaltigen Feuersäule, »die ein paar Sekunden lang wie ein riesiger brennender Baum aussah, übersät mit vielen dunklen Punkten, bei denen es sich um Holzteile und menschliche Leiber handelte, die durch die Luft wirbelten. Es war unsagbar schrecklich und großartig.«

In den Berichten aller Augenzeugen, gleichgültig, von welcher Seite, spiegelt sich die Dramatik dieser Schlacht, die auch deshalb so erregend wirkt, weil sie dem Stumpfsinn des nichtindividuellen Sterbens wenig frommt. Das Heroische in der Haltung, bei tollkühnen Coups, im unerschütterlichen Ausharren war damals eine eigene Sache. Ein Seekadett von der »Royal Sovereign« berichtete, daß Collingwood mitten im Geschoßhagel »auf dem Poopdeck umherschlenderte, sich seine Gedanken über den Fortgang der Schlacht machte und dabei seelenruhig einen Apfel aß«. Kapitän Louis Infernet von der französischen »Intrépide«, die schon entmastet und leckgeschossen war, ließ unentwegt weiterfeuern, und als ein verstörter Offizier der Marineinfanterie im Geschoßhagel hinter dem riesigen Kapitän Deckung suchte, lachte Infernet aus vollem Hals: »Ah, Oberst, Sie glauben wohl, ich bin aus Eisen!« Nelson selbst ging auf dem Achterdeck mit Thomas Hardy, dem Kapitän seines Schiffes, auf und ab. Wegen des Getöses konnten sie kaum miteinander sprechen. Die »Redoutable«, mit 74 Kanonen das kleinste Linienschiff der Franzosen, kam der »Bucentaure« zu Hilfe, die Scharfschützen in den Marsen belegten das Deck der »Victory« mit so dichtem Feuer, daß die Mannschaft für einen Moment in Deckung ging. Nelson und Hardy kümmerten sich nicht darum, sie blieben aufrecht an der Backbord-Reling stehen.

Die Rauchwolken der Geschütze trieben über das Deck. Als Hardy sich umdrehte, sah er Nelson auf den Planken liegen. Die Kugel eines Scharfschützen der »Redoutable« hatte sein Rückgrat getroffen. Hardy trug ihn mit einem Matrosen hinunter zum Verbandsplatz im Orlopdeck. Nelson wußte, daß ihm der Arzt nicht helfen konnte: »Ich habe gespürt, wie die Kugel mir das Rückgrat gebrochen hat.«

Wenige Minuten später strich Admiral Villeneuve die Flagge der »Bucentaure«. Die »Redoutable« hatte sich Bord an Bord zum Entern an die »Victory« herangeschoben, sie brannte an vielen Stellen, die Flammen drohten auf das Schiff Nelsons überzugreifen. Ein Leutnant berichtete, daß das »Feuer von oben und von unten kam, zusätzlich zu dem Feuer von dem Deck, auf dem ich mich befand. Der Rückstoß der Geschütze krachte lauter als Donner, die Decks schwankten und die Bordwände ächzten. Ich kam mir vor wie in der Hölle, und jeder Mensch erschien mir als Teufel. Man konnte die Lippen bewegen, aber es war unmöglich, gesprochene Befehle zu geben oder zu verstehen. Verständigung war in dieser Situation nur durch Zeichensprache möglich.«

Knapp drei Stunden nach Beginn der Schlacht hatten schon 15 Schiffe der Vereinigten Flotte aufgegeben. Wenig später starb Nelson, seine letzten Worte konnte er nur noch flüstern: »Gott sei Dank, daß ich meine Pflicht erfüllt habe. Gott und mein Vaterland.«

Rule, Britannia

Am Spätnachmittag brach der Sturm los, der sich morgens angekündigt hatte. Er setzte der Schlacht ein Ende, elf Schiffe der Vereinigten Flotte konnten sich retten, die anderen waren von den Briten vernichtet oder geentert worden. Nelsons Flotte verlor bei Trafalgar kein einziges Schiff – sie verlor den größten aller Admirale. Nelson vernichtete bei Trafalgar nicht nur die vereinigten französisch-spanischen Verbände, er vernichtete Frankreichs Marine, er besiegelte das Ende des Kampfes zwischen Frankreich und England um die See- und damit um die Weltherrschaft, der fast zwei Jahrhunderte gedauert hatte. Von nun an hatte Großbritannien auf den Weltmeeren freie Hand, die Insel wurde zum Zentrum eines globalen Seeimperiums, zum Nabel der Welt.

Nelson hatte Kapitän Hardy einige Minuten vor dem Ende darum gebeten, seinen Leichnam nicht der See zu überlassen. Der Tote wurde in ein Faß Rum gelegt: die einzige Möglichkeit der Konservierung. Zwei Posten hielten Tag und Nacht die Ehrenwache. Als Nelson in Portsmouth an Bord gegangen war, um die Flotte zu übernehmen, hatte ihn die Menge umringt, seine Uniform berührt, einige waren niedergekniet, um zu beten, andere liefen seinem Boot bis ins Wasser nach. Nelson war gerührt, zu Hardy sagte er, als sie zur »Victory« gerudert wurden: »Umjubelt haben sie mich schon früher, jetzt aber haben sie mich ins Herz geschlossen.«

England war erst später in der Lage, die volle Bedeutung des Sieges von Trafalgar abzuschätzen. Alle Empfindungen der Erleichterung, der Freude, des Triumphes wurden überdeckt vom Schmerz über den Tod »unseres Nel«. Auf Schloß Windsor brach König Georg III. in Tränen aus. Als Nelson im Januar 1806 bestattet wurde, standen bei der Schiffsprozession die Themse aufwärts Abertausende weinend an den Ufern. Der Zuschnitt der Trauer entsprach dem Rang des Toten.

In der Trafalgar-Schlacht hatte ein schwerverwundeter Matrose, während ihm das Bein amputiert wurde, ununterbrochen »*Rule Britannia*« gesungen. Nelson gilt den Engländern noch heute nicht nur lediglich als ihr größter Seeheld, sondern vor allem als ein Symbol, als persönliche Verkörperung des bezeichnendsten aller ihrer Lieder: »*Rule, Britannia, rule the waves*«.

11. Kapitel

Herrscherin Britannia

Der Sieg Nelsons bei Trafalgar bedeutete für Großbritannien dasselbe, was der Triumph des Themistokles bei Salamis für die Griechen bedeutet hat – dasselbe, aber in einer völlig anderen Dimension. Zunächst setzte sich in England nur das Bewußtsein durch, unwiderruflich von jeder Invasionsgefahr befreit zu sein. Kaum hatte sich Napoleon wieder dem Festland zugewandt und am 2. Dezember 1805 die Dreikaiserschlacht von Austerlitz in Südmähren für sich entschieden, wurde England erneut von Lähmung, ja von Ohnmacht erfaßt: Der Sieg auf dem Meer brachte nicht den Sieg zu Lande. So glorreich die Seeschlachten für die Briten verlaufen waren, so bedingt hatten sie sie dem Hauptziel des Krieges nähergebracht, Napoleon zu schlagen. Der jüngere Pitt seufzte und resignierte: »Rollt die Karte von Europa zusammen!«
Weniger resigniert schien Napoleon zu sein, selbst was die Macht über die Meere betraf. Am 26. Oktober 1806 verkündete er in einem Armeebefehl aus Charlottenburg: »Wir werden nicht eher die Waffen niederlegen, bevor wir nicht die Engländer, diese ewigen Feinde unserer Nation, dazu gezwungen haben, auf ihren Plan der kontinentalen Friedensstörung und auf die Tyrannei der Meere zu verzichten.«
William Pitt irrte sich und ebenso irrte sich Napoleon. Seit der ozeanischen Erschließung des Erdballs hatte der Überseehandel zu so radikalen Veränderungen der Wirtschaft in allen Staaten geführt, daß der Versuch des Kaisers, durch die Kontinentalsperre England in die Knie zu zwingen, die übrigen Mächte unweigerlich zu einer Revolte treiben mußte. Die Frage war lediglich, wie lange sich das Aufbegehren hinausschieben, wieviel Jahre sich mit dem Mittel des Wirtschaftskrieges operieren ließ.
Die Engländer würden eher den Atem verlieren als die europäi-

schen Staaten die Geduld – Napoleon rechnete darauf. Es wäre übertrieben, nur die Kontinentalsperre für die Entwicklung zwischen Trafalgar und den Jahren 1812/13 verantwortlich zu machen. Doch ob die Weigerung von Zar Alexander I., die Handelsblockade Napoleons zu unterstützen, der wirkliche Grund oder nur ein Vorwand für des Kaisers Angriff auf Rußland im Jahre 1812 war: Die russische Wirtschaft wurde von der Kontinentalsperre so verheerend getroffen, daß sich der Zar wohl oder übel Napoleons Wünschen entgegenstemmen mußte, wenn er seinen Thron nicht aufs Spiel setzen wollte. Genaugenommen war schon die Zeit seit dem Frieden von Tilsit 1807, durch den Rußland dem Kontinentalsystem eingefügt wurde, mehr gewesen, als sich der Zar persönlich leisten und seinem Land zumuten konnte.

Die Schutzengel singen

England konnte durch keinen noch so sensationellen Seesieg die Macht Napoleons auf dem Kontinent brechen. Mit seiner begrenzten Landarmee, ohne Beistand eines anderen Staates, hätte England Napoleon niemals überwunden. Es konnte zwar auf allen sieben Meeren der Welt seine Herrschaft aufrichten, aber tatsächlich zu schlagen war Napoleon nur auf dem Kontinent, mit Landarmeen, also nur durch die Staaten Europas. Ob England dabei mit eigenen Kontingenten oder nur mit unerschöpflichem Wohlwollen Hilfe leistete, war nebensächlich, so erwünscht britische Truppen waren.

Nun wurde England allerdings nicht deshalb zur Herrin aller Meere, weil ihm das Schicksal eine solche Fülle überragender Admirale und Seeleute und eine unvergleichliche Kriegsflotte beschert hatte. Es war umgekehrt: England konnte sich gegenüber den anderen Seemächten als die authentische Nation der Meere durchsetzen, weil es sein weltweites Reich auf die Schiffe gegründet hatte, und nur aus diesem Grund besaß es eine buchstäblich unbesiegbare Schlachtflotte, nur deshalb wurden die Fähigkeiten der englischen Seeleute von niemandem übertroffen. Die Stärke einer Flotte ist keine Frage der besser konstruierten Schiffe oder der größeren Zahl, sondern eine Frage des Zustandes – sowohl der Schiffe als auch der Besatzungen.

Hier liegt der wesentliche Unterschied gegenüber den anderen Mächten und Völkern Europas und ihren Überseeerwerbungen. Englands Wirtschaft und Schiffahrt hatten sich nicht wegen der britischen Kolonien so enorm entwickelt, sondern Englands Kolonialreich entstand geradezu als eine Art Beigabe seines Handels und seiner Schiffahrt. Die Macht auf den Weltmeeren auszuüben hieß nichts anderes, als eine Politik der Flottenpräferenz zu betreiben. Eine solche Politik konnte den territorialen Belang der transozeanischen Kolonien weithin als ebenso zweitrangig einstufen, wie sie die Territorialinteressen und -händel der europäischen Staaten als zweitrangig einzustufen vermochte.

Daß die Mächte Europas dies kaum oder erst sehr spät erkannten, nämlich zu Beginn des 20. Jahrhunderts, lag insbesondere an ihrer altgewohnten Kontinentalbindung und nicht etwa daran, daß der Sachverhalt anders wäre. Das moderne Modell für den europäischen Kolonialimperialismus stammt von Napoleon und nicht von England; in seiner Fixierung ans Land, an feststellbare Grenzen, an eine Politik des festländischen Raums, unterschied sich Fürst Metternich, der bedeutendste Gegenspieler des Kaisers, bezeichnenderweise um keine Haaresbreite von Napoleon.

Frankreich ist während des ganzen 19. Jahrhunderts nach Kräften Napoleons Eroberungspolitik treu geblieben: im Karibischen Inselreich, in Madagaskar, in Französisch-Nord-, West- und Äquatorialafrika, in Hinterindien. Ähnliches gilt von Spanien oder Portugal, die, nach Quadratkilometern gemessen, sich durchaus neben dem Kolonialbesitz Großbritanniens sehen lassen konnten. Alle diese Kolonialmächte beherrschten gewaltige Flächen der Erde. England dagegen »besaß« das Meer, und deshalb beherrschte es die Welt; daß später auch noch Kolonialbesitz als Landbesitz hinzukam, war nicht entscheidend für die Natur des Britischen Empire.

Napoleon soll zu seinem Bruder Lucien Bonaparte gesagt haben: »Unsere Landarmeen haben sämtliche europäischen Armeen besiegen können. Aber was die See betrifft, müssen wir und alle anderen Nationen auf dem Kontinent unsere Flaggen streichen.« Das war mehr als nur die Bilanz eines genialen Feldherrn und großen

Landeroberers. Nicht umsonst wurde das Lied aus dem Jahr 1740, in welchem die Schutzengel singen: »*Rule, Britannia, rule the waves* – Herrsche, Britannia, beherrsche die Wogen«, ein Lied der ganzen englischen Nation und Nelson die Verkörperung ihrer maßgeblichen Bestrebungen und politisch-imperialen Ziele.

Vom Festland aus bestimmten andere Gesichtspunkte die Beurteilung der englischen Politik. Das revolutionär-republikanische Frankreich schuf 1793 aus seiner Enttäuschung darüber, daß England der antifranzösischen Koalition der europäischen Mächte beitrat, die Wendung vom »perfiden Albion«. Es war ein Rückgriff auf den wortgewaltigen französischen Bischof Bossuet, der schon 1655 in einer Predigt das »perfide England« abgekanzelt hatte. Der gutnachbarliche Mißmut und Neid der Völker aufeinander ist eine bewährte Konstante der Geschichte, aber gegenüber England griff Frankreich zum Vorwurf der Perfidie um so häufiger, je regelmäßiger es mit seinen eigenen Wünschen fehlging, sich in seinen Erwartungen vergriff und je schneller sich das Koalitionskarussell drehte, das England im Dienst seiner Gleichgewichtspolitik und damit seiner ozeanischen Interessen rotieren ließ.

Ähnlich reagierten eingangs des 20. Jahrhunderts die Deutschen des Wilhelminischen Kaiserreichs, als ihr Drängen zur See und die regierungsoffizielle Flottenpolitik des Großadmirals Tirpitz in England mehr Befürchtungen weckten, als es einer Nation lieb sein konnte, die bereits ahnte, daß sie hinsichtlich ihres Seeimperiums bald von der Hand in den Mund leben würde und ebenso bald nur noch von der Erinnerung daran. Weil Großbritannien versuchte, dem Druck dieser Vorahnungen an den ungeeigneten Stellen auszuweichen, weil es die deutsche Industrie- und Handelskonkurrenz als die gefährlichste aller Bedrohungen empfand und durch Bündnisse mit Deutschlands Gegnern sich dieser Gefahren zu erwehren versuchte, wurde es für die Deutschen im Ersten Weltkrieg zum verabscheuten »perfiden Albion« – so wie einst für die Franzosen der Revolutionszeit. Aus der Distanz erscheint es jedoch höchst fraglich, ob eine konsequent betriebene Politik des eigenen Staatswohls nur deshalb von anderen als verräterisch bezeichnet werden kann, weil sie eine besonders scharfe Form der Treue zu sich selbst darstellt.

Verwirklichung der imperialen Idee

Die Zeit zwischen 1740 und dem Wiener Kongreß 1815 liefert dafür gutes Anschauungsmaterial. In den Kriegen mit Napoleon wiederholte sich für England eine Konstellation, die sich zum erstenmal bei der Unterstützung Preußens durch Großbritannien in den Schlesischen und dem Siebenjährigen Krieg eingestellt hatte. Damals war Preußen auf Gedeih und Verderb von der Partnerschaft Englands abhängig, und deshalb war es für die britische Regierung nicht schwer, Preußen davon zu überzeugen, daß die Royal Navy bei ihrem Kampf auf allen Meeren und gegen alle ihre Feinde stets auch für das preußische Wohl ins Feuer ging.

Weit komplizierter stellte sich dasselbe Problem in der Zeit Napoleons. Daß den europäischen Partnern direkt geholfen würde, wenn England die Franzosen aus dem Mittelmeer vertrieb oder jeden Invasionsversuch zerschlug, war nicht schwer zu begreifen; es drängte sich von selbst auf, wie sehr dadurch die europäischen Machtpositionen Frankreichs gemindert wurden. Galt dasselbe für den Eifer, mit dem sich England von Westafrika bis Indien in die Positionen der entmachteten Franzosen schob und die große Meeresbrücke im Jahr 1806 durch die Eroberung des Kaps der Guten Hoffnung und seines Hinterlandes abstützte?

Österreich, Italien, Rußland, Preußen, ganz Europa wäre nichts anderes als Zustimmung übriggeblieben. Aus sich selbst aber konnte eine Verbindung des blutigen Ringens zwischen Engländern und Maratten um das Erbe der Moguldynastie in Indien mit dem Kampf gegen Napoleon und den Überlebensnöten der europäischen Staaten nicht hergestellt werden. Auch ohne übermäßige Ironie wäre aus der Sicht Europas nichts anderes zu erkennen gewesen, als daß England mit dem kleinen Finger gegen Frankreich kämpfte und mit der ganzen Hand den Kampf um die Meere für sich entschied. England konnte nur vor der Kulisse der Revolutions- und Napoleonischen Kriege sein Seeimperium errichten. Vom Festland aus las es sich anders: Der Kampf gegen die Revolution und für die Befreiung von Napoleon fand statt vor der Kulisse eines England, das die Meere unter seine Alleinherrschaft brachte.

Das sind nur Aspekte des Rückblicks, besonders in ihrer schroffen Entgegensetzung. Damals äußerten sich die Kontinentalmächte kein einziges Mal in so erklärter Deutlichkeit. Die drei markantesten Abschnitte wurden nur in England zutreffend erkannt: Mit den Siegen bei Abukir und Trafalgar richtet Nelson das Britische Seeimperium auf. Mit den Siegen in der Völkerschlacht bei Leipzig 1813 und bei Belle-Alliance/Waterloo 1815 sichern die Kontinentalarmeen der europäischen Mächte die englische Seehegemonie. Und auf dem Wiener Kongreß 1815 wird Englands Alleinherrschaft auf den Meeren akzeptiert.

Nach dem Sieg über Napoleon fühlt sich Großbritannien weder als Konkurrent der Festlandsmächte noch wird es von ihnen so empfunden. Die Fürsten und Diplomaten, die sich in Wien versammeln, um Europa eine neue Ordnung zu geben, denken innerhalb kontinentaler Grenzen. Sie verhandeln um und über Land und Länder, während sich England im Besitz der Wasser schon jenseits der wirklichen Entscheidungen sieht. Kontinentalität – an ihrer Spitze und für sie repräsentativ Österreichs Staatskanzler Fürst Metternich – blieb in ihrer Selbstbescheidung an die Linie Napoleons gebunden; es war seine urtümlich eigene, sie wurde ihm überdies von England vorgezeichnet. Und so, als hätten die europäischen Staaten stillschweigend und freiwillig das Monopol Englands auf die Meere akzeptiert, ohne zu befürchten, daß sich eine solche Alleinherrschaft möglicherweise zu einer ähnlichen Zwangsform entwickeln könnte wie die festländischen Hegemoniebegierden Frankreichs von Ludwig XIV. bis zu Napoleon, zeigten sich die Kongreßmitglieder in Wien 1815 am Problem der Meere und der Seeherrschaft überhaupt nicht interessiert.

England wiederum brach nur dann mit seinem leidenschaftlichen Desinteresse an den Territorialproblemen Europas, wenn es befürchtete, daß die Gebietsverteilungen seinen Vorstellungen vom Kräftegleichgewicht nicht entsprachen: daß also Frankreich trotz allem stark genug blieb und der »Deutsche Bund« schwach genug, Rußland nicht zu viel Einflußmöglichkeiten in Europa erhielt und das Osmanische Reich genügend Einflußmöglichkeiten, um den Zaren im Süden und auf dem Balkan zu beschäftigen.

Im übrigen begnügte es sich mit den wichtigen seestrategischen Zentren – begnügte sich mit dem Protektorat über die sieben ionischen Inseln Korfu, Kephalonia, Zanta, St. Maura, Ithaka, Cerigo und Paxo, begnügte sich, die Seestützpunkte Helgoland, Gibraltar und Malta in der abschließenden Wiener Kongreßakte garantiert zu bekommen. Vor dem Kongreß hatte Frankreichs Vertreter Talleyrand eindringlich gewarnt: »Wenn England zu dem Besitz von Gibraltar und Malta auch noch denjenigen von Korfu hinzufügen könnte, wäre es absoluter Herr des Mittelmeeres.« Malta, das die Straße von Sizilien kontrollierte, hatte 1803 den Anlaß zum Krieg gegeben. Napoleon meinte damals, er »würde die Engländer lieber auf dem Montmartre als auf Malta sehen«.

Napoleon wurde von einer imperialen Idee getrieben; England erging es nicht anders. Napoleons Idee war kontinental, diejenige Englands ozeanisch. Napoleons Idee war vollständig veraltet, die britische setzte Richtmarken für ein Jahrhundert. Frankreich hatte in Gestalt Napoleons nach der Weltherrschaft gegriffen, England hatte sie erreicht. 1815 war der Kampf um die Weltmeere entschieden, das Thema der Macht auf den Meeren trat für ein Jahrhundert fast völlig aus der internationalen Politik zurück. Es spielte weder beim griechischen Befreiungskampf und der Seeschlacht von Navarino am 20. Oktober 1827 eine Rolle – in dieser letzten Schlacht, die von reinen Segelschiffgeschwadern ausgetragen wurde, vernichteten kombinierte englisch-französisch-russische Seestreitkräfte die türkisch-ägyptische Flotte – noch während des Krimkriegs zwischen England, Frankreich, der Türkei und Rußland 1853–1856, denn bei ihm drehte es sich um ein traditionelles Problem der russischen Politik, um den Versuch Petersburgs, über die Donaumündung zu den Dardanellen und von hier ins Mittelmeer vorzudringen.

»Durch Rüstung zur See Deutschlands Ansehen unter den Völkern der Erde zu behaupten.« Kaiser Wilhelm II. mit den Admiralen v. Tirpitz und v. Holtzendorff an Bord der Kaiseryacht »Hohenzollern« im Jahre 1910

Folgende Seite, oben links: Deutsches Werbeplakat aus dem Ersten Weltkrieg

Oben rechts: »...den großen Flottenführern aller Zeiten ebenbürtig.« Admiral Reinhard Scheer (1863–1928), Chef der deutschen Hochseeflotte 1916, letzter Befehlshaber der deutschen Kriegsmarine (August 1918) im Ersten Weltkrieg

Unten: Berliner Ausstellungsplakat aus dem Jahre 1910

Gebt für die
U-Boot-Spende

FLOTTE
Schauspie
Kurfürstendamm 153

Täglich **2** Vorstellungen 4 u. 8 Uhr,   Stadt- & elektr. Bahnverb
Sonntags **3**   "   "   3, 5½ u. 8 Uhr.   Näheres durch die Tageszei

Pax Britannica

Die Besonderheit des politischen Privilegs, das Großbritannien auf dem Wiener Kongreß vertraglich abzusichern vermochte, bestand darin, daß es einerseits seine ganze Schwerkraft auf die Weltmeere verlagerte, andererseits aber imstande war, als Garant und hellhöriger Wächter der kontinentaleuropäischen Ordnung aufzutreten, ohne selbst dieser Ordnung so anzugehören, daß es bestimmten Verpflichtungen unterworfen gewesen wäre.

Englands Alleingewalt auf den Meeren, die mit dem Wiener Kongreß zu einem festen Element der Weltpolitik wird, drückt sich in einer bemerkenswerten Zahl aus: 120000 französische Seeleute waren in britischer Gefangenschaft. Nicht nur der Umfang der Schiffseinbuße, sondern auch dieser Mannschaftsverlust zeigt, in welchem Ausmaß die französische Marine in diesem Krieg verheert wurde.

Das britische Monopol läßt sich durch eine Reihe weiterer Zahlen noch zusätzlich verdeutlichen. Obwohl seit Trafalgar keine andere Streitmacht zur See außer der englischen eine Rolle spielte, baute Großbritannien seine Kriegsflotte konsequent weiter auf. 1815 waren schließlich 214 Linienschiffe sowie 792 Kreuzer und Fregatten, Briggs und kleinere Kriegsschiffe im Einsatz. Noch deutlicher spricht allerdings der riesenhafte Umfang der britischen Handelsflotte; er ist charakteristischer und wichtiger, denn auf diesen Schiffen ruhte in der Friedenszeit die Wohlfahrt, der Reichtum, die politische Kraft Englands. 1815 übertraf die britische Handelstonnage um ein Viertel die Gesamttonnage aller übrigen Staaten der Welt zusammengenommen.

Die Kontinentalsperre hatte sich am empfindlichsten auf den Überseehandel ausgewirkt. Die Folgen für England waren zwar außerordentlich schädigend, aber auch höchst belebend, bis hin zur landwirtschaftlichen Produktion. Die Blockade und der langanhaltende Krieg erzwangen eine ununterbrochene Erhöhung der Rüstungsausgaben und beschleunigten die industrielle Produktion in einem Umfang, der durch die neuen technischen Verfahren von der Eisenverarbeitung bis zur Dampfmaschine allein niemals möglich, weil nicht bitter notwendig gewesen wäre. Keine Industrie ließ sich nach dem Krieg so komplikationslos in die Produktion für friedliche Zwecke überleiten wie der Schiffbau. Und die Folge: England, die erste und führende See-Großmacht der Welt, wurde nunmehr auch die erste und führende Industrie-Großmacht der Welt. Ihre Überlegenheit gegenüber den anderen Staaten der Erde wurde erst gegen Ende des 19. Jahrhunderts ausgeglichen.

Die britischen Staatsmänner dieser Epoche verfolgten ihre Politik konsequent innerhalb der Interessenkonstellation, die für die Gesamtsituation Englands charakteristisch war, ob sie zu den liberalen Whigs zählten wie die Außenminister Stewart Castlereagh und George Canning oder zu den konservativen Tories wie Benjamin Disraeli oder ob es sich um Wanderer zwischen beiden Welten handelte wie William Gladstone.

Für die erneuerte Gleichgewichtspolitik wurde jetzt die britische Oberhoheit auf den Weltmeeren zeichensetzend. Englands Beitrag zur kontinentalen Ordnungsrestauration auf dem Wiener Kongreß erhielt von dieser Sachlage her seine Akzente. Das Inselreich blieb seiner kaum merklich herablassenden Reserve gegenüber dem Festlandseuropa treu, England lehnte es folgerichtig als einziges europäisches Königreich ab, der Heiligen Allianz beizutreten.

Die Idee dieses Zusammenschlusses aller Monarchen zwecks gegenseitiger brüderlicher Hilfe und Bewahrung von Religion, Frieden und Gerechtigkeit wurde von Zar Alexander eifrig propagiert, aber erst von Metternich, dessen skeptischer Realitätssinn sich von Schwärmertum jeglicher Art am schnellsten alarmieren ließ, mit politischem Gehalt versehen und dadurch zu einem Abkommen ausgestaltet, das die bestehenden Regierungsformen zusätzlich absichern sollte.

Und England war es auch, das der Heiligen Allianz den Boden unter den Füßen entzog, indem es 1826 die Unabhängigkeit der südamerikanischen Kolonien anerkannte.

Dennoch war das Interesse an der Erhaltung des Bestehenden in England grundsätzlich dasselbe. Außenminister Castlereagh distanzierte sich zwar unter offensichtlichen Vorwänden vom Beitritt zur Heiligen Allianz, die er als »ein Stück von erhabenem Mystizismus und erhabenem Unsinn« bezeichnete, begründete das aber mit dem charakteristischen Satz: »Man wird England an seinem Platz finden, wenn wirkliche Gefahr das System Europas bedroht, aber wir können nicht und werden nicht nach abstrakten und spekulativen Prinzipien der Vorsicht handeln«, denn das wäre eine Politik ohne zuverlässige Grundlagen.

Dem englischen Interesse an der Bewahrung des *Status quo* kamen am stärksten handfeste Vereinbarungen entgegen. Deshalb erneuerte Castlereagh beim Abschluß des Zweiten Pariser Friedens am 20. November 1815 auch den Viererbund mit Österreich, Preußen und Rußland als das zweckmäßigste Überwachungsreglement für die Sicherung der europäischen Verhältnisse und damit des Gleichgewichtssystems der europäischen Staaten. Das Prinzip des Wägens der politischen Kräfte und Schwerkräfte in Europa, dessen Ergebnisse sich nur im britischen Foreign Office ermitteln ließen, wurde konsequenter denn je zu den Bürgschaften von Großbritanniens Vorrang gerechnet.

Damit waren die Bauelemente vorhanden für eine Weltordnung, die das Metternichsche System der kontinentalen Restauration überwölbte: die *»Pax Britannica«* als Friedensordnung der Welt, die auf der ozeanischen Vorherrschaft Englands beruhte. Die Fürsten und Staatsmänner des Festlands betrachteten den Wiener Kongreß als Geburtshelfer der kontinentalen Restauration. Für England wurde der Kongreß zum Auftakt des Zeitalters der Pax Britannica, in der die Leitlinien der globalen Politik Großbritanniens als unbestritten verbindlich jahrzehntelang von den übrigen Mächten akzeptiert wurden.

Niemals in der Weltgeschichte war der Begriff der Ozeanität mit soviel politischer Substanz erfüllt wie im Jahrhundert der Pax Britannica. Lord Byron brachte das in die poetische Wendung: »England, oberste Herrin der Erde, liebliche Königin der Meere.« England war sich bewußt, daß es das Zepter der Weltherrschaft in den Händen hielt – in aller Nüchternheit und Gefühlsruhe, selbstbewußt und mit dem Vorsatz, alle erforderlichen politischen Maßnahmen in erster Linie als eine Sicherung dieser Herrschaft zu betrachten:

den Einsatz für die »Freiheit der Meere«, der um so entschiedener sein konnte, als der britische Überseehandel und die Flotte Englands von keinem Konkurrenten behindert waren;

die Propagierung des Freihandels, dessen Grundsätze allen Staaten Vorteile brachten, England aber die meisten;

der jahrzehntelange Kampf gegen den Sklavenhandel, an dem

Länder wie Spanien, Portugal, Brasilien und Frankreich genauso hartnäckig festhielten wie die Vereinigten Staaten.

In diesem Fall ging es England zweifellos um die Ausmerzung einer besonderen Schändlichkeit, aber dabei boten sich auch die häufigsten Möglichkeiten, durch die Flotte die britische Allgewalt auf den Meeren und an den afrikanischen, arabischen, persischen und indischen Küsten zu bekunden und weitere Flottenstützpunkte anzulegen. Das eindrucksvollste Exempel war die Besetzung des nigerianischen Lagos – seit dem 18. Jahrhundert der wichtigste Ausfuhrhafen für die Yoruba-Sklaven. Durch seine Annexion 1861 machte England dem Menschengeschäft ein Ende und gewann nebenbei eine seestrategisch unschätzbar wichtige Flottenbasis.

Die Kanonenboot-Politik

Ähnlich lag es mit dem Kampf gegen die Seeräuberei, die in der Epoche der Pax Britannica keine andere Deutung mehr zuließ als diejenige der frühesten Jahre der Seeschiffahrt: Wegelagerertum ohne Band und Schleifen, von Algier bis zum Chinesischen Meer, von der Karibik bis nach Holländisch-Indien. Die Piraterie war nicht nur eine Plage schlechthin, ihre Beseitigung mußte in größtem Interesse der englischen Reeder und des Überseehandels liegen; sie zählte außerdem unter den vielen Unsicherheiten auf den Meeren zu denjenigen Gefahren, mit denen die Menschen am einfachsten fertigwerden konnten, weil sie von ihnen selbst ausging. Das Sklavenproblem und die Piratenplage gaben England jede Gelegenheit, die Wirklichkeit der Pax Britannica mit Hilfe der Kriegsflotte spüren zu lassen. Lord Nelson hatte im Jahr 1801 vor Kopenhagen in geziemender Sachlichkeit vermerkt: »Das beste Verhandlungsargument in Europa ist eine Flotte britischer Schiffe.« Das war die Basis der Kanonenboot-Politik Englands im 19. Jahrhundert, die zu der Pax Britannica genauso gehörte, wie die Legionen des Kaisers Augustus zur Pax Romana gehört hatten. Dieses hervorragende Mittel der ozeanischen Außenpolitik Englands wurde von einem so zielbewußten Staatsmann wie Premierminister Palmerston ausreichend taktvoll und verständlich eingesetzt, um die gewünschten Erfolge zu garantieren: eine Arznei, die zwar bitter schmeckte, aber weitere Maßnahmen unnötig machte. Kriegsschiffe als »Verhandlungsargumente« im Frieden wurden nur dort eingesetzt, wo ihr Eindruck tiefer reichte als der gekränkte Stolz eines Herrschers oder Staates, also nur selten bei solchen Mächten wie Frankreich oder den USA, dafür um so häufiger an den afrikanischen oder chinesischen Küsten. Die Regel dafür hatte schon Außenminister Canning gegeben: »Eine Drohung, die man nicht auszuführen beabsichtigt, ist ein Mittel, zu dessen Gebrauch sich Großbritannien nie herablassen sollte.«

Allerdings handelte es sich bei der Kanonenboot-Politik nur um eine besonders anstößige Form von direkter Nötigung; dagegen sind die großen Flottendemonstrationen Englands während der südamerikanischen Befreiungskämpfe, die den Staaten der Heiligen Allianz Zurückhaltung nahelegen sollten, dieselben Aktionen im Mittelmeer während der orientalischen Krisen vor der ägyptischen Küste oder die Abschirmung Portugals unter dem Gesichtspunkt zu bewerten, daß Großbritannien mit denjenigen Mitteln seine politischen Interessen vertrat, die am wirkungsvollsten waren. Bei den Seemächten zweiten Ranges, allen voran bei Frankreich, herrschte die Meinung vor, daß zwar an der Tatsächlichkeit der Pax Britannica nicht zu zweifeln war – so schwer diese Einsicht auch dem Selbstbewußtsein der Staaten zusetzte –, daß es sich aber bei dieser Richtlinienfixierung der Weltpolitik durch England um nichts anderes handelte, als mit Hilfe der Flotte den weniger mächtigen Staaten die Pax Britannica aufzuzwingen.

Der unablässige Wechsel von ozeanischer Außenpolitik zu punktueller Sicherung der Stützpunkte durch die Kriegsflotte bis hin zu den Polizeiaktionen britischer Kanonenboote gehörte zu der weniger gefälligen Kehrseite der Medaille »Pax Britannica«. Ihren weltpolitischen Rang mindert das nicht, es macht lediglich die Bedingungen der britischen Politik deutlich, insbesondere derjenigen, die sich vom Meer zum Land richtete im Unterschied zu der klassischen, die vom Land ausgeht und aufs Land bezogen bleibt.

Englands Vorherrschaft auf den Meeren wurde der Welt keineswegs nur durch die militärischen Demonstrationen seiner Flotte sichtbar. Wenn allein die Kriegsmarine, gleichgültig in welcher Stärke und mit welcher Schlagkraft, ein Indiz für den Rang der

Seemacht gewesen wäre, hätte Frankreich verhältnismäßig rasch wieder einen vergleichbaren Platz neben England beanspruchen können. Die französischen Meeresunternehmungen machten bald erneut von sich reden, durch die Expeditionen und Weltumsegelungen solcher Kapitäne und Seefahrer wie Charles Louis de Freycinet und Dupperey oder Jules Dumont d'Urville, den großen Erforschern der Südsee in den 20er und 30er Jahren des 19. Jahrhunderts – mehr noch allerdings durch die Marineintervention 1823 zur Unterstützung des spanischen Königs Ferdinand VII. und dann durch Einsatz von Frankreichs neuen Schiffen in der Seeschlacht von Navarino 1827. Drei Jahre später, als Frankreich mit der Eroberung Algiers begann, übernahm die Marine den Truppentransport und seine Sicherung. Admiral Victor Guy Duperré, der Marineminister, befehligte eine Flotte, die aus fast einhundert Kriegsschiffen bestand, darunter 11 Linienschiffen und 24 Fregatten. Für die Infanterie und die anderen Hilfstruppen standen 350 Handelsschiffe zur Verfügung; das Unternehmen weckte nicht zufällig Erinnerungen an die Ägyptische Expedition Napoleons. Trotzdem galt die französische Kriegsmarine erst seit dem Krimkrieg wieder als beachtenswerter Faktor der Politik.

Die Diktatur des Freihandels

Englands unbehelligte Übermacht beruhte auf seiner hochentwikkelten Industrie, auf dem Monopol seines Handels mit den transozeanischen Gebieten – sowohl mit den eigenen Kolonien als auch mit den übrigen außereuropäischen Ländern und Staaten der ganzen Welt – und drittens auf der außerordentlichen Größe seiner Handelsflotte. Die britische Schiffstonnage war ein Gradmesser für das Ausmaß der industriellen Produktion in England, sie übertraf bis zum Jahrhundertende konstant die Gesamttonnage aller übrigen Staaten der Erde.
Die Produktion von Eisen und Stahl, von industriellen Fertigwaren, die Förderung von Kohle, die Entwicklung des Maschinenbaus ging derart rasch und mit solchen Steigerungsquoten vor sich, daß Englands Wirtschaft binnen kurzem vollständig abhängig war

vom Export und damit von der Erschließung der Märkte, von der Steigerung des Welthandels allgemein. »Freihandel« war das Zauberwort dafür.

Die alte Streitfrage, was zuträglicher sei: freier Handel ohne jeden Zoll oder Zollpolitik zum Schutz der Binnenwirtschaft, notfalls auch durch Protektionismus, ist seit den Tagen des beginnenden Welthandels bis in unsere jüngste Gegenwart aktuell. Für das Britische Empire im 19. Jahrhundert und die kapitalistische Ausrichtung ist der Grundsatz des Freihandels – also der von sämtlichen Zöllen und sonstigen Behinderungen befreite Warenaustausch und -handel zwischen den Staaten – nichts anderes gewesen als das Funktionsprinzip einer Weltwirtschaft, die vollständig auf England ausgerichtet und von seinen speziellen Interessen bestimmt war.

Die Ereignisse und Überlegungen, die dazu geführt hatten und die den früheren Überzeugungen, wie sie sich in der Navigationsakte ausdrückten, vollständig entgegengesetzt waren, schienen verhältnismäßig einfach zu sein. England, der größte Industrieexporteur der Erde und mit der Londoner City das Finanzzentrum der Welt, produzierte in einem solchen Übermaß, daß sich jede Beschränkung des Imports durch andere Länder auf seine Wirtschaft negativ auswirken mußte. Es produzierte weit mehr, als für den eigenen Bedarf nötig war, und es produzierte in so hoher Qualität, daß die Einfuhr britischer Waren anderen Ländern verlockender erscheinen mußte und erscheinen sollte als die Mühe, eigene Industrien aufzubauen. England beherrschte außerdem den Zwischenhandel mit Produkten der Kolonien und Überseegebiete in einem Ausmaß, daß jede Absatzbeschränkung für Großbritannien ebenfalls negativ zu Buche schlug. Je freier, je unbehinderter der Welthandel sich abspielte, um so stärker profitierte England davon.

Der englische Export in die Vereinigten Staaten und in die Industrieländer blieb während der ersten Jahrhunderthälfte relativ konstant. Nach Zentral- und Südamerika dagegen – ebenso nach Asien – nahm er ununterbrochen zu; nach Asien kletterte er von 2340417 Pfund Sterling im Jahre 1814 auf 10931305 im Jahr 1849, nach Afrika von 372212 auf 2464811.

Den revolutionären Abfall der spanischen und portugiesischen Kolonien in Südamerika und ihre Verwandlung in selbständige Verfassungsstaaten unterstützte England keineswegs nur aus politisch-fortschrittlichen Liberalitätserwägungen und wegen der öffentlichen Meinung. Wenn Südamerikas Befreiungsheld Simon Bolivar versicherte, daß »nur England, die Herrin der Meere, uns gegen die vereinte Macht der europäischen Reaktion schützen kann«, so konnten diese 14 neuen, souveränen Staaten ihrerseits wiederum die Handelspolitik Englands weit nutzbringender unterstützen, als es die beiden Kolonialmächte Spanien und Portugal getan hatten.

Der Übergang Englands zum völligen Freihandel begann 1846 mit der Beseitigung der Kornzölle. Drei Jahre später wurde Cromwells Navigationsakte von 1651 aufgehoben; allen Staaten war jetzt der Handel mit den britischen Überseegebieten möglich. Anders ausgedrückt, jeder potentielle Kunde des Mutterlandes sollte angelockt, statt abgeschreckt werden. Die Propagierung des freien Handels traf bei den Kontinentalstaaten so lange auf geschärfte Ohren, solange dies für sie die einzige Möglichkeit war, sich in den Welthandel einzugliedern, sei es auch zunächst nur als Nehmende. Ihre Zustimmung drückte sich in der Senkung der Importzölle aus. Das änderte sich erst, als die eigene Produktion groß genug war, um erkennen zu lassen, wo die Grenzen des Freihandelsprinzips lagen. Sie begannen mit Sicherheit dort, wo die Sprache der nationalen Wirtschaftsinteressen deutlich genug wurde, um durchzudringen mit ihrer Forderung nach einem Spielraum gegenüber der britischen Konkurrenz, der es nicht so sehr um die Freiheit an sich zu tun war, sondern um die Freiheit, dank des eigenen Vorsprungs die Konkurrenz auszuschalten.

In Deutschland war dieser Punkt erreicht, als mit der Einführung des Zolltarifs im Jahre 1879 Bismarck der britischen Freihandelspolitik eine Absage erteilte. Andere Staaten hatten sich zu derartigen Sperren schon erheblich früher entschlossen; die Vereinigten Staaten von Amerika und ebenso Rußland hatten sich überhaupt geweigert, jemals vom Grundsatz des Schutzzolls zugunsten des Freihandels abzugehen.

Europa und den USA gegenüber taktierten die britischen Freihandelspropheten überaus behutsam. Erheblich ungenierter ging es bei anderen Staaten und Herrschaftsgebieten zu, denn das britische Wirtschaftspotential und die Beständigkeit des Außenhandels bildeten ein siamesisches Zwillingspaar. Die zunehmende Verflüchtigung völkerrechtlicher und moralischer Prinzipien mit steigender Entfernung von der Mutterinsel und den sittigenden Gepflogenheiten Europas, von der sich schon Edmund Burke irritieren ließ, wurde zu Ehren des Freihandels im 19. Jahrhundert von Großbritannien nach wie vor als selbstverständlich hingenommen.

Ein Modell dafür war der Opiumhandel, den die britische *East India Company* seit langem mit höchsten Profiten betrieb und deshalb weitmöglichst auszudehnen versuchte. Sie allein sorgte für die unrechtmäßige, verbotene Einfuhr von Opium aus Indien und Burma nach China, sie steigerte die Mengen von Jahr zu Jahr. Die Auswirkungen waren so alarmierend, daß der Ärger der chinesischen Regierung in Empörung umschlug. Nach Jahren der Geduld entschloß sie sich zur Gewalt und ließ 1839 in Hongkong von den Behörden 20 000 Kisten Opium vernichten.

England erklärte den Krieg, er dauerte von 1840 bis 1842 und lehrte den Kaiser, den »Sohn des Himmels«, daß die britischen »Söhne des Meeres« ihre eigenen und eigentümlichen Vorstellungen von der Freiheit des Handels hatten: Sie reichte weit genug, um bei anderen Staaten auch den Zwang zum Import des Unerwünschten einzuschließen. Die Dauer dieses Erkenntnisprozesses wurde mit Hilfe von Artillerie und Gewehrfeuer verkürzt.

China gab auf. Im Frieden von Nanking, der am 29. August 1842 zustande kam, trat es an Großbritannien Hongkong ab, das zur Kronkolonie erklärt wurde. Fünf Häfen, darunter Schanghai, wurden dem britischen Handel geöffnet, Kaufleute und Missionare erhielten Privilegien, kurzum: England schreckte auch vor der Entfesselung eines Krieges nicht zurück, wenn es die Interessen seines Überseehandels ratsam erscheinen ließen. Das hieß in diesem Fall, daß es keineswegs im Belieben der chinesischen Regierung stand, sich gegen die Einfuhr des unheilvollen Opiums zu wehren.

In direktem Zusammenhang mit dem Opiumkrieg entwickelte sich der Taiping-Aufstand, der 1850 in China ausbrach und England dazu brachte, unter dem Vorwand, die britische Flagge sei mißachtet worden, China erneut im Jahre 1857 den Krieg zu erklären. Diesmal beteiligte sich auch Frankreich, 1860 marschierten die verbündeten Truppen bis Peking, plünderten und zerstörten als Repressalie für die grausame Behandlung europäischer Gefangener den berühmten Sommerpalast des Kaisers. Der Vertrag von

Peking 1860 beendete diesen sogenannten Lorcha-Krieg. China gestattete die Errichtung europäischer Gesandtschaften, ließ unbehindert christliche Missionen zu, gewährte dem europäischen Handel außerordentliche Vergünstigungen und erlaubte die freie Schiffahrt auf dem Jangtsekiang.

Die Dreieinigkeit von Militär, Macht und Mission – Kainszeichen des klassischen Imperialismus – hatte sich in China bewährt. Die Ergebnisse für die britische Wirtschaft waren so vorteilhaft, daß auch die englischen Kritiker rasch verstummten und rückwirkend selbst die brutalsten Maßnahmen Lord Palmerstons billigten.

Indien, das lästige Juwel

In England war seit den Zeiten von Francis Drake jedem das große Ziel der Alleinherrschaft auf den Weltmeeren so selbstverständlich und vertraut wie das Festhalten an Überlieferungen. Selbst bei den Auseinandersetzungen zwischen den Navalisten und denjenigen Politikern, welche die Eroberung der Meere nicht ineinssetzten mit der völligen Abkehr Englands von Europa, wurde die ozeanische Ausrichtung Großbritanniens niemals grundsätzlich in Frage gestellt. Heftig umstritten war aber zu Zeiten der Pax Britannica die Frage nach dem Status der Kolonialgebiete selbst. Was Portugal einst – anscheinend idealtypisch – verwirklicht hatte, das wurde unter dem Druck der industriellen Überproduktion und dem Zwang zur Erschließung von Märkten ein verwirrendes Problem.

Das Ringen um die Weltmeere hatte England für sich entschieden, aber der Sieg hatte keinen Selbstwert. Die Wirtschaftsentwicklung im 19. Jahrhundert ließ es jeden in England spüren, daß der Kampf um die Weltmeere sich in einem Kampf um die Weltmärkte fortsetzen würde – sofern das nicht schon der Fall war. Mußte sich aus den Grundsätzen der britischen Meerespolitik unter dem Druck der Wirtschaft auch eine koloniale Okkupationspolitik ergeben oder nicht? Handelsinteressen schlossen ja nicht notwendigerweise den direkten Besitz fremder Gebiete ein. Aus den Exportziffern nach Südamerika und nach Indien war nicht abzulesen, daß England die souveränen Staaten Lateinamerikas nicht »be-saß«, wohl aber Indien.

Die Frage war verwickelter, als sie sich aus unserer Gegenwart, in der wir den Schlußphasen der Entkolonialisierung beiwohnen, stellt. In England spalteten sich die Meinungen in die beiden Hauptgruppen der Separatisten und der Imperialisten. Die ersten wandten die Lehren, die John Bull aus dem Amerikanischen Unab-hängigkeitskrieg ziehen mußte, auf das 19. Jahrhundert an. Hatte die Abtrennung Nordamerikas dem Mutterland geschadet? Nein, im Gegenteil. Deshalb setzten sie sich für die Verselbständigung Kanadas ein und bekämpften entschieden allen Landerwerb jen-seits der Meere, soweit er über die reinen Flottenstützpunkte hin-ausging. Die Besetzung Singapurs 1819, der Erwerb Malakkas 1825, ja selbst die Beschießung Alexandrias und die Besetzung Ägyptens 1882 wurde wegen der strategischen Bedeutung des 1869 eröffneten Suezkanals gebilligt, wenn auch schweren Her-zens und bedrückten Gemüts. Die Politik der Seemacht England mußte zwar eine Politik der »*Imperial Connections*« sein, aber dar-in lag keine Nötigung zu kolonialem Landerwerb. 1852 faßte Ben-jamin Disraeli diese Meinung in der aufreizenden Voraussage zu-sammen: »In ein paar Jahren werden all diese elenden Kolonien unabhängig sein. Sie sind Mühlsteine an unserem Hals.«

Die aufflammende Kritik am Weltreich Englands, an seiner Kolo-nialpolitik und dem Imperialismus allgemein erlebte schon gegen Ende des 19. Jahrhunderts die ersten Höhepunkte – inmitten der überspannten Jagd der europäischen Mächte nach den Resten der freien Kolonialflecken. Die Kritik gab gleichzeitig Anlaß zu den eindrucksvollsten Verteidigungsreden. Ein britischer Historiker meinte damals, das Empire »sei in einem Anfall von Geistesabwe-senheit geschaffen worden«. Nun weiß aber jeder, nicht nur der besonders Aufmerksame, daß sich Imperien niemals so errichten lassen, wie man ein Schiff oder ein Haus baut. Wirklich zielbe-wußt, zielstrebig und zielsicher war nur Englands Wendung zur See gewesen. Die Folgen, die sich daraus ergaben, ließen sich ge-nausowenig voraussehen wie die Irrwege, Fehlentscheidungen und Mißgriffe.

So führte die Entwicklung der *East India Company*, deren Grün-dung nichts weiter als eine logische Folge der britischen Meeresambitionen war, dahin, daß sie fast über Nacht und ungewollt zum inoffiziellen Fahnenträger des englischen Imperialismus in Asien wurde. Die Kämpfe in Indien und die Entscheidungen der britischen Generalgouverneure waren im Verlauf der vielen Jahre bis zum Sepoy-Aufstand 1856 eine oft bis zur Sinnverwirrung und Unerträglichkeit merkwürdige Mischung aus den Interessen einer reinen Handelsgesellschaft, die sich mit Hilfe eigener Truppen allmählich in die Rolle eines politischen Souveräns hineingelebt hatte, und den Versuchen der Regierung in London, dem Geschäftsbetrieb der *East India Company* die Zügel anzulegen und doch soviel Schutz zu gewähren, wie es die Bedürfnisse des Mutterlandes erforderten.

Die offizielle britische Herrschaft in Indien datiert seit Robert Clive. Er war 1743, mit 18 Jahren, als Angestellter der Company nach Indien gekommen, griff höchst erfolgreich in die Kämpfe der indischen Herrscher ein und wurde 1764 zum Gouverneur und Oberbefehlshaber in Ostindien ernannt. Die Kontrolle der *East India Company* wurde 1773 durch ein Gesetz auf die britische Regierung übertragen und der Nachfolger Clives, Warren Hastings, zum Generalgouverneur ernannt. Hastings reorganisierte die Verwaltung und baute die britischen Positionen beträchtlich aus. Seit Hastings wird die Herrschaft Englands in Indien zu einem schlichten Faktum.

Erst nach den mühsamen, langwierigen Kämpfen bis hin zum Sepoy-Aufstand, erst nachdem er blutig niedergeschlagen wurde, verlor die *East India Company* alle politische Macht. Im August 1858 übertrug ein Gesetz die Regierung Britisch-Indiens auf die englische Krone, der Generalgouverneur verwandelte sich in einen Vizekönig. Seitdem trug England, die Königin der Meere, Indien als »schönstes Juwel in der Krone«. Derselbe Disraeli, der als Führer der Konservativen die Kolonien als Mühlsteine an Englands Hals geschmäht hatte, feierte zwei Jahrzehnte später als Premierminister dieselben Kolonien als Garanten britischer Macht und Herrlichkeit. Die Rechtfertigung der Weltmachtstellung Englands wurde 1890 von Lord Randolph Churchill – 1885/86 Staatssekretär für Indien – fast nur noch von dort bezogen: »Indien ist der wahrhaft leuchtendste und wertvollste Edelstein in der Krone der Königin. Sein Besitz hat mehr als der aller anderen unter unserer

Herrschaft stehenden Kolonialgebiete dazu beigetragen, unsere kleine Inselheimat an Hilfskräften, Reichtum und Autorität weit über das Niveau der Mehrheit der Nationen und Staaten emporzuheben.« Sein Sohn Winston Churchill hat diese Position noch in den letzten Jahren seiner politischen Tätigkeit weiter vertreten, obgleich oder weil sie sich schon längst nicht mehr vertreten ließ. Hatte sie sich jemals vertreten lassen? Aufgrund der frisch geschärften Empfindungen für Menschlichkeit und Moralität, deren Gehalt nichts einbüßt wegen ihrer gelegentlichen Durchsetzung mit Heuchelei, stellten sich viele Engländer diese Frage schon in den ersten Jahren der Pax Britannica. Das Dilemma wird am faßlichsten durch diejenigen, die den Kolonialbesitz betreten als ein Übel bezeichneten, von dem sich England an sich trennen müßte, aber so wenig trennen könne, wie man sich von einer chronischen Krankheit oder einem Erbübel befreien kann. Auch die schonungsloseste Gewissenserforschung erbrachte kein anderes Ergebnis, als daß die Kolonien weder als Glück noch als frei verfügbarer Ballast anzusehen waren.

1863 umriß ein englischer Imperialismuskritiker die Sackgasse des Problems Indien mit den Sätzen: »Wir haben alle einheimischen Regierungen zerstört oder erniedrigt. Wir allein stehen in ihrem Raum. Wir sind eingekeilt in die Eiche, die wir gespalten haben. Es ist besser, es so auszudrücken, als zu sagen, wir hätten eine Mission, Indien zu behalten. Mission ist ein großes Wort. Alle Arten von Menschen haben Missionen, und einige ihrer Missionen sind sehr fragwürdiger Art. Historisch gesprochen ist Mission nicht viel mehr als ein anderer Name für Neigung zum Raub. Die Vorsehung legt zweifellos die eroberten Gebiete in die Hand des Eroberers, und die Vorsehung legt die gestohlene Börse in die Tasche des Diebs.«

Kampf um die Meere – Kampf um die Märkte

Der englische Drang zu den Märkten jenseits der Meere war weder eine Bekundung des reinen Abenteurertums noch ausschließlich vom Zwang der Wirtschaft diktiert. England besaß zwar die

Herrschaft auf den Meeren, aber die asiatischen Märkte hatten nicht nur Tore zur See, sondern auch Zugänge zum Land. In der asiatischen Hemisphäre stand im Norden des indischen Raums der Seemacht Großbritannien die Kontinentalmacht Rußland gegenüber, und der russische Expansionsdrang war zu Lande kaum weniger intensiv als der ozeanische Englands. Zur Vorgeschichte des Sepoy-Aufstands gehörte in den 30er Jahren des Jahrhunderts die akute, gutbegründete Sorge des britischen Generalgouverneurs Lord Auckland, daß sich Rußland darauf vorbereiten würde, über Afghanistan nach Indien vorzudringen.

Aucklands Versuch, das Land unter englische Herrschaft zu bringen, scheitert im afghanisch-britischen Krieg 1838–1842, bewirkt aber, daß die bis dahin sorgsam verdeckten Interessen beider Mächte ins Licht rücken. 1879 schließt Afghanistan nach einer Reihe von Eingriffen aus dem Norden und Süden und kräftiger Abwehr der Afghanen mit Großbritannien einen Schutzvertrag. 1885 steht wegen des Landes ein Krieg zwischen Rußland und England vor der Tür, 1893 akzeptiert Afghanistan eine begrenzte Oberhoheit Englands, legt zwei Jahre später die Grenze gegen Rußland endgültig fest, erreicht eingangs des 20. Jahrhunderts die offizielle Versicherung Rußlands, daß es außerhalb seiner Interessensphäre läge, erhält 1907 eine englisch-russische Unabhängigkeitsgarantie und erringt 1921 die volle Souveränität mit Bürgschaften sowohl Sowjetrußlands als auch Großbritanniens. Für England waren die jahrzehntelangen, gefährlichen Mißhelligkeiten in Afghanistan auch ein desillusionierender Lernprozeß, England mußte erkennen, daß die Herrschaft in einem Weltmeer nicht von sich aus Garantien für die Sicherung der Flottenbasen und der Märkte einschließt. Für Rußland wiederum bildete Afghanistan eine unwiderstehliche Versuchung, seinem elementaren Drang zu den Häfen eines warmen Meeres nicht nur an der engsten, sondern auch attraktivsten Stelle nachzugeben.

Neben Frankreich hatte auf dem Wiener Kongreß lediglich Rußland versucht, die ozeanische Machtsicherung Englands zu bremsen. Nicht nur die Dardanellen und das Mittelmeer waren für Petersburg Brennpunkte der politischen Aufmerksamkeit. Seit Großrußland mit den Kosakenheeren in den Kaukasus und nach Sibirien aufgebrochen war, zeichneten sich die beiden Expansions-

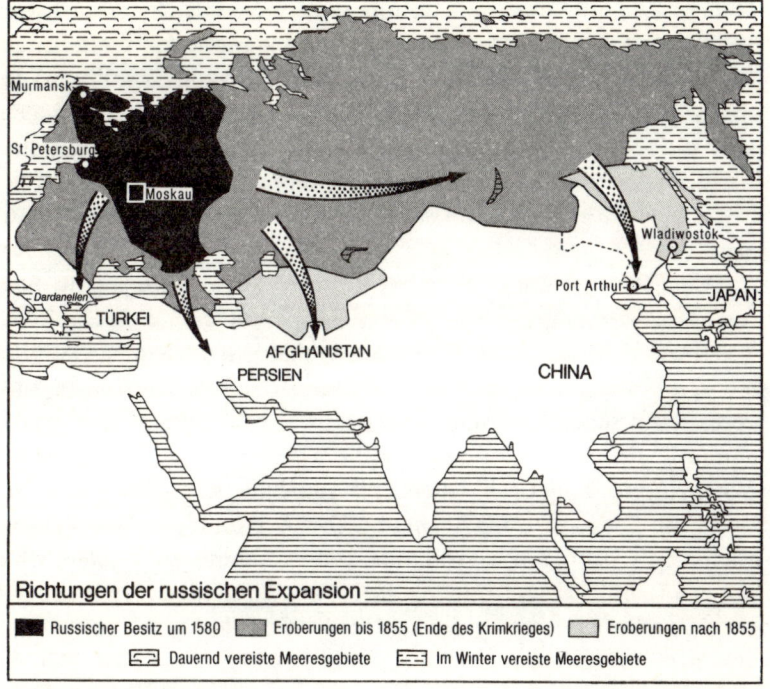

Richtungen der russischen Expansion

Russischer Besitz um 1580 | **Eroberungen bis 1855 (Ende des Krimkrieges)** | **Eroberungen nach 1855**
Dauernd vereiste Meeresgebiete | Im Winter vereiste Meeresgebiete

stränge und ihre Ziele imposant ab. Ein chinesischer Würdenträger hatte zwar gemeint: »Die Grenze Rußlands liegt am Knauf des Kosakensattels«, aber das schloß nicht aus, daß die Kosakenpferde bis zu den Küsten der Meere traben würden – zum Japanischen, Gelben und Ostchinesischen Meer.

In einer gigantischen Parallelbewegung zur britischen Seenahme bis in den Pazifik erreicht im 19. Jahrhundert die russische Kontinentalnahme einen ersten Abschluß, Kosaken und russische Einheiten sind über den Ural und Irtysch zum Baikalsee und Amur, zum Ussuri, zum Stillen Ozean gedrungen. Zar Alexander II. besetzt 1858/60 das Amurgebiet, gründet 1860 Wladiwostok, erwirbt 1875 die Insel Sachalin. Die folgende Richtungsänderung nach Süden beruht nicht nur auf den klimatischen Bedingungen. Rußland stößt Ende des 19. Jahrhunderts nach Korea und in die Mandschurei vor, es handelt sich eindeutig um eine Wirtschaftsexpansion mit imperialen Zielen. 1898 gelingt es, mit China einen auf 25 Jahre befristeten Pachtvertrag über das Kuantung-Gebiet zu schließen; der Hafen Port Arthur wird zum gewaltigsten Stützpunkt der russischen Ostasienflotte ausgebaut.

In der Mitte des Jahrhunderts hatte Großbritannien mit der imperialen Rivalität Rußlands im Norden Indiens als einer ernsten Gefahr zu rechnen gelernt. Am Jahrhundertende mußte es im pazifischen Raum des Fernen Ostens die Kontinentalmacht Rußland in der neuen Gestalt eines potentiellen Seemachtsrivalen kennenlernen.

Auf dem Wiener Kongreß war es Rußland nicht gelungen, die europäische Ordnung zu einer Weltallianz auszuweiten. Sowohl die Kontinentalsperre als auch die unterschiedlichen Versuche Napoleons, die Macht Englands auf den Meeren zu brechen – nichts anderes stand schließlich auch hinter seinem Marsch auf Moskau –, hatte Rußland gezeigt, daß sich die Engmaschigkeit des europäischen Interessengeflechts nicht mit zunehmender geographischer Entfernung von Europa lockerte. Die Bemühungen des Zaren, auch bei den anderen Mächten dafür Verständnis zu wecken, waren nicht eindrucksvoll; richtig aber war das Gespür für die raumgreifende Energie der englischen Meerespolitik.

Schon damals begann sich, wenn auch zunächst kaum merklich, eine Verschiebung der Gegenpositionen abzuzeichnen. Den Kampf zwischen England und Frankreich um die Meere hatte Frankreich wegen seiner Kontinentalfixierung verloren. Die Expansionskraft der größten aller Kontinentalmächte, Rußlands, mußte sich unweigerlich in dem Augenblick entfalten, in dem der Kampf um die Weltmeere entschieden war und sich in einen Kampf um die Weltmärkte verwandelte.

Gehören die Meere aller Welt?

Das Prinzip des Freihandels verlor seine Anziehungskraft, als die Industrialisierung der Staaten ihre Anfangsstadien überwunden hatte. In diesem Moment wurde unter einem neuen Aspekt die Frage nach den Weltmärkten und den Wegen zu ihnen aktuell. In dieser letzten, der aggressiven Phase des Imperialismus zwei Jahrzehnte vor Ausbruch des Weltkrieges 1914, ging es noch einmal

um den Status der Kolonien, um die Begründung der europäischen Herrschaft und die innere Legitimation der Pax Britannica. Napoleon, verbannt auf die Insel St. Helena im Südatlantik, gut tausend Seemeilen von Afrikas Küsten entfernt, hatte zum überseeischen Landerwerb Betrachtungen angestellt, die mehr als ein Jahrhundert vorausgriffen: »Das Kolonialsystem, wie wir es kannten, hat für jedermann zu existieren aufgehört. Englands Seeherrschaft steht nicht länger in Frage. Warum sollte es dann unter diesen veränderten Umständen in seiner alten Routine fortfahren, statt eine vorteilhafte politische Kombination ins Leben zu rufen? England sollte eine Emanzipation seiner Kolonien in Erwägung ziehen, denn es muß über kurz oder lang eine große Anzahl von ihnen verlieren, und es liegt an ihm, aus der gegenwärtigen Ordnung Nutzen zu ziehen, um sich bessere Verbindungen und günstigerer Beziehungen mit ihnen zu versichern.« Wahrscheinlich sah der entmachtete Kaiser diese Verhältnisse deshalb so scharf, weil sein Blick nicht mehr durch eigene Interessen getrübt wurde.
England konnte sich in der ersten Hälfte des 19. Jahrhunderts nicht darüber klarwerden, ob die Gewinne des Überseehandels durch den Besitz kolonialen Landes größer wurden – oder möglicherweise sogar geringer. Englische Stoffe, Maschinen, Stahlwaren wurden ohne Unterschied sowohl in die souveränen Staaten Südamerikas exportiert als auch in die britische Kolonie Indien. Was galt die Macht auf den Meeren, wenn die Herrscherin England selbst – durch die unvermeidliche Intensivierung des Welthandels – die Ozeane, um die sie solange gekämpft hatte, mit einem Riesennetz friedlicher Handelsstraßen überzog und pazifizierte? Freier Handel für alle, das hieß: die Meere gehören allen.
Oder verkündete England dieses Glaubensbekenntnis des insularen Liberalismus mit dem Nebengedanken, daß sein ungeheurer Vorsprung in der Schiffstonnage, das Niveau seiner Industrialisierung, die Qualität seiner Waren von den anderen Staaten der Welt niemals und nimmer einzuholen waren? Die Konkurrenz der Vereinigten Staaten gehörte sicherlich nicht zu den handelspolitischen Belanglosigkeiten, aber ihren potentiellen Meeresinteressen hatten die Amerikaner durch die Monroe-Doktrin eine Fessel angelegt, die Großbritannien zunächst als einen hervorragenden Stabilisierungsfaktor der Pax Britannica einschätzen konnte.

Präsident Monroe hatte in seiner Jahresbotschaft vom 2. Dezember 1823 erklärt, die Vereinigten Staaten würden sich künftig jeder Einmischung in europäische Fragen und Angelegenheiten enthalten, andererseits aber von den Staaten der Alten Welt und allen anderen außereuropäischen Mächten dieselbe Reserve erwarten, was amerikanische Fragen und Angelegenheiten beträfe. England hatte bei dieser Erklärung des politischen Isolationismus hilfreich zur Seite gestanden; ob diese Selbstbegrenzung Nordamerikas die anliegenden Meere ausschloß oder einschloß, war in diesen Jahren noch ohne Belang. Der Durchbruch zum Pazifik wurde erst in der Mitte des Jahrhunderts vollendet. Die Interessenkollision Englands, Frankreichs und der Vereinigten Staaten auf den Hawaii-Inseln entwickelte sich zu einem Prüfstein. Der Anerkennung ihrer Unabhängigkeit durch die Vereinigten Staaten 1844 schlossen sich England und Frankreich an; erst 1898 wurden die Hawaii-Inseln von den USA annektiert.

Zu dieser Zeit wurde das Geflecht der britischen Marinebasen bereits durchsetzt von Stützpunkten, die europäische Mächte erworben hatten, Mächte, die nicht zu den klassischen Seenationen gezählt wurden; das betraf vor allem Deutschland. Bis zum Jahrhundertende war die Geschlossenheit des britischen Stützpunktsystems ein Spiegel der Unbedingtheit, mit der England die Macht über die Meere ausübte. Aus diesem Grund konnte in der ersten Hälfte des 19. Jahrhunderts die britische Kriegsflotte drastisch reduziert werden: Es gab keine Verwendung für sie. Die Kanonenboot-Politik ließ sich mit einem begrenzten Geschwader von Linienschiffen betreiben, gelegentlich auch nur durch ein oder zwei Kampfschiffe, die »Flagge zeigten«, oder an Ort und Stelle mit den Kanonenbooten, den *Gunboats*, von denen der Name stammte. Die Kriegsmarine anderer Staaten war bis zur Jahrhundertmitte für Großbritannien keine Bedrohung und diejenige der Partner im Konfliktfall kaum eine Unterstützung.

Trotz der langwierigen Kämpfe britischer Truppen in Indien und trotz der zweifelhaften Praktiken in China oder in Afrika gilt allgemein für die Epoche der Pax Britannica, daß England seine Kolonien gelassener, reservierter, behutsamer verwaltete, als es das später verbreitete Negativbild des britischen Imperialisten, der ständig die eisernen Zähne fletscht, vermuten läßt. Die herben

Genüsse skrupelloser Machtpolitik lernte England erst in den Jahren wieder schätzen, als sich Risse in den Palastmauern der Pax Britannica zeigten, als der industrielle Vorsprung Englands von anderen Mächten wettgemacht, ja übertroffen wurde, von Mächten, deren Kriegsflotten plötzlich in Breiten zu sichten waren, die bis dahin nur das Flattern des Union Jack gekannt hatten: die Schlachtschiffe Japans und der Vereinigten Staaten, Frankreichs und Rußlands, am Ende auch diejenigen des Deutschen Reiches. Und gewissermaßen nebenbei und für England deshalb um so bestürzender verfügten zu Beginn des 20. Jahrhunderts sogar Länder über eigene Kriegsmarinen, von deren Existenz Kenntnis zu nehmen ein seebewußter Brite abgelehnt hätte, etwa Argentinien oder Chile.

12. Kapitel

Das Meer wird Land

Jean-Baptist Colbert hatte gemeint: »Nichts ist eindrucksvoller, nichts festigt die Majestät eines Königs mehr, als wenn seine Schiffe den erlesensten Schmuck tragen, den man je auf hoher See erblickte.« Die Jahrtausende, die vielen Zeitalter und Epochen der Segelschiffe enden im 19. Jahrhundert; der Dampfantrieb verdrängt die »Masten und Segel und Seile, die gleichgezimmerten Schiffe, mit denen der Seemann die Meere durchfliegt«, von den Ozeanen. Und als wollten die Schiffbauer zeigen, daß die Segelschiffe selbst der »erlesenste Schmuck« sind, präsentieren sie zum Abschied ihr schönstes, elegantestes Produkt, den Klipper. Prachtexemplare waren die »Lightning«, die »Sovereign of the Seas« oder die »Cutty Sark«, die heute im Trockendock von Greenwich königlich still die allgemeine Bewunderung und gelegentlich auch schamhaft unterdrückte Wehmut entgegennimmt.

Die neuzeitliche Technik, die bereits dem Schiffbau eine völlig veränderte Grundlage gegeben hat, nimmt jetzt vom Schiff selbst Besitz. 1822 läuft in Deptford ein englisches Schiff mit Radantrieb vom Stapel, zehn Jahre später baut auch Frankreich seine erste Fregatte mit Schaufelradantrieb. Eine wirkliche Revolution beginnt mit der Erfindung der Schiffsschraube 1827 durch Joseph Ressel und mit dem Dampfantrieb – eine Revolution, die sich gegen die Allmacht des Windes, die Gewalt des Wetters, die Todesruhe der Kalmen, die Unerbittlichkeit der Meeresströmungen richtet. Bei den Kriegsschiffen setzt sich die Eisenpanzerung durch, und mit der Erfindung der Sprenggranate beginnt der endlose Wettlauf zwischen verstärkter Panzerung und erhöhter Durchschlagskraft der Geschosse.

Trafalgar war die letzte und folgenschwerste Schlacht zwischen reinen Segelschiffgeschwadern. Was die technische Entwicklung, die in Richtung einer höchstmöglichen Witterungsunabhängigkeit zielte, für die Schiffahrt und die Seekriegführung an Umwälzungen mit sich bringen würde, hatte Nelson auf den ersten Blick erkannt. Er drängte die Admiralität, die Versuche mit dampfgetriebenen Schiffen zu beschleunigen. England hielt sich in diesen technischen Umbruchsjahrzehnten mit seinen Schiffstypen an der Spitze, auch wenn es häufig den Anschein hatte, als würde nur der Entfaltungsdruck, den vor allem Frankreich ausübte, die Phantasie der britischen Schiffbauer in Bewegung halten.

Wie intensiv die russische Flottenvergrößerung betrieben und der Schiffbau modernisiert wurde, war den Fachleuten bekannt; die russische Kriegsmarine benützte 1853 erstmals Sprenggranaten und 1877 Torpedos. Ebensowenig Zweifel gab es daran, daß nach 1871 das geeinte Deutsche Reich in der industriellen Entwicklung nicht mehr dieselbe bescheidene Rolle spielen würde, die zum Wohlgefallen vieler die zahlreichen kleinen Staaten des Deutschen Bundes seit 1815 gespielt hatten. Das mußte sich auch im Flottenbau zeigen, und darüber tröstete der Umstand kaum hinweg, daß es zu diesem Zeitpunkt noch keine deutsche Marine gab.

Düstere Perspektiven

Großbritannien schien an der Jahrhundertwende stärker denn je zu sein. Die britische Vorherrschaft auf den Meeren drückte sich im Jahre 1897 in einer emphatischen Selbstdarstellung aus, mit der sich genausoviel Demonstrationseffekte verbanden wie Elemente zur Besänftigung eigener Befürchtungen. Am 26. Juni versammelten sich zur Feier des diamantenen Regierungsjubiläums von Königin Victoria im Spithead zwischen der Insel Wight und dem Festland 165 Kriegsschiffe Englands zur glänzendsten aller Paraden in der großen Geschichte der Royal Navy. Wer wollte nach diesem augenfälligen Beweis daran zweifeln, daß Großbritannien noch immer die gewaltigste Seemacht aller Zeiten war?

Bei diesem Flottendefilee handelte es sich um ein geballtes Stück sichtbarer Geschichte, einer Geschichte, in deren Verlauf England zum mächtigsten Reich der Welt geworden war. Zu der Bewunderung, die Großbritannien an diesem Tag seiner eigenen Stärke zollte und die es in gewisser Form auch von anderen Nationen erwartete, gehörten allerdings einige Sorgen. Da gab es den damals vielgelesenen Captain und späteren Admiral Alfred Thayer Mahan, der die Größe der Seemacht eines Staates als absolut entscheidend für seinen Rang in der Weltpolitik hielt, und zwar seit den uranfänglichen Zeiten der Menschheit. Niemals, so meinte er, könne ein Staat ohne Seemacht den Anspruch erheben, auch eine Weltmacht zu sein.

Wenn Großbritannien auf dem Gipfel der Viktorianischen Ära eine dokumentierte marinehistorische Bestätigung seiner weltpolitischen Führungsrolle benötigt hätte: Hier lag sie vor. Die Herrscherin Britannia konnte sagen: »Es gibt nur eine Seemacht, und Alfred Th. Mahan ist ihr Prophet.« Davon waren nicht nur Mahans begeisterte Leser oder die Offiziere aller Marinen der Welt überzeugt (nicht ohne seine eingängigen Lehren auf ihr eigenes Land zu übertragen), davon waren in erster Linie die britische Admiralität und die verantwortlichen Politiker Englands überzeugt; daß Mahan Amerikaner war, spielte keine Rolle.

Allerdings gab es auch andere Denker mit anderen Meinungen über die Rangordnung und Wirkkraft der politischen Antriebe. Gewiß, es handelte sich nur um Gelehrte, sie waren vielleicht nicht mit der Realität des Empires so vertraut wie die erfahrenen, möglicherweise eine Spur zu blasierten Verwaltungsbeamten des Kolonialdienstes, doch ihre Sicht der Situation schien an dunkle Ängste zu rühren, die viel mit dem Aberglauben des Seemanns zu tun hatten und wenig mit der lichten Alltagsvernunft. Seemacht, so argumentierten sie etwa, habe zweifelsohne eine ungeheure Rolle in der bisherigen Geschichte gespielt, sie spiele auch in der Gegenwart noch immer eine ungeheure Rolle, aber das gehöre schon zum letzten Akt des Dramas, das Stück der Kanonen auf den Kielen sei vorbei, der Vorhang werde fallen. Alle Veränderungen, die dem Beginn des 20. Jahrhunderts seine Charakteristika gäben, könnten als, wenn auch unerwünschter, Beweis dafür dienen: das Finale der transozeanischen Welterschließung, die Industrialisierung, der technische Fortschritt, die Umwälzungen in der Wirtschaft, der Einfluß der Bevölkerungsgröße eines Landes, das sich industrialisiere.

Traf das alles nicht zu? Englands jahrhundertelanger Kampf um die Weltmeere – war er nicht eine jahrhundertelange Expansion gewesen? Hatte nicht Großbritannien durch seinen Triumph, der sich in der Aufrichtung der Pax Britannica manifestierte, auch den geographisch-ozeanischen Expansionsprozeß beendet und ihm das Siegel aufgedrückt? Hatte nicht zur Natur des Britischen Imperiums die Erschließung von Absatzmärkten für die englische Industrieproduktion und Überproduktion gehört? War es aber nicht auch in England seit Jahrzehnten bekannt, daß die Industrialisierung der europäischen Kontinentalstaaten genauso zwangsläufig voranschritt, wie sie auf der Insel vorangeschritten war?

Jeder, der nüchtern überlegte, kam zu demselben Ergebnis: Die Industrialisierung verursachte in allen Ländern radikale Veränderungen der Wirtschaft und der politisch-sozialen Gliederungen – die radikalsten Veränderungen seit einem Jahrtausend. Englands einzige Chance bestand darin, solange wie möglich Vorreiter dieses Prozesses zu bleiben, an dessen Spitze es so viele Jahrzehnte gestanden hatte. Konnte es diese Chance nicht wahrnehmen, so wurde es von anderen überholt und mußte aufgrund der zunehmend stärkeren Wechselbeziehungen zwischen allen Bereichen des Staates über kurz oder lang auch in die politischen Mittelbereiche geraten. Seine Führungsstellung war dann verloren und damit auch seine Vorherrschaft auf den Weltmeeren. Vom Prinzip her war es gleichgültig, ob der erfolgreichere Konkurrent Nordamerika, Rußland, Deutschland, Japan oder Frankreich hieß.

Alptraum der Vergleichszahlen

Die Logik der Entwicklung schien recht einfach zu sein; gerade deshalb war sie so beklemmend. Die rapide wachsende Bevölkerung eines Landes wirkte rapide beschleunigend auf die Industrie, jedenfalls unter den europäischen Bedingungen. Sie schob die Produktion nach oben und aktivierte den Willen zum Export, denn Export wurde ein Zwang, sobald das Land industriell erschlossen und zu einem bestimmten Grad gesättigt war.

Der Export über See benötigte eine Handelsflotte. Die Charterung anderer Schiffe wäre zwar theoretisch möglich gewesen, aber schwerlich konnte England, die führende Handelsmacht der Welt, erwarten, daß Staaten, die dazu in der Lage waren, auf den eigenen Schiffsbau verzichteten. Das galt mehr denn je seit dem beendeten Wechsel vom Segelschiff zum dampfgetriebenen Volleisenschiff, denn die Werftindustrie bildete einen eigenen bedeutenden Sektor der Gesamtindustrie; der Schiffsbau beeinflußte die Kohleförderung, die Eisenproduktion, den Maschinenbau, die optische Fertigung, den Instrumentenbau, die Holzindustrie. Ein gut getrimmtes Schiff war und ist ein eigener kleiner Staat mit allem entsprechenden Bedarf.

Der Flottenbau selbst war dabei keineswegs das brisante politische Problem; im Flottenbau schlug sich lediglich in besonders auffälliger Form eine Konsequenz der wirtschaftlich-technischen Entwicklung des 19. Jahrhunderts nieder. Die Industrialisierung brachte die gewaltigste Aktivierung der Länder und Völker mit sich, welche die Geschichte kannte. England war die längste Zeit sowohl führende See- als auch führende Industriemacht gewesen. Sobald sich die Industrialisierung in anderen Ländern durchgesetzt hatte, mußte ein Wettbewerb unter den Nationen beginnen, den England nur dann ohne schwerste Einbußen bestehen konnte, wenn es zu tiefgreifenden Umstellungen fähig war.

Großbritanniens Vorrang auf den Ozeanen hatte zu einem Gutteil auf seinem Vorrang im technischen Fortschritt beruht. Dieser Vorrang war weder ein Privileg noch ein ererbtes Recht. So wenig wie einmal Portugals bevorzugte Lage am Atlantik, die Kühnheit seiner Entdecker, der Weitblick seiner Gestalter des ersten ozeanischen Imperiums sich von selbst zu einem immerwährenden Anspruch auf die Beherrschung der Meere gewandelt hatte, so wenig garantierte die insulare Existenz Englands und seine welthistorisch einmalige Großtat auf den Meeren von sich aus die unvergängliche Macht über die Meere und den zeitlosen Bestand des Britischen Imperiums.

Dieses Imperium lebte nicht von Englands ungeheurem Kolonialreich, sondern es lebte von Englands Befähigung zu imperialer Gliederung und seiner politischen Integrationskraft. Seine materielle Basis war die Wirtschaftskraft des Landes, das Ausmaß der industriellen Wertschöpfung, der Einfallsreichtum bei der Verbesserung der Produktionsverfahren, die Qualität der Erzeugnisse. Sobald andere Nationen in diesem Bereich zum Wettbewerb antraten, zählte für Großbritannien nicht mehr die Exklusivität, zu der ihm sein langjähriger Vorsprung verholfen hatte, sondern es zählten für alle, also auch für England, dieselben Kriterien: Güte, Preis, Zuverlässigkeit der Waren. Hier lag die Crux. An der Tatsache, daß sich selbst in England die Konkurrenzprodukte aus den USA oder dem Deutschen Reich mit unheimlicher Beständigkeit gegenüber britischen Erzeugnissen durchsetzten – ganz abgesehen von der Nachfrage im Ausland –, gab es nichts zu beschönigen, wenig zu bestaunen und viel zu beklagen.

In der letzten Dekade des 19. Jahrhunderts hatte der deutsche Außenhandel die zweite Stelle der Weltliste hinter England erreicht. Die junge Industriemacht »Deutsches Reich« hatte mit einer Schnelligkeit, die niemand für möglich gehalten hatte, die erste Industrienation der Welt beinahe eingeholt. 1880 betrug die deutsche Stahlproduktion nicht ganz ein Drittel der englischen, 20 Jahre später überstieg sie die englische um das Eineinhalbfache. Die Eisenförderung wurde in Deutschland von 1871 bis zum Beginn des Weltkrieges beinahe vervierfacht, die Roheisen- und Stahlproduktion steigerte sich um das Zehnfache. 1914 hatte Deutschland auf diesem Sektor alle europäischen Konkurrenten überflügelt, während die britische Stahlproduktion nicht einmal mehr den vierten Teil der amerikanischen betrug. Auch in der Elektroindustrie und der Chemie hatte Deutschland die europäische Spitze erreicht und England hinter sich gelassen.

1880 standen die USA in der Rangliste der Exporteure an erster Stelle, gefolgt von England, Frankreich und Deutschland. Nach den Gesamtzahlen der Industrieproduktion war England schon 1895 vom Deutschen Reich überholt worden, und an der Jahrhundertwende rangierte Großbritannien bereits hinter den Deutschen und den USA auf dem dritten Platz. Großbritannien stand vor einem Rätsel, denn zur selben Zeit war seine Gesamthandelstonnage immer noch größer als diejenige aller anderen Nationen zusammengenommen. Seit vielen Jahrzehnten galt England als ein Symbol für technisch-industrielle Mustergültigkeit und normgebende Qualität. Um so betroffener hätte man auf der Insel wegen der Tatsache sein müssen, daß die Wachstumzahlen der industriellen

Erzeugung Englands seit dem Wiener Kongreß stetig sanken; in den beiden letzten Jahrzehnten des Jahrhunderts betrugen sie kaum über eineinhalb Prozent im Jahr. Die Entwicklung in den anderen Industriestaaten verlief umgekehrt und in ganz anderen Steigerungsraten. Wenn auch England gemessen an der Industrieproduktion je Einwohner immer noch weit vorne lag, so blieb es doch bei dem Fazit: Die Industriemacht Großbritannien wurde von den kontinentalen Aufsteigern, den früheren Schülern, die keine Schüler mehr waren, unentwegt bedrängt, ihr Atem ging immer kürzer. Und dasselbe Schicksal schien allen Vorzeichen und Symptomen nach auch auf die Seemacht England zu warten.

Neue Flotten

Die Industrialisierung des 19. Jahrhunderts gab nahezu jeder Nation die materielle Grundlage für die Entwicklung einer eigenen Werftindustrie, für den Bau eigener Schiffe, den Aufbau einer Handels- und Kriegsmarine. Von ihrer Leistungsfähigkeit hing der Umfang der Flotten genauso ab wie die Größe des Exports und der Grad, mit dem sich die Ansprüche der Militärs an die Kriegsflotte erfüllen ließen. Die Selbstverständlichkeit, mit der sich während des letzten Jahrhundertdrittels die Staaten ihre eigene Marine schufen, wurde nicht einmal unmittelbar vom Entwicklungsstand der eigenen Industrie abhängig gemacht. 1815 war der Besitz einer Kriegsflotte geradezu das exklusive Merkmal für die stärkste Seemacht der Welt. Im ausgehenden Jahrhundert zählte für jeden Staat, der eine Küste besaß, die Kriegsmarine zu den selbstverständlichen Mitteln, nach außen hin seinem völkerrechtlichen Souveränitätsanspruch, der Unabhängigkeit seiner Staatsgewalt, seinen Hoheitsrechten Geltung zu verschaffen. Die Epoche der Industrialisierung war mit guten Gründen gleichzeitig die Epoche der nationalen Selbstbesinnung und Nationaletaatsbildung.

Politisch drückte sich das in einem neuen Selbstbewußtsein aus, militärisch bei Staaten mit einer Kriegsmarine in einer Veränderung der Flottenfunktion: Die Aufgaben der Kriegsschiffe erschöpften sich nicht mehr in der bloßen Küstenverteidigung, das

Ziel war vielmehr der Aufbau einer Hochseeflotte, die in der Lage war, anderen strategischen Erwägungen gerecht zu werden.

Nicht durch die Flottengründung eines einzelnen Staates wurde Großbritannien daran gemahnt, daß es auch einen Abschied von der Alleinherrschaft auf den Weltmeeren gab, sondern weil auf den Weltmeeren Konkurrenten auftraten, deren Summierung schließlich selbst die gewaltigen Möglichkeiten der englischen Seemacht überstiegen. Die Situation im Fernen Osten machte das deutlich. In Japan hatte der Modernisierungsprozeß einen Expansionsdrang geweckt, dem nur über See zu entsprechen war, in Korea und China. Hier aber stieß Japan auch mit Rußland zusammen, beide Mächte prallten im Spannungsfeld des Chinesischen Reiches aufeinander, dessen Märkte sich Großbritannien vor Jahrzehnten so skrupellos und konsequent aufgesprengt hatte.

Rußland hatte erst durch die Industrie die Möglichkeit erhalten, in Fernost volle Aktivität zu entfalten: durch den Bau einer Eisenbahnstrecke. Der strategische Wert der Transsibirischen Eisenbahn, die vom Ural über 8000 Kilometer zum Stillen Ozean führte, wurde dem Zaren knapp und gründlich mit dem Satz umrissen, die Bahn würde »nicht nur zur Erschließung Sibiriens führen, sondern auch den Welthandel revolutionieren, den Suezkanal als Hauptstraße nach China ersetzen, Rußland die Möglichkeit geben, den chinesischen Markt mit Textilien und Metallwaren zu überschwemmen und die politische Kontrolle Nordchinas garantieren«. England erhielt durch den Bau der Transsibirischen Eisenbahn erneut Gelegenheit, darüber nachzudenken, wie rasch sich die Lage seines »Juwels« Indien verändert hatte gegenüber jenen Jahren, da die Royal Navy allein die Schlüssel zum asiatischen Subkontinent zu besitzen schien.

Der Stille Ozean wurde erst in den 30er Jahren des 19. Jahrhunderts zum Raum politischer Interessengegensätze. Frankreich versuchte durch Besetzung einiger Inseln England nicht die Vorhand zu überlassen. Die lange Zurückhaltung der USA läßt sich nur mit den Problemen der inneren Erschließung der Neuen Welt erklären, denn Handelsschiffe verkehrten schon seit Ende des 18. Jahrhunderts regelmäßig zwischen Amerika und Ostasien; in Kanton gab es bereits im Jahre 1786 einen amerikanischen Konsul. Für den Ausgriff der amerikanischen Kriegsflotte in den Pazifik wurde aber erst der Krieg mit Spanien im Jahr 1898 und der Sieg der USA entscheidend. Spanien strich nicht nur alle seine Ansprüche in Westindien, sondern trat auch die Philippinen und Guam, die maßgebliche Insel der Marianen, an die Vereinigten Staaten ab. Die amerikanische Schlachtflotte war damit in Ostasien mehr als nur ein ständiger Gast geworden.

Daß damit die strategischen Schwerpunkte der alten Ära der Pax Britannica zur Disposition gestellt waren, drängte sich England von selbst auf. Bei dem Konflikt zwischen Rußland und Japan in Fernost, der sich seit längerem abzeichnete, mußte sich England zum erstenmal mit einem offenkundigen Verfall seiner unbestrittenen Überlegenheit in einer Meeresregion abfinden. Die Admiralität erklärte der Regierung, daß die Royal Navy allein nicht imstande wäre, mit den verschiedenen Konfliktmöglichkeiten fertigzuwerden; sie unterstrich in einem Memorandum: »Wir können nicht zusehen, wie unser Handel mit China schwindet, oder daß Hongkong oder Singapur fallen, besonders nicht in einem Augenblick, in dem sich an den Grenzen Indiens ein Landkrieg mit Rußland entwickeln könnte.«

Großbritannien schloß deshalb mit Japan Anfang 1902 ein Bündnis, um einem denkbaren russisch-französischen Übergewicht im Fernen Osten zuvorzukommen und den *Status quo* in Korea und China zu sichern. Damit hatte sich Großbritannien auch der Notwendigkeit entledigt, in Ostasien auf deutschen Beistand angewiesen zu sein – es hatte in Fernost Rückenfreiheit gewonnen. England war nunmehr in der Lage, mit Frankreich sämtliche strittigen Fragen in Nordafrika und in den britisch-französischen Interessensphären zu regeln, es war auch imstande, seine ganze Aufmerksamkeit auf den deutschen Flottenbau zu konzentrieren.

»Die Engländer sind voll Ärger«

Der deutsche Nationalökonom und Wirtschaftspolitiker Friedrich List forderte schon im ersten Drittel des 19. Jahrhunderts den Bau einer deutschen Flotte, »denn eine Nation ohne Schiffahrt ist wie ein Vogel ohne Flügel, ein Fisch ohne Flossen, ein Löwe ohne

Zähne«. 1848, als Deutschland versuchte, sich politisch-staatlich als Nation zu formieren, verfaßte Prinz Adalbert von Preußen, der Neffe König Friedrich Wilhelms III., eine »Denkschrift über die Bildung einer deutschen Flotte«. Prinz Adalbert war in der Royal Navy ausgebildet worden, 1854 ernannte ihn der König zum Admiral der preußischen Küsten.

In dieser Denkschrift entwickelte der Prinz grundsätzliche Vorstellungen über die Bedingungen einer Flottengründung. Sie sind so schlüssig, daß ihre Verbindlichkeit auch durch die modernen und modernsten Veränderungen der militärischen Flottenführung nichts verloren hat. Prinz Adalbert geht von den politischen Raumbedingungen aus, berücksichtigt die Stärke der technisch-industriellen Energie eines Volkes und wägt die operativen Möglichkeiten einer künftigen Flotte Deutschlands ab: Sie erstrecken sich vom reinen Küstenschutz über eine offensiv ausgerichtete Verteidigungsstrategie, die auch den Schutz der Handelsschiffahrt einschließt, bis hin zum Aufbau einer Flotte, die als Mittel einer ozeanisch orientierten Politik den deutschen Seeinteressen Gewicht und dem Reich als Seemacht Bündnisfähigkeit verleiht.

Bei Ausbruch des Deutsch-Französischen Krieges im Juli 1870 erklärte Frankreich die Blockade der deutschen Küsten. 34 französische Panzerschiffe standen 3 deutschen gegenüber. Aber schon im Oktober wurde die Panzerflotte Frankreichs aufgelöst; die Besatzungen sollten die Landarmee verstärken. Bei der Gründung des Reiches 1871 gab es keine deutsche Kriegsmarine. Das Mißverhältnis gegenüber der Entwicklung der Handelsflotte war mehr als kraß, denn ihre Gesamttonnage hatte sich zwischen 1835 und 1873 nicht ganz vervierfacht. Der technische Stand des Schiffsbaus entsprach allerdings bei weitem nicht dem möglichen Niveau. In England wurde in den 70er Jahren auf den Werften achtmal soviel Eisen verbraucht wie auf den deutschen; die englische Handelsflotte war sechsmal größer.

Von 1870 bis 1900, also innerhalb von drei Jahrzehnten, wurde die Gesamttonnage der deutschen Handelsflotte nicht ganz verdoppelt; ein gleicher Zuwachs konnte schon im nächsten Jahrzehnt registriert werden. Die Handelsflotte vergrößerte sich also von 1900 bis 1910 ebensoschnell wie von 1870 bis 1900. Zwischen 1870 und 1890 vollzog sich in Deutschland ein rascher Wechsel vom Holzschiff zum Eisen- und Stahlschiff. Die wirklich rapide Entwicklung sowohl in der Schiffsgröße als auch in der Gesamttonnage setzte aber erst mit Beginn der 90er Jahre ein; dieser Prozeß konzentrierte sich als Folge des Überseehandels fast vollständig auf die deutschen Nordseehäfen.

Im Vergleich mit den klassischen Seemächten Europas handelte es sich beim alten Kaiserreich Bismarcks um eine reine Landmacht. Das änderte sich binnen zwei Dekaden mit der Unwiderstehlichkeit einer Springflut. In den Grundantrieben dieses Aufschwungs gab es nichts Willkürliches, weder was die damit zusammenhängenden Veränderungen der politischen Schwergewichte in Europa anging noch was die Industrialisierung, den Export, die Vermehrung des Außenhandels, die Qualitätssteigerung, den Wettbewerb und die Gründung einer Seestreitmacht betraf.

Bereits die deutsche Nationalstaatsgründung 1871 mußte die gut und die weniger gut motivierten Vorstellungen über das Mächtegleichgewicht in Europa über den Haufen werfen. Bismarck gab sich in diesem Punkt keinen Täuschungen hin, schon wenige Tage nach der Reichsgründung stellte er kaltherzig fest: »Die Engländer sind voll Ärger und Neid, daß wir hier große Schlachten geschlagen haben – und gewonnen. Sie gönnen es dem kleinen ruppigen Preußen nicht, daß es in die Höhe kommt. Das ist ihnen ein Volk, das bloß da ist, um für sie gegen Bezahlung Krieg zu führen. Das ist so die Ansicht der ganzen englischen Gentry. Die haben uns niemals wohlgewollt und immer nach Kräften geschadet.« Aber es ging nicht nur um den Aufstieg Preußens, es ging bald nur noch darum, daß Deutschlands wirtschaftliches Crescendo die Befürchtungen aller Konkurrenten weit übertraf, und das zu einer Zeit, da England, die stärkste Industriemacht der Welt, mit der Räumung seiner Positionen begann.

Deutsche Zukunft auf fremden Wassern

Deutschland besaß Küsten von beträchtlicher Länge. Selbst wenn es weniger gewesen wären, hätte die industrielle Erschließung seiner Gebiete, das dicht verflochtene Eisenbahnnetz, die Produktionskraft der großen und rasch anwachsenden Bevölkerung unweigerlich zu einer engen Verbindung mit dem Welthandel geführt. Das mußte unabwendbar Bewegung in die traditionell begründete Rangordnung der Seenationen bringen, denn die Industrie relativierte auch die Bedeutung natürlicher Vorzüge wie denjenigen langer Küsten.

Das unerhörte Tempo der wirtschaftlich-industriellen Veränderungen im letzten Jahrhundertviertel läßt sich am eindeutigsten an den Exportzahlen ablesen. Vergleicht man sie mit den englischen Daten, so zeichnet sich ab, wie das seebeherrschende Großbritannien mit dem Rücken an die Wand gedrückt wurde – nicht von Hasardeuren, sondern durch die Eigengesetzlichkeit des Wettbewerbs. In diesem Areal kam es nicht auf politische Herrschaftsprivilegien an, hier zählten ausschließlich Nachfrage und Produktionsvolumen, Qualität und Preis – alles Faktoren, die England selbst zur erfolgreichsten Industrienation des Erdballs gemacht hatten. Wann sich die Umwälzungen in der Wirtschaft, in der Industrie und im Handel auch auf die politischen Verhältnisse in Europa und sein Beziehungssystem auswirken würden, war wesentlich eine Frage der Zeit und nicht nur ein Problem des staatsmännischen Augenmaßes oder der diplomatischen Delikatesse.

Großbritannien besaß im Jahre 1883 eine Flotte von Schlachtschiffen, deren Größe etwa der Summe aller Schlachtschiffe der anderen Großmächte entsprach. Während der folgenden eineinhalb Jahrzehnte erhöhte sich der englische Bestand von 38 auf 62, Frankreich verdoppelte beinahe seine Einheiten von 19 auf 36, Rußland steigerte sie von 3 auf 18, Italien von 7 auf 12, die USA, die wie Japan 1883 noch keine modernen Schlachtschiffe besaßen, hatten 1897 bereits 11 auf Kiel gelegt oder vom Stapel gelassen; in Japan waren es 7. Das Deutsche Reich erhöhte in derselben Zeit seinen Bestand von 11 auf 12; prozentual war das die geringste Steigerung unter allen Mächten.

Im November des Jahres 1897 hob Kaiser Wilhelm II. in seiner Thronrede die Notwendigkeit hervor, mit dem Bau einer starken Flotte zu beginnen: »Wenngleich es nicht unsere Aufgabe sein kann, den Seemächten ersten Ranges gleichzukommen, so muß Deutschland sich doch in den Stand gesetzt sehen, auch durch seine Rüstung zur See sein Ansehen unter den Völkern der Erde zu behaupten.« Seit Portugal und Spanien mit ihren Flotten über die Meere gesegelt waren, seit Walter Raleigh sein prophetisches Wort von der Beherrschung der Welt durch die Herrschaft auf den Meeren gesprochen und Lord Nelson die Flotte als wirksamstes Verhandlungsargument der Politik bezeichnet hatte, gab es keine Zweifel am Stellenwert einer ansehnlichen Flotte.

Der deutsche Kaiser sagte 1897 keinem Staat und keinem Politiker der Welt etwas Neues. Neu war nicht, *was* er sagte, neu war nur, *daß* er es sagte. Er hielt sich dabei ganz an die Leitsätze der 48er Denkschrift des Prinzen Adalbert, daß die deutsche Marine auf den Weltmeeren auch der deutschen Flagge Achtung verschaffen müsse.

Die Rede Wilhelms II. hatte allerdings noch einen besonderen Akzent, weil es sich bei ihr um eine Paraphrase zu der Aktivität des neuen Staatssekretärs des Reichsmarineamtes, Alfred von Tirpitz, handelte.

Tirpitz war seit 1865 in der preußischen Marine. In den 80er Jahren trieb er die Entwicklung des Torpedoschiffs zu einer Hochseewaffe voran, wurde 1892 Chef des Stabes des Oberkommandos der Marine und führte 1896/97 als Konteradmiral die Kreuzerdivision in Ostasien. Der Kaiser übertrug ihm 1897 die Führung der Marineverwaltung. Auf Initiative von Tirpitz wurde 1898 vom Reichstag, der bislang jede Flottenvergrößerung verweigert hatte, das erste Flottengesetz gebilligt. Innerhalb von sechs Jahren sollte eine »Ausfallflotte« von zwei Geschwadern zu je acht Linienschif-

Oben: Der deutsche Panzerkreuzer »Derfflinger« in der Schlacht vor dem Skagerrak am 31. Mai 1916

Unten: Erster Weltkrieg, deutsches Großkampf-Linienschiff im Feuer

Folgende Seite, oben links: Erster Weltkrieg, zwei deutsche U-Boote im Kieler Hafen

Oben rechts: . . . die grauen Wölfe. Deutsche U-Boote des Zweiten Weltkriegs in Kiellinie bei einer Gefechtsübung

Unten: Zweiter Weltkrieg. Ein deutsches U-Boot kehrt von einer Feindfahrt in den Hafen Lorient/Frankreich zurück

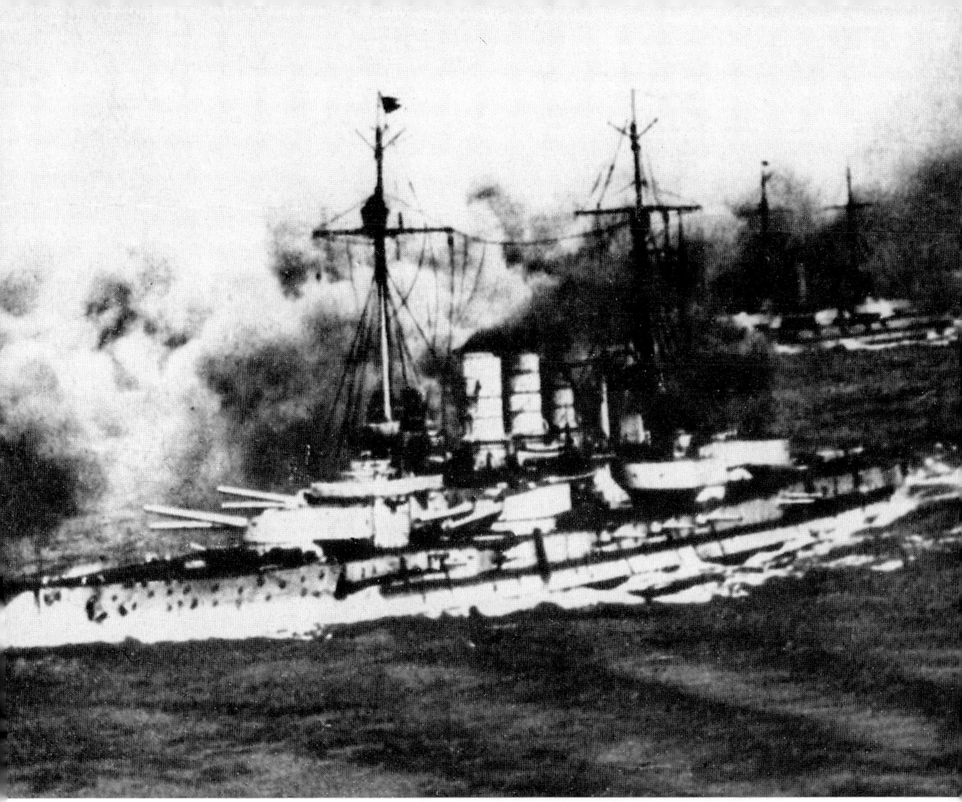

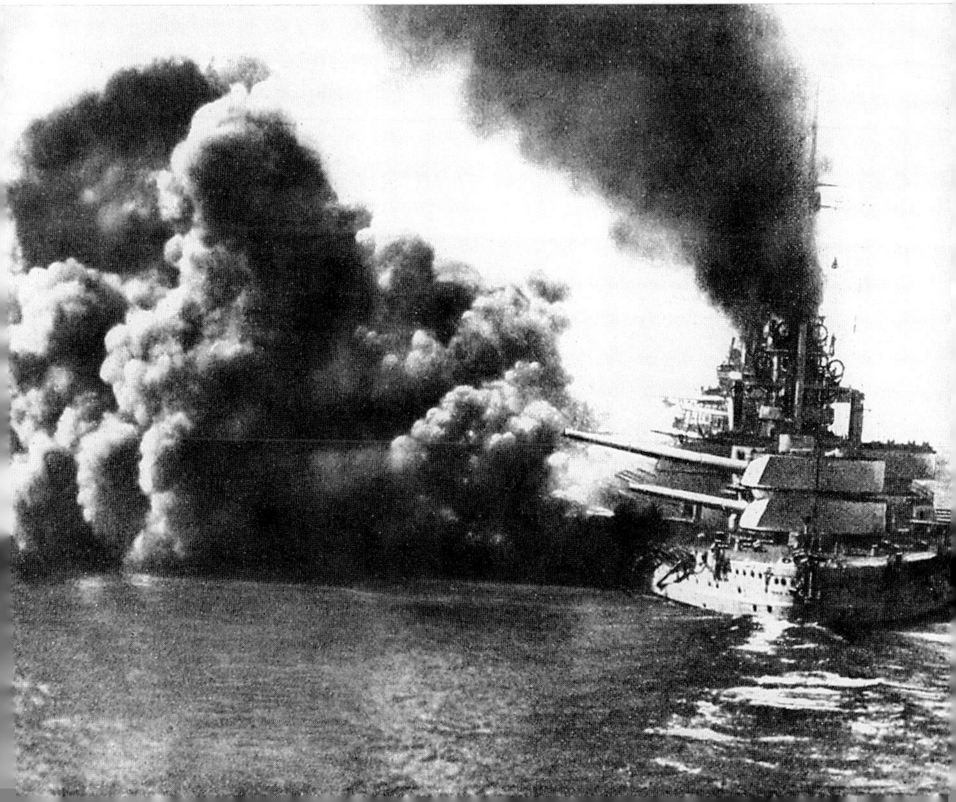

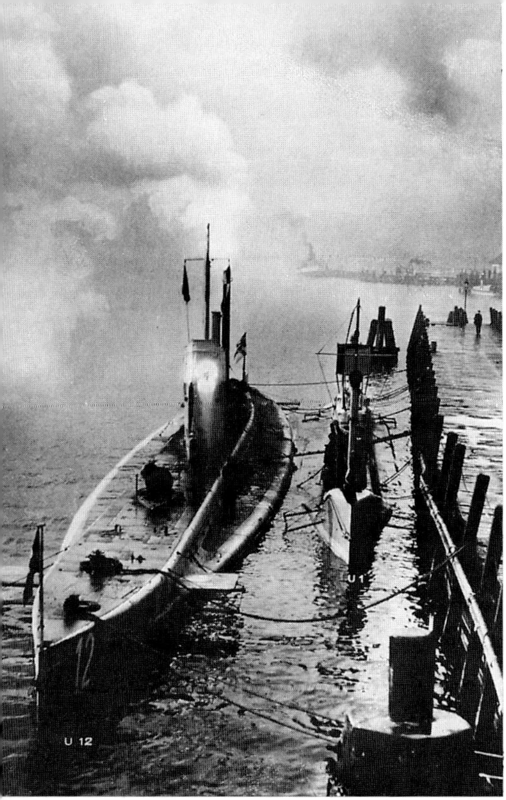
U 1
U 12

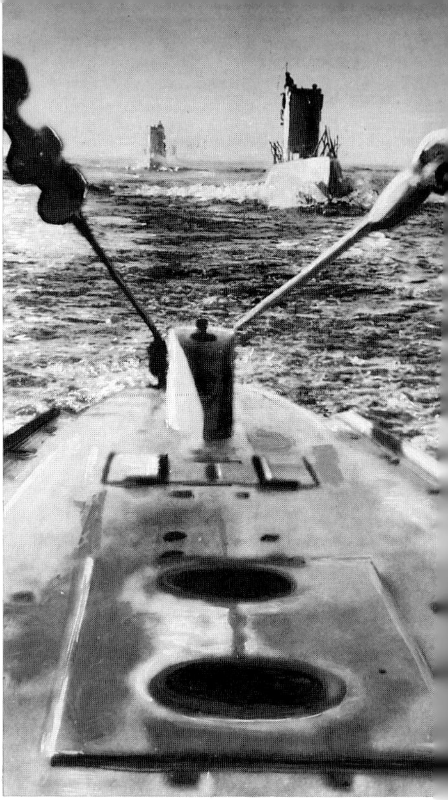

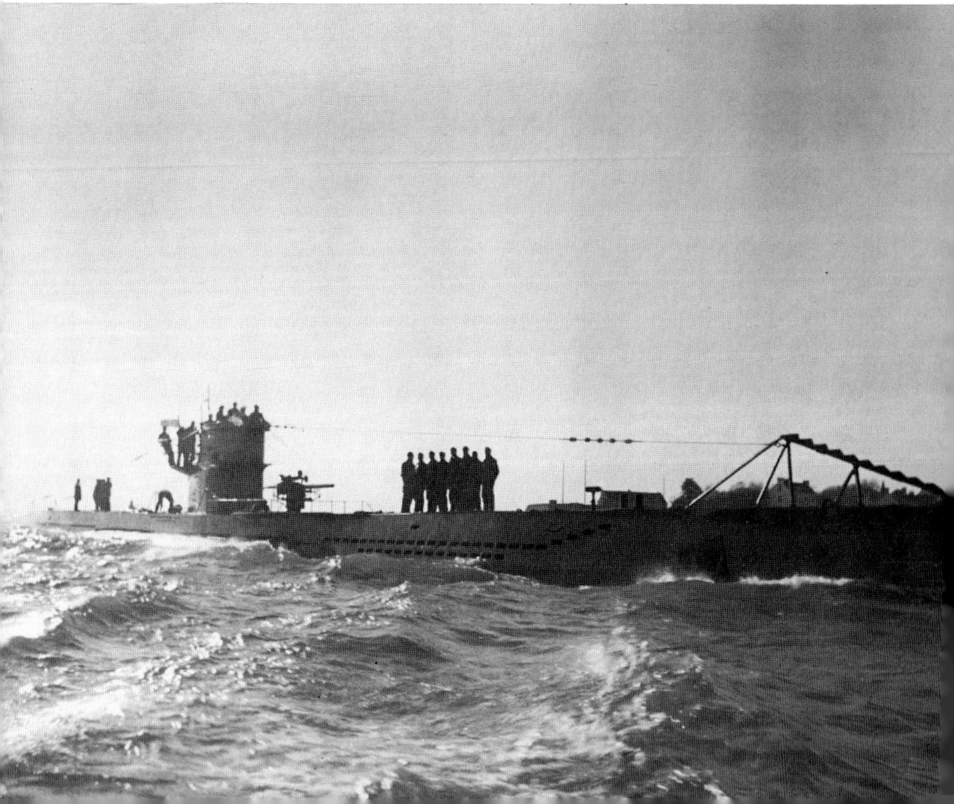

fen, sowie zwei weiteren Linienschiffen als Materialreserve gebaut werden; das waren die wesentlichsten Vorhaben. Ein zweites Flottengesetz vom 14. Juni 1900 erweiterte den ursprünglichen Plan beträchtlich. Der Reichstag genehmigte den Bau eines weiteren Geschwaders von acht Linienschiffen, den Ersatz der Einheiten des Küstenpanzergeschwaders durch Linienschiffe und die Anhebung der Materialreserve auf vier Linienschiffe. Das kam einer Verdoppelung gleich.

War bis in die 90er Jahre die Flotte ein Stiefkind Deutschlands gewesen, so wurde sie unter Wilhelm II. und Admiral Tirpitz zum Lieblingskind der Deutschen. Am 23. September 1898 verkündete der Kaiser bei der Eröffnung des Freihafens in Stettin: »Unsere Zukunft liegt auf dem Wasser!« Der Satz gehört zu den Schlüsselworten für die Flottenpolitik des Reiches vor dem Ersten Weltkrieg und für die Bewertung seiner industriell-wirtschaftlichen Expansionskraft; er deutet auch die Antriebe und die Beweggründe für die verblüffend rasche Neuorientierung der Blickrichtung an.

Wenn Friedrich Hammacher im Reichstag versicherte: »Nur solche Staaten und Völker sind fähig, überseeische Politik zu betreiben, die in sich selbst groß und kräftig sind«, so enthielt dies auch die Bejahung des umgekehrten Satzes: Weil die Industrie- und Exportnation Deutschland in sich groß und kräftig war, konnte und sollte und mußte sie überseeische Politik betreiben. Der Schluß schien logisch zu sein. War er aber auch, soweit er von freien Entscheidungen abhängig gemacht wurde, vor dem Hintergrund der Allianzen zwischen den Mächten vernünftig?

Hätte andererseits das Deutsche Reich, dessen stürmische Wirtschaftskraft mit der Roheit einer Naturgewalt in den Welthandel eindrang, sich einer willentlichen und ausdrücklich beschlossenen Enthaltsamkeit von der Meeres- und transozeanischen Politik befleißigen können? Die Frage ist innerhalb des Rahmens der damaligen handelspolitischen Umgruppierungen und Machtverschiebungen sinnlos. Bernhard von Bülow, der Staatssekretär des Auswärtigen und spätere Reichskanzler, skizzierte die Situation 1899 recht nüchtern: »Die rapide Zunahme unserer Bevölkerung, der beispiellose Aufschwung unserer Industrie, die Tüchtigkeit unserer Kaufleute, kurz, die gewaltige Vitalität des deutschen Volkes haben uns in die Weltwirtschaft verflochten und in die Weltpolitik hineingezogen.«

Überall in der Welt fand man die Deutschen, ihre Produkte, ihre Angebote. Sie gefielen sich in einem Zukunftsoptimismus, der sich durch jeden Erfolg steigerte und so die Basis für den nächsten Erfolg schuf. Auch sie hatten sich in Übersee Schutzgebiete und Kolonien verschafft, hatten im Wettlauf um die letzten weißen Flekken der Landkarte, zumal in Afrika, nicht ungünstig abgeschnitten. Die Maße blieben aber bescheiden, denn im Jahre 1890 waren bereits 84 Prozent der Welt unter den Mächten aufgeteilt. Deutschland hatte seine Kolonien recht unkonventionell erworben, durch Kauf und korrekte Bezahlung, also nicht durch Eroberungen. Die Deutschen saßen jetzt in Afrika, in Asien und selbst im Pazifik. Ihre Schiffe kreuzten alle Seestraßen der Welt, ihre Handelsbilanz schlug nur noch diejenigen Rekorde, die sie selbst aufgestellt hatten. Man riß sich um die deutschen Waren, denn ihr Preis lag erheblich unter demjenigen der Engländer und die Qualität niemals unter dem britischen Niveau. Das alles bedeutete für das Empire Rückschläge, Verluste, Niederlagen. Mochten die Deutschen ihre Friedfertigkeit noch so beflissen hervorheben: Ihre Wirtschaftsexpansion war der erste kalte Krieg des 20. Jahrhunderts. Der Imperialismus ihrer Produkte war unendlich bedrohlicher als der Imperialismus von Kanonen. Lag die Konsequenz nicht zutage, daß man sie politisch isolieren und militärisch destruieren mußte, weil sie auf dem Feld der Wirtschaft nicht zu besiegen waren?

Den deutschen Regierungen waren solche Überlegungen nicht fremd. Auch deshalb hielten es Tirpitz und die Wortführer des Flottenbaus für »einen entscheidenden Fortschritt, daß die Nation jetzt die See liebgewann«. Das war die gefühlsmäßige Seite der Tatsache, daß – wie Tirpitz sagte – in Deutschland »binnen kurzem die Flotte als Lebensfrage anerkannt und ein selbstverständliches Besitztum der Nation« wurde. Der Kaiser ließ keine Gelegenheit ungenutzt, um den Flottengedanken volkstümlich zu machen; schon allein wegen der hohen Kosten des Programms war die Regierung auf eine breite Zustimmung der Bevölkerung angewiesen. Der Kaiser griff eine seiner liebsten Wendungen immer wieder von neuem auf: »Bitter not ist uns eine starke Flotte« – und tatsächlich war das Echo, das binnen wenigen Jahren zu hören war, überraschend. Unversehens leuchteten die großen Jahrhunderte, die glänzenden Taten der deutschen Hanse wieder auf, weiteten sich die bekannten Horizonte, und den meisten Deutschen schien es bald ganz selbstverständlich zu sein, daß sie immer ein Volk der Seefahrt gewesen waren. Der Titel des Buches »Seefahrt ist not« von Gorch Fock, das 1913 erschien und fast in allen Bücherschränken stand, wurde nicht mehr als Appell empfunden, sondern als Sachverhalt.

Natürlich hatte auch der Kaiser und hatten die deutschen Admirale ihren Mahan gelesen. Aber die Thesen Mahans waren zu einem Gutteil nichts weiter als ein Reflex der allgemeinen Lage: Kein Politiker, so bedächtig er auch sein mochte, zweifelte an der Korrektheit der Gleichung, nach der die Rolle einer Weltmacht identisch ist mit ihrer Rolle als Seemacht. Das Bekenntnis des Vorsitzenden der britischen Militärreformkommission, Lord Eshers: »Entweder ist England eine der Weltmächte oder ist es nicht. Und diese Stellung hängt einzig und allein von der Seeherrschaft ab«, dieses Bekenntnis las sich bei Tirpitz, aus der Position Deutschlands, folgendermaßen: »Die Flotte erschien mir niemals als Selbstzweck, sondern stets als eine Funktion der Seeinteressen. Ohne Seemacht blieb die deutsche Weltgeltung wie ein Weichtier ohne Schale. Denn nur eine Flotte, welche Bündniswert für andere Großmächte darstellte, also eine leistungsfähige Schlachtflotte, konnte unserer Diplomatie dasjenige Werkzeug in die Hand geben, das, zweckentsprechend genützt, unsere festländische Macht ergänzte. Ziel mußte sein die Errichtung einer Mächtekonstellation zur See, die Schädigungen und Angriffe auf unsere wirtschaftliche Blüte unwahrscheinlich machen und den trügerischen Glanz unserer damaligen Weltpolitik zu einer wirklich selbständigen Weltstellung umwandeln würde.«

Anders konnte es ein Mann vom Zuschnitt des Schöpfers der deutschen Flotte, dessen Volk sich in einem Stadium des Aufbruchs und deshalb des Mühens um Selbstvergewisserung befand, nicht sehen. Doch die Lage der anderen Völker war kaum weniger durch die Zumutungen grundlegender Veränderungen geprägt. Deshalb galt die Warnung, die Prinz Adalbert in seiner 48er Denkschrift so eindringlich formuliert hatte, für das Deutschland der Vorkriegsjahrzehnte in einem ganz besonderen Maß: »Solange Deutschland sich begnügt, eine bescheidene Stelle unter den kleineren Marinen einzunehmen, solange jedermann einsieht, daß es weder nach großer Geltung zur See strebt noch daran denkt, Schlachten zu liefern, wird niemand es einer Halbheit in seinen Maßregeln zeihen. Sobald es aber durch den Bau von Linienschiffen, von Schlachtschiffen aus diesem anspruchslosen Kreise heraustritt, werden aller Augen sich darauf richten, eine scharfe Kritik anheben, und wehe dem Vaterlande, wenn es sich bei diesem entscheidenden Schritt einer halben Maßregel schuldig machen sollte.«

Über einen Mangel an scharfer Kritik brauchten sich die Schöpfer der deutschen Flotte nicht zu beklagen; sie hält bis heute kaum gemindert an und ist deshalb so grob mit Polemik durchsetzt, weil man sich den Zwangscharakter des damaligen Bedingungsverhältnisses zwischen Industrienation und Flottenbau nicht genügend deutlich macht. Ebenso wenig beließen es der Kaiser, Tirpitz und die deutschen Regierungen bei halben Maßnahmen; weit eher handelte es sich um doppelte Maßnahmen. Das Flottengesetz von 1898 zielte auf ein Kräfteverhältnis der deutschen zu den englischen Seestreitkräften von 1:2; die zweite Vorlage visierte bereits ein Verhältnis von 2:3 an.

Die Militärs und Politiker des Reiches bedachten durchaus, daß die Flottenplanung in England sämtliche roten Lampen aufleuchten lassen würde. Trotzdem hofften sie, Großbritannien deutlich machen zu können, daß ihre Flottenpolitik tatsächlich erst in letzter Instanz direkt gegen England gerichtet und selbst in einem solchen Fall defensiv war. Wilhelm II. warnte mehrfach und mit großem Ernst davor, auf See eine unmittelbare Rivalität mit England anzustreben: »Das ist das einzige, wozu wir niemals stark genug sein werden.«

Im Jahre 1908 besaß Deutschland inzwischen 22 Linienschiffe, England dagegen 59. Die Flottenvorlagen des Reiches waren nicht auf ein Wettrüsten zur See angelegt. Von 1909 bis 1914 hielt man in Deutschland an einem Flottenetat unter 11 Millionen Mark pro Jahr fest, während er sich in England von 11 Millionen auf 18 Millionen erhöhte. Später wurde dem Kaiser und seinen verantwortlichen Ministern vorgeworfen, sie hätten in der Flottenfrage nicht das geringste Augenmaß besessen. Dann aber müßte England mit demselben Recht angelastet werden, daß seine Einschätzung der deutschen Marine als einer Existenzbedrohung nicht im mindesten von einem ruhigen Abwägen der Motive bestimmt war. Spätestens seit 1908 verwechselte Großbritannien in seinem Verhältnis zu Deutschland wiederholt Wirklichkeit mit Wunsch, Politik und Panik.

Der Erste Seelord, Admiral John Fisher, setzte sich zusammen mit dem Admiralitätslord Arthur Hamilton Lee beim König energisch dafür ein, die deutsche Flotte – so wie es die Engländer im Jahre 1807 mit der dänischen Flotte vor Kopenhagen praktiziert hatten, als Admiral Gambier mit 50 Linienschiffen, mitten im Frieden, alle dänischen Schiffe kaperte und Kopenhagen in Brand schoß – im Frieden zu überfallen und zu vernichten, sie zu »*kopenhagen*«. »Lieber früher als später«, bevor sie zu groß würde. Eine zusätzliche Begründung für derartige Projekte lieferte das *Foreign Office:* »Der Bau der deutschen Flotte ist nur eines der Krankheitssymptome. Der politische Ehrgeiz der deutschen Regierung und der deutschen Nation ist die Quelle allen Übels.«

England steigerte die deutsche Flottenmacht auch deshalb zu einer direkten Bedrohung, weil es in der Stärke des Reiches eine Gefährdung des europäischen Gleichgewichts witterte, für dessen Erhalt es sich schon so lange verantwortlich fühlte. Der britische Außenminister Edward Grey meinte zwei Jahre vor Beginn des Weltkrieges: »Wenn ohne unser Verschulden ein europäischer Konflikt ausbricht, in dem der Kampf ganz offensichtlich um die Vorherrschaft in Europa geht, dann ist es unsere Sache, uns an diesem europäischen Krieg zu beteiligen, damit wir verhindern, daß in Europa ein Zusammenschluß entsteht, der den Verlust unserer Seeherrschaft nach sich ziehen müßte. Das ist auch der Grund, warum die Marine unserer Europapolitik unterworfen ist.«

Die aggressiven Spitzen, die der Flottenbau des Reiches für den Kriegsfall enthielt, waren ursprünglich gegen Frankreich und Rußland gerichtet. »Es wäre politisch wie strategisch hirnverbrannt erschienen, die Möglichkeit eines späteren Angriffs auf England zu erwägen«, versicherte Tirpitz. »Der von mir ausgearbeitete Operationsplan von 1895 faßt den Zweifrontenkrieg ins Auge und rechnet bei allen seinen Einzelheiten mit einem neutralen England. Ich ging von der Voraussetzung aus, daß wir den Krieg gegen Frankreich nicht als Kreuzerkampf, sondern mit einer Seeschlacht eröffnen sollten. Hier liegt der Ursprung unseres Schlachtflottenbaus.« Die Lage veränderte sich allerdings zu schnell, sie sah nach knapp 15 Jahren für Tirpitz so aus: »Nach den politischen Verhältnissen des Jahres 1909 war ein Krieg mit England überhaupt nicht mehr anders denkbar, als daß es sich gleichzeitig mit seinen beiden festländischen Entente-Genossen zu einem solchen entschloß.«

Der Plan von Tirpitz, die Stärke der deutschen Marine so anzuheben, daß Großbritannien vor dem Risiko eines Angriffs zurückschrecken mußte, sein berühmter »Risikoplan«, steckt in der Begründung der Novelle zum zweiten Flottengesetz: »Um unter den bestehenden Verhältnissen Deutschlands Seehandel und Kolonien zu schützen, gibt es nur ein Mittel: Deutschland muß eine so starke Schlachtflotte besitzen, daß ein Krieg auch für den seemächtigsten Gegner mit derartigen Gefahren verbunden ist, daß seine eigene Machtstellung in Frage gestellt wird. Zu diesem Zweck ist es nicht unbedingt erforderlich, daß die deutsche Schlachtflotte ebenso stark ist wie die der größten Seemacht.«

Tirpitz sieht folglich die deutsche Schlachtflotte nicht in erster Linie als unerläßliches Werkzeug für eine Entscheidungsschlacht auf See, sondern als Werkzeug einer festen Verhandlungspolitik. Ob sie in einem offensiven oder defensiven Sinn geführt wurde oder so, daß sie der jeweiligen Lage Rechnung trug, hing nicht von der Kampfkraft der Flotte selbst ab. Wäre dies der Fall gewesen, dann hätte sich England kraft seiner Hegemonie auf den Meeren nie anders verhalten können als politisch offensiv – selbst wenn es das nicht beabsichtigt hätte.

Großbritannien mußte in dem Jahrzehnt vor Ausbruch des Ersten Weltkrieges so viele Einbußen hinnehmen, daß die absolute Flottenüberlegenheit für das Empire inzwischen den Charakter einer wirklichen Existenzfrage angenommen hatte. Sir Edward Grey stellte schon 1909 unmißverständlich fest: »Für uns ist die Flotte, was für Deutschland die Armee ist. Für Deutschland würde eine starke Flotte Vermehrung des Ansehens, Vermehrung des diplomatischen Einflusses, Vermehrung des Handelsschutzes bedeuten. Sie ist für Deutschland aber durchaus keine absolute Existenzfrage wie für uns.« 1912 scheiterte der Versuch des britischen Kriegsministers Richard Haldane, durch einen persönlichen Besuch in Berlin die strittige Flottenfrage zu regeln. Winston Churchill, der inzwischen die Führung der Marine übernommen hatte, erklärte daraufhin ganz offen, daß England seine Schlachtschiffe nur gegen eine einzige Nation baue, gegen Deutschland. Die Flottenführung werde dafür sorgen, daß England bei den Großkampfschiffen konstant eine 60prozentige Überlegenheit halte.

Nach Kriegsausbruch, im Herbst 1914, bestand die britische Flotte aus 31 modernsten Großkampfschiffen – weitere 16 befanden sich vor der Fertigstellung –, dazu kamen 39 Dreadnoughts. Zusammen mit den kleineren Einheiten handelte es sich um die stärkste Seestreitmacht, die jemals aufgebaut worden war. Sie kannte nur ein Einsatzgebiet, die Nordsee; schon seit Jahren waren fast 90 Prozent der englischen Kampfflotte hier zusammengezogen. Die eigentliche Kampfflotte bestand aus 24 Großkampfschiffen und 8 Linienschiffen; neben dieser »Grand Fleet« gab es noch die »Kanalflotte«, die aus 30 Linienschiffen bestand. Die deutsche Flotte verfügte über 16 Großkampfschiffe und 8 Linienschiffe.

Wegen dieser Relationen soll noch einmal unterstrichen werden, daß sich England keineswegs nur aufgrund der Flottenpolitik Deutschlands zum Krieg entschlossen hat. Das unaufhaltsame Wachsen des deutschen Exports ist von König Eduard VII. wiederholt als die bedrohlichste aller Gefahren für England bezeichnet worden. Die deutsche Industrie und die deutsche Ausfuhr waren die entscheidenden Motive, nicht die deutsche Marine. Der britische Nationalökonom Alfred Gibbey machte nach dem Krieg kein Hehl daraus: »Wir haben den Krieg begonnen, um die industrielle Macht Deutschlands zu vernichten. Vor dem Kriege sahen wir uns von dem deutschen Konkurrenten überall umstellt. Ein erträgliches Dasein war nicht mehr möglich!«

Rußlands Katastrophe bei Tsuschima

Bei dieser Sachlage ist es im Ersten Weltkrieg auch unter den rein militärischen Gesichtspunkten der Kriegsflotten nicht mehr um einen Kampf um die Weltmeere gegangen. Mit Beginn des 20. Jahrhunderts veränderte sich der Kampf *um* die Weltmeere zum militärischen Kampf *auf* den Weltmeeren. Seemacht wird nicht mehr wie früher, bis hin zu Nelson und in der Ära der Pax Britannica, als ein imperiales Gesamtphänomen verstanden, sondern als ein militärischer Bestandteil der Streitmacht. So wie in unserer Zeit das Meer im wesentlichen nicht anders als das Festland gewertet wird: als Bereich staatlicher Hoheitsrechte, als Träger eines Verkehrsnetzes, als Objekt einer gigantischen Nutzung, als Reservoir von Natur- und Bodenschätzen – so haben die technische Veränderung der Kriegführung und die zeitgenössischen Formen der politischen Herrschaft die Grenzen zwischen den Kontinenten und den Meeren verwischt. Das eine ist im Prinzip das andere, nur nicht im selben Aggregatzustand. Seit sich der Mensch auch den Luftraum erschlossen hat, ist der Rang des Ozeans um eine weitere Stufe gemindert. Die Folgen sind beträchtlich.

Das konnte schon an der ersten großen Seeschlacht des 20. Jahrhunderts abgelesen werden, der Schlacht bei der Doppelinsel Tsushima am 27./28. Mai 1905 im Russisch-Japanischen Krieg. Nach der Pachtung der Halbinsel Kuantung im Jahre 1898 hatte Rußland damit begonnen, von Charbin ab eine Nebenstrecke der Transsibirischen Eisenbahn durch die Mandschurei nach Port Arthur zu verlängern. Die Japaner hatten am 21. November 1894 Port Arthur unter erheblichen Verlusten von Heer und Marine erobert, China hatte ihnen den Hafen ein halbes Jahr später im Frieden von Shimonoseki abgetreten, doch weil Rußland, Deutschland und Frankreich intervenierten, mußten sie auf Port Arthur und die Halbinsel verzichten. Daß Rußland nunmehr den Hafen zum Hauptstützpunkt seiner Ostasienflotte ausbaute, wirkte im Reich des Mikado so, als hätte Japan im Krieg mit China Port Arthur nur deshalb erobert, damit der Festungshafen in den Besitz Rußlands kam.

Das Bündnis mit England gab Japan die nötige Absicherung, um energisch gegen die russische Politik der kalten Okkupation vorzugehen. Die Regierung begann Verhandlungen mit Petersburg, sie hoffte, den Zar dazu bewegen zu können, die russischen Truppen aus der Mandschurei zurückzuziehen. Die Gespräche kamen nicht von der Stelle, Japan entschloß sich deshalb Ende 1903 zu anderen Maßnahmen. Es brach am 6. Februar 1904 die Verhandlungen ganz unerwartet ab, die Regierung in Tokio gab ihrem Flottenchef, Admiral Heihachiro Togo, grünes Licht für seinen Plan, die russische Flotte in Port Arthur ohne Kriegserklärung, völlig überraschend, anzugreifen.

In dieser Auseinandersetzung ging es nach wie vor um Korea und die Mandschurei, also um ein Gebiet, das weder russisches noch japanisches Territorium war. Seine Bedeutung wurde von beiden Staaten so hoch eingeschätzt, daß sowohl Rußland als auch Japan alle ihre Kräfte für den Krieg mobilisierten. Japan beabsichtigte, zunächst die Seeherrschaft zu erringen, um dann ungefährdet mit starken Truppen in Korea zu landen. Admiral Togo, der im gleichen Jahr 1904 den Oberbefehl über die Flotte erhalten hatte, unternahm am 8. Februar 1904 einen Torpedobootangriff auf die russische Flotte in Port Arthur. Die Überrumpelung gelang, zwei Schlachtschiffe und ein großer Kreuzer wurden schwer beschädigt; Admiral Togo nützte allerdings die günstige Gelegenheit zu keinen weiteren Aktionen aus.

Anfang Mai landeten die Japaner in Korea. Port Arthur wurde eingeschlossen und Woche für Woche mit starkem Artilleriefeuer belegt. Im August hatten die Belagerer den Ring um die Festung so eng zusammengezogen, daß auch das Hafenbecken in die Reichweite ihrer Geschütze kam. Der Zar befahl nunmehr der Flotte, auszulaufen und nach Wladiwostok durchzubrechen. Auf diesen Moment wartete Admiral Togo seit Monaten. Im Gelben Meer fing er das russische Geschwader ab, doch dem japanischen Angriff fehlte der letzte Druck. Die Schiffe der Russen wurden zwar auseinandergesprengt, aber nicht völlig vernichtet.

Seit dem Frühjahr stellte Rußland in der Ostsee eine neue Kriegsflotte zusammen. Dieses »Zweite Pazifikgeschwader« unter dem Befehl des Vizeadmirals Rojestwenski, des stellvertretenden Chefs des Admiralstabes, stach am 14. Oktober 1904 von Libau aus in See. Es sollte durch den Südatlantik und den Indischen Ozean ins Chinesische Meer dampfen, um die Fernosteinheiten zu verstärken. Die Flotte hatte eine Strecke von 18 000 Seemeilen vor sich, beinahe Dreiviertel des Erdumfangs. Zum erstenmal in der Marinegeschichte wurde die Versorgung mit Kohle direkt auf See vorgenommen; noch nie war in dieser Weise gebunkert worden, insbesondere bei einem so großen Verband.

Der russische Flottenchef brachte entgegen den Prophezeiungen aller Fachleute seine 45 Schiffe, nach einer unerhört strapaziösen Fahrt von sieben Monaten, ohne Verlust ins Ostchinesische Meer – eine wahre Odyssee, denn die Kriegsschiffe durften in keinem Hafen länger als 24 Stunden bleiben. Das ursprüngliche Ziel, nämlich Port Arthur zu entsetzen, war längst überholt, denn die Festung hatte Anfang Januar 1905 kapitulieren müssen. Damit waren alle Befürchtungen der Skeptiker, die von Anfang an das ganze Unternehmen als ein Fehlprojekt bezeichnet hatten, Wirklichkeit geworden. Auch Admiral Rojestwenski hatte zu ihnen gehört, und doch blieb ihm jetzt nichts anderes übrig, als die Sinnlosigkeit der zurückliegenden Strapazen durch die Absurdität einer Seeschlacht zu krönen, bei der die Niederlage der russischen Flotte feststand, noch bevor ein einziger Schuß gefallen war. Rojestwenskis Schiffe gehörten sämtlich gedockt, die Besatzungen waren erschöpft und nur unzureichend geschult, die Russen stießen auf einen Gegner, der sich seit Monaten in aller Ruhe auf die Entscheidungsschlacht vorbereitet hatte.

Am Morgen des 27. Mai 1905 läuft die russische Flotte in die Tsuschima-Straße ein, südöstlich der Doppelinsel. Admiral Togo hatte sich beständig über den Kurs der Russen informieren lassen, einige seiner Kreuzer nehmen bereits Gefechtsfühlung auf. Togos Hauptmacht befindet sich nordöstlich von Tsuschima. Die russischen Geschwader haben Kampfformation angenommen und laufen in Gefechtskiellinie auf festem Kurs Nordnordost Richtung Wladiwostok. Als Admiral Togo die Spitzen der russischen Schiffe über der Kimm sichtet, schiebt er sich sofort an ihrer Linie vorbei nach Westen. Er läßt den Gegner herankommen, kurz nach zwei Uhr mittags gibt Admiral Rojestwenski den Befehl: »Feuer eröffnen!« Die Entfernung beträgt mehr als 18 Kilometer.
Togo aber wartet, noch hat seine Linie nicht die ideale Gefechtsposition, erst Minuten später beginnt auch das Donnern der japanischen Artillerie. Auf die Russen braust ein Feuerregen herab, schwere Granaten fegen die Aufbauten an Deck hinweg, reißen die Bordwände auf, der Rauch der Geschütze vermischt sich mit dem Qualm aufflammender Brände.
Dieser erste fürchterliche Kampf zwischen den schweren Schlacht-

schiffen des beginnenden 20. Jahrhunderts zieht sich bis in den Abend hin, es ist eine mathematisch exakte Vernichtung, sie läuft mit maschineller Unerbittlichkeit ab: eine Salve nach der anderen, Granate auf Granate, schwerste Geschosse, die kilometerweit heranjaulen, die Panzerung der grauen Stahlkolosse durchschlagen, Eisenträger wie Draht verbiegen – bis dieses Schiff und das andere und ein drittes zu krängen beginnt, Schlagseite nimmt, in einer Riesenexplosion zerbirst, der Rest mit furchtbarem Gurgeln in der See verschwindet.

Obwohl die russische Schiffsartillerie über 41 schwere Geschütze verfügt, die Japaner dagegen nur über 27, ist sie dem Gegner unterlegen. Admiral Rojestwenski wird schwer verwundet, das Kommando geht an Konteradmiral Njebogatov über, der mit dem Rest seiner Schlachtflotte – acht Linienschiffen, den Kreuzern und einer Reihe Versorgungsschiffe – nach Südwesten zurückweicht. Die Verluste der Russen sind fürchterlich, ihre Gegenwehr ist tapfer bis zur Verzweiflung, aber sie sind der japanischen Präzision hilflos ausgeliefert; nur die Dunkelheit rettet sie vor dem völligen Ende.

In der Nacht setzt Admiral Togo seine Torpedoboote auf die Russen an, etliche Schiffe werden schwer getroffen, eines davon sinkt noch in der Nacht. Die letzten fünf – zwei Schlachtschiffe, zwei Küstenpanzerschiffe und ein Kreuzer – stellt Togo am Vormittag des 28. Mai im Japanischen Meer. Seine Hauptmacht kesselt den kleinen Rest des Gegners ein; der russische Kreuzer kann sich dem Ring entziehen und flieht. Nach einem kurzen Schußwechsel streicht der russische Flottenchef die Flagge. Wer sich an die Richtschnur des erfundenen Wortes hält: »Die Garde stirbt und ergibt sich nicht«, wird den Entschluß Admiral Njebogatovs als unehrenhaft bezeichnen. Bis zum Ende des 19. Jahrhunderts hatte allerdings gerade die Seeschlacht ihren alten Duellcharakter noch nicht ganz verloren; ihr Ziel war die Überwindung des Gegners, entweder durch Versenken oder durch Eroberung des Schiffes. Im 20. Jahrhundert ändert sich das Ziel, es heißt: Vernichtung des Feindes.

Die Szene verdient es, genau wiedergegeben zu werden. Nachdem Admiral Njebogatov den Befehl gegeben hat, die Flagge niederzuholen, wendet er sich an seine Besatzung: »Ich bin ein alter Mann, mehr als 60 Jahre alt, mir ist es gleichgültig, ob ich lebe oder sterbe. Wegen dieser Haltung werde ich erschossen werden. Was macht das aus? Ihr aber seid jung und eines Tages werdet ihr den Ruhm und die verlorene Ehre der russischen Marine wiederherstellen. Das Leben der 2400 Männer auf diesen Schiffen ist wichtiger als mein Leben.« Dann verläßt er das Deck seines Schiffes, um Admiral Togo seinen Degen zu übergeben. Togo hat mehr Sinn für den Entschluß des Admirals als später das Kriegsgericht in Kronstadt; er nimmt Admiral Njebogatov den Degen nicht ab.

Mit 37 Kriegsschiffen hatte Admiral Rojestwenski versucht, seinen Auftrag zu erfüllen und durch die Straße von Tsuschima nach Wladiwostok durchzubrechen. Von dieser großen Flotte wurden 22 Schiffe zusammengeschossen, explodierten, gingen unter; sechs Schiffe strichen die Flagge, sechs weitere wurden in neutralen Häfen interniert, nur drei erreichten das Ziel. Rund 6000 Mann waren gefallen. Die Japaner verloren lediglich drei Torpedoboote. Einige ihrer Schiffe wurden zwar erheblich beschädigt, aber aufs Ganze gesehen war dies kaum der Rede wert; an Toten zählten sie zwischen 500 und 600.

Die Katastrophe von Tsuschima wirkte sich auf die Moral der russischen Marine verheerend aus. Im Juli 1905 kam es im Schwarzmeerhafen Odessa zu schweren Unruhen. Am bekanntesten wurde die Meuterei auf dem Panzerkreuzer »Potemkin«; die Matrosen ermordeten ihre Offiziere und brachen mit dem Schiff zu einer wilden Kreuzfahrt durch das Schwarze Meer auf. Rußland wurde in diesem Jahr zerrissen von seiner ersten Revolution. Zar Nikolaus II. akzeptierte deshalb höchst bereitwillig die Vermittlung des amerikanischen Präsidenten Theodore Roosevelt, um den Krieg mit Japan, für den im ganzen Land niemand recht Sympathie empfand, rasch zu beenden. Im Oktober 1905 wurde der Friede unterzeichnet. Japan erhielt Port Arthur und die südliche Hälfte der Insel Sachalin. Rußland hatte damit die Vorherrschaft in der Mandschurei an Japan verloren. Tsuschima brach den Elan des russischen Fernostimperialismus, die russische Politik konzentrierte sich seit 1905 wieder auf den europäischen Raum.

So wichtig die politischen Konsequenzen dieses Krieges waren, so bemerkenswert sind die Lehren, die von Marinestrategen und -taktikern gezogen wurden. Vor Port Arthur hatten sich die Vorzüge und die Nachteile der Seeminensperren gründlich studieren lassen. Die Torpedowaffe hatte sich weniger gut bewährt, als es von den Experten geweissagt worden war. Die Verbesserung des Unterwasserschutzes der Schlachtschiffe galt seit Tsuschima als besonders wichtig, ebenso wurde der Ausbau schwerer Schiffsartillerie zu einem Dringlichkeitsproblem ersten Ranges. Zur wichtigsten Regel aber wurde, was schon Nelson für unersetzlich gehalten hatte: Schiffe gleichen Typs mit gleichen Eigenschaften zu selbständigen Gefechtseinheiten zusammenzufassen. So wie Nelson, so operierten auch die Japaner in halbselbständigen Divisionen.

Beide Flotten hatten gewußt, daß sie in einer Entscheidungsschlacht aufeinandertreffen und sich messen würden. Bei einem Vergleich des Ausbildungsstandes schnitt zwar die russische Marine erheblich schlechter ab, doch für die überlegene Flottenführung Admiral Togos, für seinen Angriffsgeist und seine raschen Entscheidungen, für die Sicherheit, mit der er die Schnelligkeit und Feuerkraft seiner schweren Schiffsartillerie einsetzte, konnte die Unebenbürtigkeit der russischen Flotte und ihrer Besatzungen kein taktisches Kalkül, also auch keine Minderung seiner Leistung sein. Das massierte, hervorragend berechnete Feuer der modernen Geschütze veränderte die Art der Seeschlachten. Die Geschwaderführung wurde durch die Windunabhängigkeit der Kampfschiffe ein Hauptproblem der Gefechtsplanung. Die Vorzüge von Schiffen mit hoher Geschwindigkeit hatten sich deutlich erwiesen, die Nachteile dagegen, die sich hinsichtlich des Überblicks der Flottenchefs ergaben, waren noch nicht hervorgetreten. Die Kiellinie schließlich erhielt viel von ihrer früheren Bedeutung zurück. Die Konsequenz, mit der Admiral Togo die Schiffe des Gegners zusammenschoß und ebenso die Konsequenz, mit der sich die Kommandeure der russischen Flotte zusammenschießen ließen – bis auf die respektable Ausnahme Njebogatovs –, zeigten im übrigen an, daß der Seekrieg durch den Fortschritt in der Waffenentwicklung das Merkmal absoluter Gnadenlosigkeit trug.

Vor Skagerrak

Großbritannien hatte die Entwicklung in Fernost mit Genugtuung verfolgt. Wie die Marinefachleute der anderen Staaten, hatten auch die Engländer, insbesondere der unermüdliche Admiral John Fisher, die Schlacht von Tsuschima auf möglichst viele Nutzanwendungen hin analysiert. Fisher sah sich vor allem in seiner Vorliebe für schnelle, feuerstarke Schiffe bestätigt, er trieb deshalb die Entwicklung eines neuen Schlachtschifftyps, der »Dreadnought«, mit größter Energie voran. Die ersten Kielplatten wurden am 2. Oktober 1905 gelegt; vier Monate später, am 10. Februar 1906, lief der Prototyp einer neuen Klasse schon vom Stapel: eine Rekordzeit im Schiffsbau. Die erste Probefahrt wurde nach genau einem Jahr durchgeführt, am 3. Oktober 1906.

Mit der »Dreadnought« begann die moderne Epoche der Kriegsmarine. Nicht nur wegen ihrer Kampfkraft war sie das hervorragendste Schlachtschiff der Welt; am wichtigsten war die Vereinheitlichung des Kalibers der schweren Geschütze, die auf fünf Doppeltürmen verteilt waren, wodurch sich die Feuerkraft der Breitseite um das Zweieinhalbfache steigerte. Zum erstenmal wurde mit der »Dreadnought« ein Kriegsschiff von Dampfturbinen getrieben, ihre 23 000 PS machten sie zum schnellsten Schlachtschiff der Royal Navy: sie brachte es auf 21 Knoten.

Die anderen Nationen waren jetzt gezwungen, einen erneuten Vorsprung Englands aufzuholen. Auch Großadmiral Tirpitz revidierte das Flottenprogramm. Zu Beginn des Weltkriegs hatte Deutschland rein technisch den Vorsprung Englands wettgemacht, es besaß zwölf Schlachtschiffe derselben Klasse, ebenso verfügte die Marine über acht Schlachtkreuzer, die den Eigenschaften der zweiten englischen Neuentwicklung, dem Schlachtkreuzer »Invincible«, entsprachen, der 1907 vom Stapel gelaufen war und ein Jahr darauf die erste Probefahrt unternommen hatte. Im Jahr 1914 verhielt sich das englisch-deutsche Flottenverhältnis 100 zu 43, Großbritannien ging mit 33 Großkampfschiffen und 16 Panzerkreuzern in den Krieg, die Flotte des Deutschen Reiches besaß 22 Großkampfschiffe und vier Panzerkreuzer.

Die britische *Grand Fleet* und die deutsche Hochseeflotte befanden sich während des ganzen Krieges in einer unbeabsichtigten, wenn auch nicht ganz unerwünschten Pattsituation. Die englischen Inseln liegen als eine große Sperre vor der Nordsee und der Deutschen Bucht. Der Kanal wurde von der *Channel Fleet* unter Vizeadmiral Cecil Burney hermetisch verriegelt. Die Grand Fleet war im Norden postiert, das Gros in Scapa Flow zwischen den Orkney-Inseln, die übrigen Geschwader im wesentlichen in den schottischen Häfen des Dornoch Firth, Morey Firth und Firth of Forth. England führte den Krieg zur See gegen Deutschland vornehmlich durch diese sehr weit gespannte Blockade, die der deutschen Hochseeflotte den Durchbruch in den Atlantik verwehrte und gleichzeitig die Handelsblockade garantierte. Die Hochseeflotte konnte aus diesem Käfig nur mit dem Risiko einer großen Schlacht ausbrechen. Mit welchem Ziel sie dann auf der freien See – ohne Flottenstützpunkte – operieren sollte, war eine Frage für sich. Die Aussichten, daß die Deutschen bei einem solchen Versuch von der doppelten Übermacht der Engländer bis zum völligen Untergang würden geschlagen werden, waren so groß, daß die britische Admiralität gelassen dem Tag entgegensah, an dem die Flotte von Tirpitz sich entschloß, dieses Risiko einzugehen.

England hielt damit zwar die Kriegsmarine des Reiches in ihren Basishäfen fest, legte aber auch seine eigene Flotte an eine Kette. Die prächtigen *Superdreadnoughts* und furchterregenden Schlachtgiganten waren zur Passivität verurteilt, denn aufgrund der geschützten Lage der deutschen Kriegshäfen im Jadebusen und der Ostsee war es unmöglich, die Hochseeflotte aufzuspüren und zu stellen. Andererseits: Was sollte, was konnte die britische Flotte sonst tun? Deutschland war der Hauptfeind, Deutschland besaß die zweitstärkste Flotte der Welt. Großbritannien hatte um die Jahrhundertwende in dem Zweimächte- oder Dreimächtestandard der Flottenverhältnisse ein Orientierungsprinzip seiner Stellung als unangefochtener Seemacht gesehen; danach sollte die britische Kriegsflotte den vereinigten Streitkräften zweier oder dreier anderer Seemächte überlegen sein. Im Jahr 1914 besaß es in Europa im Hinblick auf seine Kriegsgegner einen Zweimächtestandard von 100 zu 47. Es konnte sich sogar mit einem relativen Dreimächtestandard beruhigen, denn die beiden stärksten Seemächte nach Deutschland, die USA und Frankreich, waren Verbündete Großbritanniens.

Welchem strategischen Konzept entsprach es, daß es in den mehr als vier Jahren Krieg zwischen England und Deutschland nur zu etwa zehn kleinen Treffen kam, von der Hauptschlacht abgesehen? Der britische Operationsbefehl ging von dem Grundsatz der strategischen Defensive aus; ein ungewöhnliches Prinzip für britische Seekriegstradition. Die Flotte sollte England vor einer Invasion schützen, die Heerestransporte nach Frankreich decken, die Fernblockade aufrechterhalten, also den Wirtschaftskrieg durch Lähmung des Seehandels führen. Admiral John Rushworth Jellicoe, der Chef der Grand Fleet, sollte eine große Schlacht nur dann annehmen, wenn es die taktischen Verhältnisse erlaubten und der Ort des Treffens nicht allzuweit von den eigenen Flottenbasen entfernt war. Solange der Kanal und das atlantische Tor im Norden von der britischen Flotte blockiert waren, solange blieb die Nordsee »versiegelt« und die militärische Seeherrschaft Englands ungebrochen.

Der deutsche Operationsplan war ein Negativ dieses Konzepts. Auch er ging von der strategischen Defensive aus, obwohl die Seekriegsleitung ursprünglich angenommen hatte, daß Großbritannien sich nicht für die Fernblockade, sondern für die enge Abschnürung der deutschen Küste entschließen würde. Dies hätte der deutschen Flotte weit eher die Gelegenheit zu einer großen Schlacht gegeben – doch in diesem Punkt irrte sich die deutsche Admiralität. Sie verlängerte das weithin politisch motivierte Prinzip des Risikoplans von Tirpitz in den rein militärischen Bereich: Eine Schlacht durfte für die Hochseeflotte erst dann in Betracht kommen, wenn die Briten durch eine lange Kette von Dezimierungsunternehmen so weit geschwächt waren, daß die Chance eines deutschen Sieges nicht mehr aus dem rein zahlenmäßigen Flottenverhältnis zu Beginn des Krieges abgeleitet werden mußte. Doch die Erfahrungen der ersten beiden Kriegsjahre veranlaßten die deutsche Seekriegführung, die Verbindlichkeit ihres Operationsplans noch schärfer zu unterstreichen als zu Kriegsbeginn, also auf der Nötigung zur Abnutzung der Royal Navy zu beharren, statt einer großzügigen Auslegung der Operationsanweisungen durch die verantwortlichen Flottenchefs das Wort zu reden.

Ein amerikanischer Historiker der Gegenwart faßte die Situation so zusammen: »In mancher Hinsicht hatten die Deutschen die besten Überwasserstreitkräfte der Welt, an Stärke und Zahl waren sie lediglich der britischen Marine unterlegen. Doch niemand wußte so recht etwas damit anzufangen. Bis der Kaiser im Jahre 1917 den uneingeschränkten U-Boot-Krieg befahl, hatte es die deutsche Marine nicht verstanden, ein wirklich in sich geschlossenes strategisches Konzept zu entwickeln.«

Die britische Admiralität ließ ihre Planung auch noch von den Erfahrungen bestätigen, daß sich die deutsche Kriegsmarine tatsächlich und höchst überraschend – kaum anders als die neugeschaffene japanische bei ihrer Feuertaufe – trotz ihrer fehlenden Tradition und trotz ihrer nur theoretischen Schulung als ein Gegner entpuppte, der im Seegefecht eine Gleichwertigkeit entwickelte, die aus dem rhetorischen Auftrumpfen und Bramarbasieren der Deutschen vor 1914 unmöglich zu folgern gewesen war. Das traf die Briten besonders schmerzlich. Die Bilanz am Ende des Krieges sah keineswegs so aus, daß sie England – gerade wegen seines blindlings festgehaltenen Glaubens an die Unvergänglichkeit seiner ozeanischen Oberhoheit – nur entfernt Genugtuung hätte verschaffen können. Die Deutschen hatten weit mehr Schiffe versenkt als die Engländer, ihre Mannschaftsverluste lagen erheblich unter denjenigen ihres Gegners, ihr U-Boot-Krieg hatte die »Königin der Meere« in völlig unbekannte Abgründe blicken lassen.

Wende der Seekriegführung

Die kaiserliche Marineleitung hatte der Hochseeflotte wegen ihrer Unterlegenheit von vornherein keine andere Richtschnur geben können, als die Aktionsfähigkeit der Royal Navy so weit wie möglich herabzusetzen. Die Schiffe in Übersee, im wesentlichen das Kreuzer-Geschwader unter Vizeadmiral Graf von Spee, sollte so effektiv wie es nur ging den Kaperkrieg führen – den Risiken aber, die durch die Verbände Englands, Japans, Australiens und Frankreichs im chinesischen und indischen Raum bestanden, sollte möglichst ausgewichen werden. Am 1. November 1914 besiegte Graf Spee vor der chilenischen Küste ein englisches Geschwader unter Konteradmiral Christopher Craddock, mußte sich aber selbst am

8. Dezember bei den Falklandinseln von britischen Schlachtschiffen unter Vizeadmiral Doreton Sturdee stellen lassen; sein ganzes Geschwader wird vernichtet, nur der Kleine Kreuzer »Dresden« entkam mit einem Versorgungsschiff.

Damit waren die Möglichkeiten der Deutschen, in traditioneller Form und mit einer verschwindend kleinen Zahl von Schiffen den Kaperkrieg zu führen, erschöpft. Auch der Kleine Kreuzer »Emden« konnte seine abenteuerlichen Unternehmungen im indischen und pazifischen Raum nicht lange durchhalten; am 9. Dezember 1914 wurde er von dem australischen Großen Kreuzer »Sydney« im Indischen Ozean bei den Kokosinseln zusammengeschossen. Kaperkrieg und Handelsblockade: Das wird zu einer Aufgabe der neuen Waffe »U-Boot« – viel zu spät, mit viel zu geringen Mitteln und deshalb mit viel zu kleinem Effekt.

Der Erste Weltkrieg ist gleichbedeutend mit einem radikalen Umschwung in der Waffenentwicklung, er wird zu einem Drehpunkt der Kriegführung und damit der Strategie. Seit Jahrtausenden hat der Seekrieg auf dem Meer, auf der Wasseroberfläche stattgefunden. Jetzt beginnt er sich zu verlagern, er geht unter Wasser, und er findet ebenso über Wasser, in der Luft, statt. Die Steigerung der Gefechtsentfernungen, die Entwicklung der Funktechnik, des Signalwesens, der Frühaufklärung, der Navigationsverfahren, des Verbunds der Operationen führen hinüber in Bereiche, die früher der Einbildungskraft von Phantasten vorbehalten waren, nicht aber dem empfindungslosen militärischen Planen.

Im Zweiten Weltkrieg werden die entscheidenden Schlachten zur See von Informations- und Befehlszentren vorbereitet und gesteuert, geschlagen und entschieden, weil sich nur weitab vom Kampfgeschehen ein lückenloses Bild der Lage, der notwendige Überblick gewinnen läßt. Die Siege, die errungen werden, sind Erfolge des technischen Erfindungsgeistes, Triumphe der Funksprüche, der Luftaufklärung, der raschen, präzisen Information. Für die Admirale und Kommandeure wird es kaum noch und bald überhaupt nicht mehr nötig, den Gegner mit eigenen Augen zu sehen.

Die Überwasseroperationen des klassischen Seekriegs geraten im Zweiten Weltkrieg zusehends ins Hintertreffen. Die Schlacht im Atlantik, die von den deutschen U-Booten verloren wird, endet mit einem Sieg der überlegenen Ortung durch die Alliierten, einem Sieg des neuen U-Boot-Suchgeräts ASDIC *(Allied Submarine Devices Investigation Committee)*, das aus dem Echolot entwickelt wurde. Und der Kampf im Pazifik zwischen Japan und den USA schlägt entscheidend um in der Schlacht bei den Midway-Inseln vom 4. bis 6. Juni 1942, die in erster Linie zwischen Flugzeugträgern stattfindet, einem schieren Phantomkampf, bei dem sich die Admirale überhaupt nicht sehen.

Die Gegner

Ein einziges Wort steht auf dem Grabstein von Reinhard Scheer, dem bedeutendsten Flottenführer des Reiches im Ersten Weltkrieg: Skagerrak. Am 15. Januar 1916 war dem Vizeadmiral von der deutschen Marineleitung die Führung der Hochseeflotte übertragen worden. Das strategische Seekriegskonzept des Reiches war so wenig nach seinem Geschmack wie der überwiegenden Zahl der Kommandeure. Am ehesten kam die britisch-deutsche Neutralisierungsposition noch dem vorsichtigen Flottenchef Jellicoe entgegen, nicht allein deshalb, weil er, wie es Winston Churchill formuliert hatte, »der einzige Mann bei den Alliierten war, der den ganzen Krieg an einem Spätnachmittag hätte verlieren können«.
In dieser Bemerkung ist sowohl die großartige Rolle der Kriegsflotten im Ersten Weltkrieg wohlgezielt ausgedrückt, als auch die paradoxe Übersteigerung des Ranges der klassischen Seestreitmacht, die auf eine vollständige Entwertung hinauslief: Wer das Risiko eingehen konnte, einen solchen Krieg, einen Weltkrieg, binnen Stunden zu verlieren, mußte ein Narr sein, falls er sich entschloß, ein derartiges Risiko auf sich zu nehmen. Admiral Jellicoe war kein Narr, sondern der erfahrenste, der ausgezeichnetste Flottenchef der Royal Navy. Jellicoe war sich längst darüber klar, daß die Seeschlacht des 20. Jahrhunderts bestenfalls nur unmittelbar in der Phase des entbrannten Gefechts noch etwas mit den sakrosankten Lehren des großen Nelson zu tun hatte.
Die Situation der Deutschen war umgekehrt. Im Gegensatz zur

englischen Seestreitmacht, die ihren Auftrag, die Nordsee abzuriegeln, durch Wachdienst und passive Kontrolle erfüllen konnte, befand sich die Hochseeflotte in einer strategisch höchst unbefriedi-
genden Lage. Das einzige, woran sich die Kommandeure sicher
halten konnten, war die ganz ungesicherte Hoffnung, die Hauptmacht der Hochseeflotte würde eines Tages das Glück haben, einen Teil der Grand Fleet so stellen zu können, daß eine große
Schlacht annehmbar, ein Sieg möglich und eine Niederlage unwahrscheinlich war. Niemand wußte allerdings zu sagen, warum,
bei welcher Gelegenheit und an welcher Stelle sich eine solche
Möglichkeit bieten sollte. Am 24. Januar 1915 war es auf der Dog-
gerbank in der Nordsee zu einem Gefecht zwischen dem Schlacht-
kreuzer-Geschwader des Vizeadmirals Franz von Hipper und einer größeren Einheit Admiral David Beattys gekommen. Die
Deutschen verloren den Panzerkreuzer »Blücher«, konnten sich
aber insgesamt leidlich aus der Affäre ziehen; den Briten wiederum
unterliefen so viele taktische Fehler, daß sie das ganze Treffen de-
zent übergingen oder sich ihres »Erfolges« nur flüsternd rühmten.
Die unangenehmsten und aufsehenerregendsten Aktionen der
Hochseeflotte seit Kriegsbeginn waren die wiederholten Beschie-
ßungen englischer Städte an der Ostküste des Landes. Am 24.
April 1916 stieß Konteradmiral Friedrich Boedicker noch einmal
mit einer Einheit zur englischen Küste vor, belegte die Stadt Lowestoft mit schwerem Feuer und entschlüpfte, bevor ihn Admiral
Beatty mit seinen Schlachtkreuzern abfangen konnte.
Dieser Überfall gehörte schon zu dem neuen Aktionsprogramm
von Reinhard Scheer. Er hatte zunächst kein anderes Ziel, als Bewegung in die festgefahrene Flottensituation zu bringen. Scheer
war einer der ersten Seeoffiziere, die dem bedingungslosen
U-Boot-Krieg das Wort redeten, er drängte darauf, die Luftschiff-
Flotte für eine möglichst intensive, genaue Aufklärung auszubau-
en, er wollte die Hochseeflotte zu permanenten Unternehmungen
in die Nordsee schicken, um die Briten endlich aus ihren Häfen zu
locken: vor die deutschen Torpedos, in ihre Minen oder – falls
sich Admiral Jellicoe zu einer Teilung der Grand Fleet hinreißen
ließ – vor ihre Schiffsartillerie in einer großen Schlacht.
Ende Mai unternimmt die deutsche Hochseeflotte einen neuen
Versuch, die Briten aus ihren Blockadestellungen herauszubrin-

gen. Admiral Hipper läuft mit seinem Geschwader zu einer Aufklärung an der norwegischen Küste aus, das Gros der Flotte unter Scheer in einem gemessenen Abstand hinter ihm. Scheer hofft, daß die Verbände der Grand Fleet die schottischen Häfen verlassen, sobald sie von der Unternehmung Hippers Nachricht erhalten. Das wäre endlich die Gelegenheit, um einen Teil von ihnen abzufangen und zu schlagen, bevor sich die Geschwader vereinigen.

Die Schlacht

Die britische Admiralität nimmt am 30. Mai einen deutschen Funkspruch auf, aus dem sie auf einen bevorstehenden großen Zug schließt. Flottenchef Jellicoe befiehlt noch am Abend das Auslaufen der drei Linienschiffgeschwader. Sie schlagen Ostkurs ein, um am nächsten Morgen vor der norwegischen Küste gemeinsam nach Süden abzubiegen und den Gegner vor der Einfahrt in den Skagerrak, halbwegs zwischen den Haupthäfen der Engländer und der Deutschen, zu überfallen.
Scheer weiß nicht, daß die Briten den Funkspruch abgefangen haben und die ganze Grand Fleet im Anmarsch ist. Am 31. Mai 1916, gegen 14 Uhr, dampft das Geschwader Hippers etwa auf derselben Höhe wie der Schlachtkreuzerverband Beattys, der den südlichsten Kurs der Briten hält. Scheer befindet sich mit dem Gros der Hochseeflotte etwa 50 Seemeilen hinter den Schlachtkreuzern Hippers. Ein harmloses dänisches Schiff wird zum Auslöser der Schlacht, denn Briten und Deutsche schicken Aufklärer zu dem Dänen. Kaum sichten sich die Feindschiffe, jagen Warnmeldungen zu den Geschwaderführern, sie ändern den Kurs, die Formationen laufen mit hoher Geschwindigkeit aufeinander zu. Nachmittags, kurz nach drei Viertel vier, eröffnet die deutsche Linie das Feuer. Die einzige große Seeschlacht des Ersten Weltkriegs ist entbrannt. In den nächsten Stunden erfolgt der Zusammenprall der beiden mächtigsten Kriegsflotten der Welt mit einer derartigen Wucht, daß alles, was bis dahin aus der Seekriegsgeschichte bekannt ist, in den Schatten gestellt wird. Die Geschwader Beattys und Hippers haben versucht, in die günstigste Gefechtsposition zu kommen.

Beatty will die Deutschen achtern umfassen, um ihnen keinen Rückzug offenzulassen, er weiß, daß die anderen Geschwader der Grand Fleet zügig seiner Position entgegenstreben, sie müssen binnen kurzem in nächste Nähe kommen.

Hipper erkennt die Absicht des britischen Manövers, er geht auf Gegenkurs, zieht nach einigen Minuten parallel zu den Briten nach Südosten, der Hauptstreitmacht Scheers entgegen. Die erste Phase der Skagerrak-Schlacht beginnt, die Schiffe befinden sich in einer Entfernung von 18 Kilometern, ihre Linien laufen schräg aufeinander zu, die ersten Salventreffer schlagen auf der »Lion«, dem Flaggschiff Beattys, ein. Die Distanz der Geschwader verringert sich jetzt rasch, die »Lion« bleibt unter genausitzendem Feuer. Aber auch die Briten decken die deutschen Kreuzer mit einem Geschoßhagel ein, als erste wird die »Seydlitz« beschädigt, dann muß die »Lützow«, das Flaggschiff Hippers, Treffer hinnehmen, die »Von der Tann«, die »Derfflinger«. Nach einer halben Stunde reißt eine Granate die Decke des Mittelturms der »Lion« fort und explodiert im Leitstand. Der Schlachtkreuzer beginnt an mehreren Stellen zu brennen, er muß abdrehen und aus der Linie scheren. Minuten später durchschlagen drei Granaten das Deck des britischen Schlußschiffs »Indefatigable« und detonieren in der Munitionskammer, eine weitere Salve schlägt ein, das Schiff zerbirst in einer ungeheuren Explosion, es versinkt so schnell, daß ein deutsches Torpedoboot von den 1017 Mann der Besatzung nur drei Seeleute retten kann.

Inzwischen hat die Division von Konteradmiral Evan-Thomas, die wegen ihrer langsameren Schiffe zurückgefallen ist, aufgeholt und greift in den Kampf ein. Evan-Thomas kommandiert vier *Superdreadnoughts*, die gewaltigsten aller Schlachtschiffe. Die Geschosse ihrer 38-cm-Artillerie prallen aber an der hervorragenden Panzerung der deutschen Schiffe ab, die Schäden auf der »Moltke« und der »Von der Tann« sind unerheblich, zum Teil haben sie es auch der minderwertigeren Munition der Engländer zu danken. Kurz nach dem Eingreifen der Division Evan-Thomas muß ein weiterer Schlachtkreuzer Beattys, die »Queen Mary«, eine rasche Folge von Treffern hinnehmen, auch sie wird von einer fürchterlichen Explosion zerrissen, unter einer 300 Meter hohen Rauchwolke versinkt das Schiff; acht Matrosen werden von den Deutschen gerettet, die anderen 1266 Mann gehen mit dem Schiff unter. Der Hauptgrund für die Explosionskatastrophen war die ungenügende Sicherung gegen Brände, die auf den britischen Schlachtkreuzern von den Geschütztürmen auf die Munitionsdepots übergreifen.

Um 16 Uhr 40 sichtet die britische Vorausabteilung der Leichten Kreuzer die Spitze der deutschen Hauptstreitmacht. Kommodore Goodenough meldet Admiral Beatty sofort das heranrückende deutsche Gros, mit dem niemand gerechnet hat. Beatty, der sich Hipper gegenüber noch immer in einer gewaltigen Übermacht befindet, gibt den Befehl, nach Norden abzudrehen. Damit ist die erste Phase der Skagerrak-Schlacht beendet. Die Schiffe Hippers sind zwar ausnahmslos getroffen, zum Teil auch schwer, dennoch dürfen sich die Deutschen als Sieger fühlen. Admiral Scheer auf seinem Flaggschiff »Friedrich der Große« glaubt die Lage gut genug überblicken zu können und ist überzeugt, daß ihm das Geschwader Beatty nicht entkommen wird. Und so wenig, wie Beatty etwas von dem deutschen Gros vermutet hat, so wenig ahnt Scheer, daß Jellicoe mit der Hauptmacht der Grand Fleet, mit 24 Dreadnoughts, im Anmarsch und schon dicht vor ihm ist.

Der britische Flottenchef hat keine exakten Meldungen über den bisherigen Schlachtverlauf erhalten. Um Viertel nach sechs sind seine Kolonnen nahe genug herangedampft, damit er sich selbst ein Bild machen kann. Er läßt seine sechs Marschdivisionen auf Kurs Südost zu Ost in Gefechtsformation auseinanderziehen. Die britischen Schiffe entwickeln sich zu einem Riesenbogen vor dem Skagerrak und sperren ihn. Als Scheer wenig später in den Dunstfeldern über der unruhigen See die britischen Schlachtkolonnen sichtet, als er – völlig überrascht und beklommen – merkt, daß es sich um die gesamte Grand Fleet handelt, ist es zu spät. Er steckt mit seiner Hochseeflotte in einer Falle, wie sie nicht übler sein könnte. Die zweite Phase der Schlacht beginnt, sie treibt unerhört rasch zu einem furiosen Höhepunkt.

Noch ist es hell, die Sicht wird allerdings durch die ständigen Dunstschleier behindert. Die Schlachtkreuzer Hippers liegen mit dem starken Geschwader Konteradmiral Hoods in einem schweren Kampf. Auf dem Leichten Kreuzer »Wiesbaden«, der schon im ersten Gefecht fast zu einem Wrack geschossen wurde und hilflos zwischen den Linien liegt, detoniert eine Salve nach der anderen.

Kurz nach halb sieben entfesseln die 300 Geschütze der britischen Großkampfschiffe einen Feuersturm über den vorderen Einheiten der deutschen Gefechtslinie. Die Situation ist aussichtslos, die deutschen Kapitäne können sich nur an dem Mündungsfeuer der Feindartillerie orientieren, die Briten dagegen sehen die Schiffe ihres Gegners ausreichend scharf vor dem Abendhimmel. Scheer notiert später: »Ich sah, daß auf dem vor uns liegenden Teil des Horizonts rings das Feuer von Salven schweren Kalibers aufblitzte. Der ganze Bogen, von Norden bis Osten reichend, war plötzlich ein Flammenmeer.«

Jellicoe will die Spitze des deutschen Gros umfassen, das seit Tsuschima klassische Manöver des »*Crossing the T*« durchführen – den Strich über das T, über die Spitze ziehen –, um von drei Seiten zugleich die deutsche Linie von der ersten Formation an mit Feuer einzudecken, zu umklammern und zu vernichten. Die Positionen dafür sind direkt schulgefechtsmäßig ideal, Jellicoe berichtet: »Die Schiffe schossen auf alles, was sie sahen – wenn sie es sahen.« Und Admiral Scheer wieder sieht nichts anderes als die Katastrophe, die sich nur noch durch ein Wunder vermeiden läßt. Deshalb beschließt er, das Wunder selbst herbeizuführen.

Reinhard Scheer gibt den Befehl zu einem Manöver, das die Marineexperten der Welt für unmöglich halten: eine Kehrtwendung der ganzen Linie mitten im Gefecht um volle 180 Grad. Scheer hat diese Übung mit seinen Schiffen ungezählte Male durchexerziert, und exerziermäßig einwandfrei gelingt die Wendung auch jetzt, unter den pausenlosen Salven schwerster Kaliber, riesigen Wasserfontänen, den heranheulenden Granaten, dem Schmettern der Einschläge, inmitten von Qualm, Detonationen, Bränden, zerfetzten Körpern. Als Scheer das Signal gibt, erhalten seine Torpedobootflottillen den Befehl zu einem massierten Angriff auf die Linie Jellicoes. Ihre Rauchwolken nehmen den Briten in den entscheidenden Minuten die Sicht, Flottenchef Jellicoe erhält keine Meldung von dem deutschen Manöver, auch nicht von den Schiffen am Schluß der Linie, die die Gefechtskehrtwendung klar erkennen. Schon nach einer Viertelstunde hat die Linie Admiral Scheers soviel Distanz gewonnen, daß die Geschütze der Engländer die deutschen Schiffe nicht mehr erreichen und das Feuer einstellen. Die deutsche Flotte ist der sicheren Vernichtung entgangen. Als

Jellicoe feststellt, daß sein Kurs die Feindberührung abreißen läßt, dreht er auf Südwest, um der Hochseeflotte wiederum den Rückweg abzuschneiden. Noch immer liegt die »Wiesbaden« zwischen den Linien, beide Maschinen sind ausgefallen, die Breitseiten der englischen Kolosse haben alles zerschlagen und durchsiebt, noch schwimmt das Schiff, auf dem Achterdeck feuert ein einziges Geschütz unentwegt seine letzten Geschosse ab, die »Wiesbaden« brennt vom Bug bis zum Heck, ist in Rauch und in die Schwaden des Abendnebels gehüllt. Nachts geht sie unter, ein einziger Heizer wird gerettet, mit der Mannschaft stirbt auch der Dichter Gorch Fock.

Kaum hat sich Admiral Scheer aus der britischen Umklammerung befreit, entschließt er sich abrupt, durch eine neuerliche Kehrtwendung seine Linie wieder an Jellicoe heranzubringen. Der englische Admiral ist zunächst überrascht, denn das Manöver verstößt gegen alle Regeln: Die Deutschen, wie durch ein Wunder gerade noch den Fangzähnen entschlüpft, drehen um und stürzen sich wieder in den geöffneten Rachen. Scheer gibt für seine zweite Kehrtwendung folgende Gründe an: »Das Manöver würde auf jeden Fall den Feind überraschen, seine Pläne für den Rest des Tages durcheinanderbringen und, wenn der Kampf schwierig würde, die Lösung vom Gegner erleichtern. Die wieder gesichtete ›Wiesbaden‹ trug auch dazu bei, mich in meinem Entschluß zu bestärken und eine letzte Anstrengung zu machen, ihr Hilfe zu bringen und wenigstens ihre Besatzung zu retten.«

Der Admiral läßt für die Schlachtkreuzer, die sich jetzt an der Spitze der Linie befinden, die Flagge R setzen, das »Signal zur Todesfahrt«: »Ran an den Feind: Rammen!« Gleichzeitig greifen die Torpedoboote noch einmal an, sie halten aufs Zentrum der Grand Fleet, schießen 28 Torpedos ab. Scheer hat keine Chance, seine Großkampfschiffe anders von den Briten zu lösen und eine Reihe schwer getroffener Schiffe aus dem Schußbereich zu bringen. Um 19 Uhr 15 befiehlt er zum drittenmal: »Gefechtskehrtwendung«. Wiederum gelingt das Manöver mit schulmäßiger Präzision. Jellicoe, der zusätzlich durch eine irreführende Meldung über das Heranrücken deutscher U-Boote verwirrt ist, gibt seinem Gros nach dem Torpedoangriff den Befehl zum Abdrehen.

In der hereinbrechenden Nacht geht die Fühlung zwischen den

Hauptformationen der Gegner verloren. Die Engländer wollen keine Feindberührung halten, ein Nachtgefecht scheint ihnen sinnlos. In seinem Bericht an die Admiralität schreibt Jellicoe: »Die Dunkelheit brach schnell herein, der Nebel verdichtete sich, und es wurde notwendig, über den weiteren Verlauf des Treffens zu entscheiden. Die britische Flotte stand zwischen dem Feind und seinen Stützpunkten. Jede Seite besaß eine ansehnliche Zahl von Zerstörern, und es war sehr wahrscheinlich, daß der Gegner in dieser Hinsicht sogar über eine erhebliche Überlegenheit verfügte. Ich verwarf deshalb sofort den Gedanken an einen Nachtkampf zwischen den Großkampfschiffen, da er wegen der Anwesenheit einer so großen Zahl von Zerstörern sowie wegen der Unmöglichkeit, zwischen unseren eigenen und den feindlichen Schiffen zu unterscheiden, nur zu einer Katastrophe führen konnte. Außerdem ist der Ausgang eines Nachtgefechts unter modernen Bedingungen weitgehend eine Sache des reinen Zufalls. Ich war auch in Gefahr, den Vorteil der Position einzubüßen, wenn ich auf Ost- oder Westkurs ginge. Deshalb entschloß ich mich, nach Süden zu steuern, wo ich in der Lage sein würde, das Gefecht bei Tagesanbruch wieder aufzunehmen.«

Scheer hält auf die Südseite von Horns Riff zu, hier, in der Nähe der jütländischen Küste, ist die einzige Möglichkeit, sich den Briten zu entziehen. Jellicoe befiehlt einen leicht südöstlichen Kurs, er nimmt Richtung auf Helgoland. Die Gegner wissen nicht, wie dicht sie einander folgen, die Briten kreuzen vor der deutschen Flotte den Kurs Admiral Scheers, gegen Mitternacht beginnen die Zusammenstöße mit der englischen Nachhut, wiederum donnern die Geschütze, tasten die Scheinwerfer durch die Finsternis, explodieren Granaten an Deck, auf den Türmen, an den Bordwänden. Bis zum Morgengrauen dehnt sich diese letzte Phase der Schlacht, liefern sich die Zerstörer und Kreuzer wilde Einzelgefechte. Kurz vor dem ersten Grau der Dämmerung fliegt der Panzerkreuzer »Black Prince« in die Luft.

In dieser chaotischen Nacht verlieren die Briten noch fünf Zerstörer, die Deutschen büßen das alte Linienschiff »Pommern« und drei Kleine Zerstörer ein. Weder der britische noch der deutsche Admiral kann sich ein genaues Bild von der Lage machen. Scheer hält die Linie unbeirrt auf dem einmal befohlenen Kurs, anders ist es nicht möglich, durch die schmale, minenfreie Passage westlich von Horns Riff in die Deutsche Bucht einzuschlüpfen. Jellicoe hat zwar die Position der Hochseeflotte richtig eingeschätzt, aber seine Vermutung über den genauen Kurs ist falsch. Das Wetterleuchten der Nachtgefechte achteraus hält er für belanglose Scharmützel zwischen hängengebliebenen Schiffen, er bemerkt nicht, daß nach Mitternacht die deutsche Flotte auf ihrem Kurs nach seiner Backbordseite hinüberzieht. Erst kurz vor halb drei ändert der britische Admiral die Richtung, schwenkt herum und dampft nach Nordwesten. Doch als der Himmel hell und die See grau wird, sichten die Briten kein einziges deutsches Schiff. Scheer zieht rüstig in Richtung Jadebusen und Wilhelmshaven.

»... ist des Ruhmes genug«

Hat es einen Sieger in dieser Schlacht gegeben, an der 254 Kriegsschiffe beteiligt waren – zahlenmäßig und nach Feuerkraft das absolut gewaltigste Treffen der Seekriegsgeschichte? Weder der eine noch der andere Gegner kann als Verlierer bezeichnet werden. Der englische Marinehistoriker Julian Corbett meinte: »Was Admiral Scheer erreicht hat, ist des Ruhmes genug, um ihn den großen Flottenführern aller Zeiten ebenbürtig zur Seite zu stellen.« Die Deutschen haben am Skagerrak zwar nicht gesiegt, aber die Schlacht war ein unerhörter Triumph für sie, ein Triumph, der schwerlich hätte größer sein können. Für die Engländer war Skagerrak keine Niederlage, aber ein Mißerfolg, der schwerlich hätte größer sein können, größer sein dürfen. Auch an Hand der aufschlußreichen Vergleichszahlen läßt sich die Frage nach dem Sieger und dem Verlierer nicht beantworten. Die Engländer verloren doppelt soviel Schiffe und zweieinhalbmal soviel Menschen wie die Deutschen, und das in einem Kampf, bei dem sie in dem bemerkenswert günstigen Stärkeverhältnis von 8 zu 5 antraten. Großbritannien büßte 115 025 Tonnen Schiffsraum ein, Deutschland dagegen 61 180. An Toten hatte England 6100 zu beklagen und 2550 die Deutschen; 177 Briten kamen in Gefangenschaft.
Für die deutsche Kriegsmarine ist Skagerrak eine Selbstbestäti-

gung größten Ausmaßes gewesen. In dieser Schlacht sind alle Erwartungen eingelöst, ja noch übertroffen worden – etwas Unersetzliches für eine völlig neu geschaffene Streitmacht, die bar jeder Erfahrung war, jeder Erprobung, jeder Bewährung im Ernstfall. Das war viel, sehr viel. Skagerrak hat der deutschen Kriegsmarine die Grundlage ihres Selbstvertrauens gegeben.

Davon abgesehen hat die Schlacht am Skagerrak bestätigt, was sich seit dem Einzug der modernen Technik in die Kriegführung – schon lange vor dem Ersten Weltkrieg – abzuzeichnen begann: daß bei dem Kampf *um* die Weltmeere eine neue Epoche begonnen hatte, daß die Kämpfe *auf* den Weltmeeren Vorrang erhielten und der Krieg zur See nur eine Variante des Krieges schlechthin bildete. Von nun an handelte es sich bei den Weltmeeren nicht mehr um etwas Eigenständiges, auf das sich der imperiale Wille einer einzigen Macht richten konnte – der Wille, die Alleinherrschaft auf der See auszuüben. Die Marine, früher das Mittel der Ozeanopolitik, wurde zu einer beigeordneten Waffengattung.

Das war eine der wichtigsten Lehren des Ersten Weltkrieges. Bei den Briten wie bei den Deutschen: unerhörter Heroismus, todesbereite Tapferkeit, beispielloser Mut – ganz wie bei den anderen Völkern und Staaten, die im Kriege kämpften. Aber Skagerrak könnte aus den Annalen gestrichen werden, ohne daß sich das strategische Bild der Flotten verändern würde. Nach wie vor bis zum Kriegsende sind es typische »Fleets in being«, nach wie vor bleiben die Briten in ihren Lauerstellungen, blockieren den Kanal und die Tore zum Nordatlantik, »versiegeln« sie die Nordsee, und nach wie vor bleibt die deutsche Hochseeflotte in Wilhelmshaven und in Kiel, an die Deutsche Bucht und an die Ostsee gefesselt.

Obgleich die Royal Navy die alten Positionen behauptete, war ihr Nimbus der Unbezwingbarkeit durch ihre taktische Niederlage und die enormen Verluste am Skagerrak unwiederbringlich dahin.

Aber die Hoffnungen der Deutschen, durch einen uneingeschränkten Krieg unter Wasser die Ziele zu erreichen, die durch den Kampf auf dem Wasser nicht zu erreichen waren, wurde ebenso enttäuscht wie die Erwartungen, die sie mit ihrer Hochseeflotte verbunden hatten.

Von der Sitzung des Kronrats am 9. Januar 1917, in der sich die deutsche Führung endgültig für den U-Boot-Krieg entschied, berichtete Reichskanzler Bethmann Hollweg resigniert: »Ich habe über eine Stunde gegen den verschärften U-Boot-Krieg gesprochen, denn er wird uns den Eintritt Amerikas in den Krieg bringen. Das können wir nicht vertragen. Die Technik hat in diesem Krieg so große Fortschritte gemacht, daß auch bestimmt Abwehrmaßregeln gegen unsere U-Boote erfunden werden. Die Amerikaner werden kommen; ich kann es nicht beweisen, aber es ist meine Überzeugung. Als ich geendet, sprang der Admiral Henning von Holtzendorff auf und sagte: ›Ich verbürge mich auf mein Seemannswort, daß kein Amerikaner das Festland betreten wird.‹«

Die Amerikaner betraten das Festland. Deutschland verlor den U-Boot-Krieg, es verlor den Ersten Weltkrieg. Aufgrund der Waffenstillstandsbedingungen mußte das Gros der deutschen Flotte, einschließlich sämtlicher U-Boote, den Siegern übergeben werden. Ein amerikanischer Seekriegshistoriker unserer Zeit beschreibt die Szene: »Am 21. November 1918 erwartete die Grand Fleet unter Admiral Beattys Kommando wie in Paradeaufstellung beiderseits des großen Ankerplatzes von Scapa Flow die deutschen Dreadnoughts, die Schiffe einer unbesiegten Marine, aber die Marine einer besiegten Nation. Es waren die Schiffe, die am Skagerrak gefochten hatten. Tränen standen Offizieren so wie den kampferprobten Mannschaften in diesem Augenblick der Demütigung in den Augen. Das schien das Ende einer Tradition zu sein, der sie ihr Leben gewidmet hatten.«

Der Vertrag von Versailles bedeutete die Vernichtung der deutschen Flotte. Deutschland durfte nur acht veraltete Linienschiffe und einige Leichte Kreuzer, Zerstörer und Torpedoboote behalten. Die übrigen Schiffe, fast 300 an der Zahl, kamen in den Besitz der Sieger. Was auf der Helling lag, mußte verschrottet werden.

Als der letzte Befehlshaber der internierten Flotte, Konteradmiral Ludwig von Reuter, die Vertragsbestimmungen erfuhr, beschloß er, die Kriegsmarine auf eine andere Art zu übergeben, als es die Versailler Paragraphen vorsahen. Am 21. Juni 1919, um 11 Uhr 15, hißten die 50 deutschen Schiffe in Scapa Flow die Reichskriegsflagge. Die Besatzungen öffneten die Flutventile, nach wenigen Minuten war die Flotte versunken. Großbritannien hatte nun alles das in seiner Gewalt, wogegen es fast zwei Jahrzehnte lang so erbittert gekämpft hatte – es lag auf dem Grund des Meeres.

13. Kapitel

Seemächte und Seemacht im 20. Jahrhundert

Nach dem Deutsch-Französischen Krieg 1870/71 entwickelte der französische Vizeadmiral und Seekriegstheoretiker Théophile Aube, der eine Zeitlang auch an der Spitze des Marineministeriums stand, eine Reihe von Thesen über die Rolle der Kriegsmarine, die er aus der Entwicklung der modernen Technik herleitete. Sie liefen auf eine Rechtfertigung der defensiven Seekriegführung hinaus. In vieler Hinsicht waren die Lehren Admiral Mahans auch eine Opposition gegen diese französische Einstellung. Wer aus dem technischen Entwicklungsstand allzu prinzipielle Folgerungen für die Bewertung der Kriegsmarine zieht, wie es Admiral Aube getan hatte, dem bleibt das Schicksal nicht erspart, seine Meinungen bald durch die weiteren Etappen des technischen Fortschritts entwertet zu sehen.

In diesem Punkt, in der Einschätzung der technischen Entwicklung, war Admiral Mahan erheblich vorsichtiger: »Der Krieg erkennt Prinzipien und sogar feste Regeln an, aber es handelt sich dabei nicht so sehr um Fesseln oder um Barrieren, die seinen Verlauf in die richtigen Bahnen lenken, als vielmehr um Wegweiser, die uns vor falschen Schritten warnen.« Mahan wußte vor allem, daß uns der technische Fortschritt zu der Bereitschaft zwingt, eingefahrene Prinzipien zu revidieren. Er ahnte die bevorstehende Revolutionierung des Seekrieges durch die Luftwaffe, seine Urteile stützten sich überwiegend auf die augenblicklichen Gegebenheiten: »Ehe wir die Luft nicht benutzen können, bleibt das Wasser das große Transportmittel.«

Zwei Jahrzehnte später konnte Alfred Mahan die Nachricht lesen, daß am 25. Juli 1909 Louis Blériot mit einem Eindecker den Ärmelkanal von Calais nach Dover überflogen hatte. Die Sensationsnachricht ging um die ganze Welt. Einer der wenigen, die sofort

den militärischen Wert und die gewaltigen Folgen für die Seekriegführung begriffen, war Winston Churchill. Mit dem Flugzeug
öffnete sich der Mensch eine neue Dimension, er nahm Besitz von
dem Element, das die beiden Urelemente Wasser und Erde überspannte. Das Schiff als Mittel des Krieges erhielt mit dem Flugzeug sowohl einen neuen Partner als auch einen neuen Feind.
Churchill regte umgehend den Aufbau einer eigenen Waffengattung an, der Marineluftwaffe. Er sorgte für Experimente mit dem
Abwurf von Torpedos aus der Luft, ebenso machte er schon damals auf die Notwendigkeit aufmerksam, Schiffe zu entwickeln,
von denen Flugzeuge starten und auf denen sie landen konnten.

Amerikas Freiheit der Meere

Als Großbritannien den Kampf um die Weltmeere für sich entschieden hatte, beherrschte es die Welt und errichtete sein Imperium – das letzte für viele Jahrzehnte, das nicht mit Hilfe diktatori-
scher Gewalt zusammengehalten wurde. Unter den zahlreichen
Veränderungen, die den Zerfall des Britischen Empire bewirkten,
war die industrielle Revolution eine der wesentlichsten.
Der Prozeß, in dessen Verlauf England einsehen mußte, daß es
sich auf dem Rückzug befand und das Empire nicht halten konnte,
dauerte genauso lange wie der Zerfall selbst. Die Richtung der
Auflösung zeigte sich im Wechsel von der Bezeichnung »Empire«
zur Staatengemeinschaft des »Commonwealth« zu Beginn des 20.
Jahrhunderts. Der letzte Versuch, den Auseinanderfall des Empire
zu stoppen, wurde im Zweiten Weltkrieg gemacht. England mußte
sich aber schließlich zwei bittere Einsichten bestätigen lassen: daß
Deutschland, so wie schon im Ersten Weltkrieg, nur mit Hilfe der
Vereinigten Staaten zu besiegen war und daß die Ordnungsfunk-
tion, die es – als Zentrum, als Nabel der Welt – so lange ausgeübt
hatte, von den USA übernommen wurde. Daß Amerika dabei mit
der Selbstgefälligkeit des Stärkeren auftrat, die von vornherein
Zweifel daran nährte, ob der Stärkere auch der Fähigere sei, mil-
derte nicht die Bitterkeit der Erkenntnis. England konnte sich bestenfalls damit trösten, daß ihm vom Empire immerhin das geblie-

ben war, worauf es einst das Empire gegründet hatte: seine Flotte. Zusammen mit den Streitkräften der USA handelte es sich bis heute unverändert um die größte Seemacht der Welt.

Großbritannien mußte schon nach dem Ersten Weltkrieg mit einer unheimlichen Lage fertigwerden. Es gehörte zu den Siegern, die nichts weiter gewonnen hatten als die Illusion, nichts verloren zu haben: der schlimmste Alptraum des Sieges, der denkbar ist. Ohne Hilfe der USA hätten die alliierten Staaten, die 1914 gegen das Deutsche Reich und Österreich-Ungarn angetreten waren, den Krieg nicht gewonnen. Sie wurden gerettet von einer Macht, die selbst von niemandem bedroht oder angegriffen wurde, von einer Macht, die den Krieg nicht wegen des Schutzes der eigenen Territorien führte, von einer Macht schließlich, die durch ihr Eingreifen den Krieg erst zum Weltkrieg ausgeweitet hatte. Je weniger die Engländer diesen Sachverhalt wahrhaben wollten, um so verbissener hielten sie an dem Anspruch fest, der für sie so viele Jahrzehnte ein politisches Dogma gewesen war: daß Großbritannien die einzige Seemacht der Welt war, von Gott zum Königtum über die Meere bestimmt – und um so heftiger klammerte es sich an das Sichtbare, an seine Flotte.

Der amerikanische Präsident Wilson legte in seiner Jahresbotschaft vom 8. Januar 1918 ein Programm vor, dessen 14 Grundsät-

Oben: »Tora ... Tora ... Tiger ... Tiger ... Überraschung gelungen« – japanisches Funksignal nach dem Angriff auf Pearl Harbor am 7. Dezember 1941. Das Foto – aufgenommen von einem japanischen Flugzeug während des Angriffs – zeigt die kleine Insel Fiord Island, die Hafenanlagen von Pearl Harbor und die US-Kampfschiffe

Unten: Zweiter Weltkrieg. Die 33. Flotte der USA in Marschformation: zwei Flugzeugträger, drei Schlachtschiffe, drei Kreuzer (Februar 1945)

Folgende Seite, oben: Nukleargetriebene US-Kampfschiffe: Flugzeugträger »Enterprise« (1958), Kreuzer »Long Beach« (1956) und Fregatte »Bainbridge« (1958)

Unten: »...selbständige entscheidende Operationen auf der gesamten Fläche der Ozeane...« Sowjetischer Lenkwaffen-Zerstörer der »Krivak«-Klasse, seit 1970 (Foto vom April 1976)

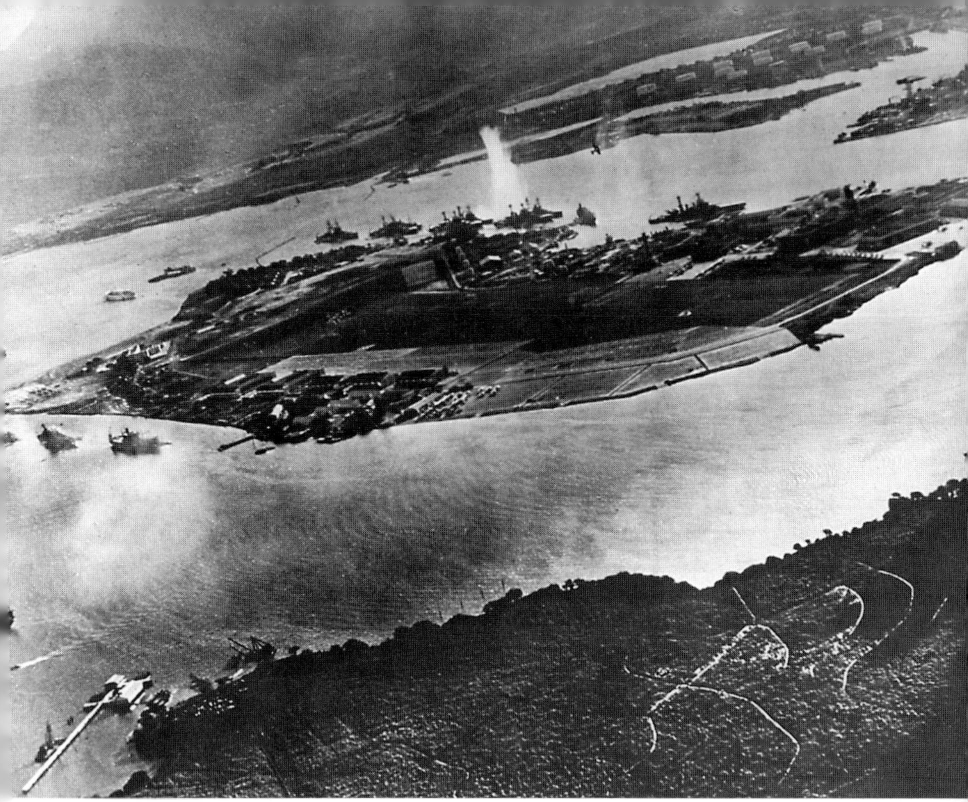

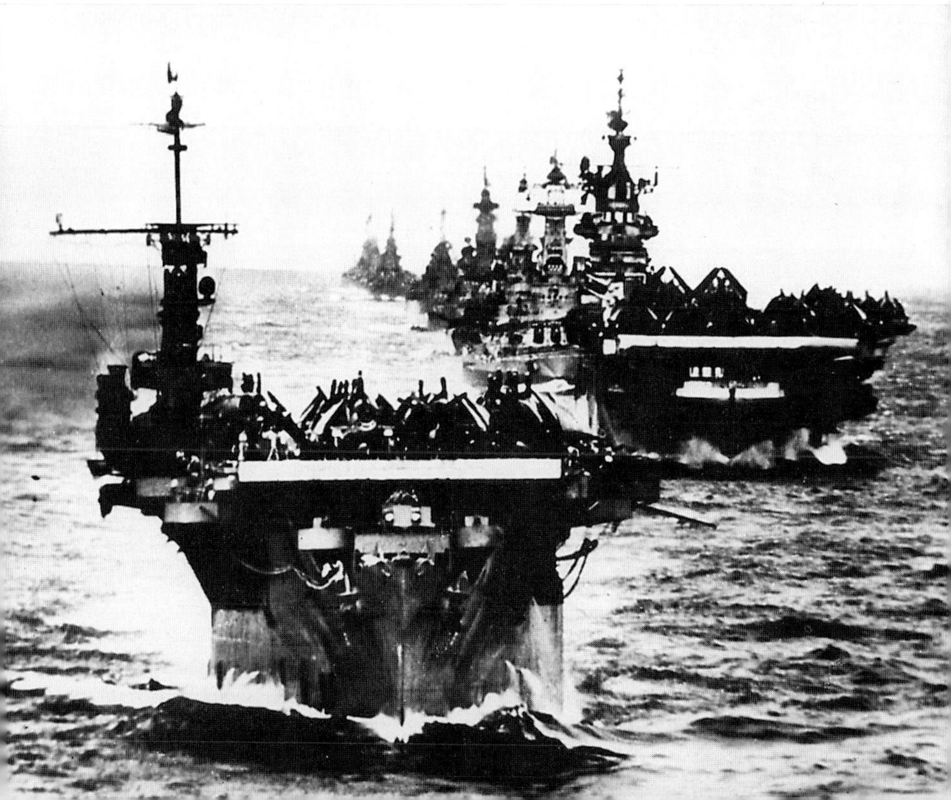

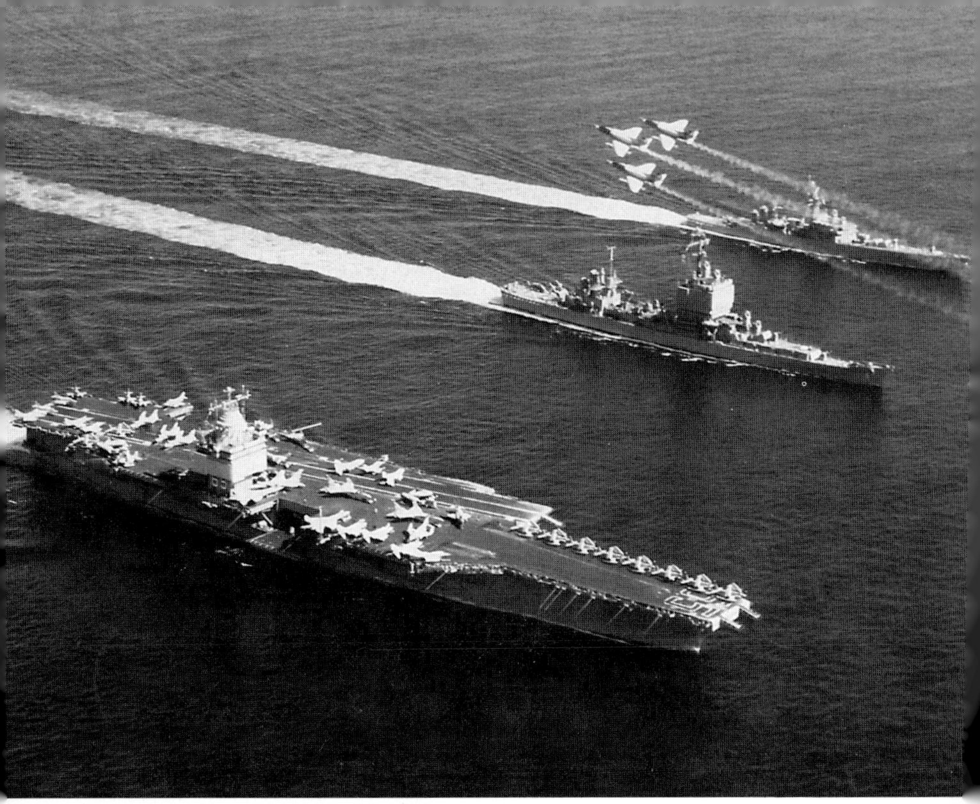

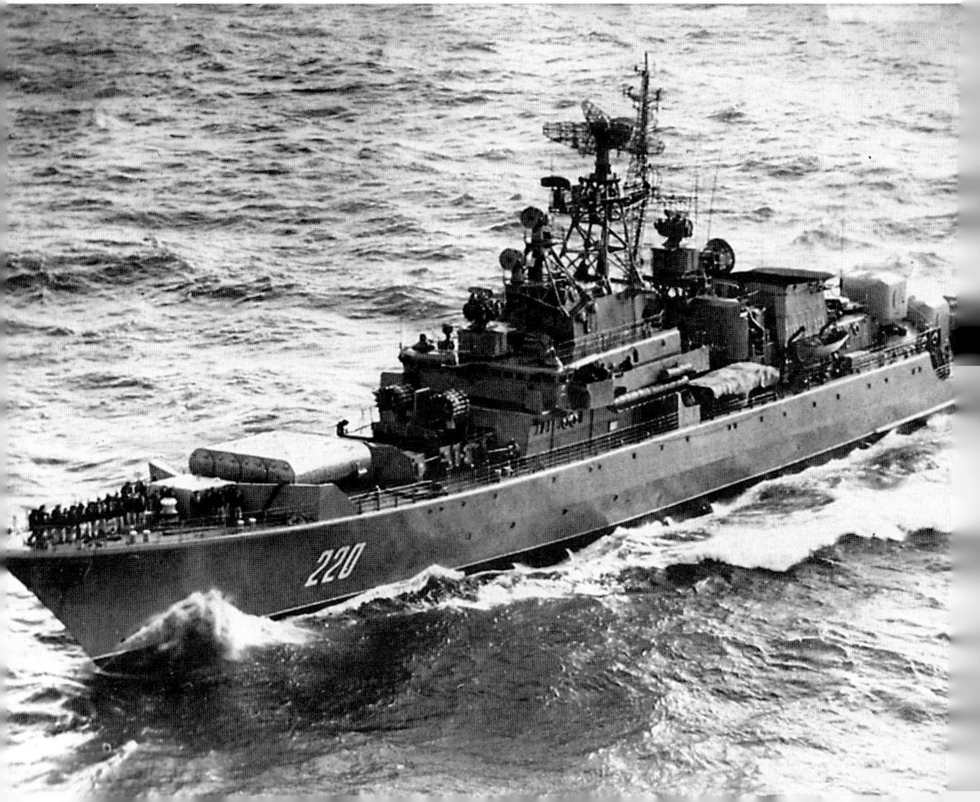
220

ze nach Beendigung des Weltkrieges das Fundament der Friedensordnung sein sollten. Wilson meinte es mit diesen Vierzehn Punkten außerordentlich ernst; hier wurde tatsächlich ein Wechsel von der alten Gleichgewichtspolitik zu einer Politik der grundsätzlichen Gleichberechtigung aller Nationen proklamiert. Das aber bedeutete eine durchgreifende Entwertung liebgewordener Legitimationen unter den Szeptern der politisch-militärischen Macht. Im 19. Jahrhundert war ein Krieg durchaus gerechtfertigt, falls er zwecks Wiederherstellung des Kräftegleichgewichts dienlich erschien. In der Einkreisung Deutschlands und dem Aufmarsch gegen die Mittelmächte vor 1914 sind zahlreiche Elemente einer Politik enthalten, die im 19. Jahrhundert beheimatet war, nicht aber in der anhebenden Epoche unserer jüngsten Zeit, die im Imperialismus alter Prägung nichts anderes mehr sehen konnte als eine Haut, die so rasch wie möglich abzustreifen war.

Präsident Wilson hatte schon im zweiten Punkt seines neuen Programms die »absolute Freiheit der Schiffahrt auf den Meeren außerhalb der Hoheitsgewässer in Frieden und Krieg« gefordert. In dieser schlichten Formulierung gaben die Vereinigten Staaten, verkörpert in ihrem Präsidenten, dem Blockade- und Kaperkrieg seinen Todesstoß, sie ächteten den U-Boot-Krieg, sie sparten den Raum der Weltmeere als eine politisch-militärische Freiheitszone aus und verneinten damit von Grund auf den Gedanken und die Existenz der Oberherrschaft eines einzigen Staates auf den Ozeanen. Für das imperiale Denken der Briten war das ein Schlag ins Gesicht, vor allem deshalb, weil ihnen damit Amerika nachdrücklich die Erinnerungen an ihre eigenen Argumente ins Gedächtnis rief, mit denen sie sich im 16. und 17. Jahrhundert in den Kampf um die Weltmeere gestürzt hatten: mit dem Schlachtruf nach »Freiheit der Meere«.

Die Flottenrüstung nach 1918

Die Engländer sorgten dafür, daß dieser zweite Punkt des Wilson-Programms auf der Friedenskonferenz von Versailles im Jahre 1919 so behandelt wurde, als existiere er nicht. Die Reaktion des amerikanischen Präsidenten war dafür um so deutlicher. Als Antwort griff er auf das Flottenprogramm zurück, das der Kongreß im August 1916 bewilligt hatte. Damals war vorgesehen worden, dem Prototyp des 32 600-t-Schlachtschiffes »Maryland« drei weitere Schwesterschiffe folgen zu lassen; der Bau wurde aber gestoppt. Wilson forcierte jetzt ihre Fertigstellung und erweiterte das Programm. Im Jahr 1920 sollten zusätzlich noch sechs Superschlachtschiffe von 43 200 t auf Kiel gelegt und sechs umgebaute Schiffe der Lexington-Klasse mit 43 500 t fertiggestellt werden. Der eigentliche Trumpf Wilsons aber war die Vorlage eines weiteren Programms, durch den sich der Flottenbestand Amerikas vom Jahr 1916 verdoppelt hätte. Einem Briten mußte im Vergleich dazu die Flottenpolitik des Großadmirals Tirpitz vor dem Weltkrieg als eine Lappalie erscheinen.

In Großbritannien verbreitete sich so etwas wie der Verdacht, als sollte der Sieger des Krieges durch die Anmaßung der Hilfsmacht USA um seinen Sieg geprellt werden. Denn wenn Amerika allein das Bauprogramm von 1916 verwirklicht hätte, wären Royal Navy und US-Navy gleich stark gewesen. Außerdem hätte auch mit Rücksicht auf die Qualitätssteigerungen Präsident Wilson die Bemühungen von Tirpitz weit übertroffen. Mit dem Programm von 1919 aber wären die Vereinigten Staaten mit 40 neuen, modernsten Großkampfschiffen in der Lage gewesen, die Royal Navy als einen Veteranenverband der See zu behandeln.

Die englische Öffentlichkeit reagierte so, wie man es von einem Volk erwarten durfte, das noch immer davon durchdrungen war, die Herrschaft über die Meere wie ein Erbteil zu besitzen. Sollten die USA ihr Flottenprogramm wirklich durchführen, dann konnte es sich gegen niemand anderes richten als gegen England. Die amerikanischen Flottenziele wurden in Großbritannien durchweg mit dem Kehrreim erörtert, daß sich England nicht deshalb am Weltkrieg beteiligt habe, um sich von seinem zuverlässigsten Partner die angestammte Herrschaft auf See abnehmen zu lassen. Zwischen 1919 und 1939 wurde von den führenden Seemächten, insbesondere von England, die Kriegsflottenfrage in Form eines ununterbrochenen Feilschens um Zahlen und Tonnagen, Größen und Armierung behandelt. Deutlicher ließ sich nicht demonstrieren, auf welche numerischen Vordergründigkeiten das imperiale Seedenken der Briten zusammengeschrumpft war. Großbritannien war nicht mehr fähig, den Dimensionen der Meere und den Veränderungen des Verhältnisses der Großmächte zum Meer gerecht zu werden.

Wilsons Rücktritt im Jahr 1920 enthob die britischen Verteidiger einer dogmatischen Marinepolitik zunächst ihrer aktuellen Sorgen. Dennoch wurde die Erkenntnis nicht vergessen, daß England anstelle des Rivalen Deutschland sich nunmehr mit den Vereinigten Staaten im Wettbewerb auf den Meeren zu messen hatte. Nach dem Gesamtbestand an Schlachtschiffen lag Großbritannien im Jahr 1921 noch immer fast um das Doppelte vor den USA. An dritter Stelle lag Japan. Trotzdem hielt England den *Two-Power-Standard,* wenn auch knapp; allerdings kam in der damaligen Lage erschwerend hinzu, daß Japan ebenfalls die Flottenrüstungspläne der USA gegen sich gerichtet empfinden mußte und deshalb in seinen Marineanstrengungen kaum nachließ.

Unerwartet viel Öl auf die Wogen der Befürchtungen schien die Dreier-Abrüstungskonferenz, die am 12. November 1921 in Washington begann, zu gießen. Teilnehmer waren die USA, England und Japan. Das Abkommen, das nach mühsamen Beratungen unterzeichnet wurde, wirkte wie eine solide Vereinbarung über die Gesamtflottengrößen, bei der die allgemeine Sparsamkeit federführend gewesen war. Es lief auf eine lange Phase der Ruhe im Flottenbau hinaus. Die Marineexperten in Amerika waren allerdings wütend und schockiert. Sie zogen aus dem Gesamtergebnis die Folgerung, daß mit dem Washingtoner Abkommen die Politiker der USA in Fernost die Seeherrschaft Japans akzeptiert hatten, sich aus dem pazifischen Raum zurückzogen und den Japanern dort in einem solchen Ausmaß freie Hand ließen, daß es sich unweigerlich eines Tages bitter rächen mußte. Zwei Jahrzehnte später hieß die Vokabel für die Treffsicherheit dieser Vorahnungen »Pearl Harbor«.

Japan wäre allerdings in Washington nicht bereit gewesen, dem angestrebten Flottenverhältnis von 5 : 5 : 3 für die USA, England und Japan zuzustimmen, wenn das Abkommen nicht den Passus enthalten hätte, daß kein Unterzeichnerstaat seine pazifischen Inselbesitzungen militärisch ausbauen durfte. Diese »*Non-Fortification*«-Klausel, die den Marineexperten der USA vor Empörung das Blut ins Gesicht trieb, war freilich für die Delegationen der Konferenz das Zentralstück ihrer Erwartungen, daß mit dem Abkommen der allgemeine Friedenswille der Großmächte beträchtlich gestärkt würde. Abgesehen von der Rüstungsbremse war das Ergebnis der Washington-Konferenz für England verheerend, denn es hatte jetzt etwas zugestanden, was der Hauptanlaß seines Einsatzes im Weltkrieg gewesen war: die Gleichberechtigung einer anderen Seemacht – der USA –, ohne daß dies durch einen Krieg erzwungen worden wäre.

Die Hoffnungen, die sich mit der Washington-Konferenz verbanden, erwiesen sich sehr bald als Teil der vielen Selbsttäuschungen, mit denen der Weg zum Zweiten Weltkrieg gepflastert war. Wie vereinbart reduzierten die Staaten den Bau großer Schlachtschiffe. Sie verlegten aber statt dessen – was nicht vereinbart war – ihren Rüstungseifer in denjenigen Bereich, der von dem Abkommen nicht berührt wurde: in den Bau von Kreuzern. Bis zum Beginn des Zweiten Weltkriegs verdoppelten Großbritannien und Japan in einer ansteigenden Kurve die Zahl ihrer Kreuzer. Die USA waren nicht ganz so zielstrebig; nach einer kurzen Intensivierung des Kreuzerbaus zwischen 1924 und 1927 ließ ihr Eifer etwas nach, dann aber zogen sie bis 1932 mit ihrem Pazifikkonkurrenten gleich und drängten ihn in den nächsten vier Jahren entschieden auf den dritten Platz zurück. Im Jahr 1930 begannen die drei führenden Mächte der Marinerüstung mit dem systematischen Aufbau einer Flugzeugträgerflotte als einer eigenen Klasse von Kriegsschiffen. 1939 besaß England sieben Träger, die USA hatten fünf und Japan sechs dieser neuen Hauptkampfschiffe. Ähnlich intensiv wurde das Wettrüsten bei den Zerstörern und den U-Booten betrieben.

Neue Orientierungen

Nach dem ziffernmäßigen Rüstungsstand der Kriegsmarinen ergibt sich für den Totalindex im Jahr 1939 bei den großen Flottenmächten folgendes Bild: Großbritannien 5, Vereinigte Staaten 4,6, Japan 3,4, Frankreich 1,9, Italien 1,8, Deutschland 0,9, Sowjetunion 0,9. Aus dieser Liste läßt sich allerdings nur auf die Gesamtstärke schließen, sie sagt nichts über die qualitativen und strategischen Schwerpunkte aus. So besaß die Sowjetunion zwar keinen einzigen Flugzeugträger – so wenig wie Italien und Deutschland –, aber sie konnte 225 U-Boote zählen. Japan hatte demgegenüber tabellenmäßig nur 217, Italien jedoch 257, Deutschland lediglich 102, die USA hingegen 365 und Großbritannien 327.

Andererseits spiegelt sich selbst in dieser Aufschlüsselung der U-Boot-Stärken nur bedingt ein zutreffendes Bild vom Rüstungswillen und dem technischen Entwicklungsstand, dessen Einschätzung eine zunehmend stärkere Rolle bei den Planungen des militärischen Ernstfalles spielte. England etwa war seiner militärischen Kraft auf den Meeren so sicher, daß es sich in dem britisch-deutschen Flottenvertrag vom 18. Juni 1935, bei dem die deutsche Gesamtflottenstärke auf 35 % der englischen festgelegt wurde, bereit erklärte, das Verhältnis bei den U-Booten auf 45 % anzuheben und wenig später auch 100 % zugestand, wenn sich dadurch nichts an der Hauptziffer der 35 % änderte.

Der Grund dafür lag in der unerschütterlichen Überzeugung der britischen Admiralität, daß der U-Boot-Waffe nur relative Bedeutung zukommen würde, weil der technische Fortschritt der Abwehr von Unterwasserangriffen durch die Entwicklung der Schallortung so enorm sei, daß U-Boote kaum noch eine größere Rolle spielen könnten. Der Zweite Weltkrieg hat diese Annahme zunächst widerlegt, dann aber doch bestätigt: für Deutschland mit fürchterlichen Folgen, denn die hervorragende Unterwasserortung war der Hauptgrund, warum die deutschen U-Boote die gigantische Schlacht im Atlantik mit so entsetzlichen Opfern verloren. Man hat das Ergebnis recht anschaulich als ein »Stalingrad auf See« bezeichnet.

Würde man sich dem Vergnügen überlassen, einfach der Verführungskraft der Zahlen- und Vergleichstabellen zu erliegen, so hätte man von der Wirklichkeit der Militärmächte auf den Meeren des Zweiten Weltkrieges noch nicht einmal das, was Winston Churchill in den Satz gebracht hat: »Ich glaube nur derjenigen Statistik, deren Zahlen ich selbst gefälscht habe.« Großbritannien konnte sich nur in einem oberflächlichen Sinn an den Ziffernkolonnen beruhigen, die da »bewiesen«, daß es noch immer die »Königin der Meere« war, weil es die größte Flotte der Welt besaß. Die USA hatten dafür kaum noch ein Lächeln übrig. Das imperiale Zentrum der Welt hieß seit dem Ersten Weltkrieg nicht mehr London, sondern Washington. In den 20er Jahren unseres Säkulums entwickelte sich dementsprechend in den USA ein tiefreligiöser Glaube an die politische Leuchtkraft der amerikanischen Daseinsordnung, der nicht nur durch seine unerhörte Emphase und Wahrhaftigkeit, sondern ebenso durch seine beeindruckende Inhaltsferne soviel welthistorisches Gleichgewicht erhalten hat.

Die USA waren inzwischen selbst durchdrungen von ihrem Schicksal, die Erben des Britischen Empire zu sein. Zum größten Problem wurde es für sie, die politische Substanz des Begriffes »Weltmacht« zu unterscheiden vom Gehalt des Begriffes »Wirtschaftsmacht«. Daß Weltmacht auch in unserem Jahrhundert der Weltwirtschaft keineswegs identisch ist mit Wirtschaftsmacht, das hatte in den entscheidenden Punkten der Zerfallsprozeß des portugiesischen Seeimperiums gelehrt; ebenso hatte die Seemacht Holland mit ihrer ausschließlichen Betonung der Handelsinteressen durch den hohen Zoll an Einbußen während ihres Machtniedergangs zu dem historischen Erfahrungsbestand beigetragen.

Rüstungszahlen erhalten ihre Brisanz durch ihren Ort im weltpolitischen Beziehungsnetz und von der unmittelbaren Zielrichtung der militärischen Kräfte. Deutschland konnte in den 30er Jahren um so leichter mit Großbritannien ein Flottenarrangement treffen, als es nicht England, sondern Frankreich als seinen künftigen Hauptgegner ansah und sämtliche deutschen Regierungen die Versailler Bestimmungen unter territorialen Gesichtspunkten als revisionsbedürftig ansahen; die maritimen Fragen ordneten sich nur als Elemente der staatlichen Souveränität Deutschlands ein. Auch in dieser Hinsicht konnte England, wenn es an die Zeit vor dem Ersten Weltkrieg und die Wilhelminische Flottenpolitik dachte und nach Parallelen suchte, kaum unter schlechten Träumen leiden. Sieht man von allen wirklichen, mutmaßlichen und unterstellten Motivationen vor Beginn des Zweiten Weltkrieges ab, so blickte Großbritannien fasziniert und verschreckt auf einen Gegner in Europa, der sich nicht für einen Gegner hielt.

Daß die militärische Gleichung »Seeherrschaft ist Luftherrschaft« den Kampf auf den Meeren erheblich verändern würde, hatten im

Ersten Weltkrieg auch die Deutschen erkannt. Die kleine Zahl von Marineluftschiffen war in wenigen Jahren zu einer starken Luftflotte angewachsen. Sie konzentrierte sich gegen Ende des Krieges besonders auf die Minensuche und die U-Boot-Abwehr; die Erfahrungen bei ihrem Einsatz waren groß genug, um erkennen zu lassen, daß die Einschätzung der Marineluftwaffe als einer einfachen Hilfswaffe der Flotte nur für die ersten Jahre der Entwicklung gelten konnte. Sie würde sich in aller Schnelligkeit zu einer maritimen Hauptwaffe entwickeln.

Zu Beginn des Zweiten Weltkriegs stand die Luftwaffe tatsächlich schon gleichberechtigt neben den Streitkräften auf dem Wasser und unter dem Wasser. Nach wenigen Jahren hatte sich aber auch dieses Bild gewandelt, nicht allein aufgrund einer Sonderentwicklung, sondern weil sich während der sechs Jahre von 1939 bis 1945 die gesamte Seekriegführung so gründlich veränderte wie beim Wechsel vom Segelschiff zum Dampfschiff – allerdings noch weit schneller.

Deutschland hatte seine Hauptkraft nicht auf die maritime Rüstung konzentriert. Nach dem Ersten Weltkrieg ließen zwar die Seeoffiziere der Kaiserlichen Marine in die Gedenktafeln aus Eiche den alten Spruch Vergils schnitzen, den schon der Große Kurfürst Frankreich gegenüber drohend zitiert hatte: »*Exoriare aliquis nostris ex ossibus ultor* – Einst erstehe ein Rächer aus unseren Gebeinen!«, doch der Oberbefehlshaber der Kriegsmarine, Großadmiral Erich Raeder, notierte am 3. September 1939, dem Tag der Kriegserklärung Englands und Frankreichs: »Die Überwasserstreitkräfte sind noch so gering an Zahl und Stärke gegenüber der englischen Flotte, daß sie – vollen Einsatz vorausgesetzt – nur zeigen können, daß sie mit Anstand zu sterben verstehen und damit die Grundlage für einen späteren Wiederaufbau zu schaffen gewillt sind.« Der Sache nach hatte dasselbe Konteradmiral Njebogatov bei Tsushima gemeint. Erich Raeder hatte bereits im Mai 1939 in sicherer Vorahnung zu einem Torpedobootführer gesagt: »Bei einem Kriegseintritt Englands kann die deutsche Flotte nur ›in Schönheit sterben‹.« Sie starb nicht nur »in Schönheit«, sie starb, wie es einer Seemacht höchsten Ranges gut angestanden hätte, die – wie England – überwältigend zu kämpfen und weniger imposant zu siegen verstand.

Trotz der Beschränkungen des Versailler Vertrages sorgte Deutschland schon zu Beginn der 30er Jahre in Fachkreisen mit der Entwicklung der sogenannten Taschenschlachtschiffe – so wurden sie in England genannt: *pocket-battleships* – der »Deutschland«-Klasse für eine Sensation. Gemäß den Versailler Bestimmungen, in denen die Höchstgrenze für den deutschen Flottenbau auf 10 000 t festgesetzt war, blieb dieses Schiff innerhalb dieser Grenze, war aber im Gegensatz zu den vergleichbaren Einheiten der anderen Mächte gepanzert, war mit 28-cm-Geschützen armiert – die Kreuzer der anderen Seemächte waren bei dieser Tonnage nur mit 20,3-cm-Geschützen bestückt –, und sein Aktionsradius war weitaus größer als bei allen anderen. Zum erstenmal wurden Dieselmotoren für den Antrieb verwendet, was völlig neu war bei Schiffen derartiger Größenordnung. Ein Franzose stellte respektvoll fest: »Das maritime Genie Deutschlands hat ein Meisterwerk vollbracht. Die ›Deutschland‹-Schiffe bedeuten eine wirkliche Revolution der Schiffbaukunst.« Das dritte Schiff dieser Klasse war die »Admiral Graf Spee«, die im Dezember 1939 vor Montevideo von Kapitän Langsdorff selbst versenkt wurde.

Die »Deutschland«-Klasse löste eine hektische Rüstungsmodernisierung bei den Seemächten aus. Im Unterschied dazu lief das Neubauprogramm, das Deutschland nach Unterzeichnung des Flottenabkommens mit England im Jahr 1935 begann, so langsam an, daß zu Beginn des Krieges 1939 der größte Teil der Marine aus Erwartungen statt aus Schiffen bestand. Die deutsche Kriegführung über Wasser war erst nach der Eroberung der Atlantikhäfen vom Nordkap bis nach Südfrankreich in der Lage, über enger begrenzte Unternehmungen hinaus zu planen. Der Handelskrieg größeren Stils setzte deshalb erst im Herbst 1940 ein, die Erfolge der wenigen großen Schiffe wie »Admiral Scheer«, »Admiral Hipper« und »Prinz Eugen« oder der Schlachtschiffe »Scharnhorst«, »Gneisenau« und »Bismarck« erregten zwar im einzelnen berechtigtes Aufsehen, aber sie veränderten oder bewirkten nichts Wesentliches. Das Ende der »Bismarck«, die am 24. Mai 1941 das britische Schlachtschiff »Hood« versenkte, die »Prince of Wales« zum Abdrehen zwang, nach einer abenteuerlichen Hetzjagd, an der sich die halbe englische Flotte beteiligte, drei Tage später gestellt, zusammengeschossen und schließlich von der Besatzung versenkt wurde, bedeutete auch das Ende des Kaperkrieges durch die deutschen Überwasserkräfte. Die Unternehmungen der Hilfskreuzer, zu denen Handelsschiffe umgebaut wurden, trugen nichts zur Veränderung des Seekrieges bei.

Die zweite Phase schloß sich fast direkt an: die Phase des Unterwasserkriegs. In Deutschlands Werften liefen in den Kriegsjahren weit über 1000 U-Boote vom Stapel. Die Gesamtzahl betrug 1135, davon wurden 782 versenkt, mit 30000 Mann Besatzung. Von vier U-Boot-Fahrern verloren also drei ihr Leben. Diesen hohen Opfern und einer Materialverlustzahl von fast 70 % steht die Masse des versenkten Schiffsraums von über 20 Millionen t gegenüber – eine Ziffer, der dann Tragweite zukäme, wenn sich der U-Boot-Kampf nicht nur als Verzögerung der Kriegsentscheidung, sondern als kriegsentscheidend ausgewirkt hätte.

Die deutschen U-Boote, unter deren Kapitänen so erfolgreiche Geleitzugjäger wie Günther Prien, Joachim Schepke oder Otto Kretschmer herausragten, hatten zwar ihre Taktik bis an die Grenzen des Möglichen vervollkommnet, aber gegen den anglo-amerikanischen Geleitschutz, die Abwehr durch Radar, Peilgeräte, begleitende Flugzeugträger, das Teppichbombardement, den Dreierkoordinaten-Beschuß mit einer Großzahl von Wasserbomben, die gleichzeitig in die Tiefe gefeuert wurden – gegen all das waren die besten U-Boot-Besatzungen auf die Dauer machtlos. Der letzte Höhepunkt der deutschen U-Boot-Erfolge wurde zwischen dem Herbst 1942 und dem Frühjahr 1943 erreicht; als im Mai desselben Jahres durch Feindabwehr fast 40 U-Boote verlorengingen, wurde die Jagd auf die Atlantik-Geleitzüge eingestellt.

Was sich während der Schlacht im Atlantik an Ergebnissen abzeichnete, wurde genauso während des Kampfes zwischen den USA und Japan im Pazifik sichtbar. Japan war gut gerüstet in den Krieg gegangen. Das Washington-Abkommen wurde von der Regierung in Tokio fristgerecht und ordnungsgemäß am 31. Dezember 1936 gekündigt, die USA, Großbritannien und Japan hatten seit diesem Datum ihre Seerüstung mit aller Energie vorangetrieben.

Durch den Überraschungsangriff der Japaner auf die US-Flotte in Pearl Harbor am 7. Dezember 1941, der an den Überfall auf Port Arthur im Jahre 1904 erinnerte, wurde zwar der größte Teil der

amerikanischen Schlachtschiffe vernichtet, aber die beiden Flugzeugträger »Lexington« und »Enterprise« waren auf See, und vor
allem mit der Vernichtung dieser beiden wichtigsten Schiffe der
amerikanischen Pazifikflotte hatte der Führer des Angriffs, Vizeadmiral Chuichi Nagumo, gerechnet.
Ein halbes Jahr lang blieben die Amerikaner im pazifischen Raum
unterlegen. Die Wende zu ihren Gunsten setzte erst ein, als Japan
versuchte, seine Sicherungszone durch Eroberung der Midway-Inseln, eines kleinen Atolls im Mittleren Pazifik, nach Osten vorzuschieben. Die Dreitageschlacht vom 4. Juni bis zum 7. Juni 1942
bewirkte einen radikalen Umschlag des Seekriegs überhaupt. Japan verlor vier Flugzeugträger, die USA nur ein einziges Mutter-
schiff. Das Schlachtschiff, dessen Entwicklung auf eine kontinuier-
liche Steigerung der Feuerkraft und Größe angelegt war, wurde
bei Midway von den Flugzeugträgern in einer Form deklassiert,
die auch behutsam urteilende Experten nicht erwartet hatten. Im
Bereich der Überwasserkriegführung blieb als wirklich hoher Ein-
satzwert der Schlachtschiffe nur die Luftabwehr erhalten. Während des »Inselspringens«, zu dem die Amerikaner nach Midway
übergingen, um sich systematisch an Japan heranzuarbeiten, hielten sie an koordinierten Operationen von Flugzeugträgern und
Schlachtschiffen fest.

Die waffentechnische Entwicklung seit diesen Jahren, die im Zeichen der Rivalität zwischen den USA und der Sowjetunion durch
die ständig vorangetriebene Rüstung bis heute ununterbrochen
weiterläuft, hat keine Ergebnisse gebracht, die sich mit den um-
stürzenden Erfahrungen des Zweiten Weltkriegs vergleichen lassen könnten. Insgesamt handelt es sich nur um Verlagerungen der
Schwerpunkte. Über die Vorzüge und Nachteile atomaren An-
triebs ist noch nichts Endgültiges entschieden. Bei den U-Booten
stellt sich das Problem weit weniger als bei den Flugzeugträgern.
Deren Unabhängigkeit von der Versorgung durch nuklearen Antrieb würde sich erst dann auswirken, wenn auch die Flugzeuge an
Bord nicht mehr auf den konventionellen Treibstoff und damit auf
Tankschiffe angewiesen wären.
Der Krieg auf See hat selbst durch die verschiedenen Lenkwaffen
keine neue Gestalt bekommen, so gewichtig auch die taktischen

Gesichtspunkte sein mögen, die sich mit der Raketenentwicklung ergeben haben. Im direkten Gefecht ist die klassische Seezielartillerie weitestgehend abgelöst worden durch die Schiff-Schiff-Flugkörper, aber ihre Entwicklung bedeutet deshalb keinen Bruch mit den bekannten Regeln der Seekriegführung, weil sie nur eine Fortbildung der ballistischen Rohrgeschütze sind. Eine entscheidende Rolle spielen die verschiedenen neuen, hochkomplizierten Navigationssysteme. Ohne elektronische Ortung ist heute ein Waffeneinsatz praktisch ausgeschlossen, denn er wäre völlig sinnlos.

Endgültig der Vergangenheit dürften die Torpedoangriffe auf Überwasserschiffe von der Luft aus angehören. Hier ist der Vorsprung in der Wirksamkeit der Abwehrwaffen zu groß, als daß er aufgeholt werden könnte. Ein besonders hoher Entwicklungsstand ist bei den U-Jagd-Torpedos erreicht worden; ihre Ausstattung mit selbsttätigen Zielsuchköpfen erschweren den U-Booten ihre Unternehmungen in einer Form, die im Zweiten Weltkrieg bestenfalls geahnt werden konnte. Trotzdem wird heute in fast allen Staaten mit Seerüstung in den U-Booten zu Recht das Rückgrat der Kriegsmarine gesehen.

Die Großinselmacht USA

Der Zweite Weltkrieg bestätigte erneut, daß die industrielle Entwicklung und die intensive weltwirtschaftliche Verflechtung wie schon im Frieden eine immer stärkere Angleichung zwischen den Meeren und dem Land bewirkte. Bis dahin gab es zwei große welthistorische Etappen: 1. Die kontinentalen Imperien, wie sie die Perser, Alexander der Große, die Römer, die Mongolen, die islamischen Araber oder die Osmanen errichtet hatten. 2. Die See-Imperien der europäischen Mächte mit ihrer Krönung, dem Britischen Imperium.

Das Wesentliche der dritten Etappe besteht in einer weitgreifenden Minderung des Gegensatzes von Kontinent und Ozean durch die Eroberung des Luftraums. Das brachte außerordentliche politische und strategische Umwertungen mit sich und löste schließlich den Durchbruch einer neuen Raumgliederungspolitik aus, die sich so wenig an Küsten stößt wie an den fragwürdigen Souveränitätsrechte nationaler Selbstbezogenheit. Die bestimmenden Absichten lassen sich nur in Bruchstücken an den gegenwärtigen Militärpaktsystemen des Westens und des Ostens ablesen; sie konturieren sich auch in den Bereichen erhöhter Interessengegensätze und an den Richtungen, in die stärkerer Druck ausgeübt wird. Was dabei unter den vorherrschend strategischen Überlegungen als »Kampf um die Weltmeere« bezeichnet wird, bildet einen Teilbereich der jeweiligen globalbestimmten Politik.

Die Aufgabe der Vereinigten Staaten besteht dabei zu einem Gutteil in dem mühsamen Versuch, für ihr weltpolitisches Konzept eine Rechtfertigung aus dem Geist der Wirtschaftsmacht abzuleiten. Nicht zuletzt von diesem Geist lebte Amerikas Entschluß, in zwei Weltkriege einzugreifen, deren Motive nichts mit den Nöten und Fragen der Neuen Welt zu tun hatten. In ihrer gegenwärtigen Rolle als eine der beiden maßgebenden Weltmächte ist es den USA bis jetzt noch nicht gelungen, ihrem Allianzsystem eine innere Begründung zu geben, die nicht nur von amerikanischen Überzeugungen lebt.

Eine solche Begründung ist unerläßlich, denn die militärischen Leistungen und Leistungsforderungen werden zwar gegenüber den Partnern, die von den USA abhängig sind, als reine Verteidigungsmaßnahmen gegenüber der sowjetischen Expansionsgefahr gerechtfertigt, in der Praxis aber läuft eine derartige Politik auf imperiales Streben hinaus und muß zwangsläufig darauf hinauslaufen. Solange Amerika unter Weltmacht die Beherrschung des Weltmarktes und der Rohstoffressourcen versteht, muß es den Staaten und Völkern in seinem Hegemonialbereich erklären können, inwiefern der Lebensstandard und die Handelsbilanzen auch die Rüstungsausgaben, das Kriegsrisiko und den militärischen Einsatz seiner Menschen rechtfertigen. Nur dann würde deutlich, was die Alternative ist.

Zu diesen Schwierigkeiten der Weltinnenpolitik, mit denen die Sowjetunion auf ihre Weise und in ihrem Interessenbereich genauso zu tun hat, kommen die Probleme der politisch-strategischen Raumgliederungspolitik der beiden Imperialmächte. Das Aufbrechen des Isolationismus der Vereinigten Staaten im 20. Jahrhundert wurde begleitet und gestärkt vom Export der inneramerikani-

Militärbündnisse nach dem 2. Weltkrieg

ANZUS-Pakt

Beistandspakte der USA

Nordpol

Warschauer Pakt

NATO

CENTO

schen Kompaßbegriffe. Schon George Washington hatte behauptet: »Europa wird es eines Tages so machen wie Amerika und dann ebenso reich und glücklich sein wie wir.« Die Weihnachtsbotschaft des Lukas-Evangeliums verkündet: »Ehre sei Gott in der Höhe und Frieden auf Erden und den Menschen ein Wohlgefallen« – »die werden wollen wie wir«, hatte Präsident Theodore Roosevelt eingangs des 20. Jahrhunderts ergänzt. In der Veröffentlichung solcher »Guter Botschaften« und Doktrinen durch Amerika hat sich der Zukunftsoptimismus von Jahrhunderten festgelaufen. Kein Land der Welt, in dem der industriell-wirtschaftliche Fortschritt so atemberaubend schnell ist, kein Land, das bei seinen gesellschaftlich-normativen Grundsätzen so beflissen auf der Stelle des Ausgangspunktes vor 200 Jahren tritt. Von diesem himmelstürmenden Zukunftsglauben war Amerika bis in die 60er Jahre unserer Gegenwart erfüllt.

In derselben Haltung hat Amerika seinen Isolationismus umgestülpt zu einem weltweiten Engagement, und zwar in demselben

Moment, als eine Epoche begann, die den Isolationismus als Grundsatz nicht nur politisch, sondern auch militärisch aufgrund der waffentechnischen Entwicklungen aufs Altenteil setzte. Die Kernwaffen und ballistischen Flugkörper berauben in einem Krieg England seines Inselcharakters und Amerika seiner biozeanischen Kontinentalabschirmung. Sie räumen allerdings genauso mit der festländischen Unangreifbarkeit Rußlands auf.

Die militärischen Angriffsmöglichkeiten hängen heute weder von besonderen Vorzügen der Landesnatur noch von einer ausnehmend günstigen Lage an den Weltmeeren ab. Die Waffenentwicklung reduziert im Ernstfall die Entfernungen zwischen den Kriegführenden auf Belanglosigkeiten. Dabei ist es unerheblich, ob der Raum über den Meeren oder über den Kontinenten zu überwinden ist. Die Angleichung der Meere an die Kontinente bedeutet in diesem Bereich, daß von der See aus jeder beliebige Ort des Gegners mit Sprengkörpern zu erreichen ist, und zwar von den beweglichsten und am wenigsten sichtbaren Abschußrampen, den Flugkörper-U-Booten.

Diese Umschichtung der klassischen Bewertungsmaßstäbe der Großmächte wirkt sich im Frieden nur bedingt auf ihre Imperialbestrebungen aus. Die Fortschritte der Technik verändern nicht ihre Ziele, sondern lediglich die Wege zu den Zielen. Die Inselmacht Großbritannien ist im atlantischen Raum und im Indischen Ozean von der Großinselmacht USA beerbt und verdrängt worden; im pazifischen Raum hat Japan dasselbe Schicksal hinnehmen müssen. Amerika präsentiert sich heute als die erste Seemacht der Welt; deshalb beherrscht sie aber nicht zwangsläufig unangefochten die sieben Meere.

Die Rote Flotte

Der kontinentale Machtcharakter Rußlands hat sich so wenig verändert, wie sich die Ziele Moskaus verändert haben. Der Zweite Weltkrieg hat diese Ziele erheblich näher gerückt, weil sich die geographische Situation des Staates gegenüber den Meeren entscheidend verbessert hat. Im Jahr 1945 annektierte die Sowjetunion den Inselbogen der Kurilen. Sie hatte damit das Ochotskische Meer übersprungen und besaß einen freien Zugang zum Stillen Ozean. Durch die Erschließung des Seeweges entlang der sibirischen Küste ist heute eine direkte Verlegung der Überwasserkräfte zwischen Westen und Osten möglich. Die Rote Flotte muß also nicht mehr, wie zu Jahrhundertbeginn Admiral Rojestwenski, den Weg um drei Kontinente herum auf sich nehmen.

Die Raumdimensionen sind allerdings für Rußland erhalten geblieben, und deshalb hat sich nichts an seinem Streben nach einem warmen Meer geändert. Dieses Streben hat sich vielmehr aus wirtschaftlichen Gründen noch erheblich verschärft. Die sowjetische Handelsflotte ist heute neben derjenigen der Vereinigten Staaten und Englands die drittgrößte in der Weltrangliste; die tonnagemäßig größeren Flotten Norwegens und Liberias dürfen dabei im Hinblick auf ihre wirtschaftliche Ausrichtung unbeachtet bleiben. Zwischen 1960 und 1970 wurde die sowjetische Handelstonnage verdreifacht, ein deutliches Zeichen für die sowjetische Verflechtung in den Welthandel. Dasselbe Bild zeigt sich beim Ausbau der Fischereiflotte.

Die beiden Expansionsrichtungen Rußlands im 19. Jahrhundert, das Vordringen zum Pazifischen Ozean und der zunehmende Druck in den indischen Seeraum haben sich ebenfalls erhalten, allerdings hat sich das Streben in südliche Richtung schnell gesteigert und das Feld der Aktivitäten in diesem Bereich stark aufgeladen. Dafür war nicht nur das Interesse an den Erdölquellen verantwortlich, sondern auch die Entwicklung Chinas zu einem marxistischen Staat, der sich dem Internationalismus des Sowjetkommunismus querlegte.

Wie konstant der russische Blick auch im 20. Jahrhundert auf die Meere gerichtet blieb, zeigte sich drastisch im November 1940 bei den Gesprächen von Außenminister Molotow mit der deutschen Reichsregierung in Berlin. Moskau ergänzte wenige Tage später die Forderungen Molotows, die als Grundlage der Weiterführung des Hitler-Stalin-Paktes gelten sollten, mit dem Verlangen, daß Deutschland den Raum im Süden des Kaukasus, der vom Persischen Golf und dem Arabischen Meer begrenzt wird, ausdrücklich als einen außenpolitischen Schwerpunkt der sowjetischen Bestrebungen anerkennen müsse.

Der sowjetische Einmarsch in Afghanistan Ende des Jahres 1979 war einer der erfolgreichsten Schritte des Kreml bei dieser außengerichteten Schwerpunktpolitik. Wertet man das russische Großterritorium zwischen der Ostsee und dem Pazifischen Ozean, zwischen Nordsibirien und den Meeren um den indischen Subkontinent nach dem klimatischen Stellenwert, von dem die wirtschaftliche Erschließbarkeit abhängt, so ist der Bereich zwischen dem Karischen Meer und der Beringstraße der vereiste Hinterhof Rußlands und das Gebiet südlich Turkmenistans und Usbekistans der sonnendurchwärmte Vorhof, die Pforte zum ersehnten warmen Meer, das Tor, dessen Öffnung die Weltmacht Rußland in eine wirkliche Seemacht verwandeln würde.

Ein solcher Durchbruch würde die Grundlagen von Rußlands raumpolitischem Gesamtstatus so radikal verändern, als wäre es in den Besitz der mediterranen und atlantischen Küsten gekommen. Rußland würde durch eine solche Verlagerung welthistorischen Ausmaßes von selbst den Rang einer Globalmacht eigener Kategorie gewinnen. Die amerikanische Nachfolgepolitik des angelsächsischen Imperialgepräges würde dadurch so viel von ihrer mühsam bewahrten Substanz verlieren, daß sie vordringlich darum zu kämpfen hätte, ihr Absinken in die Zweitrangigkeit zu verhindern.

Die Motivationen der imperialen Politik im 20. Jahrhundert haben nur sekundäre Bedeutung. Es kann deshalb offen bleiben, ob dieser Kampf um strategische Positionen wirklich nichts anderes ist als eine Verkleidung des Kampfes um Rohstoffe oder ein Kampf um Erweiterung von Einflußzonen mit Rücksicht auf begrenzte Ziele oder ein Widerstreit gegensätzlicher Gesellschaftsordnungen. Belangreicher ist es, daß es in diesem Kampf so unverhüllt um ein Mehr oder Weniger an Besitz geht. Der Sieger darf sicher sein, daß sein Triumph eine fürchterliche Niederlage seiner Gesinnung sein wird, und daran wird er schneller zugrunde gehen als derjenige, den er besiegt und »besitzlos« gemacht hat.

Das Interesse der Sowjetunion an einem anderen Zugang zu den Weltmeeren, als ihn die russischen Häfen bisher ermöglicht haben, ergibt sich nicht nur aus ihrer geographischen Lage. Die Notwendigkeit, diejenigen Staaten in Übersee, die sie als Alliierte schätzt, zu unterstützen und eine möglichst kurze Verbindung dorthin zu gewinnen, läßt sie genauso zu den Meeren drängen, wie sie der strategische Zwang dazu nötigt, im Ernstfall ihren mußmaßlichen Gegner auch über die Meere hinweg angreifen zu müssen. Der sowjetische Marschall Sokolowski stellte bereits vor Jahren fest: »Dadurch, daß wir unsere Kriegsmarine mit atomgetriebenen U-Booten und Raketen ausgerüstet haben sowie mit raketentragenden Langstreckenflugzeugen und Kernwaffen, können wir es uns erlauben, das Gewicht unserer Unternehmungen von der Unterstützung unserer Bodentruppen im Küstenbereich auf selbständige entscheidende Operationen auf der gesamten Fläche der Ozeane zu verlagern.« Im Jahr 1976 wurde diese Entwicklung erneut von dem maßgeblichen Flottenadmiral Sergej G. Gorschkow zusammengefaßt: »Die Schaffung der sowjetischen Hochseeflotte läßt sich mit den wichtigsten Ereignissen der jüngsten Vergangenheit in eine Reihe stellen, Ereignissen, von denen die Weltpolitik entscheidend beeinflußt wurde, wie die Schaffung der Atomwaffen, die das Ende des Monopols der amerikanischen Imperialisten auf die wichtigsten Mittel des bewaffneten Kampfes bedeutete, und die Schaffung der interkontinentalen ballistischen Flugkörper, die mit der Unerreichbarkeit des amerikanischen Kontinents Schluß gemacht hat. Die sowjetischen Seestreitkräfte dienen als ein wichtiges Instrument der Politik im Frieden, denn sie werden zum Schutz der Interessen unseres Landes und zur Unterstützung befreundeter Länder eingesetzt.« Deutlicher läßt sich die staatspolitische Instrumentalisierung der Seestreitkräfte kaum unterstreichen. Sergej J. Gorschkow hat in einem Punkt unbezweifelbar recht: daß sich die Sowjetunion seit 1945 zur Gegenseemacht der Vereinigten Staaten entwickelt hat. Ihr größter Mangel ist das Fehlen ausreichender Flottenstützpunkte, denn Marinebasen sind trotz der waffentechnischen Entwicklungen nicht überflüssig geworden. Das begrenzt im Hinblick auf den militärischen Ernstfall von vornherein die sowjetischen Möglichkeiten als einer Seemacht; ihre sämtlichen Flottenrüstungsbemühungen müssen mit Schwierigkeiten kämpfen, die vor dem Horizont der angestrebten Ziele nahezu widersinnig erscheinen. Das läßt sich etwa schon an dem Umstand erkennen, daß die Sowjetunion wegen ihrer geographischen Lage gezwungen ist, vier eigene Flotten zu unterhalten, die praktisch unfähig zu gemeinsamen Operationen sind: die Verbände in der Ostsee (Baltische Rotbanner-Flotte), im Schwarzen Meer, im Pazifik und im Nordmeer. Die Gegebenheiten, von denen aus Rußland sich zur größten aller Kontinentalmächte entwickelt hat, bilden zugleich die stärksten Hindernisse bei ihrem Bestreben, auf dem Weg zur großen Seemacht zu bleiben.

Das Meer – der Mensch

Im Kampf um die Weltmeere sind mehr Elemente des Nichtrationalen zu finden, als es unserem Drang, die Welt einleuchtend zu erklären, lieb sein kann. Und er enthält genügend viele Elemente, die unseren emotionalen Bedürfnissen entgegenkommen. Nirgends war der Spielraum für die Ausdrucksmöglichkeiten der menschlichen Vitalität und Tatkraft größer als auf den Meeren.

Das Verhältnis des Menschen zu den Ozeanen und dem festen Land bleibt trotz aller technischen Entwicklung bestimmt von Gegensatzpaaren wie: dem Unbegrenzten und Begrenzten, dem Fernen und Nahen, dem Ungesicherten und Geborgenen, dem Abenteuernden und dem Verläßlichen. An Land gibt es für den Menschen das Haus, das Dorf, die Stadt. Auf dem Meer gibt es das Schiff, und es gibt den anderen Seemann, neben ihm, dessen Nationalität und Herkunft weniger wichtig ist als die Gemeinsamkeit, sich der See gegenüber behaupten zu müssen.

Das Meer steigert auch das Alltägliche immer wieder ins Dramatische. Das macht ein Gutteil der zwielichtigen Anziehungskraft des Piratentums aus, so wie es ein juristisches Handbuch definiert: »Piratenschiffe sind des Schutzes jeder Flagge bar, sie sind denational.«

Die Verführung zum Denationalen, zum Ungeschützten: Das ist das Meer, das war und das ist der Kampf um das Meer, nun aber nicht nur auf die staatlichen oder imperialen Interessen bezogen, sondern auf die Grundmuster des Menschen.

Auf seinem Durchgang vom ursprünglichen Nichts zum künftigen Nichts spürt er im Meer die Lösung von der Gebundenheit. Zwischen Ende und Anfang ist er nicht nur der Bodenständige, sondern auch der Freibeuter – selbst wenn es sich nur um das Piratentum der Phantasie handeln würde –, der zu allen Zeiten auch in seiner Unbotmäßigkeit nichts anderes versucht, als seine Unversehrtheit zu behaupten. Für dieses »Drama des menschlichen Ungenügens, das aber zugleich das Drama des menschlichen Verlangens in seinem höchsten Anspruch« darstellt, sieht der französische Dichter Saint-John Perse das »Sinnbild des Meeres als den Spiegel dieses Schicksals, als den Ort, an dem alles zusammenläuft und von dem alles ausstrahlt«.

Das Meer, die Meere des Aufruhrs, der furchtbaren Geduld, der endlosen Qualen, des ganzen Aufgebots an Ungeheuern und an Selbstbehauptung, rührt im Menschen dasjenige an, was ihn dazu treibt, sich nicht der zeitlichen Ordnung zu unterwerfen – ein sinnloser Wunsch, zugegeben, aber gerade deshalb wird er heute zu Unrecht so gern herabgesetzt und mißachtet. In unserer Zeit, in der wir die Gefahren des Meeres mit Hilfe der Technik erheblich entschärft haben, entwickelt sich auch sein Charakter des Entgrenzten eindrucksvoller als früher, und deshalb erkennen wir in der Geschichte des Ringens um die Meere der Welt auch noch anderes als nur den aufgewirbelten Bodensatz unseres erdfernen Wesens.

Die sakrale Geographie des Mittelalters hat Dante in seiner »Göttlichen Komödie« beschrieben: »Alt ward ich schon und grau wie die Begleiter / Da winkten uns die Säulen Herakles' entgegen / Als warnten sie: Bis hierher und nicht weiter!« Die Meere, so kann man die Überzeugung des Mittelalters wiedergeben, sind nach Gottes Willen diejenigen Zonen, die er dem Menschen verschlossen, die er der Erkundung entzogen hat – nicht anders als das Verbot, im Paradies von den Früchten eines bestimmten Baums zu essen. Die Schlange in ihrer aufgeklärten Niedertracht empfiehlt ihm jedoch, das Verbot zu übertreten; sie erwähnt auch den großartigen Gewinn: »*Eritis sicut Deus . . .* Ihr werdet sein wie Gott – wissen, was gut ist und böse.«

Heute sind die Meere kartographiert, vermessen, erforscht. Wir kennen die Strömungen, das Wetter, die Winde, wir studieren die Satellitenbilder. Wir »wissen« fast alles von den Ozeanen. Haben wir damit auch den Kampf gegen die Naturgewalt »Meer« gewonnen? Ein Magellan oder ein Drake, selbst ein Nelson hätte es unendlich schwer, die Epochen der Segelabenteuer mit unseren Zeiten in Einklang zu bringen. Die Werften bauen Supertanker,

Stahlkolosse bis zu 400 Meter Länge, mit Tiefgängen über 20 Meter, die unbeirrbar und scheinbar durch nichts zu gefährden über die Meere ziehen. Nur gelegentlich bricht sie ein Sturm auseinander. Überall, wo wir Öl zu finden glauben, erheben sich Bohrinseln aus dem Meer, auf stählernen Trägern, die einen zehnfachen Sicherheitskoeffizienten haben. Die Fachleute spotten bei Befürchtungen, denn nach technischem Ermessen kann nichts geschehen. Sie haben recht, nur gelegentlich knickt stürmischer Seegang die Stahlsäulen und kippt die Bohrinsel ins Meer.

Ob man das als unvermeidliche Pannen im Rahmen der menschlichen Pionierleistungen bezeichnet oder als Stolpersteine auf dem Weg der technischen Errungenschaften, ist kein besonderer Unterschied. Selbst für die ganz aufs Land bezogenen Völker hat heute das Meer seinen Charakter als einer Grenze verloren. Das wird noch unterstützt durch die industrielle Gleichschaltung von Ozean und Kontinent, und das wirkt sich erheblich auf die Urteilsbildung aus. Schon einmal wurde durch die Festlegung des politischen Interesses auf die Eroberung kolonialer Gebiete das Eigengewicht des Ozeanischen verkannt, ein Fehler, der den Engländern erst unterlaufen ist, als die Veränderungen schneller waren als ihre Elastizität. Das bloße Phänomen des Meeres gehört zu den stärksten Herausforderungen, denen man die traditionellen politisch-geschichtlichen Wertungen aussetzen kann – nicht deshalb, weil die ozeanischen Dimensionen so übermächtig sind, sondern weil ihre Verbindlichkeit fraglich wird, sie vielleicht zu korrigieren sind.

Die Industrialisierung der Schiffe und der Schiffahrt hat die See von vielen Risiken befreit, die zu den langen Epochen des Segelns gehören und ihnen den Stempel aufgedrückt haben. Deshalb wird das Segel noch heute als ein Symbol für unser Elementarverhältnis zum Meer angesehen. Das trennt die Ära vor und nach dem großen Einschnitt, der durch das Eisen und den Dampf, die Schiffsschraube und die Turbine entstanden ist. Die Empfindungen, die bei den großen Windjammerparaden oder den wilden Regatten unserer Zeit wach werden, sind bestimmt durch das Urphänomen des Segelns: Der Mensch bewegt sich mit Hilfe des Windes auf dem Meer, er setzt sich mit Hilfe des Wetters und der Naturkräfte gegen das Wetter und die Naturkräfte durch.

Von dieser Lust an der Selbstbestätigung lebt bis heute der Mythos der Masten, leben die Träume von den Takelagen, lebt die Sehnsucht nach den Segeln, und sie ist groß genug, um auch mit der Ironie über sich selbst fertigzuwerden. Keine Zeit, auch nicht unsere Gegenwart, gibt Anlaß, verlorenen Horizonten nachzutrauern; sie gibt Anlaß, sich nach neuen Horizonten umzusehen.

Der Kampf um die Weltmeere ist für den Menschen gleichbedeutend gewesen mit einem Kampf um die Wirklichkeit. Heute ist das Ansehen der Realität an sich in allen Bereichen so groß, daß wir gern vergessen, wie »real« auch unsere Gedanken, Erinnerungen, Vorstellungen sind. Der Traum von anderen Zeiten, ob es nun die früheren sind oder die künftigen, wird nur dann zu einem Verräter, wenn man ihn mit der Absicht träumt, sich selbst zu betrügen, und nicht deshalb, um sich selbst zu finden. Auch von diesem Vorsatz sind die Seefahrer und Eroberer der Meere hinausgetrieben worden, denn sie waren zutiefst davon überzeugt, daß es gleichbleibende Elemente in uns selbst, daß es die Beharrungskraft der menschlichen Fähigkeiten gibt. Diese Gewißheit wird in einem Spruch der Küstenbewohner an der Nordsee so ausgedrückt: »Wo einmal Wasser war, kann auch wieder Wasser sein.«

Verzeichnis der seemännischen Ausdrücke

abreiten ein Schiff reitet den Sturm ab: es liegt vor Anker oder wartet mit gestrichenen Segeln sein Ende ab

auflegen das Schiff wird zum Überwintern oder wegen befristeter Außerdienststellung in den Hafen gebracht und vertäut

ausreeden ein Schiff reisefertig machen

Backbord linke Schiffsseite (in Fahrtrichtung)

Brigg Segler mit zwei vollgetakelten Masten

bunkern Übernahme von Kohlen – später auch anderer Vorräte – für die Reise

Dau arab. Baggala, zwei- oder dreimastiger Segler an den ostafrikanischen und arabischen Küsten

Dippen dreimaliges, kurzes Niederholen und Aufziehen (Vorheißen) der Flagge als Gruß

Carronade eine Art Haubitze mit 12 bis 68 Pfund Kugelgewicht, auf Schiffen besonders für den Nahkampf

docken ein Schiff zum Überholen ins Dock bringen

Diëre (Bireme), Schiff des Altertums mit Ruderern in zwei Decks auf zwei Ruderbänken

dümpeln Hinundherwerfen des Schiffes vor Anker, oder ohne Fahrt, durch Wind, Wellen oder Dünung

fieren herablassen, ablaufen, gleiten lassen

Fregatte Kriegsschiff des 17. Jahrhunderts, meist schneller Dreimaster, mit weniger als 50 Kanonen bestückt; später auch Bezeichnung für entsprechendes Handelsschiff

Freibord Höhe der Schiffsseite über dem Wasser bis zum tiefsten Punkt des Oberdecks eines beladenen Schiffes

Galerie Außenrundgang um das Heck

Gast (Bootsgast, Signalgast, Toppgast usw.), Bezeichnung für den Seemann mit einer bestimmten Funktion

halsen Drehen des Schiffs mit dem Wind, vor dem Wind umwenden

kalfatern die Plankenfugen mit Werg und Pech abdichten

Kalm, kalmen Windstille, meist für die Region zwischen den beiden Passatgebieten gebräuchlich (Kalmengürtel)

kielholen ein Schiff an Land auf die Seite legen, um es bis zum Kiel ausbessern zu können

Knoten Geschwindigkeitsmaß: Seemeile pro Stunde

krängen seitliches Neigen des Schiffs

Lee die dem Wind abgekehrte Schiffsseite

Lorcha leichte schnelle Barke in Ostasien

Luv die dem Wind zugekehrte Seite des Schiffes

Mars Plattform als Abschluß des Untermastes, dient zum Ausspreizen der Seitstützen (Wanten) des Mastes

Midshipman Seekadett

Orlopdeck unterstes Deck

Poopdeck Hüttendeck, Heckaufbau oberhalb des durchlaufenden Oberdecks

Portolan Schifferhandbuch mit Küstenbeschreibungen (im Mittelalter)

Prahm kastenförmiges, plattbodiges, niedriges Lastenfahrzeug

Prise während des Seekriegs weggenommenes feindliches (oder auch neutrales) Schiff

Rah, Rahe waagrecht und drehbar am Mast befestigte Spiere zum Anbringen der Segel

Schanzkleid Plattengang in Verlängerung der Außenhaut als Schutzwehr um das offene Deck

Schlagseite nehmen seitliches Überliegen des Schiffs

Spier, Spiere Rundholz

Speigatt Öffnung zum Ablaufen des Wassers auf dem Oberdeck

Stenge Verlängerung des Mastes

Steuerbord rechte Schiffsseite von achtern aus

Steven (Vor[der]steven, Achtersteven), Abschluß des Schiffskörpers, vorn oder hinten

Vormars Mars am Fockmast

Bücherverzeichnis

Aus der Literatur konnte nur eine sehr begrenzte Zahl von Titeln genannt werden. Bei fremdsprachigen Büchern, die übersetzt sind, ist die deutsche Ausgabe notiert. Inhaltlich beziehen sich die einzelnen Werke nicht immer ausschließlich auf die jeweiligen Kapitel.

Allgemeine Darstellungen
P. Barjot / J. Savant, Geschichte der Seefahrt, Stuttgart 1966 (franz. 1966) (anschaulich, reich illustriert, gut lesbar, recht häufig Sprünge im Zusammenhang)
B. Hagedorn, Die Entwicklung der wichtig-

sten Schiffstypen bis ins 19. Jahrhundert, Berlin 1914 (klassisches Werk)

H. Harrer / H. Pleticha, Entdeckungsgeschichte aus erster Hand, Würzburg 1968 (sehr lebendig und instruktiv)

K. Haushofer, Weltmeere und Weltmächte, Berlin 1937 (wichtig, durchweg anregend, gerade wegen der bewußt zugespitzten Thesen)

R. Hennig, Terrae incognitae. Eine Zusammenstellung und kritische Bewertung der wichtigsten vorkolumbischen Entdeckungsreisen an Hand der darüber vorliegenden Originalberichte, Leiden 1937–1949, 4 Bde. (wichtige Quellenauszüge)

B. Landström, Das Schiff, Gütersloh 1973 (schwed. 1961) (hervorragend erläutertes, umfassendes Bildwerk)

J. G. Leithäuser, Mappae mundi. Die geistige Eroberung der Welt, Berlin 1958 (empfehlenswerte Kartensammlung, interessant geschrieben)

A. T. Mahan, Der Einfluß der Seemacht auf die Geschichte, Berlin 1898/1899, 1. Bd.: 1660–1783, 2. Bd.: 1783–1812 (engl. 1892); gekürzte Neuausgabe Herford 1967, Nachdruck Kassel 1974 (nach wie vor unentbehrlich für die Grundsatzdiskussion des Gewichts und politischen Ranges der Seemacht)

A. Meurer, Seekriegsgeschichte in Umrissen, Leipzig 1925; 6. Aufl. unter dem Titel: Die See – Schicksal der Völker. Eine Geschichte der Seefahrt und der Seemacht als Einführung in die Weltgeschichte, Herford 1970 (überarb. u. erg. v. G. A. Wolter) (sehr guter, lebendiger, höchst zuverlässiger Überblick, hinsichtlich der deutschen Marine leicht apologetisch)

J. Mordal, 25 Jahrhunderte Seekrieg, München 1963 (franz. 1959) (temperamentvoll, teils zu detailliert, teils zu einseitig, aber durchweg interessant)

E. B. Potter / Ch. W. Nimitz (Hg.), Seemacht. Eine Seekriegsgeschichte von der Antike bis zur Gegenwart, dt. Fassung hg. v. J. Rohwer, München 1974 (engl. 1960) (ausgesprochen militärisch orientiert, der Schwerpunkt liegt auf den beiden letzten Jahrhunderten (19. Jh. 20% des Textes, 20. Jh. 70%), davon abgesehen ein präzises, hervorragend sachliches, insgesamt unentbehrliches Standardwerk)

G. A. Rein, Die europäische Ausbreitung über die Erde, Potsdam 1931 (bedeutender Versuch einer weltgeschichtlichen Bewertung, souverän)

A. Stenzel, Seekriegsgeschichte in ihren wichtigsten Abschnitten mit Berücksichtigung der Seetaktik, Hannover/ Leipzig 1907–1921, T. 1–6 (sehr informative, breite Darstellung von der Antike bis einschließlich des Ersten Weltkriegs)

E. Zechlin, Maritime Weltgeschichte. Altertum und Mittelalter, Hamburg 1947 (bedeutend, reicht von den Sumerern bis zur Umsegelung des afrikanischen Südkaps)

1. Kapitel

J. Beloch, Griechische Geschichte, 1893–1904, 3. Bde.; 2. umgearb. Auflage 1912–1927, 4 Bde. (bis heute herausragend)

H. Bengtson, Griechische Geschichte von den Anfängen bis in die römische Kaiserzeit, München 1950 (betont politische Darstellung)

–, Griechen und Perser. Die Mittelmeerwelt im Altertum, Frankfurt/M. 1965 (zusammenfassend, überragend)

H. Berve, Griechische Geschichte, Freiburg/Br. 1931–1933, 2 Bde. (eindrucksvolle Gesamtschau)

C. Hignett, Xerxes' Invasion of Greece, Oxford 1963 (beeindruckend)

A. Köster, Das antike Seewesen, Berlin 1923 (große Skizze, zuverlässig)

E. Meyer, Geschichte des Altertums, 1884–1902, 5 Bde. (Konzeption und Gesamtsicht bis heute als grundlegend respektiert)

U. Wilcken, Griechische Geschichte im Rahmen der Altertumswissenschaft, München 1924 (neben Bengtsons Werk noch immer die beste griechische Geschichte in einem Band)

2. Kapitel

F. Babinger, Mehmed der Eroberer und seine Zeit. Weltenstürmer einer Zeitenwende, München 1953 (große, klassische Biographie)

H.-A. v. Burski, Kemâl-Re'is. Ein Beitrag zur Geschichte der türkischen Flotte, Bonn 1928 (wichtige Studie)

D. S. Chambers, The Imperiale Age of Venice: 1380–1580, New York 1970 (gute Skizze)

Ph. Dollinger, Die Hanse, Stuttgart 1966 (franz. 1964) (gediegener Überblick vom 12. bis zum 17. Jahrhundert)

E. Eickhoff, Seekrieg und Seepolitik zwischen Islam und Abendland. Das Mittelmeer unter byzantinischer und arabischer Hegemonie (650–1040), Berlin 1966 (beispielhafte Darstellung, außerordentliches Niveau, beachtliche Bibliographie, behandelt auch die byzantinische Seetaktik)

H. J. Kissling, Betrachtungen über die Flottenpolitik Sultan Bâjezids II. (1481–1512)

(Saeculum 20), Freiburg/München 1969 (exzellente Skizze)

R. Lebe, Als Markus nach Venedig kam. Aufstieg und Staatskult der Republik von San Marco, Frankfurt/M. 1978 (sehr anschaulich, lebendig)

A. R. Lewis, Naval Power and Trade in the Mediterranean, A. D. 500–1100, Princeton 1951 (zuverlässig, gute Ergänzung zu Eickhoff)

H. Maus / W. zu Mondfeld, Alles Gold gehört Venedig. Die Weltmacht in der Lagune, München 1978 (sehr vital geschrieben, mitunter zu gewollt im Ausdruck, gute Zusammenfassung)

R. Pörtner, Die Wikinger-Saga, Düsseldorf 1971 (herausragend, vorbildlich, große Schilderung)

J. Schildhauer / K. Fritze / W. Stark, Die Hanse, Berlin 1974 (sehr informativ)

3. Kapitel

W. G. Armando, Geschichte Portugals, Stuttgart 1966 (sehr lebendiger, gründlicher Bericht eines Fachmanns)

Ch. R. Boxer, The Portuguese seaborn Empire 1415–1825, London 1969 (exzellent)

G. Hamann, Der Eintritt der südlichen Hemisphäre in die europäische Geschichte. Die Erschließung des Afrikaweges nach Asien vom Zeitalter Heinrichs des Seefahrers bis zu Vasco da Gama, Wien 1968 (überragende Untersuchung, ein wissenschaftlicher Markstein)

P. Herrmann, Sieben vorbei und acht verweht. Das Abenteuer der frühen Entdeckungen, Hamburg 1952 (ein klassisches, zu Recht gerühmtes Sachbuch)

J. H. Parry, Zeitalter der Entdeckungen, Zürich 1963 (engl. 1963) (wichtig für die Entdeckungsepoche bis zur Mitte des 17. Jahrhunderts, zuverlässig, überaus informativ, sehr gut lesbar)

B. Penrose, Travel and Discovery in the Renaissance 1420–1620, Oxford 1952 (verläßlich, besonders flüssig geschrieben, detaillierte Bibliographie)

E. Prestage, Die portugiesischen Entdecker, Bern 1936 (engl. 1933) (ausgezeichnet, bis jetzt durch keine andere Darstellung ersetzt)

E. Samhaber, Knaurs Geschichte der Entdeckungsreisen. Die großen Fahrten ins Unbekannte, München/Zürich 1955 (sehr anschaulich, instruktiv, fesselnd)

H. Sanceau, Henry the Navigator, New York 1947 (bemerkenswert eindrucksvoll)

J. Ure, Heinrich der Seefahrer. Der Aufbruch

ins Zeitalter der Entdeckungen, Wiesbaden 1979 (lebendig, nutzt neue Zeitdokumente)

4. Kapitel

F. Ch. Danvers, The Portuguese in India. Beeing a history of the rise and decline of their eastern empire, London 1966, 2 Bde. (großangelegte, beachtliche Monographie)

R. Grün (Hg.), Christoph Columbus – Das Bordbuch 1492. Leben und Fahrten des Entdeckers der Neuen Welt in Dokumenten und Aufzeichnungen, Tübingen/Basel 1970 (das Bordbuch steht im Mittelpunkt, wird aber durch die übrigen Berichte aufschlußreich ergänzt)

G. F. Hourani, Arab seafaring in the Indian Ocean in ancient and early medieval times, Princeton 1951 (unentbehrliche Studie)

S. E. Morison, Admiral des Weltmeers. Das Leben des Christoph Columbus, Bremen-Horn 1948 (engl. 1942, 2 Bde.) (vorzüglich, sticht deutlich von der umfangreichen Columbus-Literatur ab)

S. Nadvi, The Arab Navigation, Lahore 1966 (wichtig)

J. A. Williamson, Maritime Enterprise 1458–1558, Oxford 1913 (Neudruck New York 1972) (arbeitet bemerkenswert die Grundzüge heraus)

5. und 6. Kapitel

I. Cameron, Magellan und die erste Weltumsegelung, Bergisch-Gladbach 1980 (engl. 1974) (unkonventionell, packend)

J. Höffner, Kolonialismus und Evangelium. Spanische Kolonialethik im Goldenen Zeitalter, Trier 1972 (überaus lehr- und gedankenreich)

M. Mittler, Mission und Politik, Zürich 1951 (wichtige Spezialstudie über die Antriebe der Kolonisation)

A. Pigafetta, Die erste Reise um die Erde. Ein Augenzeugenbericht von der Weltumsegelung Magellans (1519–1522), Tübingen 1975 (das berühmte Tagebuch des Unternehmens)

E. Prestage, Affonso de Albuquerque. Governor of India, Watford 1929 (Biographie von unverändertem Wert)

E. Sanceau, Die Pfefferflotte. Das Leben des portugiesischen Seekapitäns Albuquerque, Leipzig 1939 (engl. 1936) (profiliert, großartig zu lesen)

7. Kapitel

K. R. Andrews, Drake's Voyages, London 1970 (Neuauflage) (wichtig auch für Einzelinformationen)

E. F. Benson, Sir Francis Drake, 1540–1596, Bern/Leipzig/Wien o. J. (1936) (flüssig geschrieben, bildhafte Sprache, in den politischen Abschätzungen zuweilen überzogen)
L. W. Clowes, The Royal Navy. A. History from the earliest times to the present day, London 1897–1903, 7 Bde. (klassische, noch immer unersetzliche Flottengeschichte)
J. S. Corbett, Drake and the Tudor navy. With a History of the rise of England as a maritime power, New York 1898, 2 Bde. (Standard-Darstellung)
P. M. Kennedy, Aufstieg und Verfall der britischen Seemacht, Herford/Bonn 1978 (engl. 1976) (blendende, überaus zuverlässige Untersuchung, setzt viel Allgemeinkenntnisse voraus, höchst anregend wegen seiner ausgeprägten Thesen)
G. Mattingly, Die Armada. Sieben Tage machen Weltgeschichte, 1960 (grundlegend)
G. A. Rein, Der Kampf Westeuropas um Nordamerika im 15. und 16. Jahrhundert. Stuttgart/Gotha 1925 (überlegene Zusammenfassung)
H. W. Richmond, Statesman and Sea Power, Oxford 1946 (wichtig für die Bewertung des Verhältnisses von See- und Kontinentalpolitik Englands)
A. L. Rowse, The Expansion of Elizabethan England, London 1955 (anspruchsvolle Übersicht)
R. B. Wernham, Before the Armada. The Growth of English Foreign Policy 1485–1558, Cambridge 1964 (sehr gute, abwägende Studie)
J. A. Williamson, The Age of Drake, London 1938 (Schwerpunkt liegt auf den englisch-spanischen Gegensätzen)

8. und 9. Kapitel
G. A. J. P. Auphan, La Marine dans l'histoire de France, Paris 1955 (sachlich, ausgewogen)
C. R. Boxer, The Dutch Seaborne Empire, 1600–1800, London 1965 (brillante Epochendarstellung)
J. S. Corbett, England in the Mediterranean. A Study of the Rise and Influence of British Power within the Straits 1603–1713, London 1917 (2. Aufl.) 2 Bde. (bis heute wertvoll, wichtig auch für die Würdigung des Spanischen Erbfolgekriegs unter den ozeanischen Machtaspekten)
Cl. Farrère, Histoire de la marine française, Paris 1956 (sachbezogen, unbefangen)
P. Geyl, The Netherlands in the Seventeenth Century, London 1961–1964, 2 Bde. (hervorragend, bedeutendes Werk)

J. R. Seeley, Die Ausbreitung Englands, Stuttgart 1928 (engl. 1883) (stellt die Eroberung Kanadas und Indiens dar, klassisches Grundwerk)

10. und 11. Kapitel
C. J. Bartlett, Great Britain and Sea Power 1815–1853, Oxford 1963 (gründlich, bemerkenswert auch wegen seiner Nüchternheit)
R. F. Betts, The false dawn. European imperialism in the nineteenth century, Oxford 1976 (zusammenfassende Übersicht, bemerkenswert)
P. C. M. S. Braun, Die Verteidigung Indiens 1800–1907. Das Problem der Vorwärtsstrategie, Köln 1968
C. C. Eldrige, England's Mission. The imperial Idea in the Age of Gladstone and Disraeli 1868–1880, London 1973
E. Grierson, The imperial Dream. The British Commonwealth and Empire 1775 to 1969, London 1972
W. Hoffmann, Das Wachstum der deutschen Wirtschaft seit der Mitte des 19. Jahrhunderts, Berlin 1965
K. Kluxen, Geschichte Englands von den Anfängen bis zur Gegenwart, Stuttgart 1968 (beste Geschichte Englands in einem Band)
R. Mühlmann, Die Reorganisation der spanischen Kriegsmarine im 18. Jahrhundert, Köln/Wien 1975
J. H. Parry, Europäische Kolonialreiche. Welthandel und Weltherrschaft im 18. Jahrhundert, München 1972 (engl. 1971) (hervorragend)
W. Treue, Der Krimkrieg und die Entstehung der modernen Flotten, Göttingen 1954 (wichtig für die seekriegs-historische Bewertung des Krimkrieges)
O. Warner, Nelson and the age of fighting sail, London 1963 (sehr lebendig, ausgezeichnet zu lesen)
–, Victory: The Life of Lord Nelson, Boston 1958 (eine der besten Biographien über Nelson)

12. Kapitel
K. Assmann, Deutsche Seestrategie in zwei Weltkriegen, Heidelberg 1957
K. F. Batsch, Admiral Prinz Adalbert von Preußen. Ein Lebensbild, Berlin 1890
W. Baumgart, Der Imperialismus. Idee und Wirklichkeit der englischen und französischen Kolonialexpansion 1880–1914, Wiesbaden 1975
V. R. Berghahn, Der Tirpitz-Plan. Genesis

und Verfall einer innenpolitischen Krisenstrategie unter Wilhelm II., Düsseldorf 1971

V. Bueb, Die »Junge Schule« der französischen Marine. Strategie und Politik 1875–1900, Boppard a. Rhein 1971 (instruktiv für die Diskussion über die Grundsätze des Seekriegs und seine politische Wertung)

J. S. Corbett / H. Newbolt, History of the Great War: Naval Operations, London 1920–1931, 5 Bde.

E. A. Falk, Togo and the Rise of Japanese Sea Power, New York 1936

E. Gröner, Die deutschen Kriegsschiffe 1815–1945, München 1966/68, 2 Bde. (erstklassige Übersicht)

B. Herzog, 60 Jahre deutsche U-Boote 1906–1966, München 1968

W. Hubatsch, Der Admiralstab und die obersten Marinebehörden in Deutschland 1848–1945, Frankfurt/M. 1958 (eine Standard-Darstellung)

–, Die Ära Tirpitz, Göttingen 1955 (hervorragender Überblick, vorbildlich in der nüchternen Bewertung dieser umstrittenen Phase)

–, Kaiserliche Marine. Aufgaben und Leistungen, München 1975

D. W. Knox, A. History of the United States navy, New York 1948

K. Frhr. v. Maltzahn, Der Seekrieg zwischen Rußland und Japan 1904–1905, Berlin 1912–1914, 3 Bde.

F. Ruge, Scapa Flow 1919. Das Ende der deutschen Flotte, Oldenburg/Hamburg 1969

A. v. Schoenberg, Um den Two-Power-Standard. Die englische Flottenpolitik 1880–1895, Stuttgart 1933

O. E. Schüddekopf, Die britische Marinepolitik 1880–1918, Hamburg 1938

W. Wegener, Die Seestrategie des Weltkrieges, Berlin 1929 (2. erw. Auflage 1941)

13. Kapitel

P. Barjot, Histoire de la guerre aéronavale, Paris 1961

R. de Belot, Le Mer dans un conflit futur. Evolution de la stratégie navale, Paris 1958

J. M. Collins, Grand Strategy. Principles and Practices, Annapolis 1973

M. Fuchida / M. Okumija / R. Pineau, Midway: Die entscheidendste Seeschlacht der Weltgeschichte, Oldenburg 1956 (übers. aus dem Jap. ins Engl. 1955)

S. G. Gorschkow, Seemacht Sowjetunion, Hamburg 1978 (russ. 1976, dt. Ausgabe hg. v. E. Opitz; unerläßlich zur Beurteilung der jüngsten sowjetischen Bestrebungen)

R. Güth, Die Marine des Deutschen Reiches 1919–1939, Frankfurt/M. 1972 (knapp, absolut zuverlässiger Überblick, erfrischend sachlich – obgleich bewußt nur anhand deutscher Quellen gezeichnet)

A. Hezlet, Aircraft and Sea Power, London 1970

P. K. Kemp, Fleet Air Arm, London 1954

P. Klepsch, Die fremden Flotten im 2. Weltkrieg und ihr Schicksal, München 1968

G. Kroschel / A.-L. Evers (Hg.), Die deutsche Flotte 1848–1945. Geschichte des deutschen Kriegsschiffbaus in 437 Bildern, Wilhelmshaven 1963 (2., verb. Aufl.)

Ch. A. Lockwood, Sie jagten Nippons Flotte. Die amerikanischen U-Boote im Pazifik 1941–1945, Krefeld 1964 (engl. 1951)

D. Macintyre, Wings of Neptune, New York 1964

A. J. Marder, From the Dardanelles to Oran: Studies of the Royal Navy in War and Peace 1915–1940, London 1975

L. W. Martin, The Sea in modern Strategy, London 1967

W. H. Parker, The Super Powers. The United States and Soviet Union compared, London 1972

L. Peillard, Geschichte des U-Boot-Krieges 1939–1945, Wien/Berlin 1970 (franz. 1970)

J. D. Potter, Admiral of the Pacific. The Life of Yamamoto, London 1965

W. D. Puleston, The Influence of Sea Power in World War II, New Haven 1947

J. Rohwer, Die U-Boot-Erfolge der Achsenmächte 1939–1945, München 1968

F. Ruge, Bündnisse in Vergangenheit und Gegenwart unter besonderer Berücksichtigung von UNO, NATO, EWG und Warschauer Pakt, Frankfurt/M. 1971

–, Entscheidung im Pazifik. Die Ereignisse im Stillen Ozean 1941–1945, Hamburg 1951

–, Der Seekrieg 1939–1945, Stuttgart 1969 (3. Aufl.)

M. Salewski, Die deutsche Seekriegsleitung 1935–1945, Frankfurt/M 1970 ff., 3 Bde. (meisterhafte Übersicht, klare Beurteilung und nüchterne Gesamtinterpretation, unentbehrlich für den Zeitraum)

M. Shigemitsu, Die Schicksalsjahre Japans. Vom 1. bis zum Ende des 2. Weltkriegs 1920–1945, Frankfurt/M. 1959 (engl. 1958)

E. Wegener, Moskaus Offensive zur See. Eine Untersuchung der seestrategischen Rolle der sowjetischen Marinestreitkräfte im Ost-West-Konflikt, Bonn-Bad Godesberg 1972 (Hauptwerk eines namhaften Experten)

Register

443

445

447

Bildnachweis

Archiv für Kunst und Geschichte, Berlin: 33, 101, 102, 170/71, 172 unten, 206/207, 277, 278, 280, 382 links oben
Archiv Gerstenberg, Frankfurt: 169, 313 Mitte und unten, 348 rechts oben
Bavaria-Verlag, Gauting: 34 unten, 279 oben
Bildarchiv Preußischer Kulturbesitz, Berlin: 34 oben, 67 unten, 68, 136 oben und unten, 205, 208, 279 Mitte, 314 unten, 347, 382 rechts oben und unten, 415 Mitte

Historia-Photo, Hamburg: 241, 244
Interfoto Friedrich Rauch, München: 67 oben, 172 oben, 348 links oben, 381 oben und unten
Keystone Pressedienst, Hamburg: 313 oben, 416 oben
Musée de la Marine, Paris: 279 unten
Rijksmuseum, Amsterdam: 242
Ullstein Bilderdienst, Berlin: 135, 243, 314, 415 oben, 416 unten

Die Entwicklung des Britischen Imperiums

GROSSBRITANNIEN

Nordwestterritorien

Canada

Virginia
bis 1783

Gibraltar

ATLANTISCHER

OZEAN

Brit.
Guayana

Nig

PAZIFISCHER OZEAN

St. Helen

Falkland- In.

■ Entwicklung bis 1800   ■ Entwicklung bis 1914